Das vereinfachte Verfahren zur Festsetzung von Kindesunterhalt
nach §§ 645 ff. ZPO

Schriften zum Verfahrensrecht

Herausgegeben von
Peter Gottwald und Ulrich Haas

Band 3

PETER LANG
Frankfurt am Main · Berlin · Bern · Bruxelles · New York · Oxford · Wien

Roman Rodloff

Das vereinfachte Verfahren zur Festsetzung von Kindesunterhalt §§ 645 ff. ZPO

Zugleich ein Beitrag zur Unterhaltsannexklage nach § 653 ZPO und zum vereinfachten Abänderungsverfahren nach § 656 ZPO

PETER LANG
Europäischer Verlag der Wissenschaften

Bibliografische Information Der Deutschen Bibliothek
Die Deutsche Bibliothek verzeichnet diese Publikation in der Deutschen Nationalbibliografie; detaillierte bibliografische Daten sind im Internet über <http://dnb.ddb.de> abrufbar.

Zugl.: Regensburg, Univ., Diss., 2002

D 355
ISSN 1619-344X
ISBN 3-631-39947-2

www.peterlang.de

Meinen Eltern

Vorwort

Die vorliegende Arbeit wurde im Wintersemester 2001/ 2002 von der juristischen Fakultät der Universität Regensburg als Dissertation angenommen.

Herr Prof. Dr. Peter Gottwald hat diese Arbeit angeregt, begleitet und deren Aufnahme in die Reihe „Schriften zum Verfahrensrecht“ ermöglicht.
Hierfür gilt ihm mein ganz besonderer Dank.
Herrn Prof. Dr. Herbert Roth bin ich für die Mühen des Zweitgutachtens verbunden.

Für die gehaltvollen Diskussionen und wertvollen Ratschläge danke ich meinem Vater sowie Herrn Rechtsanwalt Dr. Dirk Seiler, Frankfurth a.M. und Herrn Rechtsanwalt Joachim Schneider, Waldmünchen.

Die Arbeit ist meinen Eltern gewidmet, ohne deren aufopfernde Unterstützung diese nicht möglich gewesen wäre.

Inhaltsverzeichnis

A. Einleitung

Mit dem Gesetz zur Vereinheitlichung des Unterhaltsrechts Minderjähriger (KindUG)[1], das am 01.07.1998 in Kraft getreten ist, hat der Gesetzgeber mit den §§ 645 ff. ZPO prozessuale Rechtsinstitute geschaffen, welche, losgelöst von den herkömmlichen Unterhaltsverfahren, die Stellung der unterhaltsberechtigten minderjährigen Kinder bei der prozessualen Durchsetzung ihrer Unterhaltsansprüche verbessern sollen.

In den §§ 645 bis 652, 654 ZPO wurde ein vereinfachtes Verfahren zur Festsetzung von Kindesunterhalt, nachfolgend nur vereinfachtes Verfahren genannt, in § 653 ZPO die Unterhaltsannexklage zur Vaterschaftsfeststellung und in § 655 ZPO ein besonderes Verfahren zur Abänderung von Unterhaltstiteln normiert, wobei das vereinfachte Verfahren den zentralen Schwerpunkt der Neuregelung und auch dieser Arbeit darstellt.

Ausgangspunkt für diese Neuregelungen war insbesondere die umfassende Reform des Kindesunterhaltsrechts[2], durch die die Stellung nichtehelicher minderjähriger Kinder im prozessualen und materiellen Unterhaltsrecht der der ehelichen minderjährigen Kinder angeglichen wurde.

Der Gesetzgeber hat mit den Regelungen der §§ 645 ff. ZPO, insbesondere mit dem vereinfachten Verfahren, ein für alle minderjährigen Kinder einheitlich geltendes Unterhaltsverfahren geschaffen, dessen Ziel die einfache, schnelle und kostengünstige Erlangung eines Unterhaltstitel ist[3].

Im Besonderen sieht er dieses vereinfachte Verfahren als ein solch schnelles und einfach ausgestaltetes Verfahren an, „*durch das sämtliche Kinder (...) problemlos einen Unterhaltstitel erlangen können sollen*“[4] und beabsichtigte hierdurch eine „*erhebliche Verbesserung der prozessualen Situation der Kinder*“[5]. Auch in der Literatur wird das Verfahren teilweise als einfach[6], gar als „*einfachste Möglichkeit zur Unterhaltsfestsetzung*“[7], gelobt.

Im Schrifttum wurde wiederholt der Versuch unternommen, die Verfahren nach §§ 645 ff. ZPO, im Besonderen das vereinfachte Verfahren, umfassend darzu-

---

1 BGBl. 1998 I, S. 666 ff.

2 Beistandsgesetz vom 04.12.1997 (BGBl. 1997 I, S. 2846 ff.); Erbrechtsgleichstellungsgesetz vom 16.12.1997 (BGBl. 1997 I, S. 2968 ff.); Kindschaftsrechtsreformgesetz (KindRG) vom 16.12.1997 (BGBl. 1997 I, S. 2942 ff.) und auch das Kindesunterhaltsgesetz vom 06.04.1998 (BGBl. 1998 I, S. 666 ff.).

3 BT- DruckS 13/ 7338, S. 36, 37.

4 BT- DruckS 13/ 7338, S. 36.

5 BT- DruckS 13/ 9596, S. 41.

6 Schebb, DVP 1999, 147 (147); Palandt- Diederichsen, 58. Aufl., § 1612a Rn. 34; Rühl/ Greßmann, Rn. 217.

7 Schulz, FuR 1998, 385 (390).

stellen[8]. Diese Abhandlungen haben erstmals aufgezeigt, dass das neue Recht zunächst nicht erkannte Problemfelder aufwirft. Bei genauer Betrachtung der einzelnen Verfahrensvoraussetzungen und -stadien, insbesondere im Hinblick auf die unterschiedliche Rechtspraxis der jeweiligen Oberlandesgerichte, eröffnen sich in vielerlei Hinsicht ungeklärte Fragen und Problemfelder, die dazu führen können, dass gerade das vereinfachte Verfahren letztlich entgegen dem angestrebten Ziel "*kompliziert und wenig effektiv*"[9] erscheint.

Ziel der nachfolgenden Arbeit ist es daher, unter kritischer Auseinandersetzung der sich bislang herauskristallisierenden Rechtspraxis und den im Schrifttum erfolgten Lösungsansätzen, diese bestehenden Problemfelder abzuhandeln. Gleichzeitig soll damit eine umfassende und klärende Darstellung der Verfahren nach §§ 645 ff. ZPO, im Besonderen des vereinfachten Verfahrens, erreicht werden.

Nach einer einleitenden Vorbemerkung über den geschichtlichen Hintergrund der Neuregelung der §§ 645 ff. ZPO, insbesondere der hierdurch ersetzten Verfahren, wird das dem vereinfachten Verfahren zugrundeliegende Regelbetragssystem nach § 1612a BGB n.F. überblicksartig erörtert.
Im Anschluss daran wird das vereinfachte Verfahren selbst ausführlich dargestellt. Hierbei bilden zunächst dessen umfangreiche Zulässigkeitsvoraussetzungen den zentralen Schwerpunkt. Insbesondere die objektiven und persönlichen Verfahrensvoraussetzungen, wie z.B. die Minderjährigkeit und die auftretenden Fragen bei Erreichen der Volljährigkeit werden umfassend geklärt. Nach der anschließenden Darstellung des Verfahrensablaufs, wird auf die zentrale Frage der Einwendungen durch den Unterhaltspflichtigen im vereinfachten Verfahren und die hieran gestellten Anforderungen sowie auf die Entscheidung des Gerichts hierüber ausführlich eingegangen.
Ausführungen zu den Rechtsmitteln im vereinfachten Verfahren, insbesondere zu der sofortigen Beschwerde in Abgrenzung zu der Rechtspflegererinnerung, und zu der Überleitung in das streitige Verfahren nach § 651 ZPO schließen sich hieran an.

---

[8] Vgl. insbesondere FamRefK- Bäumel, ZPO, § 645 ff.; van Els, Rpfleger 1999, 297 ff.; Gerhardt, FuR 1998, 145 ff.; Gießler, FuR 1998, 173 ff.; Göppinger/ Wax- Häußermann, 7. Aufl., Rn. 2160 ff.; Günther, Kind- Prax 1999, 35 ff.; Grandke, NJ 1998, 295 ff.; Kleinle, ZfJ 1998, 349 ff.; Knittel, DAV 1998, 177 ff.; Lipp/ Wagenitz, §§ 645 ff.; Knittel/ Mühlens, 2. Aufl., § 645 ff.; MüKo- Coester- Waltjen, 2. Aufl., §§ 645 ff.; Musielak- Borth, §§ 645 ff.; Nickel, DVP 2000, 50 ff.; Oelkers, ZfJ 1999, 239 ff.; Palandt- Diederichsen, 58. Aufl., § 1612a Rn. 34 ff.; Rühl/ Greßmann, Rn. 217 ff.; Schebb, DVP 1999, 147 ff.; Schulz, FuR 1998, 385 ff.; Schumacher/ Grün, FamRZ 1998, 778 ff.; Sonnenfeld, DAV 1999, 169 ff.; Stollenwerk, ZAP 1999, Fach 11, 489 ff.; Strauß, FamRZ 1998, 993 ff.; T/ P, 23. Aufl., §§ 645 ff.; Wendl/ Staudigl., 5. Aufl., Rn. 321 ff.; Zöller- Philippi, 22. Aufl., §§ 645 ff.; Scholz/ Stein- Erdrich, I Rn. 127 ff; Wohlfahrt, 2. Aufl., Rn. 274 ff.

[9] Stollenwerk, ZAP 1998, Fach 11, 157 (162).

Die Unterhaltsannexklage im Vaterschaftsprozess nach § 653 ZPO, die Möglichkeit, die im vereinfachten Verfahren ergangenen Titel mit der Klage nach § 654 ZPO abzuändern sowie das vereinfachte Verfahren zur Abänderung von Unterhaltstiteln nach §§ 655, 656 ZPO bilden den Schwerpunkt der weiteren Ausführungen.
Abgerundet wird die Arbeit mit dem Eingehen auf Fragen des Streitwerts und der Kosten, bevor abschließend bestehende Problemkreise des einstweiligen Rechtsschutzes als auch der Prozesskostenhilfe im vereinfachten Verfahren abgehandelt werden.

Die Arbeit wurde unter Berücksichtigung der Gesetzeslage zum 31.12.2001 abgeschlossen. Die zum 01.01.2002 in Kraft getretenen Gesetze und Verordnungen, insbesondere

- das Gesetz zur Einführung des Euro in Rechtspflegegesetzen und in Gesetzen des Straf- und Ordnungswidrigkeitenrechts, zur Änderung der Mahnvordruckverordnungen sowie zur Änderung weiterer Gesetze vom 13.12.2001 (BGBl. 2001 I, S. 3574 ff.),
- das Zivilprozessreformgesetz vom 27.07.2001 (BGBl. 2001 I, S. 1887 ff.),
- die 1. Verordnung zur Änderung der Kindesunterhalt- Vordruckverordnung vom 19.12.2001 (BGBl. 2001 I, S. 3842 ff.) sowie
- das Zustellungsreformgesetz vom 25.06.2001 (BGBl. 2001 I, S. 1206 ff.)

und die hierdurch eingetretenen Änderungen konnten nicht mehr berücksichtigt werden.

B. Vorbemerkung und geschichtlicher Hintergrund zum vereinfachten Verfahren zur Festsetzung von Kindesunterhalt nach §§ 645 ff. ZPO

Das Unterhaltsrecht minderjähriger[10] Kinder, insbesondere die unterschiedliche Behandlung ehelicher und nichtehelicher[11] Minderjähriger im verfahrensrechtlichen und materiellen Unterhaltsrecht, war seit dessen Kodifizierung im BGB am 01.01.1900 heftiger sich im Laufe der Jahrzente steigernder Kritik[12] und mehreren Reformen ausgesetzt.
Zuletzt wurde das Gesetz zur Vereinheitlichung des Unterhaltsrechts Minderjähriger (KindUG)[13] vom 06.04.1998, in Kraft getreten am 01.07.1998, im Rahmen einer umfassenden Reform des Kindschaftsrechts[14] erlassen.
Diese Reform des Unterhaltsrechts[15], insbesondere die durch das KindUG und das Kindschaftsrechtsreformgesetz (KindRG)[16], ist der vorläufige Schlusspunkt eines über Jahrzehnte dauernden Versuchs des Gesetzgebers, das materielle und verfahrensrechtliche Unterhaltsrecht ehelicher und nichtehelicher Kinder anzugleichen und den gesellschaftlichen, sozialen[17] und wirtschaftlichen[18] Entwicklungen anzupassen.
Durch das KindUG und KindRG wurde unterhaltsrechtlich eine nahezu vollständige Gleichstellung ehelicher und nichtehelicher minderjähriger Kinder erreicht. Der Gesetzgeber folgte damit dem in Art. 6 Abs. 5 GG festgeschriebenen Verfassungsauftrag, wonach *„den nichtehelichen Kindern durch die Gesetzgebung die gleichen Bedingungen für ihre leibliche und seelische Entwicklung und ihre Stellung in der Gesellschaft zu schaffen sind wie den ehelichen"*.
Das neue Unterhaltsrecht differenziert nicht mehr wie bisher zwischen ehelichen

---

[10] Die Arbeit beschränkt sich nachfolgend im Wesentlichen auf die Betrachtung des Unterhaltsrechts minderjähriger Kinder.

[11] Die Bezeichnung „nichtehelich" wurde durch Art. 9 § 2 Gesetz zur Neuregelung des Rechts der elterlichen Sorge (BGBl. 1979 I, 1061 ff.) an Stelle der Bezeichnung „unehelich" eingeführt. Durch das KindUG wird das „nichteheliche" Kind nunmehr als Kind, „dessen Eltern nicht miteinander verheiratet sind" bezeichnet; vgl. KindRG vom 16.12.1997, BGBl. 1997 I, 2942 (2942) und Überschrift vor § 1615a BGB. Aus Gründen der Übersichtlichkeit wird im Nachfolgenden die Bezeichnung als „nichteheliches" Kind beibehalten.

[12] Vgl. beispielhaft: Jansen/ Knöpfel, S. 69; Brüggemann, FamRZ 1969, 120 (120); Schlüter/ Kemper, FuR 1993, 245 (245); Wichmann, FuR 1996, 161 (168, 169); Wagner, FamRZ 1996, 705 ff.; BT- DrucksS V/ 2370, S. 17; BT- DrucksS 7/ 4791, S. 8; BT- DrucksS 7/ 5311, S. 3.

[13] BGBl. 1998 I, S. 666 ff.

[14] Beistandsgesetz vom 04.12.1997 (BGBl. 1997 I, S. 2846 ff.); Erbrechtsgleichstellungsgesetz vom 16.12.1997 (BGBl. 1997 I, S. 2968 ff.) und Kindschaftsrechtsreformgesetz (KindRG) vom 16.12.1997 (BGBl. 1997 I, S. 2942 ff.).

[15] Vgl. hierzu umfassende Darstellung bei Schwab, FamRZ Buch 11.

[16] BGBl. 1997 I, S. 2942 ff.

[17] Vgl. hierzu Mariacher, S. 39 ff.; Hochleitner, S. 5 ff.; BT- DrucksS V/ 2370, S. 16.

[18] Vgl. hierzu Kleinle, ZfJ 1996, 399 (401, 402).

und nichtehelichen Kindern. Vielmehr sind Kinder unterhaltsrechtlich zukünftig unabhängig von ihrer familienrechtlichen Stellung fast[19] ausnahmslos gleichgestellt. Voraussetzung hierfür ist lediglich die Vaterschaftsfeststellung gemäß §§ 1592 ff. BGB für nichteheliche Kinder.
Lediglich begrifflich findet noch eine Unterscheidung statt zwischen minderjährigen und volljährigen, verheirateten und nicht verheirateten Kindern und solchen, deren Eltern miteinander verheiratet sind oder nicht[20].
Die materiellrechtliche Stellung der nichtehelichen und ehelichen Kinder im Unterhaltsrecht wurde durch ersatzlose Streichung der §§ 1615b bis k BGB a.F. gänzlich angeglichen[21]. Die Zuständigkeit der Familiengerichte wurde für die Unterhaltsansprüche nichtehelicher Kinder erweitert[22], ebenso der Rechtsmittelzug zu den Oberlandesgerichten und die Zulassungsrevision zum Bundesgerichtshof[23].
Das nach bisherigem Recht nur nichtehelichen minderjährigen Kindern offen gestandene Regelunterhaltsverfahren (§§ 642 ff. ZPO a.F. i.V.m. § 1615f BGB a.F.) wurde ebenso wie das Unterhaltsanpassungsverfahren (§§ 6411 ff. ZPO a.F. i.V.m. § 1615a BGB a.F.) abgeschafft. Statt dessen wurde mit den §§ 645 ff. ZPO ein für nichteheliche und eheliche minderjährige Kinder gleichermaßen geltendes einheitliches vereinfachtes Verfahren zur Geltendmachung von Kindesunterhalt geschaffen[24].

---

[19] Nur noch zwei prozessuale Sonderregelungen bestehen fortan für das nichteheliche minderjährige Kind: Die einstweilige Verfügung auf Unterhalt nach § 1615o BGB und die kombinierte Klage auf Vaterschaftsfeststellung und Unterhalt gemäß § 653 ZPO, vgl. dazu unten C. II.

[20] Vgl. KindRG vom 16.12.1997, BGBl. 1997 I, 2942 (2942) und Überschrift vor § 1615a BGB. Aus Gründen der Übersichtlichkeit wird die Bezeichnung „nichtehelich" im Nachfolgenden beibehalten.

[21] Vgl. Art. 1 Nr. 3, 4 KindRG.

[22] Nur die Unterhaltsansprüche ehelicher Kinder wurden bereits durch das 1. EheRG vom 14.06.1976 (BGBl. 1976 I, 1421 ff.) den Familiengerichten zugewiesen, während die der nichtehelichen Kinder beim Amtsgericht – Streitgericht – verblieben; vgl. §§ 23a Nr. 2, b Abs. 1 Nr. 5 GVG a.F. und umfassend Künkel, FamRZ 1998, 401 ff.; Greßmann, FamRZ Buch 6, Rn. 416 ff.; Schwab, FamRZ Buch 11, S. 499 ff.. Zum KindRG vgl. Büttner, FamRZ 1998, 585 ff.

[23] Vgl. Art. 4 Nr. 1, 3 KindRG. Der Gesetzgeber folgte damit der Entscheidung des BVerfG vom 05.11.1991, wonach Art. 6 Abs. 5 GG die Beseitigung des unterschiedlichen Instanzenzuges für die Unterhaltsansprüche ehelicher und nichtehelicher Kinder fordere; vgl. BVerfG, FamRZ 1992, 157 ff.

[24] §§ 645 - 658 ZPO, in Kraft getreten am 01.07.1998; §§ 659, 660 ZPO, in Kraft getreten am 15.04.1998 (vgl. Art. 8 Abs. 1 KindUG); BGBl. 1998 I, 666 (676).

I. Überblick zum vereinfachten Verfahren zur Festsetzung von Kindesunterhalt gemäß §§ 645 ff. ZPO

Das neu geschaffene vereinfachte Verfahren ermöglicht primär die Erstfestsetzung[25] des Unterhalts eines minderjährigen Kindes gegenüber dem nicht mit ihm in einem Haushalt lebenden Elternteil (§§ 645 - 652, 654 ZPO).
Unterhalt kann insoweit geltend gemacht werden, als der geforderte Unterhaltsbetrag vor Abzug der kindbezogenen Leistungen (§§ 1612a, b BGB) das Eineinhalbfache des Regelbetrags nach der Regelbetragsverordnung nicht übersteigt (§ 645 Abs. 1 ZPO). Das bisherige Regelunterhaltsverfahren für nichteheliche minderjährige Kinder wurde durch vorstehende Regelungen ersetzt.
Zuständig für die Entscheidung auf Unterhaltsfestsetzung im vereinfachten Verfahren ist nach § 20 Nr. 10a RpflG der Rechtspfleger.
Das Verfahren wird durch einen streng formalisierten Antrag eingeleitet; die Anforderungen hieran sind im Gesetz detailliert normiert (§ 646 Abs. 1 Nr. 1 bis 11 ZPO). Gemäß § 659 Abs. 1 ZPO wurden Antragsformulare eingeführt, deren Verwendung obligatorisch ist (§ 659 Abs. 2 ZPO).
Erachtet der Rechtspfleger das vereinfachte Verfahren entsprechend dem Vorbringen des Antragstellers für zulässig, so stellt er den Antrag dem Antragsgegner zur Stellungnahme binnen eines Monats zu (§ 647 ZPO).
Der Antragsgegner kann gegen den Antrag Einwendungen geltend machen, wobei zwischen zwei Formen von Einwendungen unterschieden wird. Im einzelnen gesetzlich aufgelistete Einwendungen eher formaler Art, die grundsätzlich für sich beachtlich sind (vgl. § 648 Abs. 1 ZPO) und alle übrigen Einwendungen, die dagegen nur unter Erfüllung besonderer Anforderungen erhoben werden können (vgl. § 648 Abs. 2 ZPO). Insbesondere der Einwand eingeschränkter beziehungsweise fehlender Leistungsfähigkeit kann vom Antragsgegner nur dann erhoben werden, wenn er zugleich unter Verwendung des amtlichen Vordrucks Auskunft über seine Einkünfte und persönlichen, wirtschaftlichen Verhältnisse im übrigen erteilt und nachprüfungsfähige Belege über seine Einkünfte vorlegt.
Werden keine beziehungsweise nur unzulässige Einwendungen erhoben, wird der Unterhalt nach Ablauf eines Monats seit Antragstellung antragsgemäß durch Beschluss festgesetzt (§ 649 ZPO). Hiergegen steht dem Antragsgegner die sofortige Beschwerde zu, die jedoch auf die Erhebung einzelner, gesetzlich normierter Beschwerdegründe beschränkt ist (vgl. § 652 Abs. 2 ZPO).
Erhebt der Antragsgegner beachtliche Einwendungen im Sinne von § 648 Abs. 1, 2 ZPO gegen den Antrag auf Festsetzung des Kindesunterhalts im vereinfachten Verfahren, so teilt der Rechtspfleger dies dem Antragsteller mit (§ 650 S. 1 ZPO). Hat der Antragsgegner sich gleichzeitig zur Zahlung eines bestimmten Unterhaltsbetrages verpflichtet, so wird dieser auf Antrag des Antragstellers festgesetzt (§ 650 S. 2 ZPO). Im übrigen kommt eine Unterhaltsfestsetzung im vereinfachten

---

[25] Vgl. dazu unten C. I. 1. c.

Verfahren nicht mehr in Betracht. Erfolgt wegen der Einwendungen des Antragsgegners keine Unterhaltsfestsetzung, so kann jede Partei die Überleitung in das streitige Verfahren beantragen (§ 651 ZPO). Der Antrag entspricht dann der Klageerhebung; die zulässig erhobenen Einwendungen nach § 648 ZPO der Klageerwiderung.

Für nichteheliche Kinder besteht neben der dargelegten Erstfestsetzung vor dem Rechtspfleger die Möglichkeit, bereits im Vaterschaftsfeststellungsprozess zugleich die Verurteilung zum Kindesunterhalt zu verlangen (§ 653 ZPO). Unterhalt kann insoweit jedoch nur bis zur Höhe des Regelbetrages nach der Regelbetragsverordnung geltend gemacht werden. Zuschläge beziehungsweise Abschläge können nicht verlangt werden. Macht das Kind jedoch bereits einen geringeren Unterhalt als den Regelbetrag geltend, so kann nur dieser geringere Betrag zugesprochen werden.

In einer eigenständigen Abänderungsklage können die Parteien verlangen, die rechtskräftige Erstfestsetzung (§ 649 ZPO) beziehungsweise die Verurteilung (§ 653 ZPO) insoweit abzuändern, als auf höheren beziehungsweise herabgesetzten Unterhalt zu erkennen ist. Von dem bisherigen vereinfachten Abänderungsverfahren (§§ 641l ff. ZPO, insbesondere §§ 642b, q ZPO) verbleibt eine Korrekturmöglichkeit nur noch für den Fall der Änderung anzurechnender Leistungen nach §§ 1612b, c BGB, insbesondere des Kindergeldes (§ 655 ZPO). Trägt dieser Korrekturbeschluss den konkreten Verhältnissen der Parteien nicht hinreichend Rechnung, so kann er im Wege einer neuen Klage angepasst werden (§ 656 ZPO).

II. Der Hintergrund des vereinfachten Verfahrens

Wie dargestellt, nimmt das neu geregelte vereinfachte Verfahren Bezug auf das in § 1612a BGB gleichzeitig neu geschaffene Regelbetragssystem und stellt sich als Fortentwicklung und Vereinheitlichung des bis zum 01.07.1998 nur für nichteheliche Kinder geltenden Regelunterhaltsverfahrens gemäß §§ 642 - 644 ZPO a.F. i.V.m. § 1615f BGB a.F. dar. Auch der Grundgedanke des vereinfachten Verfahrens zur Abänderung von Unterhaltsrenten gemäß §§ 641l ff. ZPO a.F. i.V.m. § 1612a BGB a.F. ist in den neuen Regelungen enthalten.
Zum besseren Verständnis seien daher diese dem heutigen vereinfachten Verfahren zugrundeliegenden und bis zum 01.07.1998 geltenden Verfahrensgestaltungen ebenso wie das Regelbetragssystem nach neuem Recht (§ 1612a BGB) nachfolgend in ihrer Entstehung und Ausgestaltung kursorisch dargestellt.

1. Das Regelunterhaltsverfahren §§ 642 - 644 ZPO a.F. i.V.m. § 1615f BGB a.F.

Das Verfahren über den Regelunterhalt nichtehelicher Kinder §§ 642 - 644 ZPO a.F. wurde mit der Neuregelung der §§ 1615a ff. BGB durch das Nichtehelichengesetz (NehelG)[26] vom 19.08.1969, in Kraft getreten am 01.07.1970, geschaffen. Durch diese Reform des Unterhaltsrechts wurde die rechtliche Stellung des nichtehelichen Kindes der des ehelichen Kindes erstmals weitgehend angeglichen[27]. Der Gesetzgeber folgte damit insbesondere der Aufforderung des BVerfG vom 29.01.1969[28], das mit der bis zum Inkrafttreten des NehelG geltenden Rechtslage den Verfassungsauftrag des Art. 6 Abs. 5 GG als nicht hinreichend erfüllt ansah[29].

a. Die Rechtslage vor Inkrafttreten des NehelG

Im Unterhaltsrecht bestanden bis zum Inkrafttreten des NehelG erhebliche Unterschiede zwischen ehelichen und nichtehelichen minderjährigen Kindern[30].
Der Unterhaltsanspruch des ehelichen minderjährigen Kindes gegen dessen Eltern richtete sich nach deren Erwerbs- und Vermögensverhältnissen (vgl. §§ 1601 ff. BGB). Das Maß des Unterhalts bestimmte sich grundsätzlich nach der von den Eltern abgeleiteten Lebensstellung[31]. Die Höhe war abhängig von deren Leistungsfähigkeit (vgl. § 1603 BGB) und der Bedürftigkeit des Kindes (vgl. § 1602 BGB)[32].
Das nichteheliche minderjährige Kind hatte dagegen zwar gegenüber der Mutter und den mütterlichen Verwandten im wesentlichen die unterhaltsrechtliche Stellung eines ehelichen minderjährigen Kindes (vgl. § 1705 BGB a.F.), nicht aber gegenüber dem nichtehelichen Vater[33]. Der Vater und das nichteheliche Kind galten gemäß § 1589 II BGB a.F. als nicht miteinander verwandt. Dies wirkte sich auch unterhaltsrechtlich aus. Anders als im Verhältnis zur Mutter ergaben sich im Verhältnis zum Vater keine wechselseitigen Unterhaltspflichten aus dem Verwandtschaftsverhältnis. Vielmehr bestand eine einseitige Unterhaltspflicht des Vaters gegenüber dem nichtehelichen minderjährigen Kind, die jedoch lediglich

---

[26] BGBl. 1969 I, S. 1243 ff.

[27] Firsching, Rpfleger 1970, 41 (41); Bosch, NJW 1987, 2617 (2619); Richter, FamRZ 1970, 280 (280).

[28] BVerfGE 25, 167 ff.; BVerfG, FamRZ 1969, 196 ff.

[29] BVerfGE 25, 167 (167): *„Erfüllt der Gesetzgeber den ihm von der Verfassung in Art. 6 Abs. 5 GG erteilten Auftrag zur Reform des Unterhaltsrechts nicht bis zum Ende der laufenden (5.) Legislaturperiode des Bundestages, so ist der Wille der Verfassung soweit wie möglich von der Rechtsprechung zu verwirklichen. Die Verfassungsnorm erlangt insoweit derogierende Kraft gegenüber entgegenstehendem einfachen Recht.*"

[30] Zum Unterhaltsrecht nichtehelicher Kinder vor dem Inkrafttreten des NehelG vgl. insbesondere Köhler/ Luthin, 8. Aufl., § 40 Rn. 563 ff; Göppinger/ Bökelmann, das Recht des unehelichen Kindes; Dölle, Band II.

[31] BGH, FamRZ 1969, 205 (207); BGH, FamRZ 1981, 543 (544); Heiß/ Born- Deisenhofer, 12. Kap., Rn. 72; Göppinger/ Wax- Strohal, 6. Aufl., Rn. 662 ff.

[32] Vgl. umfassend: Dölle, Band II, S. 18 ff.; Göppinger/ Wax- Strohal, 6. Aufl., Rn. 593 ff.

[33] Vgl. zur rechtlichen Stellung des nichtehelichen Kindes beispielshaft Göppinger/ Bökelmann, das Recht des unehelichen Kindes.

schuldrechtlich ausgestaltet war[34]. Die Höhe bemaß sich grundsätzlich allein nach der Lebensstellung der Mutter[35], unabhängig von der Leistungsfähigkeit des Vaters[36] und grundsätzlich auch unabhängig von der Bedürftigkeit des Kindes[37]. § 1708 BGB a.F. sah lediglich vor, dass der zu gewährende Unterhalt den gesamten Lebensbedarf einschließlich Erziehung und Berufsbildung decken müsse[38]. Dies führte in der Praxis zu von der Rechtsprechung pauschalierten Unterhaltssätzen, die wegen fehlender betragsmäßiger Vorgaben in den einzelnen Landgerichtsbezirken unterschiedlich hoch festgesetzt wurden[39], der Zeitentwicklung jedoch oftmals erheblich hinterherhinkten[40].

b. Die Rechtslage durch das NehelG

Das NehelG begründete durch ersatzlose Streichung des § 1589 II BGB a.F. auch zwischen dem nichtehelichen Kind und seinem Vater ein Verwandtschaftsverhältnis. Unterhaltsrechtlich wurde das nichteheliche Kind dem ehelichen im wesentlichen gleichgestellt (vgl. § 1615a BGB a.F. i.V.m. § 1601 ff. BGB)[41]. Voraussetzung war lediglich die Vaterschaftsfeststellung nach § 1600a BGB a.F.[42]. Sonderregelungen hat der Gesetzgeber nur insoweit geschaffen als sie wegen der abweichenden sozialen Lebensverhältnisse der nichtehelichen Kinder gegenüber den ehelichen erforderlich erschienen[43] (vgl. § 1615a ff. BGB a.F.).
Insbesondere wurde der Vater verpflichtet, dem nichtehelichen minderjährigen Kind mindestens den durch das NehelG neu geschaffenen und sich nach §§ 1615f -h BGB a.F. bemessenden Regelunterhalt zu zahlen (§ 1615f Abs. 1 BGB). Der Gesetzgeber schuf damit einen eigenständigen Anspruch des nichtehelichen Kindes auf einen gesetzlich bestimmten Mindestunterhalt, den Regelunterhalt, durch den der Unterhalt nichtehelicher Kinder für gewöhnlich gesichert war[44].
Gleichzeitig wurde für die Geltendmachung dieses Anspruchs ein eigenständiges

---

[34] Wagner, FamRZ 1996, 705 (705); MüKo- Köhler, BGB, 3. Aufl., § 1615a Rn. 2; Dölle, Band II, S. 352, 353.
[35] Vgl. beispielshaft BGB- RGRK, 10./ 11. Aufl., § 1708 Anm. 4.
[36] Staudinger, 10./11. Aufl., § 1708 Rn. 54, 55; Dölle, Band II, S. 405.
[37] Staudinger, 10./11. Aufl., § 1708 Rn. 33; Dölle, Band II, S. 405.
[38] Odersky, 4. Aufl., S. 238; Staudinger, 10./11. Aufl., § 1708 Rn. 59 ff.
[39] Firsching, Rpfleger 1970, 41 (42); Beispiele bei Jansen/ Knöpfel, S. 198; Staudinger, 10./11. Aufl., § 1708 Rn. 75.
[40] Odersky, 4. Aufl., S. 238.
[41] Vgl. zur Rechtsstellung nichtehelicher Kinder nach Inkrafttreten des NehelG insbesondere Zarbock, das Recht des nichtehelichen Kindes; Schnitzerling, das Recht des nichtehelichen Kindes; Grasnik, das neue Nichtehelichenrecht; Herlan, das nichteheliche Kind und sein Recht; Rolland, 2. Aufl.; Odersky, das Nichtehelichengesetz, 4. Aufl.
[42] Vgl. hierzu Beitzke/ Lüderitz, 26. Aufl., S. 242 ff.; Scholz/ Stein- Eckebrecht, Q Rn. 1 ff.
[43] BT- DrucksS V/ 2370, S. 43 ff.
[44] Grandke, NJ 1998, 295 (295); BT- DrucksS V/ 2370, S. 48.

und vereinfachtes Regelunterhaltsverfahren geschaffen (§§ 642 - 644 ZPO a.F.). Die Geltendmachung des Regelunterhalts in diesem Verfahren stand dem nichtehelichen minderjährigen Kind wahlweise neben der Möglichkeit zu, den Unterhalt als Individualunterhalt gemäß §§ 1601 ff., 1615a, c BGB a.F. im herkömmlichen Klageweg zu verlangen. Die individuelle Unterhaltsklage hatte in der Praxis seither aber nur geringe Bedeutung, da das nichteheliche minderjährige Kind in den meisten Fällen das einfacher zu handhabende Regelunterhaltssystem in Anspruch nahm[45].

aa. Der Regelunterhalt § 1615f BGB a.F.

Der Regelunterhalt war im Regelfall der zum Unterhalt erforderliche Monatsbetrag des nichtehelichen, sich in der Pflege der Mutter befindlichen, minderjährigen Kindes bei einfacher Lebenshaltung (Regelbedarf), jedoch vermindert um die nach § 1615g BGB a.F. anzurechnenden Beträge (§ 1615f Abs. 1 S. 2 BGB a.F.). Dabei war insbesondere das anteilige Kindergeld zu berücksichtigen[46].
Der Regelbedarf wurde von der Bundesregierung mit Zustimmung des Bundesrates durch Rechtsverordnung entsprechend dem Alter des Kindes abgestuft[47] und festgesetzt (vgl. § 1615f Abs. 2 BGB a.F.)[48]. Der Verordnungsgeber stützte sich dabei auf Gutachten des Statistischen Bundesamtes, die nach Art. 14 § 24 NehelG alle 2 Jahre neu erstellt werden mussten. Entsprechend dieser Gutachten wurden die Regelbedarfssätze in der Folgezeit angepasst[49]. Hierdurch wurde erstmals eine Dynamisierung des Unterhalts ermöglicht.
Der Regelunterhalt war insoweit Mindestunterhalt, als dieser Betrag dem Kind grundsätzlich zufließen musste, damit es die Kosten einer einfachen Lebensstellung bestreiten konnte (vgl. § 1615f BGB a.F.). Dies bedeutete jedoch nicht, dass

---

[45] Vgl. BT- DruckS 13/ 7338, S. 16.

[46] Zu den anzurechnenden Beträgen umfassend: Göppinger/ Wax- Maurer, 6. Aufl., Rn. 833 ff.

[47] Insoweit wurde nach 3 Lebensaltersstufen abgestuft. Bis zur Vollendung des 6. Lebensjahres (0-5 Jahre), vom 7. Lebensjahr bis zur Vollendung des 12. Lebensjahres (6-11 Jahre) und vom 13. Lebensjahr bis zur Vollendung des 18. Lebensjahres (12-17 Jahre). Von der Differenzierungsmöglichkeit nach örtlichen Unterschieden in den Lebenshaltungskosten gemäß § 1615f Abs. 2 BGB a.F. hat der Verordnungsgeber in den alten Bundesländern keinen Gebrauch gemacht, vgl. MüKo- Köhler, BGB, 3. Aufl., § 1615f Rn. 5; Göppinger/ Wax-Maurer, 6. Aufl., Rn. 827. In den neuen Bundesländern wurden gemäß Art. 234 §§ 8, 9 EGBGB von 1991 - 1995 Regelbedarfssätze zunächst von jedem Bundesland selbst erlassen; vgl. FamRZ 1991, S. 408, 662.

[48] In den alten Bundesländern erstmals 1970 (DM 108.-/ DM 132.-/ DM 156.-); in den neuen Bundesländern erstmals 1991 (DM 165.-/ DM 201.-/ DM 237.-); vgl. Palandt- Diederichsen, 57. Aufl., § 1610 Rn. 21; Anhang §§ 1615f, g ; BT- DruckS 13/ 7338, S. 17.

[49] Zuletzt zum 01.01.1996: für die alten Bundesländer (DM 349.-/ DM 424.-/ DM 502.-) und einheitlich für die neuen Bundesländer (DM 314.-/ DM 380.-/ DM 451.-); vgl. DIV, DAV 1995, 907 (907, 911) und umfassende Darstellung bei Wagner, FamRZ 1996, 705 (706); Palandt- Diederichsen, 57. Aufl., Anhang §§ 1615f, g.

der Vater in jedem Fall verpflichtet war, den Regelunterhalt zu leisten. Vielmehr konnten diese Beträge gemäß § 1615h BGB a.F. unterschritten beziehungsweise Unterhalt versagt werden, wenn der tatsächlich geschuldete Unterhalt[50] betragsmäßig wesentlich unter dem des Regelunterhalts lag.
Andererseits konnte das Kind prozentuale Zuschläge zum Regelunterhalt verlangen, wenn der geschuldete Unterhalt den Regelunterhalt überstieg[51].

bb. Das Regelunterhaltsverfahren §§ 642 - 644 ZPO a.F.

Korrespondierend zu diesem materiellen Anspruch des nichtehelichen minderjährigen Kindes gegen seinen Vater auf Regelunterhalt, wurde gleichzeitig das Regelunterhaltsverfahren gemäß §§ 642 - 644 ZPO a.F. eingeführt. Hierdurch wurde dem nichtehelichen minderjährigen Kind ein gesondertes Verfahren zur Verfügung gestellt, das eine vereinfachte Geltendmachung des Regelunterhalts ermöglichte. Um zugleich auch die durch § 1615f BGB a.F. eröffnete Dynamisierung verfahrensrechtlich einfach und schnell durchsetzen zu können, wurde das Regelunterhaltsverfahren in ein zweistufiges Verfahren aufgegliedert[52].

(1.) Der Regelunterhalts- Grundtitel

Der Regelunterhalts- Grundtitel enthielt lediglich die betragsmäßig nicht bezifferte Verpflichtung des Vaters zur Leistung des Regelunterhalts. Dieser konnte grundsätzlich durch drei verschiedene Möglichkeiten erlangt werden.

(a.) §§ 642, 642d ZPO a.F.

Das nichteheliche minderjährige Kind konnte gemäß § 642 ZPO a.F. beantragen, den Vater auf Zahlung des Regelunterhalts - ohne Bezifferung - zu verurteilen[53]. Ging der vom Kind begehrte Unterhalt über den Regelunterhalt betragsmäßig hinaus, beziehungsweise lag er darunter, so konnte es gemäß § 642d ZPO a.F. auf

---

50 Dieser richtete sich nach dem gemäß §§ 1615a ff., 1601 ff. BGB a.F. dem Kind zustehenden Individualunterhalt, der sich nunmehr ebenfalls nach der Lebensstellung der Eltern gemäß §§ 1615c, 1610, 1606 Abs. 3 S. 2 BGB a.F. richtete, wobei zumeist nur die des Vaters maßgeblich war, da die Mutter ihren Teil zum Gesamtunterhalt gemäß § 1606 Abs. 3 S. 2 BGB durch Betreuung des Kindes erbrachte (strittig: vgl. Künkel, DAV 1984, 943 (943); Soergel/ Lange- Lange, 12. Aufl. § 1606 Rn. 8, § 1610 Rn. 2; Kemper, FamRZ 1973, 520 (520); BGH, FamRZ 1981, 543 (545); BGH, FamRZ, 1984, 39 (40)). Begrenzt wurde er durch die Leistungsfähigkeit des Vaters (§§ 1615h, 1603 BGB a.F.) und die Bedürftigkeit des Kindes (§§ 1602, 1615a BGB a.F.); vgl. Kemper, FamRZ 1973, 520 (524).

51 Argument § 642d ZPO; Palandt- Diederichsen, 57. Aufl., § 1615f Rn. 2, § 1615c Rn. 3.

52 BT- DruckS V/ 3719, S. 43; Kemper, FamRZ 1973, 520 (522).

53 Zuständig war das Amtsgericht gemäß § 23a Nr. 2 GVG a.F.; vgl. Damrau, FamRZ 1970, 285 (288).

Leistung des Regelunterhalts zuzüglich eines in Prozenten des Regelbedarfs ausgedrückten Zuschlages beziehungsweise Abschlages klagen[54].
War das Begehren des Kindes lediglich auf Leistung des Regelunterhalts, gegebenenfalls mit Abschlägen, gerichtet, so konnte der Vater in diesem Verfahren nur unter den strengen Anforderungen des § 1615h BGB a.F. Herabsetzung des Regelunterhalts verlangen. Machte das Kind dagegen den Regelunterhalt nebst einem Zuschlag geltend, standen dem Vater bezüglich der Mehrforderung alle Einwendungen[55] wie im normalen Klageverfahren zu.
Der sich ergebende rückständige Unterhalt[56] konnte auf Antrag des Vaters gestundet beziehungsweise erlassen werden (§§ 1615i BGB a.F. i.V.m. § 642e ZPO a.F.).

(b.) § 643 ZPO a.F.

Das nichteheliche minderjährige Kind konnte gemäß § 643 ZPO a.F. bereits im Vaterschaftsprozess beantragen, den Vater zur Leistung des (unbezifferten) Regelunterhalts zu verurteilen. Hierdurch wurde vermieden, dass das Kind nach dem Vaterschaftsprozess ein neues Unterhaltsverfahren betreiben musste. Um den Vaterschaftsprozess nicht zu verzögern, erging die Entscheidung auf Verurteilung zum Regelunterhalt nach § 643 ZPO a.F. dem Grunde nach, somit ohne nähere Prüfung der Unterhaltshöhe[57].
Dem Vater war es daher verwehrt, in diesem Verfahrensabschnitt Herabsetzung des Unterhalts unter den Regelunterhalt beziehungsweise Stundung oder Erlass von Unterhaltsrückständen zu verlangen (§ 643 Abs. 1 S. 2 ZPO a.F.). Dies war der Abänderungsklage nach § 643a ZPO a.F. vorbehalten. Lediglich hinsichtlich des Unterhaltsgrundes[58] konnte der Vater Einwendungen erheben[59]. Auch die Geltendmachung einer Erhöhung des Regelunterhalts seitens des Kindes war aus verfahrensbeschleunigenden Gründen nicht möglich[60]. Dieses Begehren war ebenfalls der gesonderten Abänderungsklage gemäß § 643a ZPO a.F. vorbehalten.

(c.) § 642c ZPO a.F.

Der Vater konnte sich gemäß § 642c ZPO a.F. auch freiwillig zum (unbezifferten)

---

[54] Damrau, FamRZ 1970, 285 (288); Jansen/ Knöpfel, S. 200.
[55] Odersky, 4. Aufl., S. 242.
[56] Diese Möglichkeit war aus Billigkeitsgründen notwendig, um den Vater nicht zu überfordern. Die Unterhaltspflicht bestand nämlich bereits ab Geburt, während die Geltendmachung erst nach oftmals langwieriger Vaterschaftsfeststellung möglich war. Vgl. BT- DrucksS V/ 2370, S. 54.
[57] BT- DruckS V/ 3719, S. 47.
[58] Dieser ergab sich aus der Vaterschaft von selbst; vgl. BT DruckS V/ 3719, S. 47.
[59] Vgl. Göppinger/ Wax- Maurer, 6.Aufl., Rn. 2196 m.w.N.
[60] Damrau, FamRZ 1970, 285 (290); Kemper, FamRZ 1973, 520 (522).

Regelunterhalt verpflichten[61].

(2.) Der Festsetzungstitel §§ 642a, 643 Abs. 2, 642c ZPO a.F.

Der Festsetzungstitel §§ 642a, 643 Abs. 2, 642c ZPO a.F. ergänzte den Grundtitel durch betragsmäßige Konkretisierung und stellte einen Vollstreckungstitel dar (§ 794 I Nr. 2a ZPO a.F.). Der konkret geschuldete, bezifferte Unterhaltsbetrag wurde erst in diesem gesonderten, sich dem Grundtitelverfahren anschließenden Beschlussverfahren vor dem Rechtspfleger[62] festgesetzt (§ 642a ZPO a.F.). Änderten sich nachfolgend der Regelbedarf oder sonstige Voraussetzungen für die Festsetzung des Regelunterhalts[63], so konnte gemäß § 642b ZPO a.F. der dem nunmehr neuen Regelunterhalt entsprechende Betrag in einem einfachen und billigen[64] Beschlussverfahren vor dem Rechtspfleger[65] neu festgesetzt werden. Geändert wurde insoweit lediglich der Festsetzungstitel, ohne dass der Regelunterhalts-Grundtitel verändert werden musste[66].

Hierdurch erübrigte sich, in den meisten Fällen, die bis dato erforderliche zeitlich und kostenmäßig aufwendigere Abänderungsklage nach § 323 ZPO[67].

cc. Nachteile des Regelunterhaltssystems

Das Regelunterhaltsverfahren zur Geltendmachung von Regelunterhalt wurde durch das NehelG lediglich den nichtehelichen minderjährigen Kindern eröffnet. Für eheliche minderjährige Kinder fehlte ein entsprechendes vereinfachtes Verfahren zur Erlangung eines Unterhaltstitels. Es war weiterhin auf die Geltendmachung von Individualunterhalt im herkömmlichen Klageweg beschränkt[68].

---

61 Zuständig war hierfür der Rechtspfleger (§ 26 Nr. 2 BeurkG, § 3 RpflG), der Notar (§ 1 BeurkG) als auch über den Wortlaut des § 642c ZPO a.F. hinaus der Urkundsbeamte des Jugendamtes (§ 50 Abs. 2 JWG); vgl. Kemper, FamRZ 1973, 520 (526).

62 § 20 Nr. 11 RPflG a.F.. Ausschließlich zuständig war das Amtsgericht, bei dem das Kind seinen allgemeinen Gerichtsstand hat; vgl. § 642a Abs. 4 ZPO a.F.

63 Insbesondere die nach § 1615g BGB a.F. anzurechnenden Leistungen.

64 Bei Entscheidung über Neufestsetzung wurde eine streitwertunabhängige Pauschalgebühr von zuletzt DM 20.- erhoben (vgl. Kostenverzeichnis zum Gerichtskostengesetz Nr. 1802 a.F.). Zu den Gebühren umfassend vgl. Zöller- Philippi, 20. Aufl., § 642b Rn. 15.

65 § 20 Nr. 11 RPflG a.F.. Ausschließlich zuständig war das Amtsgericht, das den Titel nach § 642a ZPO a.F. erstellt hat; vgl. § 642b Abs. 1 S. 4 ZPO a.F.

66 Jansen/ Knöpfel, S. 203.

67 Brüggemann, FamRZ 1969, 120 (126); Künkel, DAV 1984, 943 (945); Odersky, FamRZ 1973, 528 (528).

68 Der Gesetzgeber begründete diese Besserstellung des nichtehelichen Kindes gegenüber dem ehelichen damit, „*dass sich der nichteheliche Vater nach Angleichung des materiellen Rechts (§§ 1601, 1615a ff. BGB a.F.) auf seine Leistungsunfähigkeit berufen könnte, was in vielen Fällen zu einem langwierigen Unterhaltsprozess im Anschluss an das Vaterschaftsfeststellungsverfahren führen würde. Dies würde dem Anliegen, die Stellung des nichteheli-*

Das Regelunterhaltsverfahren war wegen der zweistufigen Ausgestaltung (Regelunterhalts- Grundtitel; Festsetzungstitel) noch relativ zeitintensiv[69]. Mit Ausnahme des Falls der freiwilligen Verpflichtung (§ 642c ZPO a.F.), bedurfte es immer der Inanspruchnahme des Richters, da nur dieser über den Regelunterhalts- Grundtitel entscheiden konnte. Zudem war unbefriedigend, dass eine Anpassung der Titel erst im Nachgang zur tatsächlichen Bedarfs- und Einkommensentwicklung erfolgte[70].

Darüber hinaus entstand der unzutreffende Eindruck, die Regelbedarfssätze seien bedarfsdeckend und der Unterhaltspflichtige käme mit dem Regelunterhalt seiner Verpflichtung zur Leistung eines bedarfsdeckenden Unterhalts hinreichend nach[71]. Die Regelbedarfssätze genügten jedoch zumeist nicht, den Bedarf eines Kindes in einfachen Lebensverhältnissen zu decken[72]. Sie lagen vielmehr hinter dem Existenzminimum der Kinder zurück[73].

Entgegen ihrer Definition stellten sie vielmehr „ein Mischprodukt aus Bedarf und unterstellter Leistungsfähigkeit mit geringem Einkommen, also gewissermaßen einen Kompromiss zwischen den beiden Polen Bedarf und Leistungsfähigkeit dar"[74].

2. Die vereinfachte Abänderung von Unterhaltsrenten gemäß §§ 6411 ff. ZPO a.F. i.V.m. § 1612a BGB a.F.

Durch das Gesetz zur vereinfachten Abänderung von Unterhaltsrenten[75] („Dynamisierungsgesetz") vom 29.07.1976, in Kraft getreten am 01.01.1977, fand mit der Einführung der §§ 6411 ff. ZPO a.F. i.V.m. § 1612a BGB a.F. eine weitere wesentliche Entwicklung des Unterhaltsrechts Minderjähriger statt.

Das Unterhalts- und Verfahrensrecht, mit Ausnahme des Regelunterhaltssystems, ging davon aus, dass ein Unterhaltsanspruch keinen kurzfristigen Änderungen der wirtschaftlichen Verhältnisse, insbesondere Änderungen der Einkünfte des Unterhaltspflichtigen oder des Bedarfs des Berechtigten, ausgesetzt sei. Dementspre-

---

chen Kindes gegenüber der des Ehelichen zu verbessern, widersprechen", vgl. BT- DruckS, V/ 2370, S. 48, 49.

69 Van Els, Rpfleger 1999, 297 (298); Göppinger/ Wax- van Els, 7. Aufl., Rn. 2163; Wagner, FamRZ 1997, 1513 (1517).

70 Die Regelbedarfssätze wurden durchschnittlich nur alle drei Jahre erhöht, vgl. Darstellung bei BT- DruckS 13/ 7338, S. 16, 17; Wagner, FamRZ 1996, 705 (706); Palandt- Diederichsen, 57. Aufl., Anhang §§ 1615f, g.

71 BT- DruckS 13/ 7338, S. 31.

72 Wagner, FamRZ 1996, 705 (706).

73 Dieses betrug nach dem Existenzminimumbericht der Bundesregierung vom 02.05.1995 (vgl. BT- DruckS 13/ 381) und umgerechnet auf die jeweiligen Altersstufen in der ersten Altersstufe DM 431.-, in der zweiten DM 510.- und in der dritten DM 631.-.

74 Willutzki, M33 (M44).

75 BGBl. 1976 I, S. 2029.

chend wurde es als Ausnahmefall angesehen, wenn eine in einem vollstreckungsfähigen Titel festgesetzte Unterhaltsrente abgeändert wurde[76]. Eine Abänderung war daher nur in einem oftmals langwierigen und aufwendigen Abänderungsverfahren unter den besonderen Voraussetzungen des § 323 ZPO möglich.
Die sozialpolitische und wirtschaftliche Entwicklung insbesondere der letzten Jahrzehnte hat jedoch dazu geführt, dass an die Stelle von langfristig gleichbleibenden Löhnen, sich ändernde, steigende Arbeitsentgelte getreten sind[77]. Arbeitseinkommen wurden den Verschiebungen des Leistungsgleichgewicht angepasst. Dies zeigen die Tarifabschlüsse mit kurzer Laufzeit und die ebenfalls in kürzeren Zeitabschnitten vorgenommenen Anpassungen der Beamtenbezüge, sodass insoweit von dynamischen Einkommen gesprochen werden kann[78].
Im Unterhaltsrecht wirkte sich dies insofern aus, als sich die Leistungsfähigkeit des Unterhaltspflichtigen infolge der laufenden Steigerung seiner Einkünfte erhöhte, während gleichzeitig auf Seiten des Unterhaltsberechtigten wegen des mit der Einkommenserhöhung einhergehenden Anstiegs der Lebenshaltungskosten[79] der Unterhaltsbedarf laufend stieg[80]. Dieser veränderten Lage musste der Gesetzgeber Rechnung tragen. Ein erster Schritt wurde bereits für nichteheliche minderjährige Kinder mit Einführung des Regelunterhaltssystem und der damit ermöglichten Dynamisierung gemacht.
Um auch die Rechtstellung ehelicher minderjähriger Kinder dieser veränderten Lage anzupassen, wurde das Gesetz zur vereinfachten Anpassung von Unterhaltsrenten erlassen. Der Gesetzgeber wollte hiermit die sachlich nicht mehr gebotene Besserstellung der nichtehelichen Kinder durch das nur für sie geltende Regelunterhaltssystem beseitigen und zugleich eine einfachere Anpassungsregelung schaffen[81]. Überlegungen, alle Unterhaltsrenten ehelicher wie nichtehelicher Kinder einem einheitlichen Regelunterhaltssystem zugänglich zu machen, wurden zwar angestellt, jedoch als zu aufwendig und nicht zweckmäßig verworfen[82]. Zwar wurde mit Schaffung des § 1610 Abs. 3 BGB durch das 1. EheRG[83], in Kraft getreten am 01.07.1977, auch dem ehelichen minderjährigen Kind die materiellrechtliche Möglichkeit eröffnet, den Regelunterhalt als gesetzliche Bemessung des Mindest-

---

[76] Walter, FamRZ 1976, 71 (72); BT- DruckS 7/ 4791, S. 7.
[77] Kleinle, ZfJ 1996, 399 (401, 402).
[78] Auch bei der gesetzlichen Rentenversicherung sind an die Stelle von konstanten Alters- und Sozialrenten „dynamisierte“ Renten getreten; vgl. BT- DruckS 7/ 4791, S. 7.
[79] Vgl. umfassende Darstellung der Lebenshaltungsindizies im langfristigen Vergleich in NJW, 1980, S. 571; Staudinger, 10./11. Aufl., § 1708 Rn. 63 (- 1965); Kleinle, ZfJ 1996, 399 (401, 402) und Preisindextabellen bei Dospil/ Honhörster, S. 443 ff. (1991- 2000); Brudermüller/ Klattenhoff, 21. Aufl., S. 279 ff. (alte BL); S. 289 ff. (neue BL).
[80] BT- DruckS 7/ 4791, S. 7; BT- DruckS 7/ 5311, S. 3.
[81] BT- DruckS 7/ 4791, S. 7.
[82] Vgl. Begründung in BT- DruckS 7/ 4791, S. 8.
[83] BGBl. 1976 I, S. 1421.

unterhalts geltend zu machen[84], wenn seine Stellung der des nichtehelichen Kindes vergleichbar war (vgl. § 1610 Abs. 3 BGB). Verfahrensrechtlich aber blieb das Regelunterhaltsverfahren nach §§ 642 ff. ZPO a.F. dem ehelichen Kind auch weiterhin verschlossen[85].
Es erschien zweckmäßiger, neben dem nur für nichteheliche Kinder geltenden Regelunterhaltsverfahren ein neues Anpassungssystem einzuführen, „*das den Weg für die Anpassung aller Unterhaltstitel nach den gleichen gesetzlichen Vorschriften nicht versperrt*“[86].

a. Die Dynamisierung gemäß § 1612a BGB a.F.

Durch § 1612a BGB a.F. wurde materiellrechtlich die Möglichkeit geschaffen, Unterhaltsansprüche aller Minderjähriger, deren Höhe in einer Vereinbarung, Verpflichtungserklärung oder gerichtlichen Entscheidung[87] entsprechend den individuellen Verhältnissen festgelegt waren, zu dynamisieren[88].
Die Bundesregierung war gemäß § 1612a Abs. 2 BGB a.F. ermächtigt, mit Zustimmung des Bundesrates, Anpassungsverordnungen zu erlassen, wenn erhebliche Änderungen der allgemeinen wirtschaftlichen Verhältnisse eine Anpassung der Unterhaltsrenten erforderlich machten[89]. Grundlage dieser Anpassungsverordnungen waren die Angaben des Statistischen Bundesamtes über die Entwicklung der Einkommen und des Lebensbedarfs.
Durch diese Anpassungsverordnungen wurde eine prozentuale Anpassung der Unterhaltsrenten an die veränderten allgemeinen wirtschaftlichen Verhältnisse bestimmt. Dies erfolgte durch Festsetzung bestimmter Prozentsätze, um die die jeweiligen Unterhaltsrenten zu ändern waren[90]. Die Bundesregierung musste spätestens alle zwei Jahre nach Erlass der letzten Anpassungsverordnung prüfen, ob eine neue Anpassung erforderlich war (vgl. Art. 5 §§ 1, 3 des Dynamisierungsgesetzes). Gemäß § 1612a BGB a.F. konnte das minderjährige Kind verlangen, dass der zu entrichtende Unterhaltsbetrag entsprechend dem in der Anpassungsverordnung festgesetzten Prozentsatz angepasst wurde.
Dieses Begehren wurde nur dann versagt, wenn und soweit bei der Unterhaltsfestlegung eine Änderung der Geldrente ausgeschlossen wurde oder ihre Anpassung an die allgemeinen wirtschaftlichen Verhältnisse auf andere Weise geregelt war

---

[84] Hierdurch sollte auch dem ehelichen Kind die Darlegungs- und Beweislast bis zur Höhe des Regelunterhalts genommen werden; vgl. BT- DruckS 7/ 4361, S. 51.
[85] Künkel, DAV 1984, 943 (947); Stein/ Jonas- Schlosser, 21. Aufl., Vor § 642 Rn. 1 ff.
[86] BT- DruckS 7/ 4791, S. 8.
[87] Puls, DAV 1976, 601 (604).
[88] Franz, FamRZ 1976, 65 (66); Puls, DAV 1976, 601 (603).
[89] Franz, FamRZ 1977, 24 (25).
[90] Vgl. Darstellung der bisher ergangenen Anpassungsverordnungen bei Staudinger- Engler, 12. Aufl., § 1612a Rn. 16 (- 1992); Palandt- Diederichsen, 57. Aufl., § 1612a Rn. 11 (1992-1998).

(§ 1612a Abs. 1 S. 2 BGB a.F.). Insbesondere das Regelunterhalts- Anpassungsverfahren nach §§ 642a ZPO a.F. i.V.m. § 1615f BGB a.F. stellte eine anderweitige Regelung in diesem Sinn dar.
Nichtehelichen minderjährigen Kindern wurde die Dynamisierung gemäß § 1612a BGB a.F. daher versagt, wenn sie Regelunterhalt geltend gemacht hatten. Hatten sie demgegenüber bezifferten Individualunterhalt geltend gemacht (§§ 1615a, 1602 ff. BGB a.F.), so stand auch ihnen die Neuregelung des § 1612a BGB a.F. zur Verfügung.
Die Wirkung des Verlangens nach Anpassung gemäß § 1612a BGB a.F. und seine Durchsetzung hing somit davon ab, wie die Unterhaltspflicht geregelt war. Wurde diese nicht in einem vollstreckungsfähigen Titel festgelegt, führte der Zugang des Anpassungsverlangens gemäß § 1612a Abs. 2 S. 4 BGB a.F. zur wirksamen Änderung der Unterhaltspflicht. Weigerte sich der Unterhaltsschuldner zur Zahlung des geänderten Unterhaltsbetrages, so musste der Minderjährige seinen Anspruch im ordentlichen Klageverfahren durchsetzen. Ergab sich die Unterhaltspflicht demgegenüber aus einem vollstreckungsfähigen Schuldtitel, so konnte[91] der Minderjährige dessen Anpassung im vereinfachten Verfahren gem. §§ 641l ff. ZPO a.F. beantragen.

b. Das vereinfachte Verfahren zur Anpassung gemäß §§ 641l ff. ZPO a.F.

Das vereinfachte Verfahren gemäß §§ 641l ff. ZPO a.F. wurde eingeführt, um dem materiellen Anpassungsanspruch ein schnelles und einfaches Verfahren zu Seite zu stellen. Die Häufigkeit der Änderungsverlangen im Anschluss an den Erlass einer neuen Anpassungsverordnung bedurften eines übersichtlichen und unkomplizierten Masseverfahrens. Die bis dato einzig zur Verfügung stehende Abänderungsmöglichkeit gemäß § 323 ZPO war für die Vielzahl von Anpassungsverlangen zu aufwendig und setzte zu strenge Änderungsvoraussetzungen[92].
Das vereinfachte Anpassungsverfahren war als gerichtsgebührenfreies[93] Be-

---

91 Insoweit hatte der Minderjährige aber kein Wahlrecht. Die Abänderungsklage gemäß § 323 ZPO war gemäß § 323 Abs. 5 ZPO ausgeschlossen, wenn das vereinfachte Verfahren zum Ziel führte. Dies war dann der Fall, wenn nur die Veränderung der allgemeinen wirtschaftlichen Verhältnisse Grund für die Abänderung der Unterhaltstitel war. Für alle übrigen Fälle, insbesondere die, in denen sich die für die Höhe des Unterhalts maßgebenden Verhältnisse wesentlich über das Maß hinaus geändert hatten, das der allgemeinen Anpassung zugrunde lag, stand auch weiterhin die Abänderungsklage gemäß § 323 ZPO zur Verfügung. Vgl. umfassend hierzu Puls, DAV 1978, 235 ff.

92 BT-DruckS 7/ 4791, S. 9.

93 Insoweit wurde für das Ergehen eines Abänderungsbeschlusses eine streitwertunabhängige Pauschalgebühr von zuletzt DM 20.- erhoben (vgl. Kostenverzeichnis zum Gerichtskostengesetz Nr. 1800 a.F.). Zu den Gebühren umfassend vgl. Zöller- Philippi, 20. Aufl., § 641p Rn. 15.

schlussverfahren vor dem Rechtspfleger[94] ausgestaltet. Für den Antrag waren gemäß § 641m ZPO a.F. nur die unumgänglichen Angaben[95] notwendig. Sogar eine Bezifferung der Änderung war gemäß § 641m Abs. 1 Nr. 5 ZPO a.F. grundsätzlich entbehrlich, um dem Minderjährigen die Berechnung zu ersparen[96].
Die individuellen Verhältnisse des Minderjährigen und des Antragsgegners wurden im Festsetzungsverfahren gemäß §§ 641l - 641p ZPO nicht geprüft.
Daher konnte der Antragsgegner Einwendungen gegen die Anpassung gemäß § 641o ZPO a.F. nur insoweit erheben, als diese die Zulässigkeit des vereinfachten Verfahrens, die Höhe des Abänderungsbetrages und den Zeitpunkt der Abänderung betrafen.
Andere Einwendungen wurden in diesem Verfahren nicht berücksichtigt. Sie waren der gesondert geltend zu machenden Abänderungsklage gemäß § 641q ZPO a.F. vorbehalten. Demnach konnte der Antragsgegner[97] verlangen, dass der zuletzt im vereinfachten Verfahren ergangene Beschluss abgeändert werde. Voraussetzung hierfür war, dass der Beschluss einen Unterhaltsbetrag festsetzte, der wesentlich von dem Betrag abwich, der sich bei Betrachtung der individuellen Verhältnisse beider Parteien ergeben würde[98] (vgl. § 641q Abs. 1 ZPO a.F.) oder dass über die Anpassung eine andere Vereinbarung getroffen wurde (vgl. § 641q Abs. 2 ZPO a.F.).

c. Nachteile des vereinfachten Anpassungsverfahrens

Wie beim Regelunterhaltssystem wurde es für unbefriedigend gehalten, dass eine Anpassung erst im Nachgang zur tatsächlichen Bedarfs- und Einkommensentwicklung möglich war[99].
Zudem erlangte das Anpassungssystem in der Praxis nicht die vom Gesetzgeber erhoffte Akzeptanz. Dies lag zum einen daran, dass nichteheliche minderjährige Kinder in den meisten Fällen ihren Unterhaltsanspruch mit Hilfe des Regelunterhaltssystems geltend gemacht hatten[100]. Zwar war das Anpassungsverfahren „einfacher“ als das Regelunterhaltsverfahren, da es lediglich einen Titel gab, dennoch war das Regelunterhaltssystem für nichteheliche minderjährige Kinder oftmals günstiger[101].
Zum anderen ermöglichte das Anpassungssystem zwar die Dynamik im Hinblick

---

[94] § 20 Nr. 10 RpflG a.F.. Ausschließlich zuständig war gem. § 641l Abs. 3 ZPO a.F. das Amtsgericht, bei dem der Minderjährige seinen allgemeinen Gerichtstand hatte.
[95] Vgl. umfassend Stein/ Jonas- Schlosser, 21. Aufl., § 641m Rn. 1 ff.
[96] BT- DruckS 7/ 4791, S. 10.
[97] Nur dieser hatte die Möglichkeit der Abänderungsklage (vgl. § 641q ZPO a.F.).
[98] Franz, FamRZ 1977, 24 (25); Stein/ Jonas- Schlosser, 21. Aufl., § 641q Rn. 4; T/ P, 20. Aufl., § 641q Rn. 5.
[99] Wagner, FamRZ 1996, 705 (709); BT- DruckS 13/ 7338, S. 18.
[100] BT- DruckS 13/ 7338, S. 16.
[101] Vgl. hierzu Künkel, DAV 1984, 943 (946).

auf die gesamtwirtschaftliche Entwicklung, nicht aber im Hinblick auf den altersbedingten Mehrbedarf des Kindes. Insoweit bedurfte es weiterhin des aufwendigen und langwierigen Abänderungsverfahrens nach § 323 ZPO.

III. Das Regelbetragssystem nach § 1612a BGB

Der Gesetzgeber wollte auch nach Abschaffung des Regelunterhaltsverfahrens eine einfache Anpassung der Unterhaltsrenten an die sich ändernden wirtschaftlichen Verhältnisse, insbesondere an die Lebenshaltungskosten, ermöglichen. Er orientierte sich bei der Neuregelung des § 1612a BGB daher an dem materiellen Regelunterhaltssystem, das sich im Grunde bewährt hatte.
Die durch Art. 1 Nr. 10 KindUG neu gefasste Vorschrift des § 1612a Abs. 1 BGB ermöglicht einem minderjährigen Kind, ehelich oder nichtehelich, daher „*von einem Elternteil (...) den Unterhalt als Vomhundertsatz eines oder des jeweiligen Regelbetrages nach der Regelbetragsverordnung*“ zu verlangen[102].

1. Die Minderjährigkeit

Das neu geschaffene Regelbetragssystem erfasst lediglich den Barunterhaltsanspruch eines minderjährigen Kindes[103]. Dies folgt bereits aus dem Wortlaut des § 1612a Abs. 1 BGB[104] und der Regelbetragsverordnung, wonach die Regelbeträge lediglich für den Unterhalt eines minderjährigen Kindes festgeschrieben sind (§§ 1, 2 RegelbetragsVO)[105].
Etwas anderes ergibt sich auch nicht aus der in § 1603 Abs. 2 S. 2 BGB getroffenen Gleichstellung für volljährige Schüler, die noch im Haushalt eines Elternteils leben. Diese Gleichstellung gilt unmittelbar nur für die verschärfte Haftung der Eltern gemäß § 1603 Abs. 2 S. 1 BGB und für das Rangverhältnis dieser Kinder (§ 1609 BGB)[106]. Eine entsprechende Anwendung käme nur dann in Betracht, wenn es um die Unterhaltssicherung über die Volljährigkeit hinaus ginge[107]. Die Dynamisierung nach § 1612a BGB verfolgt jedoch lediglich das Ziel, die Unterhaltsrenten automatisch an die veränderten wirtschaftlichen Verhältnisse anzupassen. Eine entsprechende Anwendung des § 1603 Abs. 2 S. 2 BGB auf § 1612a

---

[102] Vgl. zur Dynamisierung nach § 1612a BGB allgemein: Finke/ Garbe- Büttner, 4. Aufl., § 3 Rn. 228 ff.; Erman- Holzhauser, 10. Aufl., Band II, § 1612a BGB Rn. 1 ff.; Palandt- Diederichsen, 60. Aufl., § 1612a BGB Rn. 1 ff.; Müller, 2. Aufl., Rn. 114 ff.; Schumacher/ Grün, FamRZ 778 (781 ff.); Rühl/ Greßmann, Rn. 73 ff.; Gerhardt, FuR 1998, 97 (98 ff.).

[103] So ohne nähere Begründung auch: Rühl/ Greßmann, Rn. 87; Schumacher/ Grün, FamRZ 1998, 778 (781); Nickel, DVP 2000, 50 (51); a.A. Palandt- Diederichsen, 60. Aufl., § 1612a Rn. 4; wohl auch Grandke, FPR 1998, 162 (164).

[104] Kleinle, ZfJ 1998, 225 (229).

[105] Strauß, FamRZ 1998, 993 (997).

[106] Vgl. dazu unten C. I. 1. a. aa. (1.) (a.).

[107] Vgl. dazu unten C. I. 1. a. aa. (1.) (b.).

BGB scheidet daher aus[108].
Auch die Regelung des § 1612a Abs. 3 S. 1 3. Alt. BGB, wonach die Regelbeträge der 3. Altersstufe für die Zeit *„vom 13. Lebensjahr an"* festgesetzt werden können, begründet keine Erweiterung des Regelbetragssystems und damit auch keine Dynamisierungsmöglichkeit von Volljährigenunterhalt. Unter Berufung auf diesen Wortlaut wird in der Literatur zwar vereinzelt[109] angenommen, auch die Ersttitulierung von Volljährigenunterhalt könne in dynamisierter Form gemäß § 1612a BGB erfolgen. Dies trifft aber nicht zu. Die Möglichkeit, Unterhalt für die Zeit vom 13. Lebensjahr an dynamisiert in Form von Regelbeträgen geltend zu machen, korrespondiert mit der Neuschaffung des § 798a ZPO[110]. Diese Norm wurde gerade im Hinblick auf die „offene" Tenorierung nach § 1612a Abs. 3 S. 1 3. Alt. BGB geschaffen[111].
Nach dieser Vorschrift des § 798a ZPO kann der Unterhaltspflichtige, soweit er dem Kind auch nach dessen Vollendung des 18. Lebensjahres Unterhalt schuldet, gegen den in einem Unterhaltstitel festgestellten Unterhaltsanspruch im Sinn des § 1612a BGB nicht einwenden, dass Minderjährigkeit nicht mehr besteht.
Insbesondere soll hiermit verhindert werden, dass der Unterhaltspflichtige mit der Vollstreckungsgegenklage (§ 767 ZPO) die fehlende Minderjährigkeit einwendet und die Vollstreckung abwehren kann, obwohl er weiterhin materiellrechtlich zur Unterhaltszahlung verpflichtet ist[112]. Das Kind soll nicht automatisch mit Erreichen der Volljährigkeit gezwungen sein, seinen Unterhaltsanspruch neu titulieren zu lassen. Vielmehr soll es in der Lage sein, weiterhin aus dem bisherigen Unterhaltstitel auf Minderjährigenunterhalt zu vollstrecken, der aber über die Abänderungsklage korrigiert werden kann[113]. Um diese Vollstreckungssicherung über die Volljährigkeit hinaus zu gewährleisten, bedurfte es auch einer „offenen" Tenorierung über die Vollendung des 18. Lebensjahres hinaus. Würde sich der maßgebende Unterhaltszeitraum nur bis zur Vollendung des 18. Lebensjahres erstrecken, so würde der Titel automatisch mit Erreichen der Volljährigkeit enden. Dies liefe jedoch dem angestrebten Ziel zuwider.
Die „offene" Tenorierung ändert aber nichts daran, dass lediglich der Unterhalt Minderjähriger in dynamisierter Form gemäß § 1612a BGB ersttituliert werden kann. Dies ergibt sich hinreichend aus der gleichzeitig mit der Neuregelung des § 1612a BGB erfolgten Normierung des § 798a ZPO. Diese prozessuale Vollstreckungsvorschrift ist nur dann sinnvoll, wenn ohne sie die fehlende Minderjährigkeit des Kindes im Rahmen der Vollstreckungsgegenklage gegen den bestehenden Unterhaltstitel eingewandt werden könnte. Dies aber würde voraussetzen, dass die

---

[108] So im Ergebnis auch Lipp/ Wagenitz, § 1612a Rn. 22.
[109] Palandt- Diederichsen, 58. Aufl., § 1612a Rn. 17; 60. Aufl., § 1612a Rn. 4.
[110] Eingeführt durch Art. 3 Nr. 13 KindUG, in Kraft seit 01.07.1998.
[111] Claessen, Rpfleger-Stud. 1999, 1 (1).
[112] BT- DruckS 13/ 7338, S. 45.
[113] BT- DruckS 13/ 7338, S. 45; Zöller- Stöber, 22. Aufl., § 798a Rn. 2.

fehlende Minderjährigkeit als materielle Einwendung den im Titel festgestellten Anspruch selbst beträfe. Aus Sinn und Zweck des § 798a ZPO folgt demnach, dass die Festsetzung von dynamisiertem Unterhalt nach § 1612a BGB nur für den Unterhalt minderjähriger Kinder erfolgen kann, die Minderjährigkeit hierfür somit Voraussetzung ist. Die Regelungen der §§ 1612a Abs. 3 S. 1 3. Alt. BGB, 798a ZPO führen daher lediglich dazu, dass aus dem während der Minderjährigkeit errichteten Titel auf dynamisierten Minderjährigenunterhalt auch nach Vollendung des 18. Lebensjahres vollstreckt werden kann. Insoweit nimmt der Volljährige zwar an der Dynamisierung des § 1612a Abs. 4 BGB teil, materiellrechtlich handelt es sich aber weiterhin um den dynamisiert titulierten Unterhalt eines Minderjährigen in Form des Vomhundertsatz des Regelbetrages der dritten Altersstufe[114].

2. Das Regelbetragssystem

Der Gesetzgeber orientierte sich bei der Neuregelung des § 1612a BGB an dem bisher nur für nichteheliche minderjährige Kinder geltenden Regelunterhaltssystem gemäß § 1615f BGB a.F. und erweiterte dieses nunmehr auch auf eheliche minderjährige Kinder. Durch § 1612a BGB wird die Möglichkeit geschaffen, Minderjährigenunterhalt[115] nunmehr in gänzlich dynamisierter Form zu verlangen. Um dies zu erreichen, wird die Höhe des sich aus dem materiellen Recht ergebenden Individualunterhaltsanspruchs als Prozentsatz von zunächst feststehenden Regelbeträgen ausgedrückt.

Die Regelbeträge richten sich nach der als Ersatz für die aufgehobene Regelunterhaltsverordnung eingeführten Regelbetragsverordnung[116]. Sie schreibt die Regelbeträge für den Unterhalt eines ehelichen wie nichtehelichen minderjährigen Kindes gegenüber dem Elternteil fest, mit dem es nicht in einem Haushalt lebt (vgl. § 1612a Abs. 3, 4 BGB, §§ 1, 2 RegelbetragsVO). Insoweit wird nach dem Kin-

---

[114] Unverständlich gefasst sind daher insoweit insbesondere die Düsseldorfer und die Bayerische Tabelle (vgl. FamRZ 1999, 766 ff., 773 ff. (Stand 01.07.1999); FamRZ 2001, 806 ff. (Stand 01.07.2001)), da diese eine 4. Altersgruppe für privilegierte Volljährige enthalten. Zwar ist dieses als solches legitim (OLG Karlsruhe, FamRZ 1991, 1471 (1471, 1472)), jedoch wird diese 4. Altersgruppe ebenso wie die herkömmlichen als Vomhundertsatz ausgedrückt, der sich entsprechend der Einkommensgruppen erhöht. Vgl. dazu auch Grandke, FPR 1998, 162 (163); Oelkers, ZfJ 1999, 239 (242); Strauß, FamRZ 1998, 993 (997).

[115] Zwar spricht das Gesetz insoweit nur von Unterhalt gegen den Elternteil, mit dem das Kind nicht in einem Haushalt lebt, jedoch bedarf das Gesetz insoweit einer extensiven Auslegung, sodass § 1612a BGB die Dynamisierung aller Individualunterhaltsansprüche gegen einen Elternteil ermöglichen kann. Vgl. dazu ausführlich unten C. I. 1. a. cc. (1.).

[116] Art. 2 KindUG; RegelbetragsVO vom 06.04.1998, BGBl. 1998 I, 666 (668); in Kraft getreten am 01.07.1998; 1. RegelbetragsanpassungVO vom 28.05.1999, BGBl. 1999 I 1100, in Kraft getreten am 01.07.1999, vgl. FamRZ 1999, 749 ff.; 2. RegelbetragsanpassungsVO vom 08.05.2001, BGBl. 2001 I 842, in Kraft getreten am 01.07.2001, vgl. FamRZ 2001, 823.

desalter abgestuft. Die einzelnen Altersstufen gemäß § 1612a Abs. 3 BGB entsprechen im Grunde denen der bisher geltenden Regelunterhaltsverordnung[117]. Eine Besonderheit besteht lediglich hinsichtlich der 3. Altersstufe. Das Gesetz spricht insoweit von der „*Zeit vom 13. Lebensjahres an*" (§ 1612a Abs. 3 S. 1 3. Alt. BGB). Das Ende dieser Altersgruppe scheint daher nicht festgeschrieben[118]. Dies ist aber nicht der Fall. Das Ende dieser Altersgruppe ergibt sich aus der Regelbetragsverordnung, auf die sich § 1612a BGB unmittelbar bezieht. Dort werden nur die Regelbeträge für minderjährige Kinder festgeschrieben (vgl. §§ 1, 2 RegelbetragsVO). Die Formulierung in § 1612a Abs. 3 S. 1 3. Alt. BGB hat insoweit keinen Einfluss, da sie im Hinblick auf § 798a ZPO lediglich für die Vollstreckung über die Volljährigkeit hinaus Bedeutung hat[119]. Die 3. Altersgruppe endet daher wie bisher mit Vollendung des 18. Lebensjahres (§ 2 BGB)[120].
Der Regelbetrag einer höheren Altersstufe ist maßgebend von dem Beginn des Monats an, in welchem das Kind das betreffende Lebensjahr vollendet (§ 1612a Abs. 3 S. 2 BGB).
Bei Inkrafttreten der Regelbetragsverordnung wurden die Regelbeträge in derselben Höhe festgesetzt wie die Regelunterhaltssätze, die ab 01.01.1996 gegolten haben[121]. Nach § 1612a Abs. 4 BGB wurden diese Beträge erstmals zum 01.07.1999 - durch die 1. RegelbetragsanpassungsVO[122] - und werden danach fortlaufend im Zweijahresrhythmus[123] jeweils zum 01.07. durch weitere Anpassungsverordnungen angepasst. Zuletzt wurden die Regelbeträge durch die 2. RegelbetragsanpassungsVO[124] zum 01.07.2001 geändert. Nunmehr betragen diese, entsprechend den Altersstufen, in den alten Bundesländern DM 366.-; DM 444.- und DM 525.- und in den neuen Bundesländern DM 340.-; DM 411.- und DM

---

[117] Erste Altersstufe von der Geburt bis zur Vollendung des 6. Lebensjahres; zweite Altersstufe vom 7. Lebensjahr bis zur Vollendung des 12. Lebensjahres; dritte Altersstufe vom 13. Lebensjahr bis zur Vollendung des 18. Lebensjahres.

[118] So nimmt Firsching/ Graba, 1. HB, 6. Aufl.,Rn. 679 an, die Regelbeträge der 3. Altersstufe seien nicht auf die Zeit vom 13. bis zur Vollendung des 18. Lebensjahres beschränkt.

[119] Vgl. dazu oben B. III. 1.

[120] Göppinger/ Wax- Häußermann, 7. Aufl., Rn. 838; Gerhardt, FuR 1998, 97 (97); Weber, NJW 1998, 1992 (1994); Zöller- Philippi, 22. Aufl., § 645 Rn. 2; FamRefK- Häußermann, BGB, § 1612a Rn. 10.

[121] Entsprechend den Altersstufen, in den alten Bundesländern: DM 329.-, DM 424.- und DM 502.-; in den neuen Bundesländern: DM 314.-, DM 380.- und DM 451.-; vgl. RegelbetragsVO vom 06.04.1998, BGBl. 1998 I, 666 (668); vgl. zum Zustandekommen der Regelbeträge umfassend Meier, FPR 1998, 155 ff.

[122] 1. RegelbetragsanpassungsVO vom 28.05.1999, BGBl. 1999 I, 1100; vgl. auch FamRZ 1999, 749 ff. In den alten Bundesländern DM 355.-; DM 431.- und DM 510.-; in den neuen Bundesländern DM 324.-; DM 392.- und DM 465.-.

[123] Der Zweijahresrhythmus wurde auch deshalb gewählt, um zeitlich eine Anpassung der für die Bemessung des zugrundeliegenden Individualunterhalts maßgebenden Tabellen zu ermöglichen (vgl. BT- DruckS 13/ 7338, S. 24).

[124] 2. RegelbetragsanpassungsVO vom 08.05.2001, BGBl. 2001 I.

487.-[125].
Die Anpassung der Regelbeträge durch die 1. RegelbetragsanpassungsVO erfolgte noch in dem Verhältnis, um welches die Renten der gesetzlichen Rentenversicherung nach § 68 SGB VI im laufenden und im vorangegangenen Kalenderjahr ohne Berücksichtigung der Veränderung der Belastung der Renten und der Veränderung der durchschnittlichen Lebenserwartung der 65jährigen anzupassen gewesen wären (vgl. § 1612a Abs. 4). In den neuen Bundesländern galt dies mit der Maßgabe, dass von den Anpassungssätzen des § 255a Abs. 2 SBG VI ausgegangen wurde (Art. 4 § 1 KindUG)[126]. Die Regelbeträge wurden demnach, entsprechend der Entwicklung der durchschnittlichen Nettoeinkommen, fortgeschrieben. Diese Anpassung beruht auf der Überlegung, dass sich die Höhe des Kindesbarunterhalts in erster Linie nach dem unterhaltsrechtlich maßgebenden Nettoeinkommen des Barunterhaltsverpflichteten richtet[127].
Mit Gesetz zur Ächtung der Gewalt in der Erziehung und zur Änderung des Kindesunterhaltsrechts vom 02.11.2000[128] wurde § 1612a Abs. 4 BGB nunmehr insoweit novelliert, als die zum 01.07.2001 erfolgte 2. Regelbetragsanpassung und die zukünftigen im zweijährigen Turnus vorzunehmenden Anpassungen der Regelbeträge ohne Bindung an das gesetzliche Rentenversicherungsrecht eigenständig auf der Grundlage volkswirtschaftlicher Daten beruht. Die Veränderung der Regelbeträge bestimmt sich nach der Bruttolohnsumme je durchschnittlich beschäftigten Arbeitnehmer und der Belastung der Arbeitsentgelte[129].

Wesentlicher Unterschied zum bisherigen Regelunterhaltssystem ist, dass das Regelbetragssystem keinen eigenständigen Anspruch des Kindes auf einen bestimmten (Mindest-) Unterhalt mehr vorsieht[130]. Vielmehr kennt das neue Recht nur noch den sich für eheliche und nichteheliche Kinder gleichermaßen aus §§ 1601 ff. BGB ergebenden Individualunterhalt (vgl. § 1615a BGB).
Der Regierungsentwurf zum KindUG[131] sah, anknüpfend an §§ 1615f, 1610 Abs. 3 BGB a.F., zwar noch einen als Regelunterhalt bezeichneten eigenständigen Unterhaltsanspruch vor, der in einfachen Lebensverhältnissen bedarfsdeckend sein sollte, der Gesetzgeber verzichtete letztlich aber auf einen solchen Regelunterhalt[132]. Insbesondere deshalb, weil die dem Regelunterhalt zugrundeliegenden Re-

---

[125] 2. RegelbetragsanpassungsVO vom 08.05.2001, BGBl. 2001 I; vgl. auch FamRZ 2001, 823.
[126] Diese Sonderregelung entfällt, wenn die Regelbeträge in den neuen Bundesländern das Niveau der Regelbeträge in den alten Bundesländern erreicht haben; Göppinger/ Wax- Häußermann, 7. Aufl., Rn. 865; Rühl/ Greßmann, Rn. 83.
[127] Kleinle, ZfJ 1996, 399 (401, 402).
[128] In Kraft seit 01.01.2001; BGBl. 2000 I, S. 1479.
[129] Graba, NJW 2001, 249 (249). Im Ergebnis wird damit die bisherige Rechtslage fortgeschrieben; BT- DruckS 13/ 1387, S. 7.
[130] BT- DruckS 13/ 9596, S. 32.
[131] BT- DruckS 13/ 7338, S. 22 ff., 36 ff.
[132] BT- DruckS 13/ 9596, S. 31.

gelbeträge weit unterhalb des Existenzminimums angesiedelt[133] und daher unzureichend gewesen wären, den Bedarf auch nur für Kinder mit einer einfachen Lebensstellung zu decken.
Zwar bleiben die Regelbeträge auch nach dem neuen Recht hinter dem Existenzminimum[134] zurück, jedoch hat dies auf die Unterhaltshöhe keinen Einfluss mehr. Diese ist nur noch nach den individuellen Verhältnissen des Kindes und des Barunterhaltspflichtigen gemäß §§ 1601 ff., 1615a BGB zu ermitteln; denn die Regelbeträge nach dem Regelbetragssystem haben keine unterhaltsbemessende Funktion, sondern lediglich eine verfahrenstechnische.
Mit den Regelbeträgen wird nicht mehr, wie im bisherigen Regelunterhaltssystem, der Anspruch erhoben, in einfachen Lebensverhältnissen bedarfsdeckend zu sein. *„Sie haben lediglich die Funktion einer Bezugsgröße, aufgrund derer die Kinder den für ihren individuellen Unterhaltsanspruch maßgebenden Vomhundertsatz errechnen können, sowie die Bezugsgröße für die im Zweijahresrhythmus erfolgende Dynamisierung des Unterhaltsanspruchs“*[135].
Das minderjährige Kind kann daher auch im Rahmen des § 1612a BGB nur seinen Individualunterhalt verlangen, nach neuem Recht aber fortan auch in dynamisierter Form.

Die Geltendmachung des Individualunterhalts in dynamisierter Form ist jedoch nicht zwingend[136], da die Interessen der Beteiligten in Einzelfällen einer Dynamisierung entgegenstehen können; insbesondere wenn eine vergleichsweise großzügige Unterhaltsregelung unter Einbeziehung des Ehegattenunterhalts getroffen wird[137] oder in Mangelfällen der Unterhalt für mehrere gleichrangig Berechtigte

---

[133] Vgl. Fn. 134. Zudem entstünde wie bereits durch § 1615f BGB a.F. bei nichtehelichen Kindern der unzutreffende Eindruck, der Unterhaltspflichtige komme durch Zahlung des Regelunterhalts seiner Verpflichtung zur Leistung eines bedarfsdeckenden Unterhalts hinreichend nach. Vgl. umfassende Darstellung der Diskussion bei BT- DrucksS 13/ 9596, S. 30, 31.

[134] Existenzminimum entsprechend den Altersstufen bis 1999: DM 431.-, DM 510.- und DM 631.-; von 1999 bis 31.12.2000: DM 461.-, DM 544.- und DM 670.-. Vgl. Existenzminimumbericht der Bundesregierung BT- DrucksS 13/ 381 und BT- DrucksS 13/ 9561, S. 4; BT- DrucksS 13/ 9596, S. 34; Rühl/ Greßmann, Rn. 60.
Mit Gesetz zur Ächtung der Gewalt in der Erziehung und zur Änderung des Kindesunterhaltsrechts hat der Gesetzgeber in § 1612b Abs. 5 BGB klargestellt, dass das Barexistenzminimum seit 01.01.2001 bei 135% des jeweiligen Regelbetrags der aktuellen RegelbetragsVO liegt, d.h. entsprechend den Altersstufen: (aufgerundet)
- bis 01.07.2001; alte BL DM 480.-, DM 582.-; DM 689.-; neue BL 438.-; 530.-; 628.- und
- ab 01.07.2001; alte BL DM 495.-; 600.-; 709.-; neue BL DM 459.-; 555.-; 658.-.

[135] BT- DrucksS 13/ 9596, S. 32.

[136] Dies hatte zwar der Bundesrat als zwingende Einheitslösung gefordert (vgl. BT- DrucksS 13/7338, S. 52), der Gesetzgeber aber als nicht sinnvoll abgelehnt (vgl. BT- DrucksS 13/ 9596, S. 33).

[137] Vgl. BT- DrucksS 13/ 7338, S. 57

festzulegen ist[138]. Das minderjährige Kind hat daher ein Wahlrecht, ob es den Individualunterhalt als statischen Betrag oder gemäß § 1612a BGB in dynamisierter Form verlangt.

a. Der statische Unterhalt

Das Kind kann wie bisher, den ihm zustehenden Unterhalt in statischer Form als bezifferten Festbetrag verlangen. Wird dieser Betrag dann in einem Unterhaltsprozesses tituliert, so kann eine Erhöhung beziehungsweise Ermäßigung nur im Wege des Abänderungsverfahrens gemäß § 323 ZPO erreicht werden.

b. Der dynamisierte Unterhalt

Gemäß § 1612a BGB kann das minderjährige Kind den gegen den nicht mit ihm in einem Haushalt lebenden Elternteil[139] begründeten Individualunterhalt in zweifacher Form dynamisiert verlangen[140].
Zum einen kann es den Unterhalt als Vomhundertsatz eines Regelbetrages nach der geltenden Regelbetragsverordnung verlangen, nämlich des Regelbetrages seiner aktuellen Altersstufe (§ 1612a Abs. 1 1. Alt. BGB)[141]. Eine Dynamisierung erfolgt in diesem Fall nur dann, wenn neue Regelbeträge festgesetzt werden und das Kind noch in derselben Altersstufe ist. Erreicht das Kind die nächste Altersstufe, so bleibt der bisherige Regelbetrag maßgebend. Insoweit erfolgt keine automatische Anpassung an die späteren Altersstufen[142].
Zum anderen kann das Kind den Unterhalt als Vomhundertsatz des jeweiligen Regelbetrages verlangen (§ 1612a Abs. 1 2. Alt. BGB), nämlich des Regelbetrages seiner jeweiligen Altersstufe, d.h. der aktuellen und der zukünftigen[143].

---

[138] Vgl. Schumacher/ Grün, FamRZ 1998, 778 (781); Rokitta- Liedmann, Rpfleger 1999, 306 (306).

[139] § 1612a BGB kann wegen der insoweit erforderlichen extensiven Auslegung des Gesetzeswortlauts darüber hinaus auch dann zur Anwendung kommen, wenn das Kind mit dem in Anspruch genommenen Elternteil in einem Haushalt lebt. Vgl. dazu oben C. I. 1. a. cc. (1.).

[140] Vgl. hierzu umfassend: Rühl/ Greßmann, Rn. 94 ff.; Knittel, DAV 1998, 177 (181); Strauß, FamRZ 1998, 993 (997); Oelkers, ZfJ 1999, 239 (240, 241); Müller, 2. Aufl., Rn. 114 ff.

[141] Tenorierungsbeispiel bei einem Kind in der dritten Altersgruppe: „(...) Vom 01.07.2001 an x- Vomhundertsatz des Regelbetrages der dritten Altersstufe, abzüglich Kindergeldanteil (beziffert)".

[142] Diese Dynamisierungsvariante ist daher nur dann sinnvoll, wenn sich das Kind bereits in der dritten Altersstufe befindet.

[143] Tenorierungsbeispiel bei Kind in Altersstufe 2, geboren am 22.09.1994, Anspruch auf den Tabellenhöchstsatz i.H.v. mtl. 200% des Regelbetrages, mithin DM 888.- (DT 01.07.2001): „1. (...) bis 30.06.2003 (Ende des Monats, in dem noch die alten Regelbeträge gelten) DM 888.- abzüglich hälftigem Kindergeldanteil für das 1. Kind i.H.v. derzeit DM 135.-.
2. (...) vom 01.07.2003 (Geltung der neuen Regelbeträge) bis 31.08.2006 (Ende des Monats, der dem vorhergeht, in dem dem das Kind die dritte Altersstufe erreicht) 200% des je-

In dieser Variante entfaltet sich die Dynamik sowohl mit den neu festgesetzten Regelbeträgen als auch mit dem Erreichen der nächsten Altersstufe. Zusätzlich zur eigentlichen Dynamisierung aufgrund der Regelbetragsanpassung ist somit auch die automatische Unterhaltserhöhung durch die Änderung der Altersgruppe miteinbezogen.
Zur Ermittlung des Vomhundertsatzes ist der sich individuell ergebende Unterhaltsbetrag in Verhältnis zu setzen zu dem Regelbetrag der jeweiligen Altersstufe nach der aktuell geltenden Regelbetragsverordnung. Kindbezogene Leistungen, insbesondere das Kindergeld werden auf den Unterhalt zwar grundsätzlich[144] angerechnet (vgl. §§ 1612b, c BGB), bleiben aber bei der Berechnung des Vomhundertsatzes außer Betracht[145]. Der hiernach ermittelte Prozentsatz ist auf eine Dezimalstelle zu begrenzen (§ 1612a Abs. 2 S. 1 BGB) und der sich dann bei der Berechnung des Unterhalts ergebende Betrag auf volle DM aufzurunden (§ 1612a Abs. 2 S. 2 BGB).
Wird der Unterhalt des Kindes in Form des § 1612a BGB festgesetzt, so passt er sich automatisch den Veränderungen der Regelbetragsverordnung an; im Fall des § 1612a Abs. 1 2. Alt. BGB auch an die Änderung der Altersstufe, ohne dass Gerichte oder Behörden hierfür in Anspruch genommen werden müssen. Die Änderungen des Individualunterhalts korrelieren unmittelbar mit den Veränderungen der Regelbetragsverordnung und damit mit den allgemeinwirtschaftlichen Entwicklungen der bundesdurchschnittlichen Einkommen. Eines Anpassungsverfahrens, insbesondere einer Abänderungsklage bedarf es insoweit nicht mehr. Die Dynamisierung nach § 1612a BGB gewährleistet daher grundsätzlich, dass die Gerichte für die Abänderung der Unterhaltstitel nur noch bei veränderten Umstän-

---

weiligen Regelbetrages der zweiten Altersstufe, abzüglich hälftigem Kindergeldanteil für das 1. Kind i.H.v. derzeit DM 135.-.
3. (...) vom 01.09.2006 an (Monat in dem das Kind die dritte Altersstufe erreicht) 200% des jeweiligen Regelbetrages der dritten Altersstufe abzgl. hälftigem Kindergeldanteils für das erste Kind i.H.v. derzeit DM 135.-."
Seit 01.01.2001 kann wegen Novellierung des § 1612b Abs. 5 BGB hinsichtlich der anrechenbaren kindbezogenen Leistungen auch tenoriert werden:
„(...) abzüglich des anrechenbaren hälftigen Kindergeldanteils für ein erstes (zweites ...) Kind, wobei nicht anrechenbar ist, der hälftige Kindergeldanteil in der Höhe, in der der geschuldete Unterhalt 135% des jeweiligen Regelbetrags unterschreitet"; vgl. hierzu ausführlich Graba, NJW 2001, 249 (254).

[144] Beachte hierzu jedoch insbesondere § 1612b Abs. 5 BGB n.F., wonach eine Anrechnung des Kindergeldes unterbleibt, soweit der Unterhaltspflichtige außerstande ist, Unterhalt in Höhe von 135% (bisher 100%) des Regelbetrags nach der RegelbetragsVO zu leisten.

[145] Bei der Tenorierung wird der Vomhundertsatz und die gemäß §§ 1612b, c BGB anzurechnenden statischen Beträge gesondert angegeben. Um dem Bestimmtheitsgebot zu genügen, sind die anzurechnenden kindbezogenen Leistungen grundsätzlich zu beziffern, es sei denn, es erfolgt eine Kindergeldanrechnung nach § 1612b Abs. 5 BGB. Die bloße Angabe des Vomhundersatzes genügt dagegen. Vgl. dazu Göppinger/ Wax- Häußermann, 7. Aufl., Rn. 839.

den, die außerhalb der allgemeinen Einkommensentwicklung liegen, in Anspruch genommen werden müssen[146].
Die Dynamisierung des Minderjährigenunterhalts gemäß § 1612a BGB kann in jedem Unterhaltsprozess auf Antrag vorgenommen[147] beziehungsweise nachgeholt[148] werden. Sogar im Rahmen einer später aus anderen Gründen erhobenen Abänderungsklage nach § 323 ZPO kann eine ursprünglich statische Unterhaltsrente in eine dynamische umgewandelt werden[149]. Auch können Unterhaltstitel[150], die vor dem 01.07.1998 – Inkrafttreten des Regelbetragssystems – errichtet wurden, auf Antrag[151] in einem gesonderten Umstellungsverfahren[152] vor dem Rechtspfleger[153] unbeschränkt[154] auf dynamisierte Unterhaltsrenten umgestellt werden[155], sodass früher titulierte statische Unterhaltsbeträge vom Zeitpunkt der Antragstellung an[156] dynamisiert werden.
Die Dynamisierung kann aber erstmalig auch im vereinfachten Verfahren auf Festsetzung von Kindesunterhalt nach §§ 645 ff. ZPO geltend gemacht werden.

---

[146] Zur Kritik an der Dynamik nach § 1612a BGB insbesondere: FamRefK- Häußermann, BGB, Vor § 1612a BGB Rn. 6 ff.; Göppinger/ Wax- Häußermann, 7. Aufl., Rn. 868 ff.; Scholz, FamRZ 2000, 1541 ff. und Vossenkämper, FamRZ 2000, 1547 ff. im Hinblick auf § 1612b Abs. 5 BGB.

[147] Oelkers, ZfJ 1999, 239 (240).

[148] Palandt- Diederichsen, 58. Aufl., § 1612a Rn. 6.

[149] Schumacher/ Grün, FamRZ 1998, 778 (781); Rokitta- Liedmann, Rpfleger 1999, 306 (306). BT- DrucksS 13/ 7338, S. 57.

[150] Sämtliche Unterhaltstitel (Urteile, vollstreckbare Urkunden, Unterhaltsbeschlüsse ...) können auf dynamisierten Unterhalt umgestellt werden; vgl. Rokitta- Liedmann, Rpfleger 1999, 306 (307).

[151] Für den Antrag auf Umstellung von Alttiteln gelten gemäß Art. 5 § 3 Abs. 2 KindUG die in § 646 ZPO festgelegten Antragserfordernisse entsprechend. Vgl. Darstellung der Antragsmuster und Hinweise zur Ausfüllung dieser bei Beinkinstadt, DAV 1999, 27 ff.

[152] Das vereinfachte Verfahren nach §§ 645 ff. ZPO kommt insoweit nicht zur Anwendung, da gemäß § 645 Abs. 2 ZPO in diesem lediglich die Erstfestsetzung des Kindesunterhalts erfolgen kann. Vgl. dazu unten C. I. 1. c. aa.

[153] § 20 Nr. 10c RpflG.

[154] Obwohl Art. 5 § 3 Abs. 2 KindUG auf § 645 Abs. 1 ZPO verweist, ist die Höhe des festzusetzenden Unterhalts bei der Umstellung bisheriger Titel wegen des Gleichbehandlungsgebot nach Art. 3 Abs. 1 GG nicht auf 150% des Regelbetrages beschränkt; BVerfG, EZFamR aktuell 2001, 146 (146, 147); Rokitta- Liedmann, Rpfleger 1999, 306 (308); OLG Köln, FamRZ 2000, 1163 (1163, 1164); OLG Köln, FamRZ 2000, 903 (903, 904); OLG Düsseldorf, DAV 2000, 63 (63 ff.); OLG Karlsruhe, DAV 2000, 62 (62, 63); a.A. OLG Frankfurt, DAV 2000, 164 (164, 165).

[155] Vgl. insgesamt zur Umstellung von Alttiteln auf dynamisierte Unterhaltstitel Art. 5 § 3 KindUG und ausführlich Rokitta- Liedmann, Rpfleger 1999, 306 ff.; OLG Stuttgart, OLG Report Karlsruhe 2000, 173 ff.; OLG Köln, FamRZ 2000, 1163 ff.; OLG Düsseldorf, DAV 2000, 63 ff; DIV, DAV 1999, 235 ff.; Beinkinstadt, DAV 1999, 27 ff.; OLG Stuttgart, FamRZ 2001, 767 (768, 769).

[156] Vgl. Art. 5 § 3 Abs. 1 S. 1 KindUG; Rokitta- Liedmann, Rpfleger 1999, 306 (307).

C. Das vereinfachte Verfahren zur Festsetzung von Kindesunterhalt nach §§ 645 ff. ZPO

Der Gesetzgeber, der dem Gleichbehandlungsgebot ehelicher und nichtehelicher Kinder auch verfahrensrechtlich genügen wollte und zu genügen hatte, nahm hierfür die große Kindschaftsrechtsreform 1997/ 1998 zum Anlass und schuf das einheitlich auf eheliche und nichteheliche minderjährigen Kinder gleichermaßen anwendbare vereinfachte Verfahren gemäß §§ 645 ff. ZPO unter gleichzeitiger Aufhebung des Regelunterhaltsverfahrens und des vereinfachten Anpassungsverfahrens.

Trotz gleicher Zielsetzung und im Grunde ähnlicher Ausgestaltung des Regelunterhaltssystems und des vereinfachten Anpassungsverfahrens bestanden zwischen diesen beiden Verfahrensarten erhebliche Unterschiede[157].

Bereits mit Einführung der §§ 6411 ff. ZPO a.F. hatte der Gesetzgeber das Bestreben, diese hierdurch geschaffene Zweigleisigkeit im Unterhaltsverfahrensrecht nur für eine Übergangszeit aufrechtzuerhalten[158].

Das KindUG beseitigt diese Zweigleisigkeit durch Einführung des vereinfachten Verfahrens gemäß §§ 645 ff. ZPO. Auch werden zahlreiche Nachteile der bei den bis dato geltenden Systemen[159] vermieden.

Der Gesetzgeber entschied sich im Grunde dafür, das bisher nur für nichteheliche minderjährige Kinder geltende Regelunterhaltsverfahren auch auf eheliche minderjährige Kinder auszudehnen, nahm aber dennoch erhebliche Änderungen hieran vor.

Noch nach der Vorstellung des Regierungsentwurfs sollte das vereinfachte Verfahren, ebenso wie das Regelunterhaltsverfahren, nur zur Durchsetzung des Anspruchs auf Regelunterhalt dienen[160]. Der Gesetzgeber wich aber letztlich hiervon ab. Mit dem gänzlichen Verzicht auf einen eigenständigen materiellrechtlichen Anspruch auf Regelunterhalt eröffnete er mit dem Gesetz gewordenen Verfahren die grundsätzliche Möglichkeit, sämtliche Ansprüche auf Minderjährigenunterhalt – bis zur Höhe von 150% des Regelbetrages - gemäß §§ 645 ff. ZPO geltend zu machen. Dies erfolgt nunmehr nur noch in einem einstufig ausgestalteten Verfahren vor dem Rechtspfleger[161].

Das vereinfachte Verfahren stellt letztlich ein eigenes neues Verfahren zur Geltendmachung von Kindesunterhalt dar, das mit dem Regelunterhaltsverfahren nur noch in Grundzügen vergleichbar ist[162] und daher eine eigenständige Betrachtung erfordert.

---

[157] Vgl. umfassenden Vergleich der beiden Systeme bei Künkel, DAV 1984, 943 ff.
[158] BT- DruckS 7/ 4791, S. 8.
[159] Vgl. dazu oben B. II. 1. b. cc.; B. II. 2. c.
[160] BT- DruckS 13/ 7338, S. 8, 36 ff.
[161] § 20 Nr. 10 RpflG; mit Ausnahme von § 653 ZPO.
[162] Van Els, Rpfleger 1999, 297 (298).

Das neue Recht sieht in den §§ 645 ff. ZPO ein vereinfachtes Verfahren vor für die Festsetzung von Kindesunterhalt - nachstehend lediglich vereinfachtes Verfahren genannt - (§§ 645 bis 652, 654 ZPO), eines für die Verurteilung zur Unterhaltsleistung als Annexverfahren im Vaterschaftsfestellungsprozess (§§ 653, 654 ZPO) und eines für die Abänderung von Unterhaltstiteln bei einer Änderung der nach §§ 1612b, c BGB anzurechnenden Beträge (§§ 655, 656 ZPO).

I. Das vereinfachte Verfahren zur Festsetzung von Kindesunterhalt gemäß §§ 645 ZPO bis 652, 654 ZPO

1. Die Zulässigkeit des vereinfachten Verfahrens

Gemäß § 645 Abs. 1 ZPO wird auf Antrag der Unterhalt eines minderjährigen Kindes, das mit dem in Anspruch genommenen Elternteil nicht in einem Haushalt lebt, im vereinfachten Verfahren festgesetzt, soweit der Unterhalt vor Anrechnung der nach §§ 1612b, c BGB zu berücksichtigenden Leistungen das Eineinhalbfache des Regelbetrages nach der Regelbetragsverordnung nicht übersteigt.

a. Die Parteien des vereinfachten Verfahrens

Antragsgegner im vereinfachten Verfahren kann nur ein Elternteil sein[163]. Sonstige Verwandte, die z.B. im Rahmen der Ersatzhaftung (§ 1607 Abs. 1 BGB) Unterhalt schulden, können dagegen nicht im vereinfachten Verfahren in Anspruch genommen werden[164].
Antragsteller im vereinfachten Verfahren kann nach dem Wortlaut des § 645 Abs. 1 ZPO nur das minderjährige Kind sein, das mit dem in Anspruch genommenen Elternteil nicht in einem Haushalt lebt.

aa. Die Minderjährigkeit

Dem Wortlaut zufolge gilt das vereinfachte Verfahren für die Festsetzung des Unterhalts eines „*minderjährigen*" Kindes (§ 645 Abs. 1 ZPO). Es kommt damit unmittelbar nur für den Unterhalt solcher Kinder zur Anwendung, die das 18. Lebensjahr noch nicht vollendet haben.

(1.) Das privilegierte volljährige Kind

Fraglich ist jedoch, ob die Geltendmachung von Kindesunterhalt im vereinfachten Verfahren in jedem Fall auf die Minderjährigkeit beschränkt ist. Diese Frage er-

---

[163] B/ L- Albers, 59. Aufl., § 645 Rn. 4; Schumacher/ Grün, FamRZ 1998, 778 (789).

[164] Schumacher/ Grün, FamRZ 1998, 778 (789); Sonnenfeld, DAV 1999, 169 (171); Nickel, DVP 2000, 50 (53). Zum Eltern- Kind Verhältnis umfassend Giesen, Rn. 491 ff.

langt deshalb besondere Bedeutung, da gemäß § 1603 Abs. 2 S. 2 BGB volljährige unverheiratete[165] Kinder bis zur Vollendung des 21. Lebensjahres den minderjährigen unverheirateten Kindern gleichstehen, solange sie im Haushalt der Eltern leben[166] und sich in der allgemeinen Schulausbildung[167] befinden[168]. Diese durch Art. 1 Nr. 3 KindUG eingeführte Gleichstellung dieser Kinder – nachstehend privilegierte Volljährige genannt - mit minderjährigen Kindern könnte sich auch auf das vereinfachte Verfahren erstrecken[169].
Dies wird in der Literatur vereinzelt[170] unter Hinweis auf § 1603 Abs. 2 S. 2 BGB befürwortet, sodass eine Anwendung der §§ 645 ff. ZPO auf privilegierte Volljährige in Betracht komme. Auch der Bericht des Rechtsausschusses des Bundestages zum KindUG spricht davon, dass das vereinfachte Verfahren *„unterhaltsbedürftigen Kindern bis zur Vollendung des 21. Lebensjahres“* zur Verfügung stehe[171].
Voraussetzung für die Einbeziehung privilegierter Volljähriger auch in den Anwendungsbereich der §§ 645 ff. ZPO wäre aber, dass § 1603 Abs. 2 S. 2 BGB über das materielle Recht hinaus auch für das vereinfachte Verfahren Geltung erlangt.

(a.) Unmittelbare Anwendung der Gleichstellungsregelung des § 1603 Abs. 2 S. 2 BGB auf das vereinfachte Verfahren

Eine unmittelbare Anwendung scheidet aber aus. Die Regelung des § 1603 Abs. 2 S. 2 BGB bezieht sich nur auf Satz 1 des § 1603 Abs. 2 BGB. Dies ergibt sich aus der systematischen Stellung der nachträglich als Satz 2 in das Gesetz eingefügten Regelung und dem hierdurch begründeten alleinigen Bezug zum vorangehenden Satz 1. Somit handelt es sich nicht um eine allgemeingültige materiellrechtliche Norm. Um eine solche Gleichstellung privilegierter Volljähriger mit minderjährigen Kindern über den Regelungsbereich des § 1603 Abs. 2 BGB hinaus annehmen zu können, bedürfte es daher einer ausdrücklichen Bezugnahme hierauf (vgl. z.B. § 1609 BGB). Eine solche gesetzliche Bezugnahme findet sich in den Vorschriften der §§ 645 ff. ZPO aber gerade nicht, sodass eine unmittelbare Anwendung des § 1603 Abs. 2 S. 2 BGB im vereinfachten Verfahren ausscheidet.

---

[165] Vgl. hierzu insbesondere FamRefK- Häußermann, BGB, § 1603 Rn. 4, 5.
[166] Vgl. hierzu insbesondere FamRefK- Häußermann, BGB, § 1603 Rn. 6, 7.
[167] Vgl. hierzu FamRefK- Häußermann, BGB, § 1603 Rn. 8 ff.; DIV, DAV 1999, 502 (504, 505).
[168] Vgl. umfassende Darstellung der Voraussetzungen für die Privilegierung Volljähriger bei Soyka, Rn. 6 ff.
[169] Lipp/ Wagenitz, § 645 Rn. 4 spricht davon, dass eine Ausweitung des vereinfachten Verfahrens auch auf privilegierte Volljährige wegen § 1603 Abs. 2 S. 2 BGB gerechtfertigt wäre, sogar nahegelegen hätte.
[170] Palandt- Diederichsen, 58. Aufl., § 1612a Rn. 37, 17.
[171] BT- DruckS 13/ 9596, S. 29.

Es handelt sich bei § 1603 Abs. 2 S. 2 BGB demnach um eine Gleichstellungsregelung, die mit Ausnahme von § 1609 BGB nur hinsichtlich der verschärften Haftung der Eltern im Mangelfall unmittelbare Geltung erlangt[172]. Diese können sich somit insbesondere auch gegenüber privilegierten Volljährigen nur auf den notwendigen (sogenannter „kleiner“) Selbstbehalt berufen, während gegenüber nicht privilegierten Volljährigen der angemessene (sogenannter „großer“) Selbstbehalt maßgebend ist[173]. Zudem besteht zumeist eine gesteigerte Pflicht der Eltern zur Ausschöpfung ihrer Arbeitskraft nunmehr auch im Interesse der privilegierten volljährigen Kinder[174]. Auch stehen privilegierte Volljährige nunmehr im Rang den minderjährigen Kindern gleich (§§ 1609, 1603 Abs. 2 S. 2 BGB)[175].

(b.) Entsprechende Anwendung der Gleichstellungsregelung des § 1603 Abs. 2 S. 2 BGB auf das vereinfachte Verfahren

In Betracht kommen könnte lediglich eine entsprechende Anwendung des § 1603 Abs. 2 S. 2 BGB. Da die §§ 645 ff. ZPO hinsichtlich privilegierter Volljähriger keine Angaben enthalten und wegen des eindeutigen Wortlauts auch eine Auslegung nicht in Betracht kommt, könnte insoweit von einer Regelungslücke ausgegangen werden.

Voraussetzung für eine entsprechende Anwendung wäre aber zudem, dass der der getroffenen Gleichstellungsregelung zugrundeliegende Zweck auch auf das vereinfachte Verfahren übertragen werden kann und eine Gleichstellung privilegierter Volljähriger auch in diesem Bereich rechtlich geboten ist. Maßgeblich ist somit, ob aus § 1603 Abs. 2 S. 2 BGB ein übergeordnetes Prinzip hergeleitet werden kann, das auch auf die Vorschriften der §§ 645 ff. ZPO übertragbar ist[176].

Der Gesetzgeber begründet die Gleichstellung im Rahmen des § 1603 Abs. 2 BGB lediglich damit, dass die Lebensstellung des privilegierten Volljährigen ungeachtet des Erreichens der Volljährigkeit und der damit verbundenen Beendigung der elterlichen Sorge, mit der des minderjährigen Kindes vergleichbar ist und dementsprechend eine Gleichstellung in der vorgenommenen Form - § 1603 Abs. 2 BGB und § 1609 BGB - rechtlich geboten sei[177]. Diese eher allgemein gehaltene Begründung vermag allein nicht zu überzeugen, da ansonsten eine Gleichstellung privilegierter Volljähriger im Unterhaltsrecht in extensiverer Form hätte erfolgen müssen.

---

[172] OLG Hamm, FamRZ 1999, 1022 (1022); OLG Dresden, FamRZ 1999, 449 (450).

[173] OLG Hamm, FamRZ 1999, 1018 (1019). Die Höhe des angemessenen und notwendigen Selbstbehalts differiert in den unterschiedlichen OLG Bezirken; vgl. Gerhardt/ Heintschel-Heinegg/ Klein- Gerhardt, 3. Aufl., 6. Kapitel, Rn. 168, 169.

[174] Vgl. hierzu Palandt- Diederichsen, 60. Aufl., § 1603 Rn. 56 ff.

[175] Vgl. hierzu insbesondere Soyka, Rn. 163 ff.; Hoppenz, 5. Aufl., BGB § 1609 Rn. 1 ff.

[176] Vgl. Larenz, 6. Aufl., S. 366 ff.; 370 ff.

[177] BT- DrucksS 13/ 7338, S. 21.

Hintergrund der Neuregelung der §§ 1603 Abs. 2 S. 2, 1609 BGB war vielmehr die Herabsetzung des Volljährigkeitsalters von 21 auf 18 Jahre und die noch immer anhaltende, länger dauernde Schulausbildung. Diese Entwicklung hat dazu geführt, dass sich viele Kinder auch noch nach Vollendung des 18. Lebensjahres, und somit nach Erreichen der Volljährigkeit, in der allgemeinen Schulausbildung befinden. Ihre Lebensverhältnisse ändern sich allein wegen Erreichens der Volljährigkeit in tatsächlicher Hinsicht häufig jedoch nicht. Der volljährige Schüler verbleibt regelmäßig noch im elterlichen Haushalt und ist – jedenfalls wirtschaftlich gesehen - in demselben Maße von den Eltern abhängig wie während der Minderjährigkeit. Gerade auf diese Situation nimmt der Gesetzgeber Bezug und bezeichnet diese allgemein als Vergleichbarkeit der Lebensstellung.
Um diese tatsächliche Identität der Lebensstellung rechtlich hinreichend zu würdigen, wurde die Gesetz gewordene Gleichstellung vorgenommen. Zwar war und ist der Unterhaltsanspruch minderjähriger und volljähriger Kinder rechtlich identisch[178], jedoch war der Minderjährigenunterhalt im Gesetz auch insoweit bevorzugt ausgestaltet, als die Eltern des minderjährigen Kindes verschärft hafteten (§ 1603 Abs. 2 BGB a.F.), während gegenüber volljährigen Kindern keine solche besondere Unterhaltspflicht bestand. Dies führte dazu, dass sich automatisch mit Erreichen der Volljährigkeit der Unterhaltsanspruch[179] des Kindes oftmals drastisch verringerte. Aufgrund der in praxi nicht selten bestehenden mangelnden Leistungsfähigkeit der Unterhaltspflichtigen führte der Wegfall der gesteigerten Unterhaltspflicht im Sinn des § 1603 Abs. 2 S. 1 BGB vielfach zu einer Kürzung oder gar zu einem gänzlichen Versagen des Unterhaltsanspruchs; insbesondere, wenn neben dem Volljährigen noch unterhaltsberechtigte minderjährige Kinder vorhanden waren, da diese nach bisherigem Recht unterhaltsrechtlichen Vorrang gegenüber volljährigen Kindern hatten (§ 1609 BGB a.F.). In diesen Fällen konnte also das volljährige Kind mit Erreichen seiner Volljährigkeit - wegen der Nachrangigkeit seines Unterhaltsanspruchs gegenüber dem minderjähriger Kinder - seinen tatsächlichen Bedarf nicht mehr hinreichend decken. Der Volljährige war damit trotz unveränderter tatsächlicher Lebenssituation unterhaltsrechtlich nicht ausreichend berücksichtigt. Eine solche unterhaltsrechtliche Berücksichtigung war aber notwendig, um die Lebensstellung zumindest des privilegierten Volljährigen trotz rechtlicher Selbständigkeit aufrechterhalten zu können, insbesondere um eine

---

[178] BGH, FamRZ 1983, 582 (582); BGH, FamRZ 1994, 696 (697); OLG Hamm, FamRZ 2000, 255 (255); Göppinger/ Wax- Strohal, 7. Aufl., Rn. 95; Soyka, Rn. 226.

[179] Der Volljährige ist zwar grundsätzlich für sich selbst verantwortlich und deshalb auch verpflichtet seine Arbeitskraft zur Sicherstellung seines notwendigen Lebensbedarfs zu nutzen (vgl. BGH, FamRZ 1987, 930 (932)), jedoch besteht eine unterhaltsrechtliche Bedürftigkeit in der Regel, wenn und solange er sich in der Ausbildung befindet und keine eigene wirtschaftliche Selbständigkeit erlangt hat. Vgl. hierzu und zum Volljährigenunterhalt insgesamt: Soyka, Rn. 1 ff.; Palandt- Diederichsen, 60. Aufl., § 1610 Rn. 5 ff., 16 ff.; Gerhardt/ Heintschel- Heinegg/ Klein- Gerhardt, 3. Aufl., 6. Kapitel, Rn. 112, 113; Moritz, JA 1999, 70 (74).

finanzielle Absicherung des Kindes auch über die Volljährigkeit hinaus zu gewährleisten[180].
Entscheidend für die gesetzlich normierte Gleichstellung nach § 1603 Abs. 2 S. 2 BGB war damit primär, dem volljährigen Kind solange finanzielle Unterstützung zu gewähren, bis es die allgemeine Schulausbildung beendet oder anderweitig eine wirtschaftliche Selbständigkeit erreicht hat[181]. Denn Grundlage für die Erlangung einer eigenen wirtschaftlichen Selbständigkeit ist in der Regel der Abschluss einer allgemeinen Schulausbildung. Zudem ging es dem Gesetzgeber, wenn auch nur nachrangig, um die Vermeidung von Abänderungsklagen und Neuberechnungen des Unterhaltsanspruchs der privilegierten Volljährigen selbst[182] und gegebenenfalls anderer Unterhaltsberechtigter, die nach herkömmlichem Recht regelmäßig notwendig waren[183].
Dieser erörterte primäre Zweck der erfolgten Gleichstellung privilegierter Volljähriger mit minderjährigen Kindern – finanzielle Absicherung über die Volljährigkeit hinaus -, könnte als übergeordnetes Prinzip auch eine entsprechende Anwendung des § 1603 Abs. 2 S. 2 BGB im vereinfachten Verfahren rechtfertigen. Zu beachten ist jedoch, dass eine solche Gleichstellung von privilegierten Volljährigen mit Minderjährigen auch im vereinfachten Verfahren nur dann in Betracht kommt, wenn dieses Verfahren so ausgestaltet ist, dass die damit bezweckten Ziele auch bei der Geltendmachung von Volljährigenunterhalt erreicht werden. Denn auch bei dem Unterhalt eines privilegierten Volljährigen handelt es sich um Volljährigenunterhalt, da eine gänzliche materiellrechtliche Gleichstellung durch § 1603 Abs. 2 S. 2 BGB nicht erfolgt ist. Trotz der Neuregelung der §§ 1603 Abs. 2 S. 2, 1609 BGB und der rechtlichen Identität von Minderjährigen- und Volljährigenunterhalt bestehen daher auch weiterhin Unterschiede in der rechtlichen Behandlung dieser beiden Unterhaltsformen[184].
Insbesondere kommt es für die Anwendbarkeit des vereinfachten Verfahrens auf den Unterhalt privilegierter Volljähriger darauf an, ob auch die Regelung des § 1606 Abs. 3 S. 2 BGB gleichfalls auf den Unterhalt dieser Kinder Anwendung

---

[180] OLG Hamm, FamRZ 1999, 1018 (1019).
[181] Dies folgt wohl auch aus dem Regierungsentwurf zum KindUG, wonach die Änderungen der §§ 1603 Abs. 2 S. 2, 1609 BGB insbesondere im Zusammenhang mit der „offenen“ Tenorierung nach § 1612a Abs. 3 S. 1 3. Alt. BGB ergangen sind (BT- DrucksS 13/ 7338, S. 23, 24). Diese Tenorierungsmöglichkeit steht im Zusammenhang mit § 798a ZPO und soll die Vollstreckung über die Volljährigkeit hinaus sichern. Vgl. dazu oben B. III. 1.
[182] Vgl. dazu insbesondere auch § 798a ZPO.
[183] BT- DruckS 13/ 7338, S. 22. Dieses Anliegen wird mit den vorgenommenen Änderungen allein wohl nicht hinreichend erreicht werden, da im Volljährigenunterhaltsrecht grundsätzlich § 1603 Abs. 3 S. 1 BGB zur Anwendung kommt, der in der Regel zu einer veränderten Unterhaltslast führt. Zudem sehen viele Unterhaltstabellen für privilegierte Volljährige erhöhte Bedarfssätze vor; vgl. dazu näher Grandke, FPR 1998, 162 (164).
[184] Vgl. hierzu beispielshaft Scholz/ Stein- Erdrich, I Rn. 1 ff., 102 ff., 168 ff.; Müller, 2. Aufl., Rn. 123, 124 ff.

findet. Betrachtet man nämlich die Ausgestaltung des vereinfachten Verfahrens, so ist festzustellen, dass es sich gerade an dieser Norm orientiert[185].
§ 1606 Abs. 3 S. 2 BGB sieht vor, dass der Elternteil, der ein minderjähriges unverheiratetes Kind betreut, seine Verpflichtung zum Unterhalt des Kindes beizutragen in der Regel durch Erziehung und Pflege des Kindes erfüllt. Insoweit gilt der Grundsatz der Gleichwertigkeit von Betreuungs- und Barunterhalt. Das Kind, das noch keine eigene Lebensstellung hat, leitet diese zwar grundsätzlich von der Lebensstellung beider Eltern ab[186]. Die Lebensstellung eines minderjährigen Kindes, dessen Eltern aber getrennt leben oder geschieden sind und das noch von einem Elternteil betreut wird, richtet sich dagegen grundsätzlich nur nach der Lebensstellung des nicht betreuenden Elternteils. Der Grundsatz der Gleichwertigkeit von Betreuungs- und Barunterhalt gemäß § 1606 Abs. 3 S. 2 BGB führt daher in der Regel dazu, dass für die Unterhaltsbemessung des minderjährigen betreuten Kindes allein die Einkommens- und Vermögensverhältnisse des nicht betreuenden Elternteils maßgebend sind. Allein hiernach bemisst sich daher in diesen Fällen der Unterhaltsbedarf des Kindes[187].

Dem vereinfachten Verfahren liegt gerade dieser Grundsatz des § 1606 Abs. 3 S. 2 BGB zugrunde. Die Vorschriften der §§ 645 ff. ZPO regeln den im Minderjährigenunterhalt typischerweise anzutreffenden Fall, dass lediglich der nicht betreuende Elternteil barunterhaltspflichtig ist und damit nur seine Einkommensverhältnisse für den Kindesunterhalt von Bedeutung sind[188]. Dies wird insbesondere durch die Antragserfordernisse des § 646 ZPO, die Regelung der Einwendungsmöglichkeiten (§ 648 ZPO) und die Ausgestaltung des streitigen Verfahrens (§ 651 ZPO) deutlich[189].
Der Antragsteller kann ohne substantiierte Angaben bezüglich seines materiellen Unterhaltsanspruchs, gerade auch ohne Angaben der Einkommensverhältnisse des Antragsgegners, die Unterhaltsfestsetzung beantragen[190]. Demgegenüber obliegt es dem Antragsgegner, insbesondere in dem in praxi häufig vorkommenden Fall

---

[185] So ohne nähere Begründung auch Grandke, FPR 1998, 162 (165).
[186] BGH, FamRZ 1981, 543 (544); BGH, FamRZ 1983, 473 (474).
[187] Lediglich ausnahmsweise ist auch in diesen Konstellationen entgegen § 1606 Abs. 3 S. 2 BGB der betreuende Elternteil verpflichtet sich anteilig am Barunterhalt zu beteiligen. Dies ist insbesondere dann der Fall, wenn seine Einkommensverhältnisse deutlich günstiger sind als die des anderen Elternteils; vgl. ausführlich Göppinger/ Wax- Kodal, 7. Aufl., Rn. 1547 ff.; Wendl/ Staudigl- Scholz, 5. Aufl., § 2 Rn. 287 ff.; BGH, NJW 1980, 934 (935); Palandt-Diederichsen, 60. Aufl., 1606 Rn. 6 ff., 18.
[188] Ohne nähere Begründung so auch Grandke, FPR 1998, 162 (165). Zu der unterhaltsrechtlichen Einkommensermittlung vgl. Eschenbruch, Rn. 3000 ff.; Scholz/ Stein- Kleffmann, G Rn. 1 ff, 131 ff.
[189] Vgl. zu den Antragserfordernissen unten C. I. 1. d.; zu den Einwendungen unten C. I. 3. und zum streitigen Verfahren unten C. I. 7.
[190] Vgl. dazu näher unten C. I. 1. d.

seiner mangelnden Leistungsfähigkeit, eine diesbezügliche Einwendung zu erheben (§ 648 Abs. 2 S. 3 ZPO). Der Gesetzgeber wollte den Antragsgegner mit dieser Einwendung im vereinfachten Verfahren nicht ausschließen, knüpft hieran aber besondere Anforderungen. Gerade weil im herkömmlichen Unterhaltsprozess das Kind grundsätzlich erhebliche Schwierigkeiten hat, die Einkommensverhältnisse des in Anspruch genommenen Elternteils zu ermitteln und es daher in der Regel vorab der klageweisen Geltendmachung auf Auskunft gemäß § 1605 BGB[191] bedarf, unterliegt eine Unterhaltstitulierung - außerhalb des einstweiligen Rechtschutzes[192] - oftmals langwierigen Verzögerungen. Um eine derartige Verzögerung im vereinfachten Verfahren zu vermeiden, wird zur ordnungsgemäßen Erhebung der Einwendung mangelnder Leistungsfähigkeit die umfassende Auskunft des Antragsgegners über seine Einkommensverhältnisse gefordert. Dies ist dem Antragsgegner auch zumutbar, da es sich um Informationen handelt, die in seiner Sphäre liegen und ihm daher in der Regel ohne größeren Aufwand möglich sind. Hintergrund dieser Ausgestaltung ist auch, dass in den Fällen, in denen wegen ordnungsgemäßer Geltendmachung dieser Einwendung eine Unterhaltsfestsetzung im vereinfachten Verfahren ausscheidet[193], das vereinfachte Verfahren zumindest dazu führt, dass das Kind aufgrund der Auskunft des Antragsgegners die Erfolgsaussichten einer weiteren gerichtlichen Geltendmachung des Unterhaltsanspruchs hinreichend prüfen kann[194] und eine Vorklärung des Streitstoffes erfolgt. Entscheidet sich daraufhin das Kind zu einer weiteren Rechtsverfolgung, so liegen dem Gericht nach Übergang in das streitige Verfahren bereits die entscheidungserheblichen Umstände vor. Einer weiteren Beibringung von Informationen von Seiten des Kindes soll es insoweit grundsätzlich nicht mehr bedürfen. Dieses Anliegen wird auch durch die Ausgestaltung des streitigen Verfahrens (§ 651 ZPO) deutlich. Zwar bedarf es zur Überleitung in das streitige Verfahren eines diesbezüglichen Antrags; weitere Anforderungen werden an das Kind aber nicht gestellt. Vielmehr geht der Gesetzgeber davon aus, dass die im Antrag auf Unterhaltsfestsetzung gemachten Angaben (§ 646 ZPO) und die sonstigen im Verlauf des vereinfachten Festsetzungsverfahren erlangten, insbesondere die vom Antragsgegner erbrachten (vgl. § 648 Abs. 2 ZPO) Informationen für eine sachliche Entscheidung des Gerichts ausreichen. Deshalb bedarf es für das streitige Verfahren auch keiner besonderen Klageschrift[195].

Diese Verfahrensgestaltung kann aber nur dann Sinn haben, wenn allein die Einkommensverhältnisse des Antragsgegners für eine sachliche Entscheidung über den Kindesunterhalt maßgebend sind. Bedürfte es für die Bemessung des Kindes-

---

[191] Zumeist im Rahmen einer Stufenklage (§ 254 ZPO).

[192] Vgl. hierzu insbesondere §§ 620 Nr. 4, 644 ZPO.

[193] Vgl. dazu näher unten C. I. 5. c.

[194] BT- DruckS 13/ 7338, S. 41.

[195] Zöller- Philippi, 22. Aufl., § 651 Rn. 2; T/ P, 23. Aufl., § 651 Rn. 6; Göppinger/ Wax- van Els, 7. Aufl., Rn. 2199. Vgl. dazu auch näher unten C. I. 7. b.

unterhalts auch der Einkommensverhältnisse des Elternteils, in dessen Haushalt das Kind lebt – nachfolgend betreuender Elternteil genannt -, so würde das streitige Verfahren und in weiten Bereichen auch das gesamte vereinfachte Verfahren leerlaufen. Dies folgt aus dem Umstand, dass hinsichtlich dieser Einkommensverhältnisse das vereinfachte Verfahren keinerlei Regelungen enthält. Insbesondere bedarf es von Seiten des Kindes hierüber keinerlei Angaben im Antrag (vgl. § 646 ZPO). Aber auch der Antragsgegner ist im Rahmen der Einwendungserhebung nicht verpflichtet, insoweit Auskunft zu erteilen. Denn das Gesetz enthält über die Einwendung, es bestünde eine anteilige Barunterhaltspflicht des betreuenden Elternteils, keine besondere Regelung. Diese Einwendung stützt sich aber ebenso wie die der mangelnden Leistungsfähigkeit auf die Einkommensverhältnisse.

Um dem Kind die Auskunftserlangung damit aus denselben Gründen wie bei § 648 Abs. 2 S. 3 ZPO zu ermöglichen, hätte es einer ähnlichen Anforderung an die Erhebung des Einwands anteiliger Barunterhaltspflicht bedurft[196]. Hiervon hat der Gesetzgeber aber abgesehen. Der Einwand anteiliger Barunterhaltspflicht unterfällt vielmehr der Auffangregelung des § 648 Abs. 2 S. 1 ZPO[197], und kann allein dann ordnungsgemäß erhoben werden, wenn der Antragsgegner zugleich erklärt, inwieweit er bereit ist, Unterhalt zu zahlen und sich insoweit auch verpflichtet (§ 648 Abs. 2 S. 1 ZPO). Allein diese Erklärungen verhindern in Fällen anteiliger Barunterhaltspflicht beider Elternteile damit die uneingeschränkte Unterhaltsfestsetzung im vereinfachten Verfahren. Da die Bereitschafts- und Verpflichtungserklärung dem Kind weder eine Prüfung der Erfolgsaussichten weiteren gerichtlichen Vorgehens ermöglicht noch zu einer Vorklärung des Streitstoffes im übrigen führt, bestehen damit auch im Hinblick auf das streitige Verfahren keine Vorteile gegenüber dem herkömmlichen Unterhaltsprozess.

Das vereinfachte Verfahren und die Möglichkeit der Überleitung in das streitige Verfahren können somit grundsätzlich[198] nur dann Sinn haben und zur Anwendung kommen, wenn lediglich der in Anspruch genommene Elternteil barunterhaltspflichtig ist und es nur auf seine Einkommensverhältnisse für den Unterhaltsanspruch des Kindes ankommt. Dies wäre aber regelmäßig nur dann der Fall, wenn wie beim Minderjährigenunterhalt eine Gleichwertigkeit von Betreuungs- und Barunterhalt gemäß § 1606 Abs. 3 S. 2 BGB bestünde.

Diesem Ergebnis steht nicht entgegen, dass ausnahmsweise auch im Bereich des Minderjährigenunterhalts entgegen § 1606 Abs. 3 S. 2 BGB eine anteilige Barun-

---

[196] Zumindest hinsichtlich der Einkommensverhältnisse des Antragsgegners. Hinsichtlich der Einkommensverhältnisse des „betreuenden" Elternteils, wäre eine Auskunftspflicht des in Anspruch genommenen Elternteils diesem dagegen wohl nicht zumutbar.

[197] Vgl. hierzu unten C. I. 3. b. bb. (4.).

[198] Ausnahmsweise ist das vereinfachte Verfahren trotz Unterhaltsberechnung gemäß § 1606 Abs. 3 S. 1 BGB zulässig, wenn das Gebot prozessualer Gleichbehandlung dies erfordert. Vgl. dazu bereits oben C. I. 1. a. cc. (2.).

terhaltspflicht des betreuenden Elternteils besteht[199]. Denn das vereinfachte Verfahren ist als schematisiert und pauschalisiert ausgestaltetes Masseverfahren für den in praxi typischerweise vorkommenden Unterhaltsfall eingeführt worden. Die Unterhaltsstreitigkeiten im Minderjährigenrecht, für die grundsätzlich die Gleichwertigkeit von Betreuungs- und Barunterhalt gemäß § 1606 Abs. 3 S. 2 BGB gilt, sollten – dem Gedanken des vereinfachten Verfahrens gemäß - auch einfach entschieden werden können. Die Tatsache, dass für vereinzelt auftretende Ausnahmefälle eine solche schematisierte Verfahrensgestaltung die materiellrechtlichen Besonderheiten nicht hinreichend erfasst, rechtfertigt nicht den Schluss, das vereinfachte Verfahren auch dort zur Anwendung zu bringen, wo die anteilige Barunterhaltspflicht beider Eltern regelmäßig besteht. Liegt ausnahmsweise im Bereich des Minderjährigenunterhalts eine anteilige Barunterhaltspflicht beider Eltern vor, so verfehlt das vereinfachte Verfahren lediglich in diesen Fällen sein Ziel.

Die unmittelbare Gleichwertigkeit von Betreuungs- und Barunterhalt nach § 1606 Abs. 3 S. 2 BGB gilt jedoch in der Regel gerade nicht für den Unterhalt eines herkömmlichen volljährigen Kindes[200]. Denn dieses bedarf wegen des Erreichens der rechtlichen Selbständigkeit grundsätzlich nicht mehr der Erziehung und Pflege durch die Eltern, sodass eine trotz Volljährigkeit bestehende Unterhaltspflicht[201] regelmäßig auch nicht durch Betreuungsunterhalt erfüllt werden kann. Im Bereich des Volljährigenunterhalts kommt daher der Grundsatz, dass der „betreuende" Elternteil sich nicht am Barunterhalt beteiligen muss nicht zur Anwendung. Vielmehr besteht gemäß § 1606 Abs. 3 S. 1 BGB grundsätzlich eine anteilige Barunterhaltspflicht beider Elternteile entsprechend ihrer Einkommensverhältnisse. Die Lebensstellung des Volljährigen hängt daher von der Lebensstellung beider Eltern ab, sodass für die Bemessung des Unterhaltsbedarfs neben den Einkommensverhältnissen des nicht betreuenden Elternteils auch die des „betreuenden" maßgebend ist[202]. Im Bereich des Volljährigenunterhalts würde somit wegen des regelmäßig zu erwartenden Einwands der anteiligen Barunterhaltspflicht des „betreuenden" Elternteils (§ 1606 Abs. 3 S. 1 BGB; § 648 Abs. 2 S. 1 ZPO) eine Unterhaltsfestsetzung im vereinfachten Verfahren ausscheiden. Wie dargestellt wurde, würde aber insoweit auch das streitige Verfahren keinen Vorteil bringen. Das volljährige Kind hat bei der herkömmlichen Unterhaltsklage die Einkommensver-

---

[199] Vgl. hierzu Göppinger/ Wax- Kodal, 7. Aufl., Rn. 1547 ff.; Wendl/ Staudigl- Scholz, 5. Aufl., § 2 Rn. 287 ff.

[200] BGH, FamRZ 1988, 1039 (1040); Gerhardt/ Heintschel- Heinegg/ Klein- Gerhardt, 3. Aufl., 6. Kapitel, Rn. 141; Göppinger/ Wax- Kodal, 7. Aufl., Rn. 1533 ff.; Wendl/ Staudigl- Scholz, 5. Aufl., § 2 Rn. 334; Knittel, DAV 1998, 177 (187).

[201] Vgl. zu den Voraussetzungen des Volljährigenunterhalts Wendl/ Staudigl- Scholz, 5. Aufl., § 2 Rn. 330 ff.; Gerhardt/ Heintschel- Heinegg/ Klein- Gerhardt, 3. Aufl., 6. Kapitel, Rn. 112 ff.

[202] Nur so kann eine Haftungsquote gemäß § 1606 Abs. 3 S. 1 BGB festgestellt werden.

hältnisse beider Eltern, insbesondere auch des nicht in Anspruch genommenen „betreuenden“ Elternteils, darzutun, um einen schlüssigen Anspruch auf anteiligen Barunterhalt geltend machen zu können[203]. Dieses wäre wegen fehlender anderweitiger Regelungen auch bei der Überleitung vom vereinfachten Verfahren ins streitige Verfahren notwendig. Nur so sind die notwendigen Informationen für die Ermittlung der Haftungsquote des in Anspruch genommenen Elternteils nach § 1606 Abs. 3 S. 1 BGB zu erlangen und damit eine sachliche Entscheidung des Gerichts möglich. Das volljährige Kind müsste somit auch im Rahmen der §§ 645 ff. ZPO dieselben aufwendigen und zeitraubenden Bemühungen anstellen wie bei der normalen Unterhaltsklage auf anteiligen Barunterhalt. Die Regelungen der §§ 645 ff. ZPO würden dann aber ihren Sinn völlig verfehlen, da die Überleitung in das streitige Verfahren dem Kind gerade ohne weitere Bemühungen möglich sein sollte. Die Geltendmachung von Kindesunterhalt im vereinfachten Verfahren wäre somit weder verfahrensrechtlich vereinfacht noch in zeitlicher Hinsicht vorteilhaft. Das Betreiben des vereinfachten Verfahrens würde sogar zu Lasten des Kindes gehen[204]. Denn wenn zur Überleitung in das streitige Verfahren von ihm dieselben Anstrengungen verlangt werden würden wie bei der herkömmlichen Unterhaltsklage, so stellte das bis dahin betriebene Verfahren lediglich eine Verzögerung der Unterhaltstitulierung dar.
Sind somit wie im Bereich des Volljährigenunterhalts in der Regel beide Eltern anteilig barunterhaltspflichtig (§ 1603 Abs. 3 S. 1 BGB), so kommt der Zweck des vereinfachten Verfahrens nicht zum Tragen.

Etwas anderes gilt auch nicht bei privilegierten Volljährigen. Dies wäre nur dann der Fall, wenn anders als beim Unterhalt nicht privilegierter Volljähriger, bei privilegiert Volljährigen in der Regel eine alleinige Barunterhaltspflicht des in Anspruch genommenen Elternteils besteht, somit also der in § 1606 Abs. 3 S. 2 BGB normierte Grundsatz der Gleichwertigkeit von Betreuungs- und Barunterhalt in der Regel auch für diese Kinder gilt[205].
Dies ist jedoch zu verneinen. Wie bereits dargestellt wurde, liegt im Rahmen des § 1606 Abs. 3 S. 2 BGB, der ausdrücklich nur minderjährige Kinder erfasst, wegen des gesetzgeberischen Willens, die Änderung der §§ 1603 Abs. 2 S. 2, 1609 BGB habe keinen Einfluss auf § 1606 Abs. 3 S. 2 BGB[206], eine Regelungslücke

---

[203] Wendl/ Staudigl- Scholz, 5. Aufl., § 2 Rn. 457.
[204] Mit Ausnahme der Unterhaltsfestsetzung im vereinfachten Verfahren in der Höhe, in der sich der Antragsgegner zur Unterhaltszahlung verpflichtet hat (§§ 648 Abs. 2 S. 1, 650 S. 2 ZPO).
[205] Dies wird vereinzelt befürwortet, da nur so eine hinreichende Berücksichtigung der von dem „betreuenden“ Elternteil im Haushalt gegenüber dem privilegierten Volljährigen erbrachten Naturalleistungen erfolgen könne; vgl. Johannsen/ Henrich- Graba, 3. Aufl., § 1606 Rn. 9.
[206] BT- DruckS 13/ 7338, S. 22.

nicht vor[207]. Auch zielt die dem § 1603 Abs. 2 S. 2 BGB zugrundeliegende Wertung primär nur darauf ab, auch den Eltern eines privilegierten Volljährigen eine verschärfte Unterhaltspflicht aufzuerlegen. Regelungsgegenstand ist damit vorrangig die Unterhaltspflicht der Eltern gegenüber dem Kind. § 1606 Abs. 3 S. 2 BGB stellt demgegenüber eine Verteilung der Unterhaltslast zwischen den Eltern dar und regelt das Verhältnis Eltern - Kind nur mittelbar[208]. Desweiteren knüpft die in § 1606 Abs. 3 S. 2 BGB getroffene Gleichwertigkeit von Betreuungs- und Barunterhalt unmittelbar an die Rechtsstellung des Kindes an. Diese ist aber bei privilegiert Volljährigen und bei nicht privilegiert Volljährigen identisch. Das minderjährige Kind bedarf grundsätzlich der Erziehung und Pflege, die zumeist von den Eltern beziehungsweise von dem Elternteil erbracht wird, in dessen Haushalt das Kind lebt. Hierzu hat der betreuende Elternteil das Recht und in der Regel auch die Pflicht. Gerade um diese Betreuungsverpflichtung unterhaltsrechtlich hinreichend zu berücksichtigen sieht § 1606 Abs. 3 S. 2 BGB deren Gleichwertigkeit mit der Barunterhaltspflicht vor.

Das Kind erlangt mit Erreichen der Volljährigkeit die rechtliche Selbständigkeit. Auch der privilegierte Volljährige ist damit grundsätzlich eigenverantwortlich. Er bedarf insbesondere nicht mehr der Erziehung und Pflege durch die Eltern beziehungsweise durch einen Elternteil[209]. Dies korrespondiert auch mit dem automatischen Erlöschen des Sorgerechts der Eltern beziehungsweise des bisher sorgeberechtigten Elternteils ab Erreichen der Volljährigkeit. Mit der Beendigung des Sorgerechts geht auch das elterliche Recht und die Pflicht das Kind zu vertreten, zu erziehen und zu betreuen verloren[210]. Ab Volljährigkeit werden daher in der Regel keine Betreuungsleistungen mehr geschuldet[211]. Damit kann die „Betreuung“ eines auch privilegierten volljährigen Kindes nicht generell von der Verpflichtung zur Leistung von, wenn auch nur anteiligem, Barunterhalt befreien. Damit scheidet aber auch eine Gleichwertigkeit von Betreuungs- und Barunterhalt ab Vollendung des 18. Lebensjahres aus[212].

An dieser rechtlichen Bedeutung der Volljährigkeit auch bei privilegierten Volljährigen hat somit insbesondere auch § 1603 Abs. 2 S. 2 BGB nichts geändert. Denn die Gleichstellung im Rahmen der §§ 1603 Abs. 2, 1609 BGB und die zugrundeliegende Vergleichbarkeit der tatsächlichen Lebensstellung und der wirtschaftlichen Verhältnisse der privilegierten Volljährigen mit minderjährigen Kindern hat keinerlei Bedeutung auf deren Erlangung der rechtlichen Selbständigkeit mit Vollendung des 18. Lebensjahres[213]. Der Grundsatz, dass wegen Volljährig-

---

207 OLG Naumburg, DAV 1999, 893 (893); Göppinger/ Wax- Kodal, 7. Aufl., Rn. 1556.
208 Palandt- Diederichsen, 58. Aufl., § 1606 Rn. 13.
209 Coester- Waltjen, Jura 1999, 441 (442); OLG Karlsruhe, FamRZ 1999, 45 (46).
210 Wendl/ Staudigl- Scholz, 5. Aufl., § 2 Rn. 330 ff.
211 BGH, FamRZ 1994, 696 (698).
212 OLG Karlsruhe, FamRZ 1999, 45 (46).
213 OLG Hamm, FamRZ 2000, 379 (380); BT- DruckS 13/ 7338, S. 22.

keit auch gegenüber privilegierten volljährigen Kindern keine Betreuung mehr notwendig ist, wird daher nicht berührt. Im Rahmen des § 1606 Abs. 3 S. 2 BGB bleibt daher auch weiterhin der rein rechtliche Aspekt der Volljährigkeit maßgebend. Eine Gleichstellung auch im Rahmen des § 1606 Abs. 3 S. 2 BGB liefe auf eine reine Fiktion hinaus. Hierfür besteht aber aus rechtssystematischen Gründen kein Bedürfnis[214].

§ 1606 Abs. 3 S. 2 BGB findet daher in der Regel keine entsprechende Anwendung auf privilegierte Volljährige im Sinn des § 1603 Abs. 2 S. 2 BGB. Eine Gleichwertigkeit von Betreuungs- und Barunterhalt scheidet damit regelmäßig aus, sodass grundsätzlich auch gegenüber privilegierten Volljährigen eine Barunterhaltspflicht beider Eltern, also auch des „betreuenden“ Elternteils entsprechend seiner Haftungsquote gemäß § 1606 Abs. 3 S. 1 BGB besteht[215].

Dem steht nicht entgegen, dass dies oftmals zu einer erheblichen Mehrbelastung des „betreuenden“ Elternteils führt[216]. Dieser wird seine Betreuungsleistungen in der Regel wie bisher erbringen, jedoch erfolgt hierdurch mangels Anwendbarkeit von § 1606 Abs. 3 S. 2 BGB keine automatische Befreiung von seiner grundsätzlichen anteiligen Barunterhaltspflicht. Sind noch andere minderjährige Kinder zu versorgen, so ist zudem diese Betreuungsleistung für die Ermittlung des verfügbaren Einkommens im Rahmen des § 1606 Abs. 3 S. 1 BGB gegenüber dem volljährigen Kind nicht zu berücksichtigen[217].

Diese Benachteiligung des „betreuenden“ Elternteils trotz gleichbleibender tatsächlicher Lebensverhältnisse kann nicht eine generelle entsprechende Anwendung des § 1606 Abs. 3 S. 2 BGB auf privilegierte Volljährige begründen[218], da die Zäsur durch die Volljährigkeit, die unter Ablösung des § 1606 Abs. 3 S. 2 BGB zur grundsätzlichen Anwendung der anteiligen Barunterhaltspflicht beider Eltern führt, dennoch gerechtfertigt ist. Zum einen bleibt die Unterhaltsgewährung des „betreuenden“ Elternteils in Natur unterhaltsrechtlich nicht völlig unberücksichtigt, da insoweit eine Anrechnung dieser Leistungen auf den von ihm geschuldeten Barunterhalt erfolgt, der sich damit entsprechend mindert[219]. Zum anderen liegt die grundsätzliche Pflicht auch des „betreuenden“ Elternteils zur Leistung von Barunterhalt im Interesse des privilegierten Volljährigen, da sich dessen Unterhaltsbedarf damit nach dem zusammengerechneten Einkommen beider Elternteile bemisst[220]. Der privilegierte Volljährige erhält somit in der Regel einen höhe-

---

214 BT- DruckS 13/ 7338, S. 22.

215 So auch Kleinle, ZfJ 1998, 225 (231); Knittel, DAV 1998, 177 (187); Gerhardt, FuR 1998, 97 (100); Nickel, DVP 2000, 50 (51); OLG Hamm, FamRZ 1999, 379 (380); OLG Hamm, FamRZ 1999, 1018 (1019); OLG Bremen, FamRZ 1999, 1529 (1529); OLG Karlsruhe, FamRZ 1999, 45 (46).

216 Vgl. dazu Grandke, FPR 1998, 162 (164); Kleinle, ZfJ 1998, 225 (231).

217 BGH, FamRZ 1980, 1039 (1041).

218 So aber wohl Johannsen/ Henrich- Graba, 3. Aufl., § 1606 Rn. 9.

219 Göppinger/ Wax- Kodal, 7. Aufl., Rn. 1556.

220 Gerhardt, FuR 1998, 97 (100); Knittel, DAV 1998, 177 (187).

ren Unterhaltsbetrag. Zudem wird trotz dieses erhöhten Kindesunterhalts der bisher allein barunterhaltspflichtige Elternteil entlastet. Dessen Barunterhaltspflicht verringert sich in der Regel, da die Verpflichtung zum Barunterhalt nunmehr nicht mehr von ihm alleine zu erfüllen ist. Vielmehr ist er nur noch verpflichtet, entsprechend der Einkommensverhältnisse anteilig Barunterhalt zu leisten[221].
Die grundsätzliche Barunterhaltspflicht auch des „betreuenden" Elternteils entfällt auch nicht deshalb, weil er durch wirksame[222] Unterhaltsbestimmung gemäß § 1612 Abs. 2 BGB seine Unterhaltspflicht weiterhin durch Naturalleistungen erbringen kann[223]. Denn die Unterhaltsbestimmung kann grundsätzlich nur die Art der Unterhaltsgewährung regeln, nicht aber den von jedem Elternteil zu erbringenden Unterhaltsanteil[224]. Auch im Rahmen des § 1612 Abs. 2 BGB bedarf es daher zunächst der Ermittlung der Haftungsquote entsprechend der Einkommensverhältnisse (§ 1606 Abs. 3 S. 1 BGB).
Mangels Anwendbarkeit des § 1606 Abs. 3 S. 2 BGB auf den Unterhalt privilegierter Volljähriger bestimmt sich somit deren Unterhalt in der Regel nach den Einkommensverhältnissen beider Eltern nach § 1606 Abs. 3 S. 1 BGB.

Da § 1606 Abs. 3 S. 2 BGB somit auch für privilegierte Volljährige in der Regel unanwendbar ist, dies für die Anwendbarkeit des vereinfachten Verfahrens jedoch Voraussetzung ist, können selbst privilegierte Volljährige ihre Unterhaltsansprüche nicht mittels des vereinfachten Verfahrens geltend machen.
Hieran ändert nichts, dass in Einzelfällen ausnahmsweise auch im Bereich des Volljährigenunterhalts eine entsprechende Anwendung des § 1606 Abs. 3 S. 2 BGB in Betracht kommen kann[225]. Denn für die Anwendbarkeit des vereinfachten

---

[221] Voraussetzung für die Vorteile für das Kind und für den bisher allein barunterhaltspflichtigen Elternteil ist aber, dass der „betreuende" Elternteil überhaupt über unterhaltsrechtlich relevantes Einkommen verfügt. Ist dies nicht der Fall, so bemisst sich der Unterhalt quasi wie bei minderjährigen Kindern. Der bisher allein barunterhaltspflichtige Elternteil bleibt dies damit auch weiterhin. In diesen Fällen hat der „betreuende" Elternteil aber auch keine Nachteile durch die Nichtanwendbarkeit des § 1606 Abs. 3 S. 2 BGB.

[222] Zu beachten ist insoweit, dass eine Unterhaltsbestimmung nur dann wirksam ist, wenn sie den gesamten Unterhaltsbedarf umfasst und damit regelmäßig von beiden Eltern gemeinsam beziehungsweise aufeinander abgestimmt erklärt wird. Nicht zulässig ist eine einseitige Bestimmung eines Elternteils nur über den von ihm geschuldeten Unterhaltsanteil; vgl. Palandt-Diederichsen, 60. Aufl., § 1612 Rn. 7 ff., 13.

[223] Das Unterhaltsbestimmungsrecht gemäß § 1612 Abs. 2 BGB gilt auch gegenüber volljährigen Kindern; vgl. Palandt- Diederichsen, 60. Aufl., § 1612 Rn. 10 ff.

[224] Der „betreuende" Elternteil kann auch nicht von vornherein bestimmen, dass die von ihm zu erbringenden Naturalleistungen ihn von seiner Barunterhaltspflicht befreien und daher nur der andere Elternteil barunterhaltspflichtig sei. Vgl. Fn. 222.

[225] Die entsprechende Anwendung des § 1606 Abs. 3 S. 2 BGB auf Volljährige wurde zwar vom BGH für Einzelfälle angenommen (vgl. BGH, FamRZ 1981, 541 (543); BGH, NJW-RR 1986, 748 (749)). Eine solche Anwendung wurde aber ausdrücklich als tatrichterliche Entscheidung nur für Ausnahmefälle angenommen und nicht als Rechtsgrundsatz formuliert.

Verfahrens bedürfte es, wie bereits dargelegt wurde, einer in der Mehrzahl der Fälle bestehenden alleinigen Barunterhaltspflicht des in Anspruch genommenen Elternteils. Dies müsste gerade die in praxi typische und daher häufige Fallkonstellation sein. Für eine Vorabentscheidung, ob nun ausnahmsweise eine alleinige Barunterhaltspflicht des Antragsgegners besteht, ist das vereinfachte Verfahren als schematisches Verfahren aber nicht ausgerichtet[226] und wäre mit einer solchen Frage zudem völlig überfordert[227].
Zusammenfassend ist somit festzuhalten, dass das vereinfachte Verfahren nur zur Geltendmachung von Unterhalt eines minderjährigen Kindes - bis zur Vollendung des 18. Lebensjahres – Anwendung findet[228] und für die Geltendmachung von Volljährigenunterhalt – auch für den privilegierter Volljähriger – als unzulässig ausscheidet.
Hierfür spricht auch, dass das vereinfachte Verfahren primär als prozessuales Sonderverfahren für die Geltendmachung des Unterhalts in dynamisierter Form gemäß § 1612a BGB eingeführt wurde. Dieses Regelbetragssystem gilt aber nur für Minderjährigenunterhalt, nicht auch für Volljährigenunterhalt[229], sodass auch im vereinfachten Verfahren der Volljährigenunterhalt lediglich in statischer Form tituliert werden könnte. Zwar ist die statische Unterhaltsfestsetzung möglich[230], der Sinn und das Ziel des vereinfachten Verfahrens, schnelle Titulierung von dynamisiertem Unterhalt, wäre damit aber erheblich eingeschränkt.

(2.) Maßgeblicher Zeitpunkt der Minderjährigkeit und des Volljährigwerdens

Wie soeben ausführlich dargestellt wurde, kann das vereinfachte Verfahren nur dann zur Anwendung gelangen, wenn es sich um Unterhaltsansprüche minderjähriger Kinder handelt. Wird Volljährigenunterhalt - auch der privilegierter Volljähriger - geltend gemacht, so scheidet das vereinfachte Verfahren als unzulässig aus und der Antrag ist gemäß § 646 Abs. 2 S. 1 ZPO zurückzuweisen.
Fraglich ist, wie der Fall zu behandeln ist, in dem das Kind zur Zeit der Antragstellung noch minderjährig ist, während des vereinfachten Verfahrens jedoch voll-

---

Vgl. dazu ausführlich: BGH, FamRZ 1994, 696 (698), BGH, FamRZ 1988, 1039 (1040); Wendl/ Staudigl- Scholz, 5. Aufl., § 2 Rn. 491 ff.

[226] So auch FamRefK- Bäumel, ZPO, § 645 Rn. 8; OLG Stuttgart, OLG Report 1999, 129 (130).

[227] So Grandke, FPR 1998, 162 (165).

[228] Ohne nähere Begründung ebenso: van Els, Rpfleger 1999, 297 (298); van Els, FamRZ 1999; 1212 (1212); Musielak- Borth, Vor § 645 Rn. 3; B/ L- Albers, 59. Aufl., § 645 Rn. 3; Strauß, FamRZ 1998, 993 (1004); Sonnenfeld, DAV 1999, 169 (170); Günther, Kind- Prax 1999, 35 (35); Lipp/ Wagenitz, § 645 Rn. 3; FamRefK- Bäumel, ZPO, § 645 Rn. 8; OLG Stuttgart, OLG Report 1999, 129 (130).

[229] Vgl. dazu ausführlich oben B. III. 1.

[230] Vgl. dazu oben C. I. 1. b. aa.

jährig wird. Vereinzelt[231] wird angenommen, auch in diesem Fall scheide eine Festsetzung im vereinfachten Verfahren aus. Als Begründung wird ausgeführt, dass die Zulässigkeitsvoraussetzungen des vereinfachten Verfahrens von Amts wegen in jeder Lage des Verfahrens zu prüfen seien; sie also bis zum Abschluss des vereinfachten Verfahrens - dem Erlass des Festsetzungsbeschlusses - vorliegen müssten. Maßgeblich für die Frage der Zulässigkeit des vereinfachten Verfahrens im Hinblick auf die Minderjährigkeit sei demnach der Zeitpunkt der Entscheidung[232].

Dem kann jedoch nicht zugestimmt werden.

Gemäß § 645 Abs. 1 ZPO wird im vereinfachten Verfahren der Unterhalt eines minderjährigen Kindes festgesetzt. Wird das Kind, das bei Antragstellung minderjährig ist, während des vereinfachten Verfahrens volljährig, so wurde Unterhalt zumindest noch für einen gewissen Zeitraum geltend gemacht, in dem das Kind minderjährig war. Für diesen Zeitraum besteht in demselben Maße das Bedürfnis, die Unterhaltsfestsetzung im vereinfachten Verfahren zuzulassen als wenn das Kind erst kurz nach Erlass des Festsetzungsbeschlusses volljährig werden würde. Dies insbesondere auch deshalb, da es nicht zu Lasten des Kindes gehen kann, wenn aufgrund eines aus welchen Gründen auch immer langwierigen Verfahrens die Unterhaltsfestsetzung erst zu einem Zeitpunkt erfolgen könnte, in dem das Kind bereits volljährig ist. Würde man auf den Zeitpunkt der Entscheidung abstellen, so käme eine Festsetzung allein deshalb nicht mehr in Betracht, weil das Kind mittlerweile volljährig ist, auch wenn der geltend gemachte Unterhaltsanspruch begründet wäre. Dies wäre prozessunökonomisch und auch im Hinblick auf die Interessen des unterhaltsbedürftigen Kindes unbillig, welche das vereinfachte Verfahren gerade zu sichern beabsichtigt. Obwohl die Unterhaltsstreitigkeit in materiellrechtlicher Hinsicht entscheidungsreif ist, müsste eine Unterhaltstitulierung im vereinfachten Verfahren allein wegen „Zeitablaufs“ ausscheiden. Das vereinfachte Verfahren müsste demnach zu einem Zeitpunkt beantragt werden, in welchem gewährleistet wäre, dass die Minderjährigkeit auch noch zur Zeit der Entscheidung besteht. Gerade aber bei minderjährigen Kindern fortgeschrittenen Alters[233] bestünde somit wegen der Nichtabsehbarkeit der Verfahrensdauer und etwaiger Verfahrensverzögerungen eine erhebliche nicht hinnehmbare Unsicherheit, die oftmals dazu führen würde, von der Einleitung des vereinfachten Verfahrens abzusehen.

Für die Frage der Zulässigkeit des vereinfachten Verfahrens im Hinblick auf die Minderjährigkeit kann demnach nicht maßgeblich auf den Zeitpunkt der Unterhaltsentscheidung abgestellt werden. Vielmehr muss es für eine zulässige Unterhaltsfestsetzung im vereinfachten Verfahren genügen, wenn das Kind zur Zeit der

---

[231] Graba, NJW 2001, 249 (254); Sonnenfeld, DAV 1999, 169 (176).

[232] Sonnenfeld, DAV 1999, 169 (176).

[233] Insbesondere ab Vollendung des 17. Lebensjahres.

Antragstellung minderjährig ist und Minderjährigenunterhalt festgesetzt wird[234]. Nicht erforderlich ist hingegen, dass das Kind zur Zeit der Festsetzung selbst noch minderjährig ist.
Für dieses Ergebnis spricht auch § 798a ZPO, wonach gegen einen Titel auf Minderjährigenunterhalt gerade nicht eingewandt werden kann, das Kind sei inzwischen volljährig geworden. Der Gesetzgeber wollte hierdurch gerade sicherstellen, dass über die Volljährigkeit hinaus aus dem Titel auf Minderjährigenunterhalt vollstreckt werden kann und die finanzielle Versorgung des unterhaltsberechtigten Kindes unabhängig von dessen Alter insoweit gesichert ist. Dieser Rechtslage entsprechend ist auch die Unterhaltsfestsetzung des Minderjährigenunterhalts im vereinfachten Verfahren nicht ausdrücklich auf die Zeit der Minderjährigkeit zu beschränken, sondern über diese hinaus „offen" vorzunehmen[235].
Nach alledem ist somit für die Zulässigkeit des vereinfachten Verfahrens allein maßgeblich, dass das Kind zur Zeit der Antragstellung minderjährig ist und Minderjährigenunterhalt geltend macht[236]. Wird das Kind während des vereinfachten Verfahrens volljährig, so ist dies kein Hindernis für eine etwaige Festsetzung des geltend gemachten Kindesunterhalts für die Zeit der Minderjährigkeit[237]. Hinsichtlich eines - auch zusätzlich - geltend gemachten Volljährigenunterhalts scheidet das vereinfachte Verfahren dagegen als unzulässig gemäß § 646 Abs. 2 ZPO aus.

bb. Der Personenstand des minderjährigen Kindes

Fraglich ist, ob das vereinfachte Verfahren auch dann zur Anwendung kommt, wenn das minderjährige Kind bereits verheiratet ist, beziehungsweise war[238].
Diese Frage stellt sich insbesondere auch deshalb, da der Wortlaut der §§ 645 ff. ZPO, anders als wesentliche Normen des materiellen Kindesunterhaltsrechts[239], insbesondere § 1606 Abs. 3 S. 2 BGB, nicht zwischen verheirateten und unverheirateten Kindern differenziert.

---

[234] So im Ergebnis auch OLG Köln, FamRZ 2000, 678 (678); Zöller- Philippi, 22. Aufl., § 646 Rn. 11; Schulz, FuR 1998, 385 (385).

[235] Vgl. dazu unter Hinweis auf § 1612a Abs. 3 S. 1 3. Alt. bereits oben B. III. 1.

[236] Wiecorec/ Schütze/ Schlüter, 3. Aufl., § 641l Rn. 7 zu § 641l ZPO a.F.; OLG Köln, FamRZ 2000, 678 (678); Zöller- Philippi, 22. Aufl., § 646 Rn. 11.

[237] Auch der Umstand, dass das Kind bei Antragstellung von einem Elternteil vertreten wurde (§ 1629 Abs. 2 BGB), beziehungsweise dieser in Prozessstandschaft auftrat (§ 1629 Abs. 3 BGB) und diese Legitimationen mit Volljährigwerden des Kindes erlöschen, steht einer Unterhaltsfestsetzung nicht entgegen. Zwar verliert dieser Elternteil die Aktivlegitimation zur Geltendmachung des Kindesunterhalts an das volljährig gewordene Kind, jedoch ist insoweit bei unwidersprochenem Verfahrensfortgang von einer Genehmigung des Kindes auszugehen. Vgl. OLG Köln, FamRZ 2000, 678 (678).

[238] Zur Wirksamkeit der Heirat eines minderjährigen Kindes vgl. § 1303 Abs. 2 BGB.

[239] Vgl. insbesondere §§ 1602 Abs. 2, 1603 Abs. 2 S. 2, 1606 Abs. 3 S. 2, 1612 Abs. 2 BGB.

Wie bereits dargelegt[240], orientiert sich das vereinfachte Verfahren primär an der Regelung des § 1606 Abs. 3 S. 2 BGB. Dieser dort festgeschriebene Grundsatz der Gleichwertigkeit von Betreuungs- und Barunterhalt kommt aber nur dann zur Anwendung, wenn das Kind unverheiratet ist. Dies ergibt sich zum einen bereits aus dem Wortlaut dieser Norm, der ausdrücklich nur von unverheirateten Kindern spricht. Zum anderen besteht in materiellrechtlicher Hinsicht bei verheirateten minderjährigen Kindern eine besondere Rechtsstellung, die die Anwendbarkeit von § 1606 Abs. 3 S. 2 BGB in jeder Hinsicht ausschließt. Ist das minderjährige Kind verheiratet, so entfällt die Freistellung der Mutter oder des Vaters von der Erwerbsobliegenheit[241]. Betreut ein Elternteil das Kind dennoch weiter, so stellt dies kein Betreuungsunterhalt dar, denn das verheiratete Kind bedarf auch trotz bestehender Minderjährigkeit keiner Betreuung mehr[242]. Es besteht daher keine Betreuungspflicht und auch kein Betreuungsrecht mehr der Eltern. Liegt somit trotz § 1608 S. 1 BGB, der grundsätzlich eine vorrangige Unterhaltspflicht des Ehegatten des minderjährigen Kindes begründet[243], eine Barunterhaltspflicht der Eltern vor, so kann der Elternteil, der es übernommen hat, den Haushalt des Kindes zu führen, damit den Barunterhaltsanteil des anderen Teils nur insoweit aufwiegen, wie durch seine Leistungen Barbedarf konkret eingespart wird[244]. Selbst nach Auflösung der Ehe des minderjährigen Kindes tritt auch bei fortwährender Minderjährigkeit nicht wieder der frühere Zustand ein[245]. Vielmehr entfällt wie die Betreuungspflicht auch die Freistellung eines ungeachtet dessen weiter betreuenden Elternteils von einer Barunterhaltspflicht[246], sofern eine solche überhaupt fortbesteht. Die etwaig bestehende Unterhaltspflicht der Eltern gegenüber einem verheirateten minderjährigen Kind richtet sich daher immer nach § 1606 Abs. 3 S. 1 BGB, also anteilig nach dem Verhältnis der jeweiligen Einkommensverhältnisse beider Elternteile. Wie bereits ausführlich dargelegt wurde, kann das vereinfachte Verfahren aber grundsätzlich dann nicht zur Anwendung kommen, wenn sich die Bemessung des Unterhalts regelmäßig nach § 1606 Abs. 3 S. 1 BGB bestimmt[247].
Aber auch aus einem weiteren Grund ergibt sich die Unzulässigkeit des vereinfachten Verfahrens bei verheirateten Kindern. Gegenüber einem verheirateten Kind sind in der Regel nicht mehr die Eltern, sondern der Ehegatte des Kindes vorrangig unterhaltspflichtig (§ 1608 S. 1 BGB). Lediglich ausnahmsweise besteht eine Unterhaltspflicht der Eltern, insbesondere dann, wenn der Ehegatte nicht leis-

---

[240] Vgl. dazu oben C. I. 1. a. aa. (1.) (b.).
[241] MüKo- Köhler, BGB, 3. Aufl., § 1606 Rn. 14.
[242] MüKo- Köhler, BGB, 3. Aufl., § 1606 Rn. 14.
[243] Vgl. Johannsen/ Henrich- Graba, 3. Aufl., BGB § 1608 Rn. 1 ff.
[244] MüKo- Köhler, BGB, 3. Aufl., § 1606 Rn. 14.
[245] MüKo- Köhler, BGB, 3. Aufl., § 1606 Rn. 14.
[246] MüKo- Köhler, BGB, 3. Aufl., § 1606 Rn. 14.
[247] Vgl. dazu Ausführungen oben C. I. 1. a. aa. (1.) (b.).

tungsfähig ist[248]. Nur in diesen Ausnahmefällen käme damit überhaupt ein im vereinfachten Verfahren festsetzbarer Unterhalt in Betracht. Allein hieraus ergibt sich bereits die Unzulässigkeit des vereinfachten Verfahrens, da nicht erkennbar ist, dass das Kind nach der Vorstellung des Gesetzgebers auch gegen nur nachrangige Unterhaltspflichtige einen Vollstreckungstitel gemäß §§ 645 ff. ZPO sollte erwirken können[249]. Zudem könnten die eine Unterhaltspflicht der Eltern begründenden materiellrechtlichen Voraussetzungen im vereinfachten Verfahren in keinerlei Hinsicht überprüft werden[250]. Insbesondere die Berücksichtigung besonderer familiärer Verhältnisse des Kindes und der Einkommens- und Vermögensverhältnisse seines Ehegatten (vgl. § 1608 S. 2 BGB) ist durch die schematisierte Verfahrensausgestaltung nicht möglich und würde das vereinfachte Verfahren überfordern. Zudem wäre der Zweck des vereinfachten Verfahrens verfehlt, da regelmäßig der Einwand einer nur nachrangig bestehenden Unterhaltspflicht (§ 648 Abs. 2 S. 1 ZPO) eine Festsetzung im vereinfachten Verfahren verhindern und auch keine Vorklärung für das streitige Verfahren bringen würde.
Nach alledem ist das vereinfachte Verfahren damit nur dann zulässig, wenn das Kind unverheiratet ist[251] und auch noch nicht verheiratet war. Der Umstand, dass die §§ 645 ff. ZPO und auch der für das vereinfachte Verfahren obligatorisch zu verwendende Antragsvordruck diese Fragen nicht als Zulässigkeitsvoraussetzung für dieses Verfahren festschreiben, kann nur als ein Versehen des Gesetzgebers gewertet werden[252].

cc. Nicht in einem Haushalt lebend

Voraussetzung für die Geltendmachung von Kindesunterhalt im vereinfachten Verfahren ist nach dem Wortlaut des § 645 Abs. 1 ZPO zudem, dass das Kind mit dem in Anspruch genommenen Elternteil „*nicht in einem Haushalt lebt*".

Ein Leben des minderjährigen Kindes im Haushalt des in Anspruch genommenen Elternteils ist im unterhaltsrechtlichen Sinn in allen Fällen eines sogenannten familienähnlichen Zusammenlebens gegeben[253]. Maßgeblich hierfür ist, dass das Kind durch den in Anspruch genommenen Elternteil in dessen Haushalt aufgenommen ist[254].

---

[248] Vgl. § 1608 S. 2 BGB.
[249] Günther, Kind- Prax 1999, 35 (36).
[250] Günther, Kind- Prax 1999, 35 (36).
[251] Gießler, FPR 1998, 173 (178); Günther, Kind- Prax 1999, 35 (36).
[252] So auch Günther, Kind- Prax 1999, 35 (36).
[253] So zu § 1615f BGB a.F.: Palandt- Diederichsen, 57. Aufl., § 1615f Rn. 7; KG, FamRZ 1986, 1039 (1040); OLG Karlsruhe, FamRZ 1984, 417 (417); Göppinger/ Wax- Maurer, 6. Aufl., Rn. 878 ff.
[254] Vgl. § 1615f Abs. 1 S. 1 2. HS BGB a.F. und Göppinger/ Wax- Maurer, 6. Aufl., Rn. 878, 879.

Nicht ausreichend ist ein bloßes Aufhalten im Haushalt des in Anspruch genommenen Elternteils für eine nur kurze Zeit[255]. Insbesondere begründet etwa der Aufenthalt des Kindes beim nichtsorgeberechtigten Elternteil im Rahmen des Umgangsrechts noch kein Leben in dessen Haushalt[256]. Die dort dem Kind gegenüber erbrachten Leistungen mindern den Barunterhaltsanspruch nicht, da die Pauschalisierung des Barunterhalts eine vorhersehbare Verschiebung der Tragung eines Teils der Kosten mitumfasst[257]. Erst bei längerem Aufenthalt[258] des Kindes sind die von dem grundsätzlich Barunterhaltspflichtigen erbrachten Naturalleistungen zu bewerten und können zu einem entsprechenden Abzug am Barunterhalt führen[259]. Erst also bei längerem Aufenthalt kann von einem - wenn auch nur teilweisen - Leben des Kindes im Haushalt dieses Elternteils gesprochen werden. Aber auch die Mitfinanzierung des Kindeshaushalts durch Beiträge des in Anspruch genommenen nichtsorgeberechtigten barunterhaltspflichtigen Elternteils außerhalb des Umgangsrechts kann genügen, um ein zumindest teilweises Leben des Kindes im Haushalt dieses Elternteils zu begründen[260].

Sind beide voneinander getrennt lebenden Elternteile sorgeberechtigt und betreuen das Kind gemeinsam, jedoch abwechselnd in ihren Haushalten, so lebt auch hier das Kind im Haushalt beider Elternteile[261]. Ob und gegebenenfalls in welchem Umfang ein Elternteil darüber hinaus noch barunterhaltspflichtig ist, hängt davon ab, wie diese Betreuungsleistungen zu bewerten sind[262].

Auch in den Fällen, in denen die Eltern eines minderjährigen Kindes innerhalb einer gemeinsamen Wohnung getrennt leben (§ 1567 BGB), kann ein gemeinsamer Haushalt des Kindes mit dem grundsätzlich barunterhaltspflichtigen Elternteil und damit ein Leben des Kindes darin gegeben sein[263]. Dies insbesondere dann, wenn dieser Elternteil für das Kind Unterhaltsleistungen z.B. in Form von Wohnungsgewährung und sonstige den Lebensbedarf des Kindes deckende Aufwendungen

---

[255] Wann eine kurze Zeit in diesem Sinn gegeben ist, lässt sich nicht generell sagen. Insoweit kommt es auf jeden Einzelfall an. Maßgeblich ist insbesondere, dass die Qualität und die Dauer der Aufenthalte nicht wesentlich über dem des allgemeinen Umgangsrechts liegen (Erman- Holzhauer, 10. Aufl., § 1606 Rn. 7), wobei Ausnahmeaufenthalte z.B. wegen Krankheit des grundsätzlich betreuenden Elternteils besonders betrachtet werden müssen. Vgl. dazu Göppinger/ Wax- Maurer, 6. Aufl., Rn. 880 (zu § 1615f BGB a.F.); Staudinger-Kappe/Engler, 13. Bearbeitung 1997, § 1606 Rn. 19; Soergel/ Lange- Häberle, 12. Aufl., § 1606 Rn. 11.

[256] Scholz/Stein, Kap. I Rn. 159.

[257] Heintschel-Heinegg/ Gerhardt, 6. Aufl., § 2 Rn. 93; BGH, FamRZ 1984, 470 (472).

[258] Vgl. Fn. 255

[259] Scholz/ Stein, Kap. I, Rn. 159.

[260] So zu § 1615f BGB a.F.: OLG Düsseldorf, FamRZ 1994, 654.

[261] Vgl. Staudinger- Kappe/Engler, 13. Bearbeitung 1997, § 1606 Rn. 18; Wendl/ Staudigl-Scholz, 5. Aufl., § 2 Rn. 14a, 316 ff.

[262] Scholz/ Stein, Kap. I, Rn. 155.

[263] Soergel/ Lange-Häberle, 12. Aufl., § 1615f Rn. 6.

erbringt, die auf den Barunterhalt anzurechnen sind[264].

Lebt das Kind somit nach diesen Grundsätzen im Haushalt eines barunterhaltspflichtigen Elternteils, so scheint das vereinfachte Verfahren schon allein deshalb unzulässig zu sein[265]. Der Gesetzgeber versuchte die Notwendigkeit fehlender Haushaltszugehörigkeit zu dem in Anspruch genommenen Elternteil und die damit verbundene Einschränkung des Anwendungsbereichs des vereinfachten Verfahrens damit zu begründen, dass derjenige, der das Kind betreut in der Regel hierdurch seine Unterhaltspflicht vollständig erfüllt, sodass gemäß § 1606 Abs. 3 S. 2 BGB kein Barunterhaltsanspruch mehr besteht, der geltend gemacht werden kann[266].

Mit Blick auf diese dem vereinfachten Verfahren zugrundeliegende Konstellation zwischen den Eltern und dem Kind, erscheint es zunächst konsequent und schlüssig, die fehlende Haushaltszugehörigkeit zu dem in Anspruch genommenen Elternteil als gesetzliche Zulässigkeitsvoraussetzung für das vereinfachte Verfahren festzuschreiben.

Betrachtet man jedoch diejenigen Konstellationen, in denen das Kind zumindest zeitweise im Haushalt des Barunterhaltspflichtigen lebt, dennoch aber Barunterhalt, wenn auch in nur geminderter Form, von diesem verlangen kann, oder die Fälle, in denen das Kind dauerhaft von Dritten betreut wird, so scheint die generelle Unzulässigkeit des vereinfachten Verfahrens allein mit der Bezugnahme auf § 1606 Abs. 3 S. 2 BGB fraglich.

(1.) Das Kind lebt im Haushalt eines barunterhaltspflichtigen Elternteils

Die Frage nach der Zulässigkeit des vereinfachten Verfahrens stellt sich insbesondere dann, wenn sich das Kind über einen längeren Zeitraum beim nichtsorgeberechtigten Elternteil aufhält oder es abwechselnd im Haushalt beider sorgeberechtigten Elternteile lebt, aber auch dann, wenn der allein betreuende Elternteil, trotz § 1606 Abs. 3 S. 2 BGB, ausnahmsweise neben der Betreuung Barunterhalt schuldet[267]. In diesen Fällen lebt das minderjährige unverheiratete Kind zumindest zeitweise im Haushalt eines Elternteils und hat gegen diesen Anspruch auf Barunterhalt, wenn auch nur in gemindertem Maß.

Nach dem Wortlaut des § 645 Abs. 1 ZPO wäre das vereinfachte Verfahren für diese Fallkonstellationen unzulässig[268], da das Kind, sei es auch nur zeitweise beziehungsweise teilweise, in den Haushalt des in Anspruch genommenen Elternteils

---

[264] Soergel/ Lange-Häberle, 12. Aufl., § 1615f Rn. 6.

[265] Vgl. Gesetzeswortlaut des § 645 Abs. 1 ZPO.

[266] BT- DruckS 13/ 7338, S. 38, 39.

[267] Dies insbesondere, weil sein Einkommen wesentlich höher ist als das des Barunterhaltspflichtigen. Vgl. dazu Scholz/ Stein, Kap. I, Rn. 149 und Fn. 188.

[268] So Schumacher/ Grün, FamRZ 1998, 778 (789); Sonnenfeld, DAV 1999, 169 (170).

aufgenommen ist.
Neben diesem Argument des § 645 Abs. 1 ZPO wird die Unzulässigkeit des vereinfachten Verfahrens in diesen Fällen auch mit Verweisung auf die korrespondierende materiellrechtliche Norm des § 1612a BGB zu begründen versucht[269]. Der Wortlaut dieser Norm gestatte die Dynamisierungsmöglichkeit ebenfalls nur bei Unterhaltsansprüchen gegen den Elternteil, mit dem das Kind *„nicht in einem Haushalt lebt"*[270]. Da das vereinfachte Verfahren mit dieser Regelung korrespondiere, könne es in den hier geschilderten Fallkonstellationen daher auch nicht zur Anwendung kommen[271].
Diese Bezugnahme auf § 1612a BGB kann jedoch ebensowenig wie der Wortlaut des § 645 Abs. 1 ZPO die Unzulässigkeit des vereinfachten Verfahrens in den hier dargestellten Fällen hinreichend begründen.
Zwar erfasst der Wortlaut des § 1612a BGB nur Kinder, die mit dem unterhaltspflichtigen Elternteil nicht in einem Haushalt leben, sodass demzufolge die Dynamisierung auch nur solchen Kindern zu Gute kommen dürfte. Jedoch ist diese Vorschrift insoweit extensiv auszulegen.
§ 1612a BGB in der nunmehr Gesetz gewordenen Fassung beruht auf der ursprünglich vom Gesetzgeber beabsichtigten Beibehaltung des Regelunterhaltssystems.
Der Gesetzgeber übernahm anfänglich die Regelung des § 1615f BGB a.F. und erweiterte sie auch auf eheliche Kinder[272]. Hierfür sah er in konsequenter Weise auch die fehlende Haushaltszugehörigkeit des Kindes als notwendige Voraussetzung vor, ohne die eine Zubilligung des Regelunterhalts nicht gerechtfertigt gewesen wäre. Nur für die pauschale Zuerkennung des eigenständigen in feststehender Höhe festgeschriebenen Regelunterhalts, der dem Kind grundsätzlich immer zuerkannt hätte werden sollen, hätte es aber dieser Voraussetzung bedurft. Ausschließlich in den Fällen, in denen das Kind mit dem unterhaltspflichtigen Elternteil nicht in einem Haushalt lebt, also keinerlei auf den Unterhaltsanspruch anrechenbare Leistungen erhält, wäre die Zuerkennung des pauschalen Regelunterhalts gerechtfertigt gewesen. Der Regelunterhalt sollte den typisierten Bedarf des Kindes decken. Wäre der Bedarf des Kindes unmittelbar, wenn auch nur teilweise beziehungsweise nur zeitweise, durch Aufnahme des Kindes in den Haushalt des regelunterhaltspflichtigen Elternteils gedeckt, so bestünde keine Grundlage, diesen Elternteil zur Zahlung des Regelunterhalts anzuhalten[273].
Mit der Umgestaltung des Regelunterhaltssystems in das jetzige Regelbetragssystem verzichtete der Gesetzgeber letztlich aber vollständig auf diesen eigenständi-

---

[269] Sonnenfeld, DAV 1999, 169 (170); BT- DruckS 13/ 7338, S. 39.
[270] Vgl. Wortlaut des § 1612a Abs. 1 BGB.
[271] Sonnenfeld, DAV 1999, 169 (170).
[272] BT- DruckS 13/ 7338, S. 39.
[273] Staudinger- Eichenhofer, 13. Bearbeitung 1997, § 1615f Rn. 16. Vgl. zur etwaigen Herabsetzung des Regelunterhalts in diesen Fällen Göppinger/ Wax- Maurer, 6. Aufl., Rn. 880.

gen Regelunterhalt. Wie bereits dargestellt[274], ist im Rahmen des Gesetz gewordenen Regelbetragssystems gemäß § 1612a BGB jeglicher Individualunterhalt dynamisierbar. Einen pauschalen Unterhaltsbetrag gibt es nicht mehr. Die Dynamisierung ist nunmehr bei allen Beträgen möglich, und zwar unabhängig von deren Höhe. Gemäß § 1612a BGB können somit auch nur anteilige und um Naturalleistungen geminderte Barunterhaltsansprüche dynamisiert werden. Ziel des § 1612a BGB ist nicht mehr die Sicherung des Lebensbedarfs der Kinder durch Zuerkennung feststehender „Mindestbeträge", sondern vielmehr die automatische Anpassung jeglicher Unterhaltsrenten an die veränderten wirtschaftlichen Verhältnisse[275]. Auf den Unterhaltsbedarf hat § 1612a BGB gerade keinen Einfluss mehr. § 1612a BGB stellt daher nur noch eine Regelung dar, die es ermöglicht, den bestehenden Individualunterhalt neben der herkömmlichen statischen Form auch dynamisiert geltend zu machen.

Mit dem Verzicht auf den Regelunterhalt und der nunmehr gegebenen Möglichkeit, jeglichen Individualunterhalt zu dynamisieren, bedarf es aber auch nicht mehr der fehlenden Haushaltszugehörigkeit des Kindes zu dem in Anspruch genommenen Elternteil[276]. Insoweit sind keine Gründe mehr ersichtlich, den dynamisierten Unterhalt nicht auch den Kindern zuzubilligen, die mit dem in Anspruch genommenen Elternteil in einem Haushalt leben. Auch wenn deren Barunterhaltsanspruch lediglich in verminderter Form besteht, erfüllt die Dynamisierung dieses Unterhalts gleichwohl in vollem Umfang ihren Zweck. Auch diese geminderten Beträge bedürfen der automatischen Anpassung an die veränderten wirtschaftlichen Verhältnisse. Insoweit besteht kein Grund, diese Barunterhaltsansprüche rechtlich anders zu behandeln als die sich aus § 1606 Abs. 3 S. 2 BGB ergebenden, zumal es sich um denselben materiellrechtlichen Individualunterhaltsanspruch handelt.

Das Merkmal der fehlenden Haushaltszugehörigkeit im Rahmen des § 1612a BGB kann sich daher nur so rechtfertigen, dass der Gesetzgeber die Beibehaltung des bisherigen Wortlauts auch nach Schaffung des Regelbetragssystems nicht hinreichend bedacht hat. Insoweit liegt die Annahme nahe, dass der Gesetzgeber mit der erst im Gesetzgebungsverfahren vorgenommenen Umgestaltung des Regelunterhaltssystems auf das nunmehr geltende Regelbetragssystem übersehen hat, auch das ursprünglich notwendige Tatbestandsmerkmal „fehlende Haushaltszugehörigkeit" aufzugeben, um auch die hier fraglichen Barunterhaltsansprüche der Dynamisierungsmöglichkeit zuzuführen.

Die Beibehaltung der fehlenden Haushaltszugehörigkeit als Voraussetzung für die Dynamisierung stellt sich somit als Versehen des Gesetzgebers dar. Mit Blick auf das Ziel der Umgestaltung des Regelunterhaltssystems auf das Regelbetragssystem muss nach alledem auf das Erfordernis fehlender Haushaltszugehörigkeit voll-

---

[274] Vgl. oben B. III. 2.

[275] Vgl. oben B. III. 2.

[276] So im Ansatz auch Lipp/ Wagenitz, § 1612a Rn. 24.

ständig verzichtet werden. Der Wortlaut des § 1612a BGB ist daher insoweit erweiternd auszulegen. Nur so ist gewährleistet, dass jegliche Barunterhaltsansprüche des Kindes gegen seine Eltern dynamisiert geltend gemacht und automatisch an die veränderten wirtschaftlichen Verhältnisse angepasst werden können.
Allein die Bezugnahme auf § 1612a BGB und die dort festgeschriebene Voraussetzung fehlender Haushaltszugehörigkeit, kann daher nicht dazu führen, dass das vereinfachte Verfahren den Kindern versagt bleibt, die mit dem in Anspruch genommenen barunterhaltspflichtigen Elternteil im Sinne der vorstehenden Ausführungen in einem Haushalt leben.
Aber auch der Wortlaut des § 645 Abs. 1 ZPO kann die Unzulässigkeit des vereinfachten Verfahrens in diesen Fällen nicht hinreichend begründen. Vielmehr besteht die bei § 1612a BGB angesprochene Problematik auch im verfahrensrechtlichen Bereich.
Der Gesetzgeber schuf das vereinfachte Verfahren ursprünglich deshalb, um eine prozessuale Möglichkeit zu gewährleisten, den Regelunterhalt vereinfacht geltend machen zu können. Wegen des Bezugs zu § 1612a BGB war damit zunächst auch für die Zulässigkeit des vereinfachten Verfahrens erforderlich, dass das Kind mit dem in Anspruch genommenen Elternteil nicht in einem Haushalt lebt[277]. Mit dem Verzicht auf einen eigenständigen Regelunterhalt wurde das vereinfachte Verfahren letztlich aber für die Geltendmachung von jeglichem Individualunterhalt geöffnet. Es wurde als eigenständiges von § 1612a BGB losgelöstes Verfahren eingeführt. Ziel dieses Verfahrens ist nach der Gesetz gewordenen Fassung primär, dem Kind eine einfachere und schnellere prozessuale Möglichkeit zur Durchsetzung seiner Individualunterhaltsansprüche zu eröffnen. Insoweit ist unerheblich ob das Kind seinen Unterhalt dynamisiert oder statisch geltend macht oder in welcher Höhe der Barunterhaltsanspruch besteht. Will das Kind nur verminderte Barunterhaltsansprüche geltend machen, so steht ihm das vereinfachte Verfahren ebenso zu, wie wenn es den vollen Betrag verlangt[278]. Aus denselben bereits bei § 1612a BGB dargestellten Gründen besteht daher nach Umgestaltung des Regelunterhaltssystems auf das des Regelbetrags keine Rechtfertigung mehr, das vereinfachte Verfahren nur solchen Kindern zuzubilligen, die mit dem in Anspruch genommenen Elternteil nicht in einem Haushalt leben.
Damit ist der Schluss gerechtfertigt, dass sich die Beibehaltung des Tatbestandsmerkmals der fehlenden Haushaltszugehörigkeit im Rahmen der §§ 645 ff. ZPO nach vollständigem Verzicht auf den Regelunterhalt ebenfalls als Versehen des Gesetzgebers darstellt. Auch insoweit ist daher eine extensive Auslegung geboten.
Fraglich ist insoweit lediglich, ob die Ausgestaltung des vereinfachten Verfahrens diesem Ergebnis nicht entgegensteht. Gerade dies wird in der Literatur[279] verein-

---

[277] BT- DruckS 13/ 7338, S. 39.
[278] Lediglich nach oben ist die Geltendmachung auf das Eineinhalbfache des Regelbetrags beschränkt (§ 645 Abs. 1 ZPO).
[279] Musielak- Borth, § 645 Rn. 1.

zelt mit der Begründung angenommen, dass in den Zeiträumen, in denen das Kind im Haushalt des barunterhaltspflichtigen Elternteils lebt, damit ein Teil des Unterhalts als Naturalunterhalt geleistet wird, sich also der Barunterhaltsanspruch um diese Leistungen mindert. Das vereinfachte Verfahren sei als pauschalisiertes und schematisiertes Verfahren für die Geltendmachung des verbleibenden komplex zu berechnenden Barunterhalts nicht geeignet und müsse damit unzulässig sein[280]. Jedoch vermag auch dieser Argumentationsversuch nicht zu überzeugen.
Zwar trifft es zu, dass das vereinfachte Verfahren als schematisiertes Verfahren grundsätzlich auf einfach gelagerte Unterhaltsberechnungen ausgerichtet ist, jedoch kann dies nicht dazu führen, dass in all den Fällen, in denen eine komplexe Unterhaltsberechnung notwendig ist, das vereinfachte Verfahren generell unzulässig sei. Vielmehr ist das vereinfachte Verfahren auch für diese Fälle ausgerichtet. Die Regelung der Einwendungsmöglichkeiten des Antragsgegners umfasst alle Einwendungen, insbesondere auch solche materiellrechtlicher Art (§ 648 Abs. 2 S. 1 ZPO). Dies kann aber nur dann Sinn haben, wenn das vereinfachte Verfahren eben auch für schwierige Unterhaltsberechnungen zulässig ist.
Der Gesetzgeber selbst wollte zwar Unterhaltsstreitigkeiten dieser Art nicht im vereinfachten Verfahren vor dem Rechtspfleger entscheiden lassen[281], ließ dieses letztlich aber dennoch zu und eröffnete die Möglichkeit, Fälle mit komplexeren Fragestellungen in das streitige Verfahren vor dem Richter überzuleiten. Das Argument, das vereinfachte Verfahren sei allein deshalb unzulässig, da es für eine solche Berechnung nicht ausgerichtet sei, vermag daher nicht überzeugen.
Für die Zulässigkeit des vereinfachten Verfahrens spricht zudem, dass sich der Kindesunterhalt materiellrechtlich nach denselben Vorschriften[282] richtet, unabhängig davon, ob das Kind im Haushalt nur eines Elternteils lebt oder auch in dem des grundsätzlich Barunterhaltspflichtigen und von diesem Naturalleistungen erhält, die auf den Barunterhalt anzurechnen sind. Insoweit bestehen keine Normen, die eine differenzierte Rechtsstellung begründen. Lediglich die tatsächlichen Lebensumstände führen zu einer etwaig anderen Art der Unterhaltsgewährung und verändern gegebenenfalls lediglich die Höhe des Barunterhalts. Es sind aber keine Gründe ersichtlich, diese Kinder nur wegen ihrer besonderen tatsächlichen Lebensumstände in prozessualer Hinsicht schlechter zu stellen. Vielmehr sind sie aus Gründen prozessualer Gleichbehandlung berechtigt, die Vorteile des vereinfachten Verfahrens ebenso zu nutzen. Auch wegen dieses Gebots ist es daher allein dem Kind zu überlassen, ob es das vereinfachte Verfahren wählt oder nicht. Macht das Kind z.B. ungeminderten Barunterhalt im vereinfachten Verfahren geltend, obwohl der in Anspruch genommene Elternteil hierauf anzurechnende Naturalleis-

---

[280] Musielak- Borth, § 645 Rn. 1.
[281] BT- DruckS 13/ 7338, S. 37. Vgl. hierzu insbesondere auch die eingeschränkte Prüfungspflicht des Rechtspflegers bezüglich materiellrechtlicher Einwendungen (§§ 649 Abs. 1, 648 Abs. 2 ZPO); vgl. dazu ausführlich unten C. I. 4. b.
[282] §§ 1601 ff. BGB.

tungen erbringt, so obliegt es ihm insoweit Einwendungen zu erheben (§ 648 Abs. 2 S. 1 ZPO). Das vereinfachte Verfahren endet zwar hiermit (§ 650 S. 1 ZPO), es ermöglicht dem Kind aber den Übergang in das streitige Verfahren. Gleichwohl kann auf Grund der durch den in Anspruch genommenen Elternteil abgegebenen Bereitschafts- und Verpflichtungserklärung eine Unterhaltsfestsetzung über den unstreitigen Barunterhaltsanspruch bereits im vereinfachten Verfahren erfolgen (§ 650 S. 2 ZPO).
Das Kind hat im vereinfachten Verfahren aber auch die Möglichkeit, bereits im Vorfeld die von dem in Anspruch genommenen Elternteil erbrachten Naturalleistungen zu beziffern[283] und erst anschließend den sich nach Anrechnung dieser Leistungen ergebenden Unterhaltsbetrag geltend zu machen. Dann entfaltet dieses Verfahren auch in den hier diskutierten Fallgestaltungen seine volle Wirkung. Die Ausgestaltung des vereinfachten Verfahrens steht daher seiner Zulässigkeit in diesen Fällen nicht entgegen.
Der Wortlaut des § 645 Abs. 1 ZPO stellt sich somit hinsichtlich der fehlenden Haushaltszugehörigkeit des Kindes zu dem in Anspruch genommenen Elternteil, ebenso wie der des § 1612a BGB, als Versehen im Sinne eines Übersehens des Gesetzgebers dar. Insoweit bedarf es daher einer extensiven Auslegung des Gesetzeswortlauts (§§ 645 Abs. 1 und 646 Abs. 1 Nr. 9 ZPO) und folglich auch einer Korrektur des hierauf beruhenden Antragsvordrucks.
Nach Sinn und Zweck der §§ 645 ff. ZPO und aus Gründen prozessualer Gleichbehandlung steht das vereinfachte Verfahren somit auch den Kindern zu, die im Haushalt des in Anspruch genommenen Elternteils leben und gegen diesen Anspruch auf - wenn auch durch Naturalleistungen geminderten - Barunterhalt haben[284].

(2.) Das Kind wird dauerhaft von Dritten betreut

Im Zusammenhang mit dem „Zulässigkeitsmerkmal" fehlender Haushaltszugehörigkeit des Kindes mit dem in Anspruch genommenen Elternteil stellt sich die Zulässigkeit des vereinfachten Verfahrens auch dann als fraglich dar, wenn das Kind dauerhaft bei Dritten[285] untergebracht ist und somit nicht im elterlichen Haushalt

---

[283] Zum Beispiel mit Hilfe eines Rechtsanwaltes oder des Jugendamtes.

[284] So im Ansatz auch Lipp/ Wagenitz, § 1612a Rn. 24. Wegen des Gebots prozessualer Gleichbehandlung ist das vereinfachte Verfahren auch dann zulässig, wenn sich der Barunterhaltsanspruch des Kindes nicht nach § 1606 Abs. 3 S. 2 BGB sondern nach § 1606 Abs. 3 S. 1 BGB bestimmt; so insbesondere wenn das Kind von beiden Eltern gemeinsam betreut wird oder der grundsätzlich alleinbetreuende Elternteil wesentlich günstigere Einkünfte erzielt als der grundsätzlich barunterhaltspflichtige Elternteil (vgl. Fn. 188).

[285] Insbesondere Heimaufenthalt oder dauernde Betreuung durch Großeltern beziehungsweise Pflegeeltern. Vgl. dazu Staudinger- Kappe/Engler, 13. Bearbeitung 1997, § 1606 Rn. 21; Erman- Holzhauer, 10. Aufl., § 1606 Rn. 7; Soergel/ Lange- Häberle, 12. Aufl., § 1606 Rn. 9; Göppinger/ Wax- Kodal, 7. Aufl., Rn. 1552.

lebt. Problematisch hierbei ist insbesondere, dass das Kind gegen beide Elternteile Barunterhalt geltend zu machen berechtigt ist[286] und sich die Barunterhaltsverpflichtung der Eltern in diesen Fällen nach § 1606 Abs. 3 S. 1 BGB richtet, also anteilig entsprechend ihrer Einkommensverhältnisse[287].

Gegen eine Anwendbarkeit des vereinfachten Verfahrens bei dieser Konstellation könnte einerseits sprechen, dass wie bereits ausgeführt wurde[288], das vereinfachte Verfahren für eine Unterhaltsberechnung nach § 1606 Abs. 3 S. 1 BGB grundsätzlich nicht ausgerichtet ist und es insoweit überfordert wäre. Ebenso wie bei volljährigen[289] und verheirateten[290] Kindern könnte die Unzulässigkeit der §§ 645 ff. ZPO daher unter Verweisung auf § 1606 Abs. 3 S. 1 BGB begründet werden. Andererseits sprechen jedoch gute Gründe dafür, das vereinfachte Verfahren trotz der Regelungen des § 1606 Abs. 3 S. 1 BGB auch solchen Kindern zuzubilligen, die dauerhaft bei Dritten untergebracht sind.

Zum einen spricht der Wortlaut des § 645 Abs. 1 ZPO lediglich davon, dass das Kind mit dem in Anspruch genommenen Elternteil nicht in einem Haushalt leben darf. Dies ist aber auch dann der Fall, wenn das Kind dauerhaft bei Dritten untergebracht ist. Da beide Elternteile mit dem Kind nicht in einem Haushalt leben, steht der Gesetzeswortlaut der Zulässigkeit des vereinfachten Verfahrens nicht entgegen. Dieses Wortlautargument kann jedoch nicht überzeugen. Wie bereits dargelegt, bedarf das Gesetz insoweit einer extensiven Auslegung[291], sodass diesem Zulässigkeitsmerkmal keine große Bedeutung mehr beigemessen werden kann.

Ein weiteres Argument für die Zulässigkeit des vereinfachten Verfahrens könnte darin gesehen werden, dass Kinder, die dauerhaft bei Dritten untergebracht sind, ihre gegen beide Elternteile bestehenden Barunterhaltsansprüche dynamisiert gemäß § 1612a BGB geltend machen können[292]. Insoweit spricht viel dafür, diesen Kindern auch das vereinfachte Verfahren als prozessuales Gegenstück zu der materiellrechtlichen Dynamisierungsnorm zuzubilligen. Jedoch vermag auch dieses Argument nicht gänzlich zu überzeugen. Zwar trifft es zu, dass das vereinfachte Verfahren ursprünglich eingeführt wurde, um die materiellrechtliche Dynamisierung verfahrensrechtlich umzusetzen.

Mit dem Verzicht auf den Regelunterhalt und der Öffnung der Vorschriften der §§ 645 ff. ZPO für jegliche Individualunterhaltsansprüche koppelte der Gesetzgeber das vereinfachte Verfahren jedoch von § 1612a BGB ab und schuf somit ein

---

286 Staudinger- Kappe/Engler, 13. Bearbeitung 1997, § 1606 Rn. 21.

287 BVerfG, NJW 1969, 1617 (1617); Scholz/ Stein, Kap. I Rn. 141; Heiß/ Born- Deisenhöfer, Kap. I Rn. 77.

288 Vgl. dazu oben C. I. 1. a. aa. (1.) (b.).

289 Vgl. oben C. I. 1. a. aa. (1.) (b.).

290 Vgl. oben C. I. 1. a. bb.

291 Vgl. dazu oben C. I. 1. a. cc. (1.).

292 FamRefK- Häußermann, BGB, § 1612a Rn. 5.

eigenständiges Verfahren, sodass auch der Bezug zu § 1612a BGB die Zulässigkeit der §§ 645 ff. ZPO nicht hinreichend rechtfertigen kann.
Entscheidend für die Zulässigkeit des vereinfachten Verfahrens dürfte letztlich ein anderer Gesichtspunkt sein. Der Gesetzgeber wollte insbesondere den von § 1606 Abs. 3 S. 2 BGB erfassten Kindern ein gegenüber den herkömmlichen prozessualen Mitteln vereinfachtes Rechtsinstitut zur Seite stellen, um ihre Barunterhaltsansprüche gegen den nicht betreuenden Elternteil verbessert durchsetzen zu können[293].
Ansatzpunkt für die Frage, ob das vereinfachte Verfahren auch solchen Kindern zusteht, die dauerhaft von Dritten betreut werden, muss somit deren rechtliche Stellung sein. Stehen diese Kinder den Kindern des Regelfalls des § 1606 Abs. 3 S. 2 BGB unterhaltsrechtlich gleich, so ist auch ihnen trotz § 1606 Abs. 3 S. 1 BGB das vereinfachte Verfahren zu eröffnen. Dies entspricht dem Gebot prozessualer Gleichbehandlung.
Gerade dies ist aber der Fall. Minderjährige unverheiratete Kinder, die dauerhaft von Dritten betreut werden, sind unterhaltsrechtlich denjenigen gleichgestellt, die nur von einem Elternteil betreut werden. Der Unterhalt beider Kinder bestimmt sich mangels besonderer gesetzlicher Regelungen nach denselben Vorschriften[294], insbesondere auch weil beide der unterhaltsrechtlich relevanten Betreuung bedürfen. Allein die tatsächlichen Umstände verlangen im Fall der Betreuung durch Dritte ausnahmsweise eine vom Grundsatz des § 1606 Abs. 3 S. 2 BGB abweichende Unterhaltsberechnung, um die tatsächliche Lebenssituation dieser Kinder hinreichend zu berücksichtigen. Eine solche Abweichung vom Grundsatz der Gleichwertigkeit von Betreuungs- und Barunterhalt ist bereits in § 1606 Abs. 3 S. 2 BGB gesetzlich angelegt, da dieser lediglich „*in der Regel*“[295] zur Anwendung kommt. Liegt ein solcher Regelfall wie im Fall der Betreuung durch Dritte nicht vor, erfolgt also wegen deren tatsächlicher Lebenssituation eine unterschiedliche Unterhaltsberechnung, so ändert dies gleichwohl nichts an der Rechtsstellung dieser Kinder hinsichtlich ihrer Unterhaltsansprüche gegenüber ihren Eltern[296].
Insbesondere besteht auch bei ihnen das Bedürfnis der einfacheren und schnelleren Unterhaltstitulierung im vereinfachten Verfahren. Der Gesetzgeber wollte gerade die Rechtsposition minderjähriger Kinder im Verhältnis zu dem barun-

---

[293] Vgl. dazu oben C. I. 1. a. aa. (1.) (b.).
[294] §§ 1601 ff. BGB. Vgl. hierzu Eschenbruch, Handbuch, S. 259 ff.; Scholz/ Stein- Erdrich, I Rn. 1 ff.
[295] Vgl. § 1606 Abs. 3 S. 2 2. HS BGB.
[296] Dasselbe gilt bei Kindern, die von beiden Elternteilen gemeinsam betreut werden oder deren betreuender Elternteil wesentlich günstigere Einkünfte erzielt als der grundsätzlich allein Barunterhaltspflichtige. Diese Kinder stehen den den § 1606 Abs. 3 S. 2 BGB begründenden Kindern aus denselben Gründen rechtlich gleich, da lediglich deren tatsächliche Lebensumstände eine abweichende Unterhaltsberechnung begründen. Das vereinfachte Verfahren ist bei diesen Kindern somit ebenso wegen des Gebots prozessualer Gleichbehandlung zulässig, obwohl sich deren Unterhalt regelmäßig nach § 1606 Abs. 3 S. 1 BGB bestimmt.

terhaltspflichtigen Elternteil stärken, der nicht mit dem Kind zusammenlebt. Das vereinfachte Verfahren wurde daher in entscheidenden Bereichen zu Lasten dieses Elternteils ausgestaltet[297], um eine Unterhaltstitulierung zu beschleunigen. Das Bedürfnis dieser stärkeren prozessualen Rechtsstellung besteht aber auch bei den Kindern, die dauerhaft von Dritten betreut werden, da bei ihnen beide Elternteile barunterhaltspflichtig sind und nicht mit dem Kind in einem Haushalt zusammenleben. Der Umstand, dass die Vorschrift des § 1606 Abs. 3 S. 2 BGB allein wegen anderer tatsächlicher Lebensumstände der Kinder nicht zum Tragen kommt, kann somit nicht zu deren prozessualer Schlechterstellung hinsichtlich des vereinfachten Verfahrens führen.

Hieran vermag auch nichts ändern, dass das vereinfachte Verfahren für eine anteilige Unterhaltsberechnung gemäß § 1606 Abs. 3 S. 1 BGB bezogen auf die Einkommensverhältnisse beider Elternteile grundsätzlich nicht ausgerichtet ist[298]. Vielmehr ist es wegen des Gebots prozessualer Gleichbehandlung dem Kind zu überlassen, ob es das - wenn auch ausnahmsweise nicht zum Erfolg führende - vereinfachte Verfahren wählt oder nicht. Sind z.B. die Einkommensverhältnisse der Eltern unstreitig, so kann das Kind den sich daraus ergebenden anteiligen Barunterhalt bereits vor Einleitung des vereinfachten Verfahrens ermitteln. Macht es sodann diesen nach §§ 645 ff. ZPO geltend, so entfaltet das vereinfachte Verfahren insoweit seine volle Wirkung. Selbst wenn dies in praxi der Ausnahmefall sein sollte, so muss dem Kind dennoch die Möglichkeit eröffnet werden, das vereinfachte Verfahren zu wählen.

Dies stellt auch keinen Widerspruch zu dem bei volljährigen beziehungsweise verheirateten Kindern getroffenen Ergebnis dar[299]. Bei verheirateten und volljährigen Kindern wurde zwar die generelle Unzulässigkeit des vereinfachten Verfahrens unter anderem auch damit begründet, dass sich deren Unterhalt nicht nach § 1606 Abs. 3 S. 2 BGB, sondern regelmäßig nach § 1606 Abs. 3 S. 1 BGB richtet und das vereinfachte Verfahren für diese Fälle nicht ausgerichtet ist. Jedoch bestehen bei diesen Kindern keine hinreichenden Gründe, das vereinfachte Verfahren trotz dessen mangelhafter Ausgestaltung zuzulassen. Sie stehen den in § 1606 Abs. 3 S. 2 BGB geregelten Kindern unterhaltsrechtlich nicht gleich, sodass auch das Gebot prozessualer Gleichbehandlung nicht zur Anwendung kommen kann. Insbesondere besteht – wie ausgeführt wurde - bei volljährigen und verheirateten Kindern keine Betreuungspflicht und auch kein Betreuungsrecht mehr der Eltern. Die dem vereinfachten Verfahren zugrundegelegte Norm des § 1606 Abs. 3 S. 2 BGB, die gerade aber auf der Betreuungsbedürftigkeit des Kindes basiert, findet daher aus diesen rechtlichen Gesichtspunkten bei volljährigen und verheirateten Kindern von vornherein keine Anwendung. Bei von Dritten betreuten Kindern kommt § 1606 Abs. 3 S. 2 BGB dagegen allein deshalb nicht

---

[297] Vgl. insbesondere §§ 648 Abs. 1 S. 2, Abs. 2, 649 ZPO

[298] Vgl. oben C. I. 1. a. aa. (1.) (b.).

[299] Vgl. dazu oben C. I. 1. a. aa. und C. I. 1. a. bb.

zur Anwendung, weil die tatsächlichen Umstände eine anteilige Unterhaltspflicht beider Eltern gemäß § 1606 Abs. 3 S. 1 BGB begründen. Unterhaltsrechtlich stehen die von Dritten betreuten Kindern den in § 1606 Abs. 3 S. 2 BGB geregelten aber dennoch gleich.
Aus Sinn und Zweck der §§ 645 ff. ZPO und dem Gebot prozessualer Gleichbehandlung ist das vereinfachte Verfahren somit auch dann zulässig, wenn das minderjährige unverheiratete Kind dauerhaft von Dritten betreut wird[300] und Barunterhaltsansprüche gegen einen oder beide Elternteile gemäß § 1606 Abs. 3 S. 1 BGB geltend macht[301].

dd. Unterhaltsübergang/ cessio legis

Sind für das minderjährige Kind Leistungen nach § 91 BSHG oder § 7 UVG erbracht oder ist der Unterhalt von einem Dritten nach § 1607 Abs. 2, 3 BGB erfüllt worden, so tritt ein Anspruchsübergang insoweit ein, als für die betreffenden Zeiträume der Kindesunterhaltsanspruch grundsätzlich in der Höhe der geleisteten Zahlungen kraft Gesetzes[302] auf diese leistenden Dritten übergeht[303]. Diese Dritten erlangen hierdurch die Aktivlegitimation hinsichtlich der auf sie übergegangenen Unterhaltsansprüche und treten damit in die Rechtsposition des Kindes ein. Das Kind ist hinsichtlich dieser Unterhaltsansprüche somit nicht mehr Anspruchsinhaber, sodass dieser Unterhalt auch nicht mehr durch das Kind im vereinfachten Verfahren wirksam geltend gemacht werden kann[304].
Ausweislich des Regierungsentwurfs zum KindUG[305] kann nunmehr der Dritte das vereinfachte Verfahren betreiben, auf den „*der Unterhaltsanspruch (etwa nach § 91 BSHG oder § 7 UVG) übergegangen ist*“[306].

---

[300] Dieses Ergebnis gilt aus denselben Gründen auch bei Kindern, die von beiden Elternteilen gemeinsam betreut werden und bei solchen Kindern, deren betreuender Elternteil wesentlich günstigere Einkünfte erzielt als der grundsätzlich allein Barunterhaltspflichtige.

[301] So im Ergebnis ohne nähere Begründung Wendl/ Staudigl- Thalmann, 5. Aufl., § 8 Rn. 326.

[302] § 91 Abs. 1 S. 1 BSHG; § 7 Abs. 1 UVG; § 1607 Abs. 2 S. 2 BGB.

[303] Zu beachten ist hierbei jedoch, dass nach § 2 UVG als Unterhaltsvorschuss 100% der jeweiligen Regelbeträge abzüglich kindbezogener Leistungen gezahlt werden. Gemäß § 1612b Abs. 5 BGB n.F. unterbleibt nunmehr eine Anrechnung der kindbezogenen Leistungen, soweit der Unterhaltspflichtige nicht in der Lage ist, 135% der Regelbeträge zu leisten. Damit übersteigt der Unterhaltsanspruch des Kindes den Betrag, der mit der Unterhaltsvorschussleistung gemäß § 7 Abs. 1 UVG auf das Land übergeht. Diesen übersteigenden Betrag kann das Kind weiterhin aus eigenem Recht geltend machen; vgl. hierzu Graba, NJW 2001, 249 (254). Zum Unterhaltsvorschussgesetz vgl. umfassend Scholz, UVG, 2. Aufl., Rn. 14 ff.

[304] Vgl. insoweit daher § 646 Abs. 1 Nr. 10 ZPO, wonach erklärt werden muss, dass ein solcher Anspruchsübergang nicht vorliegt. Vgl. unten C. I. d.

[305] BT DruckS 13/ 7338, S. 38.

[306] Rühl/ Greßmann, Rn. 227. Dass es sich insoweit ausschließlich um rückständigen Unterhalt handelt, steht der Anwendbarkeit des vereinfachten Verfahrens nicht entgegen, da wegen § 646 Abs. 1 Nr. 5 ZPO hierdurch auch dieser festgesetzt werden kann.

Fraglich ist, ob dies auch für diejenigen Dritte gilt, auf die der Unterhaltsanspruch nach § 1607 Abs. 2, 3 BGB übergegangen ist. Problematisch könnte insoweit sein, dass die schematische Ausgestaltung des vereinfachten Verfahrens nicht geeignet ist, die engen Voraussetzungen[307] des Anspruchsübergangs nach § 1607 Abs. 2, 3 BGB hinreichend zu überprüfen[308]. Der Gesetzgeber bezieht sich jedoch ohne Differenzierung in § 646 Abs. 1 Nr. 10 ZPO ausdrücklich auf diejenigen Antragsteller, die *„Unterhalt aus übergegangenem Recht"* geltend machen und stellt dementsprechend Dritte nach § 1607 Abs. 2, 3 BGB denen nach §§ 91 BSHG, 7 UVG gleich. Im übrigen sind in der amtlichen Begründung zum KindUG die erwähnten Dritten nach §§ 91 BSHG, 7 UVG nur beispielshaft aufgeführt[309], sodass alle Dritte, auf die Unterhaltsansprüche kraft Gesetzes übergegangen sind, diese mittels des vereinfachten Verfahrens geltend machen können[310].
Der gesetzliche Anspruchsübergang bezieht sich jedoch nur auf die Fälle, in denen das Kind die öffentlichen oder privaten Leistungen bereits erhalten hat, somit also auf zurückliegende Zeiträume.
Zukünftige Unterhaltsansprüche des Kindes können hingegen nicht auf Dritte übergehen. Dies folgt zwingend aus der Rechtsnatur des Unterhaltsanspruchs als familienrechtliches Dauerrechtsverhältnis, das jederzeit neue und gegebenenfalls veränderte Ansprüche entstehen lässt[311]. Hinsichtlich des Kindesunterhalts ab Rechtshängigkeit bleibt das Kind immer Anspruchsinhaber. Diese zukünftigen Unterhaltsansprüche kann das minderjährige Kind mittels des vereinfachten Verfahrens festsetzen lassen, unabhängig davon, ob es von Dritten Leistungen im oben genannten Sinn erhalten hat oder nicht[312]. Für den Fall, dass das Kind die bei Antragstellung noch zukünftigen Unterhaltsansprüche geltend macht, die Verfahrensdauer diese Ansprüche jedoch überholt und diese zwischenzeitlich gemäß § 91 Abs. 1 S. 1 BSHG, § 7 Abs. 1 UVG oder § 1607 Abs. 2, 3 BGB auf die Dritten übergegangen sind, besteht gemäß §§ 91 Abs. 4 BSHG, 7 Abs. 4 S. 2 UVG und im Rahmen des § 1607 BGB gemäß § 398 BGB die Möglichkeit einer treuhänderischen Rückübertragung des bereits übergegangenen Unterhaltsan-

---

[307] Vgl. beispielhaft Palandt- Diederichsen, 60. Aufl., § 1607 Rn. 1 ff., 5 ff.

[308] Zöller- Philippi, 22. Aufl., § 646 Rn. 6; MüKo- Coester- Waltjen, ZPO, 2. Aufl., § 645 Rn. 9.

[309] Vgl. BT DrucksS 13/ 7338, S. 38: *„(...) etwa nach § 91 BSJG oder § 7 UVG"*.

[310] MüKo- Coester- Waltjen, ZPO, 2. Aufl., § 645 Rn. 9.

[311] Kemper, ZfJ 1999, 174 (174); Walter, DAV 1993, 211 (213); OLG Köln, FamRZ 1998, 176 (176).

[312] §§ 91 Abs. 3 S. 2 BSHG, 7 Abs. 4 S. 1 UVG gewährt auch den die insoweit bezeichneten Leistungen gewährenden Dritten die Möglichkeit, bis zur Höhe der bisherigen monatlichen Aufwendungen auf künftige Leistung zu klagen, wenn der Unterhalt voraussichtlich für längere Zeit gewährt werden muss. Die diesen Dritten zuerkannte Prozessführungsbefugnis für Aktivprozesse gestattet ihnen damit auch die Geltendmachung des zukünftigen Kindesunterhalts mittels des vereinfachten Verfahrens.

spruchs auf das Kind zum Zweck der gerichtlichen Geltendmachung[313].

b. Der Umfang des festsetzbaren Unterhalts

Festsetzbar im vereinfachten Verfahren ist nur der laufende, sogenannte Elementar- oder Allgemeinunterhalt[314]. Nicht festsetzbar ist dagegen der etwaig bestehende Anspruch des Kindes auf Sonderbedarf. Dies ist nach der Legaldefinition der unregelmäßige, außergewöhnliche Bedarf, der zu einer einmaligen, jedenfalls aber zeitlich begrenzten Unterhaltszahlung neben dem geschuldeten Barunterhalt tritt[315]. Für diese Sonderposition des Unterhaltsanspruchs ist das vereinfachte Verfahren als schematisiertes Verfahren nicht ausgerichtet. Für den Sonderbedarf gilt der Grundsatz der Gleichwertigkeit von Betreuungs- und Barunterhalt gemäß § 1606 Abs. 3 S. 2 BGB nicht generell[316]. Vielmehr ist es eine Frage des Einzelfalls, ob der betreuende Elternteil seine auch insoweit bestehende Unterhaltsverpflichtung vollständig durch Betreuung erfüllt oder zudem anteilig Barunterhalt abhängig von seinen Einkommensverhältnissen (§ 1606 Abs. 3 S. 1 BGB) zu leisten hat. Wie bereits dargelegt[317], kann das vereinfachte Verfahren regelmäßig nur dann zur Anwendung kommen, wenn diese Gleichwertigkeit von Betreuungs- und Barunterhalt in der Regel vorliegt. Im übrigen wäre das vereinfachte Verfahren wegen dessen schematischer und pauschaler Ausgestaltung mit der bei der Ermittlung des Sonderbedarfs erforderlichen materiellrechtlichen Einzelfallprüfung überfordert.

aa. Dynamisierter und statischer Unterhalt

Im vereinfachten Verfahren kann gemäß § 645 Abs. 1 ZPO der Elementarunterhalt sowohl in dynamisierter als auch in statischer Form festgesetzt werden. Dies ergibt sich bereits aus dem Wortlaut des Gesetzes. § 647 Abs. 1 Nr. 1b ZPO, der die vom Rechtspfleger dem Antragsgegner zu erteilenden Hinweise regelt, sieht vor, dass der Hinweis „*im Fall des § 1612a BGB*" auch den Vomhundertsatz zu enthalten hat. Damit ist klargestellt, dass Unterhalt in dynamisierter Form festsetzbar ist. Aber auch die Festsetzung von statischem Unterhalt muss möglich

---

313 Hierdurch wird vermieden, dass die erst im Lauf des vereinfachten Verfahrens auf die Dritten übergegangenen Unterhaltsansprüche aus dem vereinfachten Verfahren ausgegliedert werden müssen; Kemper, ZfJ 1999, 174 (174). Der im vereinfachten Verfahren zugunsten des Kindes ergangene Festsetzungsbeschluss ist gemäß § 727 ZPO auf den Rechtsnachfolger - den Übergangsgläubiger- umschreibbar, auch wenn hierin Unterhalt in dynamisierter Form tituliert wurde; vgl. ausführlich Kemper, ZfJ 1999, 174 (174).

314 Palandt- Diederichsen, 58. Aufl., § 1612a Rn. 38; Gießler, FPR 1998, 173 (178).

315 Müller, 2. Aufl., Rn. 190 ff.; Wendl/ Staudigl- Scholz, 5. Aufl., § 2 Rn. 133; Heintschel-Heinegg/ Gerhardt, 6. Aufl., § 2 Rn. 144; Göppinger/ Wax- Kodal, 7. Aufl., Rn. 243 ff.

316 Heintschel-Heinegg/ Gerhardt, 6. Aufl., § 2 Rn. 144; Soergel/ Lange- Häberle, 12. Aufl., § 1606 Rn. 7. Göppinger/ Wax- Kodal, 7. Aufl., Rn. 1539.

317 Vgl. dazu ausführlich oben C. I. 1. a. aa. (1.) (b.).

sein, da die Formulierung *„im Fall des"* nur dann Sinn macht, wenn der Unterhalt statt in dynamisierter auch in statischer Form beantragt werden kann[318].
Zudem sprechen die §§ 645 ff. ZPO nur von *„Unterhalt"*, ohne Einschränkung, und verweisen also lediglich auf das materielle Recht. *„Unterhalt"* bezeichnet damit einzig den materiellrechtlichen Unterhalt nach §§ 1601 ff., 1615a BGB; wegen des Verzichts auf einen eigenständigen Anspruch auf Regelunterhalt also nur den Individualunterhalt des Kindes. Dieser steht dem Kind nicht nur als statischer, also auf einen bestimmten Betrag bezifferter Unterhalt zu, sondern gemäß § 1612a BGB auch als dynamisierter Unterhalt als Vomhundertsatz eines oder des jeweiligen Regelbetrages der Regelbetragsverordnung für eine oder für seine jeweilige Altersstufe.
In welcher Weise der Individualunterhalt im vereinfachten Verfahren festsetzbar ist, wird in den §§ 645 ff. ZPO nicht geregelt, sodass insoweit auch keine Einschränkungen bestehen. Darüber hinaus sprechen auch keine Gründe dafür, dass das Kind im vereinfachten Verfahren Beschränkungen hinsichtlich der Qualität des Unterhalts unterliegen sollte, die im herkömmlichen Unterhaltsrechtstreit nicht bestehen[319].
Auch der Gesetzgeber geht von der Festsetzbarkeit von statischem Unterhalt im vereinfachten Verfahren aus. In der Begründung zum KindUG heißt es: *„Soweit das vereinfachte Verfahren lediglich zur Festsetzung einer statischen Unterhaltsrente führt, kann (...)"*[320]. Zudem wird in dem gemäß § 659 ZPO vom Bundesministerium der Justiz eingeführten Antragsvordruck[321] und dem zugehörigen Merkblatt[322] auf die wahlweise Geltendmachung von dynamisiertem oder statischem Unterhalt im vereinfachten Verfahren hingewiesen.

bb. Die Begrenzung des festsetzbaren Unterhalts auf das Eineinhalbfache des Regelbetrages

Die Geltendmachung des Individualunterhalts, dynamisiert oder statisch, ist begrenzt auf das Eineinhalbfache des Regelbetrages nach der aktuellen Regelbetragsverordnung (§ 645 Abs. 1 ZPO). Maßgeblich ist dabei der Betrag, der sich vor Anrechnung des Kindergeldes (§ 1612b BGB) oder der kindergeldersetzenden Leistungen (§ 1612c BGB) ergibt[323]. Im Grundsatz ist das Kindergeld auf den Un-

---

318 Günther, Kind- Prax 1999, 35 (36).
319 Günther, Kind- Prax 1999, 35 (36).
320 BT- DrucksS 13/ 9596, S. 33.
321 Verordnung zur Einführung und Änderung von Vordrucken für gerichtliche Verfahren, BGBl. 1998 I, 1364 (1366).
322 BGBl. 1998 I, 1367 (1367).
323 Der Gesetzgeber hat mit der Neuregelung der §§ 1612b, c BGB die bisher als kompliziert empfundene Rechtslage hinsichtlich der Anrechnung von kindbezogenen Leistungen auf den Unterhalt vereinfacht. Vgl. zum alten Recht beispielshaft Johannsen/ Henrich- Graba, 3. Aufl., BGB § 1612 b Rn. 1 ff.; Palandt- Diederichsen, 57. Aufl., § 1612b Rn. 1 ff.

terhaltsanspruch des Kindes gegen den barunterhaltspflichtigen Elternteil hälftig anzurechnen, soweit er imstande ist, Unterhalt i.H.v. 135% des Regelbetrages zu leisten (§1612b Abs. 5 BGB)[324] und das Kindergeld nicht bezieht, weil ein anderer vorrangig bezugsberechtigt ist (§ 1612b Abs. 1 BGB)[325].
Die Begrenzung der Geltendmachung von Unterhalt im vereinfachten Verfahren war der Kompromiss des Gesetzgebers, um das Gesetzesvorhaben doch noch verwirklichen zu können. Im Regierungsentwurf zum vereinfachten Verfahren wurde strikt vertreten, der gewünschte Effekt einer schnellen und einfachen Unterhaltstitulierung könne nur erreicht werden, wenn das Verfahren auf Durchsetzung des seinerzeit noch vorgesehenen Regelunterhalts oder einer geringeren Forderung begrenzt bliebe[326]. Hierbei wurde jedoch als problematisch angesehen, dass nur unter dem Existenzminimum der Kinder liegende Unterhaltsbeträge hätten festgesetzt werden können[327].
Der Gesetzgeber wollte das vereinfachte Verfahren aber auch nach gänzlichem Verzicht auf einen eigenständigen Anspruch auf Regelunterhalt in jedem Fall beibehalten. Er traf daher die Regelung, dass sämtliche Unterhaltsansprüche gemäß §§ 645 ff. ZPO nur bis zur Höhe des Eineinhalbfachen des Regelbetrages geltend gemacht werden können. Damit erweiterte er den Anwendungsbereich des vereinfachten Verfahrens auf die Geltendmachung von Unterhaltsbeträgen, die nicht nur dem Existenzminimum entsprechen, sondern darüber hinaus gehen. Das neue Recht ermöglicht nämlich die Festsetzung von Unterhalt in den jeweiligen Alters-

---

Nach neuem Recht werden nur das Kindergeld und solche Leistungen angerechnet, die das Kindergeld ersetzen. Dies bedeutet, dass alle sonstigen Leistungen nicht wie Kindergeld angerechnet werden. Außerdem wurde weitgehend von Ausnahmen vom Grundsatz der hälftigen Aufteilung abgesehen. Soweit kindbezogene Leistungen nicht von §§ 1612b, c BGB erfasst werden, muss geprüft werden, ob sie zum unterhaltsrelevanten Einkommen zählen oder den Bedarf den Kindes mindern. Diese Prüfung bleibt im Streitfall dem Erkenntnisverfahren vorbehalten. Im vereinfachten Verfahren kann hierüber nicht entschieden werden. Vgl. ausführlich Künkel, FPR 1998, 167 (167); Schumacher/ Grün, FamRZ 1998, 778 (783 ff.).

[324] Zur Novellierung des § 1612b Abs. 5 BGB, wonach eine Anrechnung des Kindergeldes unterbleibt, soweit der Unterhaltspflichtige außerstande ist, 135% des Regelbetrages zu leisten, vgl. insbesondere Graba, NJW 2001, 249 ff.; Scholz, FamRZ 2000, 1541 ff.; Vossenkämper, FamRZ 2000, 1547 ff.; Stollenwerk, ZAP 2001, Fach 11, 587 ff. und Kindergeldanrechnungstabelle von Scholz, FamRZ 2001, 809; Brudermüller/ Klattenhoff, 21. Aufl., S. 202 ff.

[325] Vgl. ausführliche Darstellung zum Kindergeld beziehungsweise zu den kindergeldersetzenden Leistungen sowie deren Anrechnung im Unterhaltsrecht nach neuem Recht: Becker, FamRZ 1999, 65 ff.; Schumacher, FamRZ 1999, 699 ff.; Wohlgemuth, FamRZ 1997, 471 (472); Künkel, FPR 1998, 167 ff.; Göppinger/ Wax- Häußermann, 7. Auflage, Rn. 744 ff., 804 ff.; Palandt- Diederichsen, 60. Aufl., §§ 1612b, c; Rühl/ Greßmann, Rn. 801 ff.; Schumacher/ Grün, FamRZ 1998, 778 (783 ff.); Erman- Holzhauser, 10. Aufl., Band II, § 1612b Rn. 1 ff.

[326] BT- DruckS 13/ 7338, S. 36, 37.

[327] BT- DruckS 13/ 9596, S. 31.

stufen von maximal[328] DM 549.-; DM 666.- und DM 788.- in den alten Bundesländern und DM 510.-; DM 617.- und DM 731.- in den neuen Bundesländern. Diese Höchstbeträge liegen deutlich über dem Existenzminimum[329] der Kinder und entsprechen dem Unterhalt der Einkommensgruppe 8 der Düsseldorfer Tabelle, d.h. einem Nettoeinkommen des Unterhaltspflichtigen zwischen DM 4.890.- und DM 5.480.-[330].

Der Gesetzgeber entschied sich somit nicht dafür, die Regelbeträge nach der Regelbetragsverordnung auf das Existenzminimum anzuheben und das vereinfachte Verfahren auf die Geltendmachung dieser Regelbeträge zu begrenzen. Dies hätte im Hinblick auf den ohnehin schon hohen Anteil von Mangelfällen im Gerichtsalltag zusätzliche Probleme aufgeworfen. Solch hohe Regelbeträge hätten insbesondere zur Folge, dass sehr häufig zunächst diese Beträge geltend gemacht worden wären, die Unterhaltsschuldner aber zumeist den Einwand mangelnder Leistungsfähigkeit hätten erheben und damit den Übergang in das streitige Verfahren (§ 651 ZPO) hätten erzwingen können. Damit wäre die Akzeptanz des vereinfachten Verfahrens gefährdet gewesen[331].

Bedeutsam war auch die Tatsache, dass eine solche hohe Anhebung der Regelbeträge zugleich eine wesentliche Erhöhung der Leistungen nach dem Unterhaltsvorschussgesetz mit sich gebracht hätte[332]. Dies hätte aber zu einer enormen Belastung der Haushalte des Bundes und der Länder geführt[333].

Zu beachten ist zudem, dass die jetzigen - relativ geringen - Regelbeträge eine statistische Größe bezeichnen, die aber in zahlreichen Fällen aufgrund der geringen Leistungsfähigkeit des Unterhaltspflichtigen, dem Kind auch tatsächlich nur geschuldet wird.

Insoweit stellen die Regelbeträge also einen Orientierungsrahmen dar[334].

Der Gesetzgeber hielt daher an den jetzigen Regelbeträgen fest und erweiterte das

---

[328] 150% der Regelbeträge vom 01.07.2001 (aufgerundet): alte BL (DM 366.-/ DM 444.-/ DM 525.-); neue BL (DM 340.-/ DM 411.-/ DM 487.-).

[329] Existenzminimum entsprechend den Altersstufen bis 1999: DM 431.-, DM 510.- und DM 631.-; von 1999 bis 31.12.2000: DM 461.-, DM 544.- und DM 670.-. Vgl. Existenzminimumbericht der Bundesregierung BT- DruckS 13/ 381 und BT- DruckS 13/ 9561, S. 4; BT- DruckS 13/ 9596, S. 34; Rühl/ Greßmann, Rn. 60. Mit Gesetz zur Ächtung der Gewalt in der Erziehung und zur Änderung des Kindesunterhaltsrechts hat der Gesetzgeber in § 1612b Abs. 5 BGB klargestellt, dass das Barexistenzminimum seit 01.01.2001 bei 135% des jeweiligen Regelbetrags der aktuellen RegelbetragsVO liegt, d.h. entsprechend den Altersstufen: (aufgerundet)
- bis 01.07.2001; alte BL DM 480.-, DM 582.-; DM 689.-; neue BL 438.-; 530.-; 628.- und
- ab 01.07.2001; alte BL DM 495.-; 600.-; 709.-; neue BL DM 459.-; 555.-; 658.-.

[330] Stand 01.07.2001.

[331] BT- DruckS 13/ 7338, S. 22; BT- DruckS 13/ 9596, S. 32.

[332] Der Unterhaltsvorschuss ist an die Regelbeträge gekoppelt (§ 2 Abs. 1 UVG).

[333] Knittel, DAV 1998, 177 (178).

[334] BT- DruckS 13/ 9596, S. 31; Meier, FPR 1998, 155 (155); Rühl/ Greßmann, Rn. 78.

vereinfachte Verfahren über die Geltendmachung von Unterhalt in Höhe des Existenzminimums hinaus durch die Anhebung auf das „*Eineinhalbfache des Regelbetrages*". Hierdurch wurde die häufig durch die eingeschränkte Leistungsfähigkeit des Unterhaltspflichtigen entstehende Problematik bei der Frage des die Regelbeträge übersteigenden Unterhalts vom materiellen Recht in das Prozessrecht verlagert[335].
Eine uneingeschränkte Geltendmachung von Unterhalt im vereinfachten Verfahren wurde dagegen abgelehnt, da gewährleistet werden sollte, dass die erschwerten, weil an besondere Formerfordernisse gekoppelten Rechtsverteidigungsmöglichkeiten (vgl. § 648 ZPO) nur bei Unterhaltsbeträgen zum Tragen kommen sollten, die nicht wesentlich über dem Existenzminimum liegen[336]. Des weiteren wurde darauf verwiesen, dass ein diese Höchstbeträge übersteigender Unterhaltsanspruch nur in wirtschaftlich guten Verhältnissen in Betracht komme, in denen typischerweise lediglich über Spitzenbeträge gestritten werde und der lebensnotwendige Unterhalt somit nicht gefährdet sei. In diesen Fällen fehle ein vorrangiges Kindesinteresse, sodass es sachgerecht erscheine, für die Spitzenbeträge nur das Klageverfahren vorzusehen[337].
Übersteigt der Kindesunterhalt das Eineinhalbfache des Regelbetrages nach der Regelbetragsverordnung vor Anrechnung der gemäß §§ 1612b, c BGB maßgeblichen Beträge, so ist das Kind berechtigt, seinen Unterhalt bis zum Erreichen der Höchstgrenze zunächst im vereinfachten Verfahren festsetzen zu lassen und den darüber hinausgehenden, verbleibenden Betrag anschließend gesondert im Klageweg geltend zu machen[338].
Bleibt der Kindesunterhalt dagegen hinter den Regelbeträgen zurück, so kann auch dessen Festsetzung im vereinfachten Verfahren verlangt werden[339]. Eine Begrenzung der Geltendmachung von Unterhalt „nach unten" besteht mangels festgeschriebenen Mindestbetrages in den §§ 645 ff. ZPO nicht.

cc. Der rückständige Unterhalt

Im vereinfachten Verfahren kann auch rückständiger Kindesunterhalt geltend gemacht werden[340]. Dies ergibt sich aus dem Wortlaut der §§ 646 Abs. 1 Nr. 4, 5 ZPO, wonach im Antrag auf Durchführung des vereinfachten Verfahrens an-

---

335 BT- DruckS 13/ 9596, S. 31.

336 Schumacher/ Grün, FamRZ 1998, 778 (789).

337 BT- DruckS 13/ 9596, S. 32; Lipp/ Wagenitz, § 645 Rn. 7; Meier, FPR 1998, 155 (155); nach Rühl/ Greßmann, Rn. 219 ist damit zu rechnen, dass weniger als 10% der Kinder einen höheren Unterhalt als 150% des Regelbetrages zu beanspruchen betrechtigt sind.

338 Zöller- Philippi, 22. Aufl., § 645 Rn. 4.

339 Dies kommt etwa dann in Betracht, wenn unstreitig der Unterhaltspflichtige nur zur Zahlung dieses den Regelbetrag unterschreitenden Betrages imstande ist.

340 FamRefK- Bäumel, ZPO, § 646 Rn. 7; T/ P, 23. Aufl., § 646 Rn. 2; Musielak- Borth, § 646 Rn. 2; Rühl/ Greßmann, Rn. 224; Palandt- Diederichsen, 58. Aufl., § 1612a Rn. 38.

zugeben ist, von welchem Zeitpunkt an Unterhalt und für den Fall, dass Unterhalt für die Vergangenheit verlangt wird, wann die Voraussetzungen des § 1613 Abs. 1, Abs. 2 Nr. 2 BGB eingetreten sind.
Dem steht auch nicht entgegen, dass sich das vereinfachte Verfahren nach seiner ratio legis, insbesondere wegen der dynamisierten Titulierung, primär auf die Festsetzung zukünftigen Unterhalts bezieht[341]. Da, wie bereits dargelegt wurde[342], mittels des vereinfachten Verfahrens unter Verzicht auf die Vorzüge der Dynamisierung, der zukünftige Unterhalt auch in statischer Form geltend gemacht werden kann, bestehen keine Bedenken hinsichtlich der Festsetzung von zwangsläufig betragsmäßig bezifferten Unterhaltsrückständen. Mit der Möglichkeit der Festsetzung auch rückständigen Unterhalts wollte der Gesetzgeber vermeiden, dass allein wegen dieser Rückstände eine zusätzliche und gesonderte Individualklage angestrengt werden muss[343], die das Ziel des vereinfachten Verfahrens - einfache und schnelle Klärung des Unterhaltsanspruchs - ad absurdum führen würde. Das vereinfachte Verfahren sollte gerade eine umfassende Regelung des Gesamtunterhaltsanspruchs, also des rückständigen und zukünftigen Unterhaltsanspruchs ermöglichen[344].
Da jedoch eine Verbindung von rückständigem Unterhalt mit zukünftigem vom Gesetz nicht zwingend vorgesehen ist, kommt das vereinfachte Verfahren auch dann in Betracht, wenn nur Unterhaltsrückstände verlangt werden[345].

c. Der Ausschluss des vereinfachten Verfahrens nach § 645 Abs. 2 ZPO

Nach dem Wortlaut des § 645 Abs. 2 ZPO findet das vereinfachte Verfahren nicht statt, „*soweit über den Unterhaltsanspruch*" des Kindes ein Gericht entschieden hat (1. Alt.), ein gerichtliches Verfahren anhängig ist (2. Alt.) oder ein zur Zwangsvollstreckung geeigneter Schuldtitel errichtet worden ist (3. Alt.).
Liegt demnach über den Unterhaltsanspruch des Kindes bereits ein Unterhaltstitel[346] vor oder ist ein gerichtliches Verfahren über diesen anhängig, scheidet

---

[341] Palandt- Diederichsen, 58. Aufl., § 1612a Rn. 34.
[342] Vgl. oben C. I. 1. b. aa.
[343] BT DruckS 13/ 7338, S. 38.
[344] BT DruckS 13/ 7338, S. 38.
[345] Lipp/ Wagenitz, § 645 Rn. 8. Dies kommt beispielsweise dann in Betracht, wenn lediglich hinsichtlich des zukünftigen Unterhaltsanspruchs bereits ein vollstreckbarer Unterhaltstitel (z.B. Jugendamtsurkunde) vorliegt. Aber auch in Fällen des gesetzlichen Unterhaltsübergangs (§§ 91 BSHG, 7 UVG, 1607 BGB) ist es sinnvoll, dem Unterhaltsgläubiger das vereinfachte Verfahren zur Verfügung zu stellen; vgl. hierzu MüKo- Coester- Waltjen, ZPO, 2. Aufl., § 645 Rn. 9.
[346] Urteil, Vergleich, notarielle Urkunde, Jugendamtsurkunde aber auch alle übrigen Unterhaltsentscheidungen, wie ein bereits durchgeführtes vereinfachtes Verfahren nach §§ 645 ff. ZPO oder eine Annexentscheidung nach § 653 ZPO; vgl. Gießler, FPR 1998, 173 (178); Gerhardt, FuR 1998, 145 (145).

insoweit das vereinfachte Verfahren als unzulässig aus.
Mit dieser ausdrücklichen Zulässigkeitsvoraussetzung wollte der Gesetzgeber sicherstellen, dass das dem Mahnverfahren nachgebildete, pauschal und schematisch ausgestaltete vereinfachte Unterhaltsfestsetzungsverfahren lediglich für die Erstfestsetzung des Kindesunterhalts zur Anwendung kommt[347], eine Doppeltitulierung vermieden wird[348] und dass im Fall eines anhängigen oder bereits abgeschlossenen Rechtsstreits, der gerichtlichen Entscheidung, die auf einer individuellen Prüfung der Verhältnisse der Parteien beruht, Vorrang vor der pauschalen Unterhaltsfestsetzung im vereinfachten Verfahren zukommt[349].
Dies zugrunde gelegt, werden, entgegen dem weitreichenden Wortlaut des § 645 Abs. 2 ZPO, nur Unterhaltstitel und anhängige Verfahren gegen den Elternteil erfasst, der im vereinfachten Verfahren in Anspruch genommen wird[350], also nicht solche gegen sonstige Unterhaltspflichtige[351].

aa. Die die Unzulässigkeit des vereinfachten Verfahrens begründenden Umstände

Das vereinfachte Verfahren ist nach § 645 Abs. 2 1. Alt. ZPO zunächst dann unzulässig, soweit über den Unterhaltsanspruch des Kindes bereits ein Gericht entschieden hat[352]. Hiervon primär sind diejenigen Fälle erfasst, in denen ein Gericht auch den im vereinfachten Verfahren geltend gemachten Kindesunterhalt bereits zuerkannt hat[353]. Dieser Fall der Unzulässigkeit resultiert augenscheinlich aus dem Umstand, dass mit der bestehenden gerichtlichen Entscheidung die Unterhaltspflicht bereits rechtsverbindlich festgestellt wurde und das schematisch ausgestaltete vereinfachte Verfahren nicht die Anpassung schon bestehender Unterhaltstitel ermöglicht[354]. Eine Korrektur und Anpassung solcher Unterhaltstitel ist den hier-

---

347 BT- DruckS 13/ 7338, S. 38; Göppinger/ Wax, 7. Aufl., Rn. 2170; FamRefK- Bäumel, ZPO, § 645 Rn. 9.

348 Günther, Kind- Prax 1999, 35 (36).

349 Günther, Kind- Prax 1999, 35 (36).

350 Van Els, Rpfleger 1999, 297 (299); Rühl/ Greßmann, Rn. 221; Lipp/ Wagenitz, § 645 Rn. 10.

351 Wendl/ Staudigl- Thalmann, 5. Aufl., § 8 Rn. 326; Zöller- Philippi, 22. Aufl., § 645 Rn. 5.

352 Hierunter fällt auch ein bereits durchgeführtes vereinfachtes Vefahren nach §§ 645 ff. ZPO oder eine Annexentscheidung nach § 653 ZPO; vgl. Gießler, FPR 1998, 173 (178).

353 Auch ein Urteil, das nach altem Recht die Verpflichtung zur Zahlung von Regelunterhalt ausgesprochen hat, steht dem vereinfachten Verfahren entgegen. Insoweit kann aber bis zum 01.07.2003 gemäß Art. 5 § 2, Art. 8 Abs. 2 KindUG die Festsetzung des Unterhalts nach bisherigem Verfahrensrecht oder eine Abänderung des Titels nach Art. 5 § 3 KindUG in einen dynamisierten Titel neuen Rechts verlangt werden. Vgl. hierzu Schumacher/ Grün, FamRZ 1998, 778 (790, 796, 797). Hingegen hindert ein Urteil über rückständigen Unterhalt das vereinfachte Verfahren nicht, wenn durch dieses lediglich zukünftiger Unterhalt festgesetzt werden soll.

354 BT- DruckS 13/ 7338, S. 38; Palandt- Diederichsen, 58. Aufl., § 1612a Rn. 35; Zöller- Philippi, 22. Aufl., § 645 Rn. 5.

für speziell vorgesehenen Abänderungsklagen[355] vorbehalten[356], sodass das vereinfachte Verfahren insoweit als subsidiär zurücktritt. Aus diesem Grund scheidet das vereinfachte Verfahren auch bei Vorliegen eines Anerkenntnisurteils und, soweit ein Teilanerkenntnisurteil vorliegt, auch insoweit aus, da auch hier das Gericht – zumindest teilweise - über den Unterhaltsanspruch des Kindes entschieden hat[357].
Fraglich ist, ob das vereinfachte Verfahren auch dann als unzulässig ausscheidet, wenn eine abweisende gerichtliche Entscheidung vorliegt. Der Regierungsentwurf zum KindUG führt insoweit aus[358], dass eine Festsetzung im vereinfachten Verfahren dann ausscheide, wenn eine Unterhaltsklage abgewiesen worden ist, denn *„auch in diesem Fall liegt eine Entscheidung über den Unterhaltsanspruch vor"*. Dieser pauschalen Aussage ist jedoch für den Fall nicht zuzustimmen, in dem das Unterhaltsbegehren allein wegen Unzulässigkeit durch Prozessurteil abgewiesen wurde. In diesem Fall erfolgte gerade noch keine Sachentscheidung *„über den Unterhaltsanspruch des Kindes"*, sodass das vereinfachte Verfahren in diesem Fall zulässig ist[359]. Auch die Zurückweisung eines früher bereits erhobenen Antrags auf Festsetzung im vereinfachten Verfahren als unzulässig gemäß § 646 Abs. 2 ZPO hindert damit nicht ein erneut beantragtes vereinfachtes Verfahren.
Ebenso verhält es sich mit einer bereits ergangenen gerichtlichen Entscheidung über den vom Kind geltend gemachten Auskunftsanspruch. Auch in diesen Fällen fehlt es an einer sachlichen Entscheidung über den Unterhaltsanspruch des Kindes[360]. Anders verhält es sich hingegen, wenn das Unterhaltsbegehren wegen Unbegründetheit abgewiesen wurde[361], da in diesem Fall bereits eine inhaltliche Entscheidung unmittelbar über den Unterhalt erfolgte. Dies gilt auch in den Fällen, in denen eine Unterhaltsklage wegen mangelnder Leistungsfähigkeit oder mangelnder Bedürftigkeit abgewiesen wurde, die Anspruchsvoraussetzungen aber zu einem späteren Zeitpunkt vorliegen[362].
Zwar muss der Unterhaltsberechtigte in diesen Fällen seinen Unterhaltsanspruch mittels der Leistungsklage und nicht im Wege der Abänderungsklage nach § 323

---

355 §§ 654, 655, 656, 323 ZPO; vgl. hierzu unten C. III. 1., 2., 3., 4.
356 BT- DrucksS 13/ 7338, S. 38.
357 OLG München, FamRZ 1999, 450 (450). Das vereinfachte Verfahren wird in diesem Fall selbst dann nicht zulässig, wenn im Anschluss an das Teilanerkenntnisurteil auf die Rechte hieraus verzichtet wird und eine Vollstreckung damit ausscheidet. Dies würde dem Zweck des § 645 Abs. 2 ZPO – Erstfestsetzung - widersprechen, da allein ein solcher Verzicht die Möglichkeit einer erneuten Unterhaltsfestsetzung und damit einer nochmaligen Inanspruchnahme der Gerichte eröffnen würde; vgl. OLG München, FamRZ 1999, 450 (451).
358 BT- DrucksS 13/ 7338, S. 38.
359 Kleinle, ZfJ 1998, 349 (350); BT- DrucksS 13/ 7338, S. 38; Günther, Kind- Prax 1999, 35 (36); Musielak- Borth, § 645 Rn. 4.
360 Rühl/ Greßmann, Rn. 222; BT- DrucksS 13/ 7338, S. 38.
361 OLG Karlsruhe, OLG Report Karlsruhe 2000, 142 (143).
362 OLG Karlsruhe, OLG Report Karlsruhe 2000, 142 (143).

ZPO geltend machen[363], jedoch führt dies nicht zur Zulässigkeit des vereinfachten Verfahrens. Hieran ändert auch der Umstand nichts[364], dass das vereinfachte Verfahren als Wahlmöglichkeit neben der herkömmlichen Unterhaltsklage steht, das aufwendigere Klageverfahren vermeiden will und damit grundsätzlich immer dann ist, wenn auch die herkömmliche Unterhaltsklage zur Anwendung kommt. Das vereinfachte Verfahren ist als schematisiertes Beschlussverfahren vor dem Rechtspfleger nicht geeignet, die schwierige, weil umfassende Frage zu klären, ob sich die maßgeblichen materiellrechtlichen Voraussetzungen seit Erlass der abweisenden Entscheidung in dem Umfang geändert haben, dass nunmehr ein Unterhaltsanspruch besteht und das Kind sein Unterhaltsbegehren mittels der Leistungsklage geltend zu machen hat[365]. Mit dieser Frage wäre das vereinfachte Verfahren überfordert und dessen Grundgedanke, wegen des hiermit erforderlichen Zeitaufwands, ad absurdum geführt. Das vereinfachte Verfahren scheidet somit auch in diesen Fällen gemäß § 645 Abs. 2 ZPO als unzulässig aus[366].

Fraglich ist, ob auch ergangene Entscheidungen des vorläufigen Rechtschutzes, namentlich die einstweilige Unterhaltsanordnungen nach §§ 620 Nr. 4, 644[367], 641d ZPO, die Unzulässigkeit des vereinfachten Verfahrens nach § 645 Abs. 2 ZPO begründen. Dies wird vereinzelt in der Literatur mit dem Argument bejaht, auch sie führten, wie das Hauptsacheverfahren, zu einer - wenn auch nur vorläufigen - gerichtlichen Entscheidung über den Kindesunterhalts[368], sodass es sich hier, trotz ihrer vorläufigen Natur, um gerichtliche Entscheidungen und Verfahren im Sinne des § 645 Abs. 2 ZPO handele[369]. Zudem komme das vereinfachte Verfahren - seinem Zweck entsprechend - nur zur Erstfestsetzung von Kindesunterhalt in Betracht[370], was jedoch nicht mehr gegeben sei, wenn der Unterhalt bereits durch Entscheidungen in vorläufigen Rechtsschutzverfahren tituliert sei[371].
Diese Argumentation vermag jedoch nicht zu überzeugen.
Das vereinfachte Verfahren ist ein vollwertiges Unterhaltsverfahren, dass trotz

---

[363] Strittig, vgl. BGH, FamRZ 1985, 376; Musielak- Musielak, § 323 Rn. 20; MüKo- Gottwald, ZPO, 2. Aufl., § 323 Rn. 25, 26; Stein/ Jonas- Leipold, 21. Aufl., § 323 Rn. 10; Zöller-Vollkommer, 22. Aufl., § 323 Rn. 22 m.w.N.

[364] So aber FamRefK- Bäumel, ZPO, § 645 Rn. 11.

[365] OLG München, FamRZ 1999, 450 (451).

[366] OLG München, FamRZ 1999, 450 (451); a.A. FamRefK- Bäumel, ZPO, § 645 Rn. 11.

[367] Hinsichtlich der einstweiligen Anordnung nach § 644 ZPO stellt sich diese Frage dann, wenn sie im Rahmen eines Prozesskostenhilfeverfahrens ergangen ist. Wurde sie dagegen im Rahmen einer Hauptsacheklage erlassen, so steht bereits dieses Hauptsacheverfahren der Zulässigkeit des vereinfachten Verfahrens gemäß § 645 Abs. 2 ZPO entgegen.

[368] Günther, Kind- Prax 1999, 35 (36).

[369] Günther, Kind- Prax 1999, 35 (36); B/ L- Albers, 59. Aufl., § 645 Rn. 6.

[370] Vgl. BT- DruckS 13/ 7338, S. 38, wonach *„das vereinfachte Verfahren nur der Erstfestsetzung von Unterhalt“* dient.

[371] B/ L- Albers, 59. Aufl., § 645 Rn. 6; Günther, Kind- Prax 1999, 35 (36).

seiner Ausgestaltung gerade nicht nur zu einem vorläufigen Unterhaltstitel führt und von daher schon nicht mit Entscheidungen des vorläufigen Rechtsschutzes vergleichbar ist. Insbesondere sind Entscheidungen des vorläufigen Rechtsschutzes wegen der fehlenden Bestandskraft einem Festsetzungsbeschluss im vereinfachten Verfahren nicht gleichwertig[372]. Das vereinfachte Verfahren steht wahlweise neben der herkömmlichen Unterhaltsklage und kann folglich statt dieser betrieben werden[373]. Wenn aber Entscheidungen des vorläufigen Rechtsschutzes ein anschließendes Hauptsacheverfahren nicht ausschließen, so kann nichts anderes für das vereinfachte Verfahren - welches ebenfalls ein Hauptsacheverfahren darstellt[374] - gelten. Würden Titel, die im Wege des einstweiligen Rechtsschutzes ergangen sind, die Unzulässigkeit des vereinfachten Verfahrens begründen, so könnten die Kinder, die ein besonderes Bedürfnis an einer schnellen, wenn auch nur vorläufigen Unterhaltstitulierung haben, lediglich das aufwendigere herkömmliche Unterhaltsverfahren durchführen. Damit wären aber gerade in den eilbedürftigen Unterhaltsstreitigkeiten die Vorteile des vereinfachten Verfahrens abgeschnitten, obwohl diese Kinder gleichermaßen ein Interesse an der Unterhaltsfestsetzung im vereinfachten Verfahren haben können.
Auch das Argument, das vereinfachte Verfahren ermögliche lediglich die Erstfestsetzung, kann die Unzulässigkeit des vereinfachten Verfahrens in der hier diskutierten Fallkonstellation nicht begründen. Entscheidungen im vorläufigen Rechtsschutz sind, ihrer Bezeichnung entsprechend, eben nur vorläufige, deren Regelung durch die nachfolgende Hauptsacheentscheidung – selbst wenn sie inhaltlich bestätigt werden - überholt wird. Entscheidungen im vereinfachten Verfahren stellen demgegenüber vollwertige Hauptsacheentscheidungen dar, die nur durch gesonderte Abänderungsklagen korrigiert werden können. Der Zweck des vereinfachten Verfahrens – Erstfestsetzung - liegt aber gerade in dieser Vollwertigkeit der Erstfestsetzung und wird nicht durch eine im summarischen Eilverfahren ergangene vorläufige Regelung erreicht, da diese Verfahren zu keiner Zeit Abänderungsverfahren auslösen, sondern lediglich vorläufige Vollstreckungsmöglichkeiten schaffen[375].
Ergangene Entscheidungen des vorläufigen Rechtschutzes führen daher nicht zur Unzulässigkeit des vereinfachten Verfahrens nach § 645 Abs. 2 ZPO[376].

Gemäß § 645 Abs. 2 2. Alt. ZPO scheidet das vereinfachte Verfahren auch dann als unzulässig aus, soweit über den Unterhaltsanspruch des Kindes ein gerichtliches Verfahren anhängig ist. Dies ergibt sich bereits aus § 261 Abs. 3 Nr. 1

---

[372] OLG Hamm, Rpfleger 1999, 490 (490).
[373] Vgl. dazu unten C. VI.
[374] OLG München, FamRZ 2000, 1580 (1580).
[375] OLG München, FamRZ 2000, 1580 (1580).
[376] MüKo- Coester- Waltjen, ZPO, 2. Aufl., § 645 Rn. 14; Gießler, FPR 1998, 173 (178). A.A. B/ L- Albers, 59. Aufl., § 645 Rn. 6; OLG München, FamRZ 2000, 1580 (1580).

ZPO[377] und stellt klar, dass das vereinfachte Verfahren insoweit den allgemeinen prozessualen Grundsätzen unterliegt. Anhängige Verfahren hinsichtlich des unterhaltsrechtlichen Auskunftsbegehrens des Kindes und des vorläufigen Rechtsschutzes führen jedoch nicht zur Unzulässigkeit des vereinfachten Verfahrens[378].

Letztlich fehlt die Zulässigkeit des vereinfachten Verfahrens gemäß § 645 Abs. 2 3. Alt. ZPO, wenn das Kind in Ansehung seiner Unterhaltsberechtigung gegenüber dem in Anspruch genommenen Elternteil bereits über einen sonstigen nach §§ 704, 794 ff. ZPO vollstreckungsfähigen Unterhaltstitel[379] verfügt.

bb. Der Umfang des Ausschlusses

Nach dem Gesetzeswortlaut scheidet das vereinfachte Verfahren nur aus, „*soweit*" über den Unterhaltsanspruch entschieden wurde. Es könnte daher angenommen werden, dass das vereinfachte Verfahren auch dann zur Anwendung gelangt, wenn die Titulierung einer Unterhaltsspitze begehrt wird, solange nur der errichtete Titel und der jetzt zusätzlich geltend gemachte Betrag zusammen 150% des jeweiligen Regelbetrages nicht übersteigen.
Dies kann jedoch nicht überzeugen.
Nach dem Willen des Gesetzgebers, „*dient das vereinfachte Verfahren nur der Erstfestsetzung von Unterhalt*"[380]. Dementsprechend heißt es auch in dem Regierungsentwurf zum KindUG, dass das vereinfachte Verfahren dann als unzulässig ausscheide, „*wenn*"[381] ein Gericht über den Unterhaltsanspruch entschieden hat, darüber ein gerichtliches Verfahren anhängig oder ein sonstiger Vollstreckungstitel errichtet worden ist.
Dem Ziel des Gesetzgebers, allen minderjährigen Kindern mittels eines schnellen, einfachen und deshalb weitgehend ohne Prüfung der individuellen Verhältnisse ablaufenden Verfahrens einen Unterhaltstitel zu verschaffen, würde es zuwider laufen, wenn in diesem Verfahren ein über den Unterhaltsanspruch ergangenes Urteil oder bei Anhängigkeit eines Unterhaltsverfahrens, die Gerichtsakten jeweils daraufhin zu überprüfen wären, ob Streitgegenstand ausnahmsweise nur ein Teil des Unterhaltsanspruchs ist oder war und ob deshalb über eine möglicherweise noch bestehende Unterhaltsspitze ein Festsetzungsbeschluss ergehen könne. Für eine solche Prüfung ist das vereinfachte Verfahren nicht ausgestaltet, sodass es entgegen dem Wortlaut des § 645 Abs. 2 ZPO auch dann als unzulässig ausschei-

---

[377] Vgl. Zöller- Greger, 22. Aufl., § 261 Rn. 8 ff.
[378] Vgl. Ausführungen zu § 645 Abs. 2 1. Alt. ZPO.
[379] Insbesondere die Jugendamtsurkunde nach § 59 Abs. 1 S. 3, 9 SGB VIII, der Prozessvergleich nach § 794 Abs. 1 Nr. 1 ZPO und die notarielle Urkunde nach § 794 Abs. 1 Nr. 5 ZPO.
[380] BT- DruckS 13/ 7338, S. 38.
[381] BT- DruckS 13/ 7338, S. 38.

det, wenn bereits eine Entscheidung über den Unterhalt ergangen beziehungsweise hierüber ein gerichtliches Verfahren anhängig ist[382].
Nach § 645 Abs. 2 ZPO sind andere Vollstreckungstitel, insbesondere notarielle Schuldanerkenntnisse und Jugendamtsurkunden, den gerichtlichen Entscheidungen und Verfahren gleichgestellt, sodass das vorstehend Gesagte auch für diese gilt.
Für das hier getroffene Ergebnis spricht auch, dass in dem amtlichen Antragsvordruck lediglich die vorformulierte verneinende Erklärung[383] zu bestätigen ist, dass keine Gerichtsentscheidung, kein anhängiges Gerichtsverfahren und kein Vollstreckungstitel über den Unterhaltsanspruch bestehen, nicht aber, inwieweit solche sich auf den gesamten Unterhaltsanspruch beziehen.

cc. Der maßgebliche Zeitpunkt

Maßgeblicher Zeitpunkt für die Frage, ob eine gerichtliche Entscheidung vorliegt, ein gerichtliches Verfahren anhängig ist oder ein zur Zwangsvollstreckung geeigneter Schuldtitel errichtet worden ist, ist der, zu dem das vereinfachte Verfahren eingeleitet wurde[384].
Dies ergibt sich für eine gerichtliche Entscheidung bereits daraus, dass diese nicht parallel zu einem anhängigen vereinfachten Verfahren ergehen könnte, da die Rechtshängigkeit des insoweit zwingend vorausgehenden gerichtlichen Verfahrens bereits zur Unzulässigkeit des vereinfachten Verfahrens gemäß § 645 Abs. 2 2. Alt. ZPO führen würde.
Für die Anhängigkeit eines gerichtlichen Verfahrens ergibt sich dies unmittelbar aus § 261 Abs. 3 Nr. 1 ZPO, wonach dieses wegen der entgegenstehenden Rechtshängigkeit des vereinfachten Verfahrens unzulässig wäre.
Da es für die gerichtliche Entscheidung und die Anhängigkeit gerichtlicher Verfahren somit bereits auf den Zeitpunkt der Einleitung des vereinfachten Verfahrens ankommt, ist auch hinsichtlich der Schuldtitel nach Sinn und Zweck des § 645 Abs. 2 3. Alt. ZPO der genannte Zeitpunkt maßgebend. Dies folgt zudem daraus, dass der Unterhaltspflichtige andernfalls die Möglichkeit hätte, das vereinfachte Verfahren jederzeit zu Fall zu bringen[385], insbesondere auch weil die notarielle Beurkundung seiner Unterhaltspflicht oder die Errichtung einer Jugendamtsurkunde ohne Mitwirkung und ohne - oder sogar gegen - den Willen des Kindes errichtet werden kann[386].

---

[382] Günther, Kind- Prax 1999, 35 (36).
[383] Vgl. Antragsformular Blatt 1 a. E.
[384] OLG Dresden, FamRZ 2000, 679 (679); Sonnenfeld, DAV 2000, 169 (172); Gerhardt, FuR 1998, 145 (145); Göppinger/ Wax, 7. Aufl., Rn. 2170; Heiß/ Born- Born, Kap. 22, Rn. 434; a.A. B/ L- Albers, 59. Aufl., § 645 Rn. 6; Lipp/ Wagenitz, § 645 Rn. 14; OLG Karlsruhe, FamRZ 2000, 1159 (1159); OLG Naumburg, FamRZ 2000, 431 (431).
[385] Gerhardt, FuR 1998, 145 (145); Heiß/ Born- Born, Kap. 22, Rn. 434.
[386] Vgl. hierzu ausführlich DIV, DAV 1999, 257 (258, 259).

Ein während des Verfahrens errichteter Titel[387] steht der Durchführung des vereinfachten Verfahrens damit nicht entgegen[388]. Dem Kind bleibt es somit zur freien Wahl, ob es das anhängige Verfahren ungehindert weiterbetreibt oder sich mit dem errichteten Titel begnügt und das vereinfachte Verfahren für erledigt erklärt beziehungsweise den Antrag auf Unterhaltsfestsetzung entsprechend § 269 ZPO zurücknimmt[389].

d. Der Antrag auf Erstfestsetzung im vereinfachten Verfahren

Die Unterhaltsfestsetzung im vereinfachten Verfahren erfolgt nur auf Antrag (§ 645 Abs. 1 ZPO). Dieser Antrag ist streng formalisiert. Gemäß § 659 ZPO wurde durch Rechtsverordnung[390] vom Bundesministerium der Justiz mit Zustimmung des Bundesrates ein amtlicher Vordruck eingeführt, der die für eine antragsgemäße Entscheidung notwendigen Voraussetzungen enthält[391]. Dieser Antragsvordruck ist nach § 659 Abs. 2 ZPO zwingend zu verwenden. Ausgenommen von diesem Vordruckszwang sind lediglich Dritte, die den Unterhaltsanspruch aus kraft Gesetzes übergegangenem Recht[392] oder nach § 91 Abs. 3 S. 2 BSHG beziehungsweise § 7 Abs. 4 S. 1 UVG geltend machen[393]. Der Antrag ist schriftlich zu stellen, bedarf also der Unterzeichnung des Antragstellers[394].

Die Einzelheiten des Antrags und seiner Prüfung werden detailliert in § 646 ZPO geregelt[395]. Antragsinhalt und dessen Prüfung beziehen sich dabei nicht nur auf die

---

387 Z.B. der jederzeit neu errichtbare Jugendamtstitel nach § 59 Abs. 1 S. 3, 9 SGB VIII.

388 So auch Kleinle, ZfJ 1998, 349 (350); Gerhardt, FuR 1998, 145 (145); Heiß/ Born- Born, Kap. 22, Rn. 434; a.A. B/ L- Albers, 59. Aufl., § 645 Rn. 6 m.w.N.

389 Da die §§ 645 ff. ZPO für die Erledigung des durch das vereinfachte Verfahren begründeten Prozessrechtsverhältnisses und die Antragsrücknahme keine besonderer Regelungen enthalten, kommen hierfür die insoweit geltenden allgemeinen Regelungen des Prozessrechts (namentlich §§ 91a, 264 Nr. 2, 256, 91 ZPO und § 269 ZPO) mit den hierfür entwickelten Grundsätzen zur entsprechenden Anwendung.

390 § 1 Kindesunterhaltsvordrucksverordnung (KindUVV) - Verordung zur Einführung von Vordrucken für das vereinfachte Verfahren über den Unterhalt Minderjähriger- vom 19.06.1998; BGBl. 1998 I, 1364 ff.

391 Vgl. Ablichtung des Antragsvordruck bei Vorwerk, Kap. 95 Rn. 225.

392 § 1 Abs. 2 Nr. 1 KindUVV i.V.m. § 659 Abs. 2 ZPO bestimmt, dass der Vordruckzwang nicht gilt, soweit von dem Träger der Sozialhilfe, dem Land oder dem Dritten aus übergegangenem Recht Unterhalt für Zeiträume verlangt wird, für die das Kind Hilfe nach dem BSHG, Leistungen nach dem UVG oder Unterhalt nach § 1607 Abs. 2, 3 BGB erhalten hat.

393 § 1 Abs. 2 Nr. 2 KindUVV.

394 B/ L- Albers, 59. Aufl., § 646 Rn. 2.

395 Gemäß § 3 KindUVV sind Abweichungen vom Antrag zulässig. Dies z.B. wenn die Berichtigung auf einer Änderung von Rechtsvorschriften beruht (Nr. 1) oder Anpassungen und Ergänzungen notwendig sind, um eine maschinelle beziehungsweise sonstige technische Bearbeitung zu ermöglichen (Nr. 2). Wird Unterhalt für mehr als drei Kinder geltend gemacht

erforderlichen Angaben in formaler Hinsicht, sondern auch auf sämtliche Informationen die das Gericht zur Unterhaltsfestsetzung benötigt[396]. Dabei ist das Bestimmtheitsgebot im Sinne des § 253 Abs. 2 Nr. 2 ZPO zu beachten[397].
Im einzelnen erfordert der Antrag gemäß § 646 Abs. 1 Nr. 1 ZPO zunächst die Bezeichnung der Parteien, die ihrer gesetzlichen Vertreter und die der Prozessbevollmächtigten[398]. Diese Regelung entspricht den Vorschriften der §§ 130 Nr. 1, 313 Abs. 1 Nr. 1 ZPO und soll sicherstellen, dass eine wirksame Zustellung des Antrags und dessen Entscheidung möglich ist. Zudem bedarf es der Bezeichnung des Gerichts (§ 646 Abs. 1 Nr. 2 ZPO), woran der Rechtspfleger gebunden ist[399]. Nach § 646 Abs. 1 Nr. 3 ZPO bedarf es der Angabe des Geburtsdatums des Kindes, das gerade auch für die Bestimmung der Altersstufen der Regelbetragsverordnung maßgebend ist. Auch bei Verlangen nach statischem Unterhalt ist dies notwendig, um die Minderjährigkeit des Kindes prüfen zu können. Der Zeitpunkt von dem an Unterhalt verlangt wird ist anzugeben (§ 646 Abs. 1 Nr. 4 ZPO). Wird rückständiger Unterhalt geltend gemacht, so muss zugleich angegeben werden, ab welchem Zeitpunkt die Voraussetzungen des §§ 1613 Abs. 1 oder Abs. 2 Nr. 2 BGB[400] eingetreten sind (§ 646 Abs. 1 Nr. 5 ZPO). Da der Antrag keiner Schlüssigkeitsprüfung unterliegt[401], begnügt sich der Vordruck mit der Erklärung, dass „*die Voraussetzungen, unter denen Unterhalt für die Vergangenheit geltend gemacht werden kann (...) vorliegen*".
Auch die Höhe des verlangten Unterhalts ist stets zu bezeichnen (§ 646 Abs. 1 Nr. 6 ZPO). Wird Unterhalt in statischer Form verlangt, ist der Betrag zu beziffern[402]; wird Unterhaltsfestsetzung in dynamisierter Form begehrt, ist die Höhe mit einem Vomhundertsatz der Regelbeträge anzugeben. Wegen der Wahlmöglichkeiten bei der Dynamisierung nach § 1612a BGB ist bei Verlangen nach dynamisierter Unterhaltsfestsetzung über den Wortlaut des Gesetzes hinaus, auch anzugeben, ob

---

oder bedarf es aus anderen Gründen Felder für weitere Angaben, so sind insbesondere auch Erweiterungen der Antrags im übrigen zulässig (Nr. 3).

[396] Musielak- Borth, § 646 Rn. 1.

[397] Mit Ausname des § 646 ZPO enthalten die §§ 645 ff. ZPO keine besonderen Regelungen für den Antrag auf Festsetzung des Unterhalts im vereinfachten Verfahren, sodass insoweit ergänzend die allgemeinen Regelungen über die Klage entsprechend heranzuziehen sind. Vgl. OLG Hamm, FamRZ 2001, 107; B/ L- Albers, 59. Aufl., § 646 Rn. 3.

[398] Insoweit kommen die für eine Klage geltenden Grundsätze, insbesondere die des § 253 Abs. 2 Nr. 1 ZPO gleichermaßen zur Anwendung, sodass es auch der Angabe der Anschrift des Antragstellers bedarf, soweit dies nicht unzumutbar ist oder schutzwürdige Geheimhaltungsinteressen entgegenstehen. Vgl. insbesondere OLG Hamm, FamRZ 2001, 107; B/ L- Albers, 59. Aufl., § 646 Rn. 3.

[399] B/ L- Albers, 59. Aufl., § 646 Rn. 3.

[400] Sonderbedarf (§ 1613 Abs. 2 Nr. 1 BGB) kann im vereinfachten Verfahren nicht geltend gemacht werden.

[401] Lipp/ Wagenitz, § 646 Rn. 3.

[402] Der geforderte Betrag ist anzugeben und die Bezeichnung der gewollten Altersstufe des Regelbetrages durch eine „0" zu ersetzen; vgl. Merkblatt, Ausfüllungshinweise Nr. 6.

Unterhalt als Vomhundertsatz eines oder des jeweiligen Regelbetrages nach der aktuellen Regelbetragsverordnung begehrt wird[403].
Nach § 646 Abs. 1 Nr. 7 ZPO sind die nach §§ 1612b, c BGB anzurechnenden Leistungen und über den Wortlaut hinaus auch deren Empfänger[404] zu benennen. Erforderlich ist auch die Erklärung, *„dass zwischen dem Kind und dem Antragsgegner ein Eltern - Kind Verhältnis nach den §§ 1591 - 1593 BGB besteht"* (§ 646 Abs. 1 Nr. 8 ZPO). Insoweit wird jedoch nur die Erklärung verlangt, dass ein solches Verhältnis besteht, nicht aber auf welcher Norm ein solches beruht[405]. Eine juristische Subsumtion unter die betreffenden Vorschriften kann von dem Antragsteller nicht verlangt werden. Demgemäß begnügt sich das Antragsformular mit der vorformulierten Erklärung es bestehe *„ein Eltern - Kind Verhältnis"*.
Bei einem nicht in der Ehe geborenen Kind wird vielfach vertreten, es müsse zudem das Vaterschaftsanerkenntnis oder die gerichtliche Vaterschaftsfeststellung darlegen[406]. Auch der Entwurf zum KindUG geht von einer solchen Voraussetzung aus[407].
Eine solche Darlegungspflicht des Kindes kann aber nicht angenommen werden. Nach dem Wortlaut des Gesetzes wird lediglich gefordert, dass eine *„Erklärung"* zu dem erforderlichen Verhältnisses abgegeben wird (§ 646 Abs. 1 Nr. 8 ZPO). Von einer weitergehenden Darlegungspflicht ist nicht die Rede. Auch die Ausgestaltung des vereinfachten Verfahrens spricht gegen eine solche Darlegungspflicht des nichtehelichen Kindes; jedenfalls bereits bei Antragstellung. Die Anforderungen an die Unterhaltsfestsetzung im vereinfachten Verfahren wurden auf ein Minimum beschränkt, um eine schnelle und einfache Unterhaltstitulierung zu ermöglichen. Der Rechtspfleger prüft nach Eingang des Antrags zwar von Amts wegen die Zulässigkeit des vereinfachten Verfahrens (§§ 646 Abs. 2 S. 1, 647 ZPO), stützt sich hierbei aber nur auf das Vorbringen des antragstellenden Kindes. Eine weitergehende Überprüfung, insbesondere eine Nachprüfung der Richtigkeit der Angaben und der Schlüssigkeit des geltend gemachten Unterhaltsanspruchs, nimmt er dagegen nicht vor[408]. Erscheint dem Rechtspfleger das vereinfachte Verfahren nach den Angaben im Antrag als zulässig, verfügt er die Zustellung des Antrags an den Antragsgegner (§ 647 Abs. 1 S. 1 ZPO). Diesem obliegt es nun, Ein-

---

[403] BT- DruckS 13/ 9596, S. 36; B/ L- Albers, 59. Aufl., § 646 Rn. 4. Bei gewünschter Inbezugnahme eines bestimmten Regelbetrages (§ 1612a Abs. 1 1. Alt. BGB) genügt die Bezeichnung der gewollten Altersstufe und die Angabe des Unterhalts als bezifferten DM- Betrag; vgl. Merkblatt, Ausfüllungshinweise Nr. 6.
[404] Lipp/ Wagenitz, § 646 Rn. 3.
[405] Sonnenfeld, DAV 1999, 169 (174). Zum Eltern- Kind Verhältnis umfassend Giesen, Rn. 491 ff.
[406] Musielak- Borth, § 646 Rn. 2; B/ L- Albers, 59. Aufl., § 646 Rn. 4; Rühl/ Greßmann; Rn. 226; Schumacher/ Grün, FamRZ 1998, 778 (790); Nickel, DVP 2000, 50 (52); Knittel/ Mühlens, 2. Aufl., S. 393.
[407] BT- DruckS 13/ 7338, S. 38.
[408] Vgl. dazu ausführlich unten C. I. 2. a.

wendungen zu erheben. Gemäß § 648 Abs. 1 Nr. 1 ZPO können Einwendungen gerade gegen die Zulässigkeit erhoben werden. Hierdurch können neben Mängeln der allgemeinen Prozessvoraussetzungen auch das Fehlen der besonderen Voraussetzungen der §§ 645, 646 ZPO gerügt werden[409]. In Betracht kommt insbesondere die fehlende Minderjährigkeit des Kindes[410] und die fehlende Vaterschaftsanerkennung beziehungsweise -feststellung. Damit wird dem Antragsgegner die Möglichkeit gegeben, die gegebenenfalls unrichtig erteilten Angaben des Antragstellers im Antragsvordruck zu rügen. Unterlässt er dies, beziehungsweise erhebt er Einwendungen verspätet, so wird Unterhalt entsprechend den als richtig unterstellten Angaben des Antragstellers, wenn auch materiellrechtlich zu Unrecht, festgesetzt (§ 649 Abs. 1 S. 1 ZPO).
Das Gesetz vermutet, quasi wie im Mahnverfahren, dass zutreffende Angaben gemacht werden. Werden diese bestritten, erfolgt eine gerichtliche Überprüfung. Erst in diesem Verfahrensstadium wird nach den allgemeinen Beweisregeln (§§ 335 ff. ZPO) Beweis erhoben[411]. Folgerichtig muss der Antragsteller dann etwa die Vaterschaftsanerkennung beziehungsweise - feststellung beweisen.
Nach alledem ist das nichteheliche Kind somit noch nicht verpflichtet, im Antrag das Vaterschaftsanerkenntnis beziehungsweise die gerichtliche Vaterschaftsfeststellung darzulegen[412]. Vielmehr genügt den Anforderungen des § 646 Abs. 1 Nr. 8 ZPO, dass das Antragsformular unterzeichnet und die so vorformulierte Erklärung als eigene übernommen wird.
Für die nach § 646 Abs. 1 Nr. 9 ZPO vorgesehenen Erklärung, dass das Kind mit dem Antragsgegner nicht in einem Haushalt lebt[413], ist keine nähere Präzisierung erforderlich[414]. Diese vom Gesetz verlangte Erklärung soll lediglich den Regelfall des § 1606 Abs. 3 S. 2 BGB dokumentieren, stellt jedoch keine Zulässigkeitsvoraussetzung für das vereinfachte Verfahren dar, da dieses Verfahren dann zulässig sein kann, wenn – wie ausgeführt wurde - das Kind mit dem barunterhaltspflichtigen Elternteil in einem Haushalt lebt[415].
Notwendig ist zudem die Erklärung, *„dass Unterhalt nicht für Zeiträume verlangt wird, für die das Kind Hilfe nach dem BSHG, Leistungen nach dem UVG oder*

---

[409] Vgl. dazu näher unten C. I. 3. a. aa.

[410] Zöller- Philippi, 22. Aufl., § 648 Rn. 2 i.V.m. § 646 Rn. 11; Sonnenfeld, DAV 1999, 169 (178); Günther, Kind- Prax 1999, 35 (37); Schumacher/ Grün, FamRZ 1998, 778 (790). Die Haushaltszugehörigkeit des Kindes zu dem in Anspruch genommenen Elternteil würde ebenso in Betracht kommen, wenn die Zulässigkeit des vereinfachten Verfahrens hiervon abhinge. Dies ist aber gerade nicht der Fall, da das vereinfachte Verfahren auch dann zulässig ist, wenn das Kind mit dem barunterhaltspflichtigen Elternteil in einem Haushalt lebt; vgl. dazu oben C. I. 1. a. cc. (1.).

[411] Sonnenfeld, DAV 1999, 169 (183).

[412] Im Ergebnis so auch Lipp/ Wagenitz, § 646 Rn. 3; Sonnenfeld, DAV 1999, 169 (174).

[413] Diese Erklärung ist im Antragsvordruck bereits vorformuliert.

[414] Lipp/ Wagenitz, § 646 Rn. 3.

[415] Vgl. insoweit ausführlich oben C. I. 1. a. cc. (1.).

Unterhalt nach §§ 1607 Abs. 2, 3 BGB erhalten hat" (§ 646 Abs. 1 Nr. 10)[416]. Hier sind vertiefende Hinweise nicht erforderlich; ausreichend ist vielmehr die bloße Negation[417].
Eine einschränkende Auslegung erfährt das Gesetz in diesem Bereich jedoch dann, wenn und soweit Unterhaltsansprüche auf Dritte übergegangen und von diesen wieder auf das Kind treuhänderisch zurück übertragen worden sind[418]. In diesen Fällen steht das vereinfachte Verfahren wieder nur dem Kind zur Verfügung[419].
Soweit Unterhalt aus übergegangenem Recht oder nach § 91 Abs. 3 S. 2 BSHG von einem Dritten verlangt wird, ist zudem dessen Erklärung notwendig, „*dass der beantragte Unterhalt die Leistungen an das Kind nicht übersteigt*"[420]. Substantiierte Belege sind in diesem Stadion des Verfahrens nicht erforderlich[421].
Schließlich wird gemäß § 646 Abs. 1 Nr. 11 ZPO die Erklärung gefordert, dass die Festsetzung des Unterhalts im vereinfachten Verfahren nicht nach § 645 Abs. 2 ZPO ausgeschlossen ist, also über den Unterhalt bisher weder ein Gericht entschieden hat noch ein gerichtliches Verfahren anhängig oder ein Vollstreckungstitel errichtet worden ist.
Sollen gleichzeitig die Verfahrenskosten festgesetzt werden, sind die zur Berechnung der Verfahrenskosten notwendigen Informationen, insbesondere die Anwaltskosten, mitanzugeben (§ 649 Abs. 1 S. 3 ZPO).

e. Die Zuständigkeit zur Unterhaltsfestsetzung im vereinfachten Verfahren

Für die Entscheidung auf Festsetzung von Kindesunterhalt im vereinfachten Verfahren ist sachlich ausschließlich das Amtsgericht (§ 23a Nr. 2 GVG i.V.m. § 621 Abs. 1 Nr. 4 ZPO) und kraft gesetzlicher Geschäftsverteilung innerhalb des Amtsgerichts das Familiengericht für Unterhaltssachen zuständig (§ 23 b Abs. 1 Nr. 5 GVG).
Für die Stellung von Anträgen sieht § 657 ZPO in Anlehnung an § 641r ZPO a.F. eine Erleichterung insoweit vor, als diese auch gegenüber dem Urkundsbeamten der Geschäftsstelle – auch mündlich – abgegeben werden können, der diese ebenfalls unter Verwendung des Vordrucks aufnimmt (§ 657 S. 2 ZPO i.V.m. § 24 Abs. 2 Nr. 3 RpflG)[422]. Im übrigen können Anträge auch gegenüber Urkundsbe-

---

[416] Diese Erklärung ist im Antragsvordruck bereits vorformuliert.
[417] Lipp/ Wagenitz, § 646 Rn. 3.
[418] Rühl/ Greßmann, Rn. 228.
[419] Im Antragsvordruck sollte in diesen Fällen der Zusatz „Anspruch auf Kind zurückübertragen" nach der vorformulierten Erklärung „*Kind 1,2,3,(...) hat weder Leistungen nach (...) erhalten*" angebracht werden; vgl. Merkblatt, Ausfüllungshinweise, Nr. 10.
[420] Mangels Vorformulierung dieser Erklärung im Antragsformular, ist diese gesondert auf dem Formular anzubringen.
[421] Lipp/ Wagenitz, § 646 Rn. 3.
[422] Zöller- Philippi, 22. Aufl., § 657 Rn. 1.

amten der Geschäftsstelle eines jeden Amtsgerichts abgegeben werden, die zur Weiterleitung verpflichtet sind (§ 129a Abs. 2 ZPO).
Dem Urkundsbeamten des Jugendamtes wird demgegenüber eine solche Aufnahmezuständigkeit nicht zugewiesen. Insbesondere gilt entgegen einzelner Stimmen in der Literatur[423] § 59 Abs. 1 Nr. 9 SGB VIII nicht, da hiernach der Urkundsbeamte nur für die *„Erklärungen nach § 648 Abs. 2 ZPO“* zuständig ist. Der Antrag auf Festsetzung im vereinfachten Verfahren ist aber keine solche Erklärung. Für die Antragstellung kann aber § 18 SGB VIII zur Anwendung kommen. Nach dieser Vorschrift unterstützt das Jugendamt denjenigen Elternteil, der die alleinige elterliche Sorge hat, indem es bei der Antragstellung behilflich ist und den Antrag gegebenenfalls an das zuständige Gericht weiterleitet. Wirksam erhoben ist der Antrag in diesem Fall erst mit Eingang beim zuständigen Gericht.

Funktionell zuständig für die Erstfestsetzung des Kindesunterhalts im vereinfachten Verfahren ist – wie bereits ausgeführt - der Rechtspfleger (§ 20 Nr. 10a RpflG).

Örtlich zuständig ist nach § 642 Abs. 1 ZPO[424] ausschließlich das Gericht, bei dem das Kind oder der Elternteil, der es gesetzlich vertritt, seinen allgemeinen Gerichtsstand, d.h. seinen Wohnsitz (§ 13 ZPO) hat. Maßgeblich ist dabei nicht, ob das Kind Prozesspartei ist, da § 642 ZPO auch dann anzuwenden ist, wenn ein Elternteil in Prozessstandschaft (§ 1629 Abs. 3 BGB) den Unterhalt gegen den anderen Elternteil geltend macht[425]. Gleiches gilt bei Unterhaltsverlangen von Dritten, auf die der Anspruch übergegangen ist. Denn auch in diesen Fällen betrifft das Verfahren die gesetzliche Unterhaltspflicht eines Elternteils gegenüber einem Kind im Sinne von § 642 Abs. 1 ZPO[426].
Der ortsnahe Gerichtsstand des § 642 Abs. 1 ZPO besteht mit Ausnahme der An-

---

[423] So aber wohl Göppinger/ Wax, 7. Aufl., Rn. 2207; Lipp/ Wagenitz, § 646 Rn. 1.
[424] In Inlandsfällen. In Fällen mit Auslandsbezug vgl. ausführlich Zöller- Philippi, 22. Aufl., § 642 Rn. 4 ff.; Rühl/ Greßmann, Rn. 192.
[425] Zöller- Philippi, 22. Aufl., § 642 Rn.11. Das minderjährige Kind ist in der Regel Prozesspartei und wird in Unterhaltsstreitigkeiten gegen den unterhaltspflichtigen mitsorgeberechtigten Elternteil von dem Elternteil gesetzlich vertreten, in dessen Obhut es sich befindet (§ 1629 Abs. 2 S. 2 BGB). Lediglich in den Fällen, in denen die Eltern des Kindes verheiratet sind und getrennt leben oder eine Ehesache zwischen ihnen anhängig ist, hat ein Elternteil die Unterhaltsansprüche des Kindes gegen den anderen Elternteil als Prozessstandschafter im eigenen Namen geltend zu machen (§ 1629 Abs. 3 S. 1 BGB). In diesen Fällen ist der als Prozessstandschafter auftretende Elternteil Prozesspartei. Vgl. hierzu ausführlich Giesen, Rn. 651; Eschenbruch, Rn. 5010 ff.; Johannsen/ Henrich- Graba, 3. Aufl., BGB § 1629 Rn. 979 ff., 983 ff.; Gernhuber/ Coester- Waltjen, 4. Aufl., § 58 IV.
[426] Günther, Kind- Prax 1999, 35 (37); Zöller- Philippi, 22. Aufl., § 642 Rn. 11; Sonnenfeld, DAV 1999, 169 (172).

nexklage (§ 653 ZPO)[427] sowohl für das vereinfachte Verfahren (§§ 645 bis 652 ZPO) als auch für die Verfahren nach §§ 654, 655, 656 ZPO[428]. Insoweit ist unerheblich, ob das Kind Antragsteller, Antragsgegner, Kläger oder Beklagter ist[429].
Eine Besonderheit ergibt sich nach § 642 Abs. 2 i.V.m. § 621 Abs. 2 ZPO. Danach wird der Vorrang des Verbundverfahrens in Ehesachen gesichert, indem abweichend von § 642 Abs. 1 ZPO das Gericht für alle den Kindesunterhalts betreffenden Verfahren ausschließlich örtlich zuständig ist, bei dem die Ehesache im ersten Rechtszug anhängig ist beziehungsweise war. Dies gilt jedoch nach § 642 Abs. 2 S. 2 ZPO nicht für das vereinfachte Verfahren vor dem Rechtspfleger, sondern erst und auch nur im Falle einer Überleitung von diesem in das streitige Verfahren (§ 651 ZPO)[430].
Zu beachten ist bei der örtlichen Zuständigkeit zudem die Regelung des § 660 ZPO, derzufolge die Landesregierungen die vereinfachten Verfahren einem Amtsgericht für die Bezirke mehrerer Amtsgerichte zuweisen können (§ 660 Abs. 1 ZPO)[431]. Diese sogenannte Zuständigkeitskonzentration nach § 660 Abs. 1 ZPO ist jedoch nur für das vereinfachte Verfahren möglich, nicht auch für das streitige Verfahren (§ 651 ZPO)[432].
Gleichwohl kann für den Fall einer solchen besonderen Zuständigkeitsregelung „*das Kind Anträge und Erklärungen mit gleicher Wirkung*" bei dem Amtsgericht einreichen oder anbringen, das ohne die Zuständigkeitsverlagerung zuständig gewesen wäre (§ 660 Abs. 2 ZPO). Insofern behält dieses Gericht seine Empfangszuständigkeit. Soweit es auf den Zeitpunkt ankommt (z.B. § 647 Abs. 2; § 656 Abs. 2 ZPO), ist in diesem Fall der Eingang der Prozesshandlung bei diesem ohne Zuständigkeitskonzentration zuständigen Gericht maßgebend. Dies ist eine Ausnahmeregelung zu § 129a Abs. 2 S. 2 ZPO[433], da es dem Kind nicht zum Nachteil gereichen soll, wenn durch die Zuständigkeitskonzentration ein weiter entferntes Gericht zuständig wird[434]. Wird von dieser Vergünstigung Gebrauch gemacht, so

---

[427] Die Zuständigkeit für die Unterhaltsannexklage nach § 653 ZPO richtet sich nach § 640 ZPO, da es sich um eine Kindschaftssache handelt; vgl. C. II. 4.

[428] Rühl/ Greßmann, Rn. 188; Zöller- Philippi, 22. Aufl., § 642 Rn. 1, 2, 13.

[429] Zöller- Philippi, 22. Aufl., § 642 Rn. 3.

[430] Dies folgt daraus, dass der Vorteil des Vorrangs der Verbundzuständigkeit, insbesondere die sachgerechtere und rationellere Bearbeitung, für das vereinfachte Verfahren bis zur Überleitung in das streitige Verfahren keine Bedeutung hat, vgl. Rühl/ Greßmann, Rn. 194.

[431] Bisher wurde noch von keiner Landesregierung von der Möglichkeit einer besonderen Zuständigkeitskonzentration nach § 660 Abs. 1 ZPO Gebrauch gemacht; vgl. B/ L- Albers, 59. Aufl., § 657 Rn. 2.

[432] T/ P, 23. Aufl., § 660 Rn. 3 und Wortlaut des § 660 Abs. 1 ZPO, wonach die besondere Zuständigkeitskonzentration lediglich für „*die vereinfachten Verfahren über den Unterhalt Minderjähriger*" geregelt werden kann. Das streitige Verfahren stellt hingegen ein herkömmliches Unterhaltsverfahren dar; vgl. C. II. 4.

[433] B/ L- Albers, 59. Aufl., § 660 Rn. 3.

[434] BT- DruckS 13/ 9596, S. 37.

hat das nach § 660 Abs. 2 ZPO angegangene Gericht den Antrag an das gemäß § 660 Abs. 1 ZPO letztlich zuständige Gericht von Amts wegen abzugeben[435]. Fraglich ist hierbei, ob die Vergünstigung des § 660 Abs. 2 ZPO nur für das Kind oder generell für Verfahrensbeteiligte gilt.
Der Wortlaut des § 660 Abs. 2 ZPO spricht lediglich davon, dass „(...) *das Kind Anträge und Erklärungen (...) einreichen oder anbringen kann* (...)". Auch die Begründung des Rechtsausschusses des Bundestages zu § 660 ZPO spricht nur von „*dem Kind*"[436]. Ziel des Gesetzgebers war es, das Kind vor Nachteilen zu schützen, die dadurch entstehen, dass ein weit entferntes Gericht zuständig ist. § 660 Abs. 2 ZPO stellt somit in erster Linie eine „Schutzklausel zu Gunsten des Kindes"[437] dar.
In der Literatur wird daher angenommen, § 660 Abs. 2 ZPO komme nur für das Kind als Antragsteller, nicht auch für andere zur Anwendung[438].
Zu beachten ist jedoch, dass das minderjährige Kind - und nur diesem steht das vereinfachte Verfahren offen - in Unterhaltsstreitigkeiten gerade nicht prozessfähig ist (§§ 52, 53 ZPO)[439]. Um deshalb wirksam Prozesshandlungen, insbesondere auch den Antrag[440], wirksam einreichen zu können, bedarf es in der Regel[441] der ordnungsgemäßen Vertretung[442]. Das Kind bleibt insoweit aber Partei des vereinfachten Verfahrens. Damit die Regelung des § 660 Abs. 2 ZPO überhaupt zur Anwendung kommen und Bedeutung erlangen kann, muss zunächst auch der Vertreter des Kindes hiervon erfasst sein[443]. § 660 Abs. 2 ZPO ist daher in Verbindung mit den ergänzend und ausgestaltend wirkenden allgemeinen Regeln des Prozessrechts zu sehen. Die Bezeichnung „*das Kind*" kann somit nur so verstanden werden, dass das Kind als Partei den Antrag auf Unterhaltsfestsetzung im vereinfachten Verfahren stellt.
Fraglich ist in diesem Zusammenhang, ob auch der Elternteil, der gemäß § 1629

---

[435] FamRefK- Bäumel, ZPO, § 646 Rn. 5.
[436] BT- DruckS 13/ 9596, S. 37.
[437] Musielak- Borth, § 660 Rn. 2.
[438] B/ L- Albers, 59. Aufl., § 660 Rn. 3; T/ P, 23. Aufl., § 660 Rn. 2; Lipp/ Wagenitz, § 660 Rn. 2.
[439] Zöller- Vollkommer, 22. Aufl., § 52 Rn. 6 ff.; T/ P, 23. Aufl., § 52 Rn. 2.
[440] T/ P, 23. Aufl., § 646 Rn. 1.
[441] T/ P, 23. Aufl., § 51 Rn. 3; eine Vertretung ist nur dann nicht notwendig, wenn gemäß § 1629 Abs. 3 BGB Prozessstandschaft vorliegt.
[442] Für die Geltendmachung von Unterhaltsansprüchen wird das Kind in der Regel von dem allein sorgeberechtigten Elternteil vertreten (§ 1629 Abs. 1 S. 3 BGB), beziehungsweise von demjenigen, in dessen Obhut sich das Kind befindet (§ 1629 Abs. 2 S. 2 BGB); Gernhuber/ Coester- Waltjen, 4. Aufl., § 58 III; vgl. Zöller- Volkommer, 22. Aufl., § 51 Rn. 2, 3; Palandt- Diederichsen, 60. Aufl., § 1629 Rn. 12 ff. Vielfach wird das Kind aber auch durch das Jugendamt als Beistand allein gesetzlich vertreten; vgl. Zöller- Vollkommer, 22. Aufl., § 53a Rn. 2 ff.; Palandt- Diederichsen, 60. Aufl., § 1712 Rn. 5, § 1716 Rn. 3 ff.
[443] So im Ergebnis auch FamRefK- Bäumel, ZPO, § 660 Rn. 4.

Abs. 3 BGB in Prozessstandschaft den Unterhaltsanspruch des Kindes gegen den anderen Elternteil geltend zu machen hat[444], die genannte Vergünstigung in Anspruch nehmen kann. Dies erscheint deshalb problematisch, da in diesen Fällen der als Prozessstandschafter auftretende Elternteil den Unterhaltsanspruch des Kindes als dessen Recht im eigenen Namen geltend macht und insoweit alleinige Partei des Verfahrens ist[445]; das Kind somit nicht mehr als Partei beteiligt ist.
Eine direkte Anwendung scheidet wegen des eindeutigen Wortlauts aus, jedoch ist eine analoge Anwendung der Vorschrift des § 660 Abs. 2 ZPO auf den als Prozessstandschafter auftretenden Elternteil sachgerecht[446].
Die zwingende Prozessstandschaft des § 1629 Abs. 3 BGB besteht nur, um dem Kind Konflikte zu ersparen, denen es ausgesetzt wäre, wenn es in das Verbundverfahren der Scheidung seiner Eltern miteinbezogen wäre[447]. Ziel dieser Regelung ist daher ausschließlich der Schutz des Kindes. Würde man nun allein wegen dieser fehlenden Parteienstellung des Kindes im vereinfachten Verfahren die Regelung des § 660 Abs. 2 ZPO nicht auch für den Prozessstandschafter gelten lassen, so wäre dieser gegenüber dem das Kind vertretenen Elternteil nur aus formalen Gründen schlechter gestellt; zumal in praxi das minderjährige Kind - wegen seines Alters - ohnehin seltenst als Partei aktiv am Unterhaltsprozess beteiligt ist.
Zudem spricht ein weiterer Grund für die entsprechende Geltung des § 660 Abs.2 ZPO für den als Prozessstandschafter auftretenden Elternteil. Mit den Vorschriften der §§ 1712 ff. BGB wurde die Möglichkeit geschaffen, kostenlose Beistandschaft, insbesondere auch für die Geltendmachung von Kindesunterhalt, zu beantragen (§ 1712 Abs. 1 Nr. 2 BGB). Wird diese Möglichkeit in Anspruch genommen, so erfolgt durch die Beistandschaft, die dem Jugendamt übertragen ist (§ 1712 BGB), die alleinige gesetzliche Vertretung des Minderjährigen[448]. Das Jugendamt wird damit - als Vertreter des Kindes - von der Vergünstigung des § 660 Abs. 2 ZPO erfasst.
Die Beistandschaft kann vom allein sorgeberechtigten Elternteil beantragt werden (§ 1713 Abs. 1 S. 1 BGB) und von demjenigen, der bei gemeinsamer elterlicher Sorge die Obhut über das Kind hat[449]. Diese Elternteile wären im vereinfachten Verfahren ohne Beistandschaft auch vertretungsbefugt. Die Beistandschaft kann

---

[444] Dies ist zwingend, wenn die Eltern noch miteinander verheiratet sind, beziehungsweise eine Ehesache zwischen ihnen anhängig ist; vgl. Palandt- Diederichsen, 60. Aufl., § 1629 Rn. 29 ff.

[445] Zöller- Vollkommer, 22. Aufl., Vor § 50 Rn. 18.

[446] So auch Zöller- Philippi, 22. Aufl., § 660 Rn. 2.

[447] Palandt- Diederichsen, 58. Aufl., § 1629 Rn. 50; 60. Aufl., Rn. 29.

[448] Die elterliche Sorge wird zwar nicht eingeschränkt (§ 1716 BGB), jedoch verdrängt die prozessuale Sondervorschrift des § 53a ZPO die materiellrechtlichen Regelungen der gesetzlichen Vertretung des Kindes, sodass im prozessualen Verfahren das Jugendamt alleiniger Vertreter des Kindes ist; vgl. Zöller- Vollkommer, 22. Aufl., § 53a Rn. 2, 3.

[449] FamRefK- Sonnenfeld, BGB, § 1713 Rn. 4.

nach wohl herrschender Ansicht[450] aber auch der Elternteil beantragen, der als Prozessstandschafter den Unterhaltsanspruch des Kindes geltend machen müsste. Insoweit endet dann im Fall der gerichtlichen Geltendmachung des Unterhalts durch das Jugendamt die Prozessstandschaft des Elternteils[451]. In dieser Hinsicht wird also der Elternteil, der als Prozessstandschafter auftreten muss, dem vertretungsberechtigten Elternteil gleichgestellt. In beiden Fällen wird das Jugendamt Vertreter des Kindes. Lag ursprünglich Prozessstandschaft eines Elternteils vor, wird das Kind – vertreten durch das Jugendamt - wieder Partei. Das Jugendamt als Beistand kann also in beiden Konstellationen die Vergünstigung des § 660 Abs. 2 ZPO in Anspruch nehmen. Es erfolgt somit trotz gravierender Unterschiede zwischen Prozessstandschaft und Vertretung in diesem Bereich der Unterhaltsgeltendmachung eine Gleichstellung.
Wenn aber auch für den als Prozessstandschafter auftretenden Elternteil die Möglichkeit besteht, die Beistandschaft zu beantragen und für diese dann § 660 Abs. 2 ZPO anwendbar ist, so muss die besondere Zuständigkeitsregelung auch dann zur Anwendung kommen, wenn der Elternteil den Unterhaltsanspruch eigenständig – ohne das Jugendamt – geltend macht. Dies auch deshalb, da die ratio des § 1629 Abs. 3 ZPO allein zu Gunsten des Kindes, nicht aber zu Lasten des Elternteils geht.
Nach den vorstehenden Ausführungen ist somit § 660 Abs. 2 ZPO entsprechend auf den als Prozessstandschafter handelnden Elternteil anwendbar[452].

Nicht erfasst von der Vergünstigung des § 660 Abs. 2 ZPO ist dagegen der Dritte, auf den der Unterhaltsanspruch übergegangen ist[453]. Der Dritte macht eigene Rechte im eigenen Namen geltend und steht letztlich mit dem Kind in keiner besonderen Beziehung. Zudem würde bei einer Ausdehnung dieser Vorschrift auch auf den Dritten, die Vergünstigung allen Antragsberechtigten zu Gute kommen. Dies ist jedoch mit dem Wortlaut und der ratio der Regelung nicht vereinbar. Als Ausnahmevorschrift ist § 660 Abs. 2 ZPO restriktiv auszulegen. Die analoge Anwendung auf den Prozessstandschafter ergibt sich aus den aufgezeigten besonderen Gründen und rechtfertigt nicht eine darüber hinausgehende Ausweitung auf sonstige Dritte.
Ist der Unterhaltsanspruch jedoch auf das Kind zurückübertragen worden, so kann es die Vergünstigung des § 660 Abs. 2 ZPO wieder in Anspruch nehmen.

---

[450] FamRefK- Sonnenfeld, BGB, § 1713 Rn. 4; AG Hamm, DAV 1999, 158 (158, 159). Zu § 1685 BGB a.F.: OLG Stuttgart, FamRZ 1995, 1168 (1168); KG, DAV 1998, 242 (243, 244). A.A. Künkel, FPR 1998, 167 (172); Palandt- Diederichsen, 60. Aufl., § 1713 Rn. 2; § 1716 Rn. 3.
[451] FamRefK- Sonnenfeld, BGB, § 1713 Rn. 4.
[452] So im Ergebnis auch Zöller- Philippi, 22. Aufl., § 660 Rn. 2; Günther, Kind- Prax 1999, 35 (37).
[453] So aber wohl Günther, Kind- Prax 1999, 35 (37).

Fraglich ist, ob § 660 Abs. 2 ZPO auch den Antragsgegner begünstigen kann. Dies wird vereinzelt[454] mit dem Argument angenommen, die prozessuale Chancengleichheit gebiete auch insoweit eine entsprechende Anwendung.
Dem kann jedoch nicht zugestimmt werden. Das vereinfachte Verfahren ist bewusst zu Gunsten des Kindes ausgestaltet. Der Antragsgegner wird ausdrücklich in eine schwächere Position gerückt und verfahrensrechtlich schlechter gestellt (vgl. insbesondere §§ 648, 649 ZPO). Warum dann aber gerade im Bereich der Empfangszuständigkeit eine prozessuale Gleichstellung erforderlich sein soll, überzeugt nicht. Zudem stehen der Wortlaut und vor allem der zugrundeliegende Wille des Gesetzgebers – Schutzklausel zu Gunsten des Kindes - einer solchen entsprechenden Anwendung auch auf den Antragsgegner entgegen.

2. Der weitere Verfahrensverlauf

a. Die Prüfung des Antrags

Nach Eingang des Antrags bei Gericht prüft der Rechtspfleger von Amts wegen, ob das vereinfachte Verfahren zulässig ist. Maßgeblich ist also, dass die allgemeinen Prozessvoraussetzungen[455] und die besonderen Voraussetzungen des § 645 ZPO erfüllt sind und der Antrag den Erfordernissen des § 646 Abs. 1 ZPO entspricht (§ 646 Abs. 2 ZPO).
Insoweit unterliegt der Rechtspfleger einer echten Prüfungspflicht, deren Umfang jedoch eingeschränkt ist. Wie sich aus § 647 Abs. 1 S. 1 ZPO ergibt, ist erforderlich, dass das vereinfachte Verfahren lediglich nach dem Vorbringen des Antragstellers zulässig erscheint. Es besteht daher keine Amtsermittlungspflicht bezüglich Umständen beziehungsweise Tatsachen, die außerhalb des Antrags liegen. Vielmehr umfassen die Prüfungspflicht und das Prüfungsrecht nur solche Umstände und Tatsachen, die aus den im Antrag zu machenden und gemachten Angaben ersichtlich sind. Eine inhaltliche Nachprüfung insbesondere der Schlüssigkeit des geltend gemachten Unterhaltsanspruchs oder der Richtigkeit der Angaben wird insoweit nicht verlangt; sie ist vielmehr sogar untersagt[456]. Eine solche Prüfung würde einen enormen zusätzlichen Arbeitsaufwand erfordern, der dem Rechtspfleger nicht zuzumuten wäre. Auch die Ausgestaltung des vereinfachten Verfahrens steht einer solchen weitgehenden Prüfung entgegen. Dem Antragsgegner obliegt es, Einwendungen zu erheben (§ 648 ZPO), und zwar auch gegen die Zulässigkeit des vereinfachten Verfahrens (§ 648 Abs. 1 Nr. 1 ZPO). Unterlässt er dies

---

[454] Zöller- Philippi, 22. Aufl., § 660 Rn. 2; Günther, Kind- Prax 1999, 35 (37); FamRefK- Bäumel, ZPO, § 660 Rn. 4.
[455] Gießler, FPR 1998, 173 (179); Zöller- Philippi, 22. Aufl., § 646 Rn. 10. Zu den einzelnen allgemeinen Prozessvoraussetzungen vgl. T/ P, 23. Aufl., Vor § 253 Rn. 15 ff.
[456] Dies ergibt sich aus dem Wortlaut des § 647 Abs. 1 S. 1 ZPO: *„Erscheint nach dem Vorbringen des Antragsstellers das vereinfachte Verfahren zulässig, so verfügt (...)*".

beziehungsweise erhebt er verspätet Einwendungen, so wird gemäß § 649 ZPO antragsgemäß Unterhalt festgesetzt, auch wenn tatsächlich das Verfahren unzulässig ist oder der Unterhaltsanspruch materiellrechtlich nicht besteht. Maßgeblich ist insoweit nur das sich aus dem Antrag Ergebende. Diese Ausgestaltung des vereinfachten Verfahrens ähnelt der des Mahnverfahrens (§§ 688 ff., 699 ZPO); die Prüfung des Antrags gemäß § 646 Abs. 2 ZPO der des Mahnantrags (§ 691 ZPO).
Die Prüfung des Antrags beschränkt sich somit auf die Vollständigkeit des Antrags (§ 646 Abs. 1 ZPO), die sich aus dem Antrag ergebenden allgemeinen Prozessvoraussetzungen, insbesondere, ob der gesetzliche Vertreter oder der Prozessstandschafter den Antrag gestellt hat und ob die Voraussetzungen des § 645 ZPO, namentlich Minderjährigkeit, höchstens 150% des Regelbetrages und keine anderweitige Anhängigkeit beziehungsweise Titulierung (§ 645 Abs. 2 ZPO) gegeben sind.

b. Die Behandlung unzulässiger Anträge

Erscheint dem Rechtspfleger das vereinfachte Verfahren als unzulässig, so hat er den Antragsteller anzuhören und ihm Gelegenheit zu geben, seinen Antrag nachzubessern oder zurückzunehmen[457]. Wird der Antrag dennoch aufrechterhalten, so ist er gemäß § 646 Abs. 2 S. 1 ZPO durch Beschluss als unzulässig zurückzuweisen. Eine solche Zurückweisung unterbleibt lediglich im Fall der Unzuständigkeit des angegangenen Gerichts, wenn eine Verweisung gemäß § 281 ZPO vom Antragsteller beantragt[458] wurde, was der Rechtspfleger gegebenenfalls anzuregen hat[459]. Der Zurückweisungsbeschluss ergeht ohne vorherige Anhörung des Antragsgegners und ohne mündliche Verhandlung[460]. Der Beschluss ist nicht anfechtbar (§ 646 Abs. 2 S. 3 ZPO), jedoch findet gegen ihn die fristgebundene Rechtspflegererinnerung gemäß § 11 Abs. 2 RpflG statt[461], sodass der Beschluss einer Begründung bedarf[462]. Wegen der befristeten Anfechtungsmöglichkeit ist er dem Antragsteller förmlich zuzustellen[463]. Gegenüber dem Antragsgegner erfolgt dagegen keine Mitteilung. Der Beschluss enthält keine Kostenentscheidung, da kein Verfahrensgegner beteiligt ist, der Kostenerstattung fordern könnte[464].
Der Antragsteller ist durch den Zurückweisungsbeschluss gemäß § 645 Abs. 2

---

[457] Van Els, Rpfleger 1999, 297 (299).
[458] Von Amts wegen erfolgt eine Verweisung auch im vereinfachten Verfahren nicht; vgl. Zöller- Philippi, 22. Aufl., § 646 Rn. 10.
[459] Zöller- Philippi, 22. Aufl., § 646 Rn. 10; Vor der Verweisung nach § 281 ZPO ist der Antragsgegner allerdings zu hören; vgl. van Els, Rpfleger 1999, 297 (299).
[460] Zöller- Philippi, 22. Aufl., § 646 Rn. 12.
[461] Vgl. dazu unten C. I. 6. b.
[462] Zöller- Philippi, 22. Aufl., § 620d Rn. 4 i.V.m. § 646 Rn. 12.
[463] Zöller- Philippi, 22. Aufl., § 646 Rn. 13.
[464] Zöller- Philippi, 22. Aufl., § 646 Rn. 12; a.A.: B/ L- Albers, 59. Aufl., § 646 Rn. 6; Gießler, FPR 1998, 173 (179); Sonnenfeld, DAV 1999, 169 (175).

ZPO jedoch nicht gehindert, einen neuen vorschriftengemäßen Antrag zu stellen, da hierdurch keine Sachentscheidung über den Unterhaltsanspruch erfolgte[465].

c. Die Beteiligung des Antragsgegners

Erscheint der Antrag auf Unterhaltsfestsetzung im vereinfachten Verfahren dem Rechtspfleger dagegen als zulässig, so ist er oder eine Mitteilung[466] über seinen Inhalt dem Antragsgegner zuzustellen (§ 647 Abs. 1 ZPO). Ist der Aufenthalt des Antragsgegners unbekannt, so kommt eine öffentliche Zustellung gemäß §§ 203 ff. ZPO in Betracht[467]. Zum einen ist sie, anders als im Mahnverfahren, nicht ausdrücklich ausgeschlossen und zum anderen wird der Festsetzungsbeschluss anders als der Vollstreckungsbescheid wegen der Abänderungsmöglichkeit nach § 654 ZPO[468] nicht materiell rechtskräftig.

Mit der Zustellung hat der Rechtspfleger zugleich dem Antragsgegner die in § 647 Abs. 1 S. 2 Nr. 1 bis 4 ZPO aufgeführten Hinweise zu machen[469].

Demnach ist dem Antragsgegner mitzuteilen, ab wann und in welcher Höhe die Unterhaltszahlungen festgesetzt werden sollen (Nr. 1). Hierbei sind zugleich die Zeiträume nach dem Alter des Kindes anzugeben, für die die Festsetzung des Unterhalts nach den Regelbeträgen der ersten, zweiten und dritten Altersstufe in Betracht kommt (Nr. 1a), der jeweilige Vomhundertsatz der Regelbeträge im Fall des § 1612a BGB (Nr. 1b) und die gemäß §§ 1612 b, c BGB anzurechnenden Leistungen (Nr. 1c). Nach § 647 Abs. 1 S. 2 Nr. 2 ZPO weist das Gericht den Antragsgegner zudem darauf hin, dass antragsgemäß eine vollstreckungsfähige Unterhaltsfestsetzung ergehen kann, wenn er nicht innerhalb eines Monats Einwendungen in der vorgeschriebenen Form erhebt. In Fällen mit Auslandsberührung ist die Einwendungsfrist durch das Gericht gesondert zu bestimmen (§ 647 Abs. 1 S. 3 ZPO)[470].

---

[465] B/ L- Albers, 59. Aufl., § 646 Rn. 7; vgl. auch oben C. I. 1. c. aa.

[466] In der Regel genügt die Zustellung des Antrags. Eine Mitteilung über den Inhalt des Antrags kommt insbesondere dann in Betracht, wenn der Antrag ergänzt oder berichtigt wurde; vgl. T/ P, 23. Aufl., § 647 Rn. 1; Göppinger/ Wax- van Els, 7.Aufl., Rn. 2175; van Els, Rpfleger 1999, 297 (300).

[467] Sonnenfeld, DAV 1999, 169 (178).

[468] § 654 Abs. 1 ZPO: *„Ist die Unterhaltsfestsetzung nach § 649 Abs. 1 oder § 653 Abs. 1 rechtskräftig, können die Parteien im Wege einer Klage auf Abänderung der Entscheidung verlangen, dass auf höheren Unterhalt oder auf Herabsetzung des Unterhalts erkannt wird.*“. Vgl. hierzu ausführlich unten C. III. 1.

[469] Die Drucksache und der Entwurf des Bundesministeriums des Justiz vom 03.04.1998 enthielten noch einen Vordruck für die Mitteilung mit Hinweisen. Die KindUVV vom 19.06.1998 dagegen nicht mehr. Die ursprünglich vorgesehenen Vordrucke können aber verwendet werden; van Els, Rpfleger 1999, 297 (300). Vgl. auch das Beispiel bei Zöller-Philippi, 22. Aufl., § 647 Rn. 4.

[470] Sie muss mindestens einen Monat betragen, kann aber auch länger bemessen sein. In diesen Fällen ist der Antragsgegner zugleich darauf hinzuweisen, dass er binnen der Einwendungs-

Gleichzeitig ist dem Antragsgegner mitzuteilen, welche Einwendungen er unter welchen Anforderungen erheben kann (Nr. 3); insbesondere, dass der Einwand eingeschränkter beziehungsweise fehlender Leistungsfähigkeit nur dann zulässig ist, wenn er Auskunft über seine Einkünfte, sein Vermögen und seine persönlichen und wirtschaftlichen Verhältnisse im übrigen in Form eines vollständig ausgefüllten Vordrucks erteilt und nachprüfungsfähige Belege über die Einkünfte beifügt. Zudem ist der Hinweis seitens des Rechtspflegers notwendig, dass der Antragsgegner die gemäß § 659 ZPO hierfür eingeführten und bei jedem Amtsgericht erhältlichen Vordrucke zu verwenden hat (Nr. 4).

d. Verfahrensverbindung

Sind bei demselben[471] Gericht noch vereinfachte Verfahren anderer Kinder[472] des Antragsgegners anhängig, *„so ordnet das Gericht (...) Verbindung an"*[473].
Unter Verweisung auf den Gesetzeswortlaut könnte zunächst angenommen werden, es handle sich hierbei um eine zwingende Norm[474]. Dem ist jedoch nicht so. Die der Ermessensvorschrift des § 147 ZPO nachgebildete Regelung des § 646 Abs. 3 ZPO ist vielmehr als eine Sollvorschrift zu verstehen[475]. Der Hintergrund dieser Regelung liegt insbesondere in kostenrechtlichen Gründen[476]. Für die vereinfachten Verfahren werden streitwertabhängige Wertgebühren erhoben[477]. Durch § 646 Abs. 3 ZPO soll den Kindern die degressive Gebührentabelle wegen der Streitwertaddition zu Gute kommen.
In Einzelfällen kann jedoch eine Verfahrensverbindung nicht sinnvoll sein, sodass eine Ausnahme hiervon erforderlich erscheint, insbesondere wenn sich die verschiedenen Anträge in unterschiedlichen Verfahrensstadien befinden oder bezüglich einzelner Anträge unterschiedliche Einwendungen erhoben werden[478]. Würde § 646 Abs. 3 ZPO als zwingende Vorschrift verstanden werden, so müsste auch in

---

frist einen inländischen Zustellungsbevollmächtigten zu benennen habe; ansonsten könne durch Aufgabe zur Post (§ 175 ZPO) an ihn wirksam zugestellt werden; vgl. Gießler, FPR 1998, 173 (179).

[471] T/ P, 23. Aufl., § 646 Rn. 7; Zöller- Philippi, 22. Aufl., § 646 Rn. 14.

[472] Insoweit ist nicht notwendig, dass die Kinder Parteien des vereinfachten Verfahrens sind. Vielmehr ist nur maßgebend, dass vereinfachte Verfahren mehrerer Kinder gegeben sind, sodass § 646 Abs. 3 ZPO auch bei Geltendmachung durch Dritte anwendbar ist.

[473] § 646 Abs. 3 ZPO.

[474] So T/ P, 23. Aufl., § 646 Rn. 7; B/ L- Albers, 59. Aufl., § 646 Rn. 8; FamRefK- Bäumel; ZPO § 646 Rn. 16; Göppinger/ Wax- van Els, 7. Aufl., Rn. 2204.

[475] Sonnenfeld, DAV 1999, 169 (176); Schumacher/ Grün, FamRZ 1998, 778 (792); wohl auch Stollenwerk, ZAP 1999, Fach 11, 77 (79); a.A. wohl Lipp/ Wagenitz, § 646 Rn. 7, Musielak- Borth, § 646 Rn. 4 wonach dem Rechtspfleger bei der Frage der Verfahrensverbindung ein Ermessen einzuräumen ist.

[476] BT- DrucksS 13/ 7338, S. 39.

[477] Vgl. zu den Kosten und Gebühren unten C. IV.

[478] Schumacher/ Grün, FamRZ 1998, 778 (792); Sonnenfeld, DAV 1999, 169 (176).

diesen Fällen, entgegen der Prozessökonomie, verbunden werden. Ein dahingehender Wille des Gesetzgebers ist aber nicht erkennbar.
Damit ist die Verbindung mehrerer vereinfachter Verfahren aus materiellrechtlichen Gesichtspunkten und aus Gründen der Verfahrensökonomie und Kostenersparnis zwar grundsätzlich geboten, jedoch können in Einzelfällen auch Ausnahmen von der Regelung des § 646 Abs. 3 ZPO gemacht werden.

3. Die Einwendungen des Antragsgegners gemäß § 648 ZPO

Der Antragsgegner, dem der Festsetzungsantrag oder eine Mitteilung über seinen Inhalt zugestellt wurde (§ 647 Abs. 1 S. 1 ZPO), hat bereits im vereinfachten Verfahren die Möglichkeit, nach § 648 ZPO Einwendungen gegen die beantragte Unterhaltsfestsetzung zu erheben. Auch hierfür wurde gemäß § 659 Abs. 1 ZPO ein amtlicher Vordruck eingeführt[479], zu dessen Verwendung der Antragsgegner verpflichtet ist[480]. Der Antragsgegner ist nicht wie bei § 641o ZPO a.F. auf die Geltendmachung bestimmter Einwendungen beschränkt. Vielmehr gestattet ihm das Gesetz grundsätzlich die Erhebung jeglicher[481] Einwendungen, insbesondere solcher, die sich gegen die Zulässigkeit des vereinfachten Verfahrens, die Begründetheit des geltend gemachten Unterhaltsanspruch und sogar gegen Fehler des Gerichts richten. Besonderheiten bestehen zwischen diesen Einwendungen lediglich insoweit, als das Gesetz eine unterschiedliche Prüfung durch den Rechtspfleger[482] vorsieht und an die zulässige Erhebung voneinander abweichende, besondere Anforderungen[483] stellt.
Allen Einwendungen gemeinsam ist, dass sie nur innerhalb der Einwendungsfrist zulässig erhoben werden können. Diese Einwendungsfrist beträgt in Inlandsfällen einen Monat (§ 647 Abs. 1 S. 2 Nr. 2 ZPO) und beginnt mit Zustellung der nach § 647 Abs. 1 S. 2 ZPO zu erteilenden Hinweise[484]. In Fällen mit Auslandsbezug wird die Frist gesondert bestimmt[485]. Die Einwendungsfrist ist aber keine Ausschlussfrist. Vielmehr sind Einwendungen solange zu berücksichtigen und damit zulässig, solange der Rechtspfleger den Festsetzungsbeschluss noch nicht verfügt

---

[479] § 1 Abs. 1 Nr. 2 KindUVV; BGBl. 1998 I, 1364 (1371 ff.). Vgl. Ablichtung des Einwendungsvordrucks bei Vorwerk, Kap. 95 Rn. 227.

[480] Vgl. § 659 Abs. 2 ZPO. Die Verwendung des Einwendungsvordrucks steht den Parteien somit nicht frei, sodass dessen Nichtverwendung grundsätzlich dazu führt, dass der Einwendungsvortrag nicht verwertet wird; BT- DruckS 13/ 7338, S. 49; OLG Karlsruhe, FamRZ 2001, 107 (107, 108); OLG Karlsruhe, OLG Report Karlsruhe 2000, 340 (341).

[481] Vgl. § 648 Abs. 2 S. 1 ZPO („andere Einwendungen").

[482] Vgl. dazu näher unten C. I. 4.

[483] Vgl. dazu näher unten C. I. 3.

[484] Zöller- Philippi, 22. Aufl., § 647 Rn. 5.

[485] Vgl. § 647 Abs. 1 S. 3 ZPO.

hat (§ 648 Abs. 3 ZPO)[486]. Hierdurch wird vermieden, dass der Antragsgegner nach Ablauf der Einwendungsfrist auf die Abänderungsklage gemäß § 654 ZPO verwiesen wird, obwohl der Festsetzungsbeschluss noch nicht ergangen ist[487]. Verfügt ist der Festsetzungsbeschluss im Sinne des § 648 Abs. 3 ZPO mit der Hinausgabe der Entscheidung aus dem inneren Geschäftsbereich des Gerichts, da nach den allgemeinen Regeln des Prozessrechts erst in diesem Zeitpunkt der Beschluss existent ist[488].
Wegen der komplexen Ausgestaltung des obligatorisch zu verwendenden Vordrucks wurde die Empfangszuständigkeit zur Entgegennahme von Einwendungen erweitert. Insoweit ist, wie auch für den Antrag auf Unterhaltsfestsetzung im vereinfachten Verfahren, zunächst der Urkundsbeamte der Geschäftsstelle des Amtsgerichts zuständig (§ 657 ZPO i.V.m. § 24 Abs. 2 Nr. 3 RpflG)[489]. Aber auch der Urkundsbeamte des Jugendamtes ist zur Entgegennahme von Einwendungen zuständig. Dessen Empfangszuständigkeit ergibt sich unmittelbar aus § 59 Abs. 1 Nr. 9 SGB VIII, ist aber nach dessen eindeutigen Wortlaut auf Erklärungen nach § 648 Abs. 2 ZPO beschränkt[490]. Dies kann damit begründet werden, dass der Antragsgegner bei Einwendungen nach § 648 Abs. 2 ZPO, anders als bei solchen nach § 648 Abs. 1 ZPO, zusätzlich zu erklären hat, inwieweit er bereit ist, Unterhalt zu leisten und dass er sich insoweit zur Erfüllung des Unterhaltsanspruchs verpflichtet[491]. Die Zuständigkeit des Urkundsbeamten bezieht sich somit auf die Entgegennahme gerade dieser besonderen Erklärungen. Da diese Bereitschafts- und Verpflichtungserklärung aber ebenso wie die Einwendung gemeinsam im amtlichen Vordruck abzugeben ist, ist der Urkundsbeamte zur Entgegennahme des vollständig ausgefüllten Vordrucks zuständig. Diese Zuständigkeit besteht selbst dann, wenn neben Einwendungen nach § 648 Abs. 2 ZPO auch solche nach § 648 Abs. 1 ZPO erhoben werden. Die Regelung des § 59 Abs. 1 Nr. 9 SGB VIII führt aber nicht dazu, dass die Einwendungen nach § 648 Abs. 2 ZPO fristwahrend beim Urkundsbeamten des Jugendamtes erhoben werden können. Vielmehr findet insoweit § 129a Abs. 2 ZPO entsprechend Anwendung[492], sodass der Urkundsbeamte verpflichtet ist, die nach dem Vordruck aufzunehmende Erklärung unverzüg-

---

[486] Der Festsetzungsbeschluss kann frühestens nach Ablauf der Einwendungsfrist verfügt werden; vgl. §§ 648 Abs. 3, 649 Abs. 1 S. 1 ZPO.
[487] BT- DrucksS 13/ 7338, S. 41.
[488] OLG Frankfurt, FamRZ 2001, 109 (110); T/ P, 23. Aufl., § 648 Rn. 13; § 329 Rn. 5. A.A. OLG Hamm, FamRZ 2000, 901, wonach ein Verfügtsein bereits mit der Unterzeichnung des Beschlusses vorliege und MüKo- Coester- Waltjen, ZPO, 2. Aufl., § 648 Rn. 1, wonach der Festsetzungsbeschluss mit der Unterzeichnung und der Hinausgabe in den Geschäftsgang verfügt sei.
[489] Damit können Einwendungen auch gegenüber der Geschäftsstelle eines jeden Amtsgerichts zu Protokoll abgegeben werden (§ 129a Abs. 1 ZPO).
[490] Anders insoweit wohl Göppinger/ Wax- van Els, 7. Aufl., Rn. 2207.
[491] Vgl. dazu ausführlich unten C. I. 3. b. bb.
[492] Vgl. § 59 Abs. 1 Nr. 9 2. HS SGB VIII.

lich an das zuständige Gericht zu übersenden oder die Übersendung nach entsprechender Belehrung dem Antragsgegner selbst zu überlassen. Erst mit Eingang beim zuständigen Gericht ist die Einwendung und die notwendige Erklärung wirksam erhoben (§ 129 a Abs. 2 S. 2 ZPO).
Dieselbe Empfangszuständigkeit wie die des Urkundsbeamten des Jugendamtes wird auch dem Notar zugesprochen[493]. Dies rechtfertigt sich allein aus dessen Zuständigkeit zur Aufnahme der Verpflichtungserklärung des Antragsgegner zur Unterhaltszahlung nach § 648 Abs. 2 ZPO[494]. Auch insoweit kommt § 129a Abs. 2 ZPO entsprechend zur Anwendung[495].

Bei den Anforderungen an die Zulässigkeit von Einwendungen und an deren Prüfung durch das Gericht im vereinfachten Verfahren unterscheidet das Gesetz zwischen zwei Arten von Einwendungen. § 648 Abs. 1 ZPO regelt Einwendungen formaler Art, über deren Zulässigkeit und Begründetheit der Rechtspfleger bereits im vereinfachten Verfahren entscheidet[496]. Diese Einwendungen können als sogenannte „einfache"[497] Einwendungen bezeichnet werden. Alle anderen Einwendungen, die schwerpunktartig materiellen Charakter haben, regelt § 648 Abs. 2 ZPO. Diese sogenannten „qualifizierten"[498] Einwendungen unterliegen einer solchen umfassenden Prüfung nicht. Der Rechtspfleger wäre hier – und damit das vereinfachten Verfahren – überfordert. Die qualifizierten Einwendungen werden daher vom Rechtspfleger im vereinfachten Verfahren grundsätzlich nur auf ihre Zulässigkeit hin überprüft[499].

a. Die einfachen Einwendungen nach § 648 Abs. 1 ZPO

§ 648 Abs. 1 ZPO enthält eine Auflistung von statthaften Einwendungen, über die der Rechtspfleger bereits im vereinfachten Verfahren inhaltlich umfassend entscheidet, also deren Zulässigkeit und Begründetheit prüft (§ 648 Abs. 2 S. 3 ZPO)[500]. Hinsichtlich aller dieser Einwendungen soll der Antragsgegner deshalb bereits in dem amtlichen Einwendungsvordruck, den er vom Rechtspfleger – im Rahmen der Hinweismitteilung nach § 647 ZPO – erhält, die Tatsachen, die den Einwand begründen mit Angabe der Beweismittel genau darstellen[501].

---

[493] BT- DruckS 13/ 7338, S. 39; Rühl/ Greßmann, Rn. 252; B/ L- Albers, 59. Aufl., § 648 Rn. 7 (unter Hinweis auf § 62 Abs. 1 Nr. 2 BeurkG); Göppinger/ Wax- van Els, 7. Aufl., Rn. 2207.
[494] Vgl. § 20 Abs. 1 BNotO („*Beurkundungen jeder Art*").
[495] BT- DruckS 13/ 7338, S. 39.
[496] Vgl. dazu näher unten C. I. 4. a.
[497] Lipp/ Wagenitz, § 648 Rn. 1.
[498] Lipp/ Wagenitz, § 648 Rn. 1.
[499] Vgl. dazu näher unten C. I. 4. b.
[500] Vgl. dazu näher unten C. I. 4. a.
[501] Vgl. hierzu C. I. 3. a. ee.

aa. Einwendungen gegen die Zulässigkeit des vereinfachten Verfahrens

Gemäß § 648 Abs. 1 S. 1 Nr. 1 ZPO kann der Antragsgegner Einwendungen erheben, die sich gegen die Zulässigkeit des vereinfachten Verfahrens richten[502]. Insoweit kann vorgebracht werden, dass die allgemeinen Prozessvoraussetzungen und/ oder die besonderen Voraussetzungen des vereinfachten Verfahrens gemäß §§ 645, 646, 657 oder 659 Abs. 2 ZPO nicht hinreichend erfüllt sind. In Betracht kommt hier insbesondere die Einwendung, das Kind sei nicht ordnungsgemäß vertreten, das Kind sei nicht minderjährig, ein Eltern - Kind Verhältnis bestehe nicht, der beantragte Unterhalt übersteige das Eineinhalbfache des Regelbetrages, ein gerichtliches Verfahren sei bereits anhängig, ein Gericht habe bereits entschieden, ein vollstreckungsfähiger Titel bestehe bereits und schließlich das Kind sei verheiratet[503]. Das Vorbringen, das Kind habe im geltend gemachten Unterhaltszeitraum mit dem Antragsgegner in einem Haushalt gelebt, ist dagegen kein Einwand im Sinne des § 648 Abs. 1 ZPO, da das vereinfachte Verfahren auch dann zulässig sein kann, wenn das Kind mit dem barunterhaltspflichtigen Elternteil in einem Haushalt lebt[504].

Zwar prüft der Rechtspfleger vor der Zustellung des Antrags an den Antragsgegner die Zulässigkeit des vereinfachten Verfahrens von Amts wegen (§ 647 Abs. 1 S. 1 ZPO), jedoch sind Einwendungen insoweit notwendig, wenn der Rechtspfleger die Unzulässigkeit des vereinfachten Verfahrens z.B. aufgrund von wahrheitswidrig gemachten Angaben des Antragstellers nicht erkennen konnte oder aus sonstigen Gründen fälschlicherweise für zulässig erachtet hat. Durch die Erhebung dieser „Zulässigkeits“ - Einwendungen wird der Rechtspfleger damit zu einer erneuten Prüfung veranlasst, nunmehr aber unter Berücksichtigung des Vorbringens des Antragsgegners.

bb. Einwendungen gegen den Unterhaltszeitpunkt

Nach § 648 Abs. 1 S. 1 Nr. 2 ZPO können Einwendungen gegen den Zeitpunkt erhoben werden, von dem an Unterhalt gezahlt werden soll[505]. In erster Linie wird es sich hier um Unterhalt für die Vergangenheit handeln. Insoweit kommen Einwendungen dann in Betracht, wenn nach Auffassung des Antragsgegners die erforderlichen Voraussetzungen der Inverzugsetzung des § 1613 BGB zu dem geltend gemachten Zeitpunkt nicht erfüllt waren oder zu diesem Zeitpunkt eine Ba-

---

[502] Einwand „A“ im amtlichen Ei
nwendungsvordruck; BGBl. 1998 I, 1364 (1371).

[503] Bei verheirateten Kindern ist das vereinfachte Verfahren unzulässig, ebenso, wenn diese Kinder schon mal verheiratet waren, vgl. oben C. I. 1. a. bb.

[504] Vgl. dazu oben C. I. 1. a. cc. (1.). Bei diesem Vorbringen handelt es sich vielmehr um eine Einwendung nach § 648 Abs. 2 S. 1 ZPO, da das Kind Naturalleistungen erhalten hat, die den Barunterhaltsanspruch mindern.

[505] Einwand „B“ im amtlichen Einwendungsvordruck; BGBl 1998 I, 1364 (1371).

runterhaltspflicht des Antragsgegners noch nicht bestanden hat[506]. Die Möglichkeit, Einwendungen diesbezüglich erheben zu können, ist erforderlich, da der Antragsteller die für § 1613 BGB maßgebenden Voraussetzungen im Antrag nicht substantiiert darzulegen hat. Der Antragsvordruck begnügt sich insoweit nämlich mit der vorformulierten pauschalen Erklärung, dass die Voraussetzungen vorliegen, unter denen Unterhalt für die Vergangenheit geltend gemacht werden kann[507].

cc. Einwendungen gegen die Höhe des geltend gemachten Unterhalts

§ 648 Abs. 1 S. 1 Nr. 3 ZPO regelt die Einwendungen gegen die Höhe des geltend gemachten Unterhalts. Hier sind jedoch nur ganz konkrete Einwendungen eher formaler Art zulässig.
Zum einen kann gegen die Unterhaltshöhe eingewandt werden, „*die nach dem Alter des Kindes zu bestimmenden Zeiträume für die der Unterhalt nach den Regelbeträgen der ersten, zweiten und dritten Altersstufe festgesetzt werden soll*", seien nicht richtig berechnet oder die angegebenen Regelbeträge wichen von denjenigen der Regelbetragsverordnung ab[508]. Insoweit wird nach dem amtlichen Vordruck vom Antragsgegner zudem die genaue Angabe des nach seiner Ansicht richtigen Zeitraums beziehungsweise der richtigen Höhe gefordert[509].

Zum anderen kann eingewandt werden, Unterhalt dürfe nicht höher als beantragt festgesetzt werden (§ 648 Abs. 1 S. 1 Nr. 3b ZPO), die vom Gericht angekündigte Unterhaltsfestsetzung (§ 647 Abs. 1 S. 2 Nr. 1 ZPO) gehe aber über den Antrag hinaus. Erfasst werden hiervon alle Berechnungs- und Übertragungsfehler, die irrtümlich zu einer höheren Festsetzung als beantragt führen würden[510]. Auch die falsche Berechnung des Vomhundertsatzes des jeweiligen Regelbetrages kann eingewandt werden[511].
Schließlich kann vom Antragsgegner gemäß § 648 Abs. 1 Nr. 3c ZPO auch eingewandt werden, Kindergeld beziehungsweise die das Kindergeld ersetzenden Leistungen (§ 1612b, c BGB) seien nicht oder nicht richtig angerechnet worden[512]. In diesem Fall hat der Antragsgegner im Vordruck auch anzugeben, in welcher Höhe und von welchem Zeitpunkt an diese Leistungen seiner Meinung

---

[506] Schumacher/ Grün, FamRZ 1998, 778 (791).
[507] Vgl. oben C. I. 1. d.
[508] § 648 Abs. 1 S. 1 Nr. 3a ZPO. Einwand „C" im amtlichen Einwendungsvordruck; BGBl. 1998 I, 1364 (1371).
[509] Vgl. bei Einwand „C" im amtlichen Einwendungsvordruck; BGBl. 1998 I, 1364 (1371).
[510] Sonnenfeld, DAV 1999, 169 (179).
[511] B/ L- Albers, 59. Aufl., § 648 Rn. 3.
[512] Einwand „D" im amtlichen Einwendungsvordruck; BGBl. 1998 I, 1364 (1371). Dieser Einwand gewinnt insbesondere im Hinblick auf die komplexe Regelung des § 1612b Abs. 5 BGB n.F. an Bedeutung, wonach eine Anrechnung des Kindergeldes unterbleibt, soweit der Unterhaltspflichtige nicht in der Lage ist, 135% des Regelbetrages zu leisten.

nach anzurechnen seien.
Andere Einwendungen gegen die Höhe der beantragten Unterhaltsfestsetzung können nicht gemäß § 648 Abs. 1 ZPO geltend gemacht werden. Insoweit ist der Einwendungskatalog des § 648 Abs. 1 S. 1 Nr. 3 abschließend. Insbesondere handelt es sich daher bei dem Vorbringen des Antragsgegners, er habe mit dem Antragsteller bereits eine von der geltend gemachten Unterhaltsfestsetzung abweichende außergerichtliche Vereinbarung getroffen, grundsätzlich nicht um eine zulässige Einwendung gegen die Unterhaltshöhe im Sinn von § 648 Abs. 1 S. 1 Nr. 3 ZPO[513].

dd. Einwendung hinsichtlich der Kostenlast

Der Antragsgegner kann gemäß § 648 Abs. 1 S. 2 ZPO hinsichtlich der Verfahrenskosten einwenden, er habe keinen Anlass zur Stellung des Antrags auf Unterhaltsfestsetzung gegeben[514]. Über diese Einwendung ist vom Rechtspfleger bereits im vereinfachten Verfahren zu entscheiden.
Wann Anlass in diesem Sinn gegeben wurde, bestimmt sich nach den gleichen Maßstäben wie bei der Beurteilung der Klageveranlassung im Rahmen des § 93 ZPO[515]. Diese Vorschrift gilt auch im vereinfachten Verfahren[516]. Damit soll die unnötige Inanspruchnahme der Gerichte vermieden und die außergerichtliche Streitbeilegung gefördert werden[517]. § 93d ZPO gilt dagegen nicht im vereinfachten Verfahren. Diese Kostenregelung gilt entsprechend dem Gesetzeswortlaut nur für Unterhalts-"*klagen*". Gegen eine Anwendung dieser Kostenvorschrift spricht auch, dass keine beziehungsweise eine unvollständige Auskunftserteilung im vereinfachten Verfahren bereits hinreichend durch § 649 Abs. 1 S. 1 3. Alt. ZPO sanktioniert wird[518], es daher einer Regelung wie § 93d ZPO nicht bedarf.
Um dem Einwand fehlender Anlassgebung vorzubeugen, sollte daher vor Antragstellung dem Antragsgegner Gelegenheit gegeben werden, vor dem Jugendamt oder dem Amtsgericht einen Unterhaltstitel zu errichten[519].
Der Einwand fehlender Anlassgebung ist aber nur dann zulässig, wenn der Antragsgegner sich zugleich verpflichtet, den geltend gemachten Unterhaltsanspruch zu erfüllen (§ 648 Abs. 1 S. 2 ZPO). Zu beachten ist, dass diese Verpflichtungser-

---

[513] OLG Naumburg, FamRZ 2000, 360 (360). Handelt es sich um eine außergerichtliche vollstreckungsfähige Vereinbarung, so kann dies aber als Einwendung gegen die Zulässigkeit des vereinfachten Verfahrens gemäß § 648 Abs. 1 S. 1 Nr. 1 i.V.m. § 645 Abs. 2 ZPO geltend gemacht werden.
[514] Einwand „E" im amtlichen Einwendungsvordruck, BGBl. 1998 I, 1364 (1371).
[515] Schumacher/ Grün, FamRZ 1998, 778 (791).
[516] Lipp/ Wagenitz, § 648 Rn. 8; B/ L- Albers, 59. Aufl., § 648 Rn. 4.
[517] BT- DrucksS 13/ 7338, S. 40.
[518] Claessen, Rpfleger 1999, 1 (6).
[519] Hierauf weist das Merkblatt zum Antragsvordruck auch besonders hin; vgl. Merkblatt S. 2 „*Was ist zu beachten*"; BGBl. 1998 I, 1364 (1368).

klärung sofort abzugeben ist. Diese Voraussetzung ist nicht mehr erfüllt, wenn der Antragsgegner bereits andere Einwendungen gegen die beantragte Unterhaltsfestsetzung erhoben hat[520].
Diese Regelung entspricht dem sofortigen Anerkenntnis des § 93 ZPO. Die Verpflichtungserklärung stellt jedoch kein Anerkenntnis im Sinn des § 307 ZPO dar und hat auch keine materiellrechtliche Bedeutung[521]. Vielmehr ist sie „nur" notwendige Grundlage für die antragsgemäße Festsetzung des Unterhalts gemäß § 649 ZPO[522].
Auch eine sofortige Teilverpflichtung mit der Folge einer nur anteiligen Kostenlast des Antragstellers erscheint im vereinfachten Verfahren möglich[523]. Zwar kann das Kind die Annahme von Teilleistungen verweigern, jedoch kommt eine sofortige Teilverpflichtungserklärung insbesondere dann in Betracht, wenn neben Unterhaltsrückständen auch zukünftiger Unterhalt geltend gemacht wird und z.B. die Berechtigung des rückständigen und nicht die des zukünftigen Unterhalts bestritten wird.

ee. Darlegungslast des Antragsgegners

Im Verhältnis zum herkömmlichen Unterhaltsprozess trifft den Antragsgegner bei der Erhebung von Einwendungen nach § 648 Abs. 1 ZPO eine gesteigerte Darlegungslast[524].
Der obligatorisch zu verwendende Antragsvordruck bestimmt insoweit, dass der Antragsgegner „*die Tatsachen, die den Einwand begründen, mit Angabe der Beweismittel genau darstellen soll*". Zudem bedarf es bei der Erhebung des Einwands gegen die geltend gemachte Unterhaltshöhe und der Unterhaltszeiträume (§ 648 Abs. 1 S. 1 Nr. 3a ZPO) der bestimmten Angabe der nach Ansicht des Antragsgegners richtigen Zeiträume und der richtigen Unterhaltshöhe.
Im Fall der Einwendung gegen die unzutreffende Anrechnung des Kindergeldes oder der das Kindergeld ersetzenden Leistungen (§ 648 Abs. 1 S. 1 Nr. 3c ZPO) ist zudem anzugeben, in welcher Höhe und von welchem Zeitpunkt an nach Ansicht des Antragsgegners kindbezogene Leistungen anzurechnen sind[525].
Grundsätzlich bestimmen sich die Anforderungen an die Darlegungslast des Antragsgegners nach denen des Antragstellers. Genügt nämlich der Antragsteller seiner Darlegungslast, so kann sich der Antragsgegner nicht auf bloßes Bestreiten

---

[520] Sonnenfeld, DAV 1999, 169 (179); Schumacher/ Grün, FamRZ 1998, 778 (791).
[521] Lipp/ Wagenitz, § 648 Rn. 8.
[522] Vgl. dazu unten C. I. 5. c.
[523] Lipp/ Wagenitz, § 648 Rn. 8.
[524] So auch Lipp/ Wagenitz, § 648 Rn. 6.
[525] Vgl. insgesamt Einwendungsvordruck Seite 1 nach Einwendungen A- E; BGBl. 1998 I, 1364 (1371).

beschränken, sondern muss sein Vorbringen substantiieren[526].
Entsprechend der Ausgestaltung des vereinfachten Verfahrens genügt der Antragsteller seiner Darlegungslast durch Erteilung der im Antragsvordruck verlangten Informationen, ohne dass es einer Substantiierung dieser bedarf.
Demzufolge kann sich der Antragsgegner nicht auf bloßes Bestreiten beschränken. Die im Einwendungsvordruck verlangten Angaben sind aber insbesondere wegen der Ausgestaltung des vereinfachten Verfahrens gerechtfertigt.
Das vereinfachte Verfahren soll eine schnelle Entscheidung des Gerichts und eine rasche Unterhaltstitulierung herbeiführen. Daher erfolgt letztlich auch keine inhaltliche Sachprüfung des Unterhaltsanspruchs. Vielmehr begnügt sich das Gericht damit, dass „auf Seiten des Antragstellers" das vereinfachte Verfahren nach seinen Angaben zulässig erscheint (§ 647 Abs. 1 S. 1 ZPO). Lediglich bei den von dem Antragsgegner nach § 648 Abs. 1 ZPO erhobenen Einwendungen erfolgt eine volle Sach- und Rechtsprüfung[527]. Sind sie beziehungsweise erscheinen sie unbegründet, so werden sie zurückgewiesen (§ 648 Abs. 1 S. 3 ZPO). Ansonsten kommt eine Unterhaltsfestsetzung im vereinfachten Verfahren grundsätzlich nicht mehr in Betracht (vgl. §§ 649, 650 ZPO). Entscheidend für die Unterhaltsfestsetzung im vereinfachten Verfahren ist demnach nicht, ob der Rechtspfleger den Unterhaltsanspruch für begründet erachtet, sondern lediglich, ob er die Einwendungen für unzulässig beziehungsweise unbegründet an-sieht. Nur hierüber ergeht eine inhaltliche Entscheidung. Um trotz dieser Sachprüfung eine rasche Entscheidung zu gewährleisten, ist erforderlich, dass dem Rechtspfleger alle entscheidungserheblichen Umstände als bald als möglich vorliegen. Gerade dies wird mit den vom Antragsgegner im Einwendungsvordruck zu machenden Angaben erreicht. Der Rechtspfleger kann damit nämlich, oft auch ohne den Antragsteller hierzu anhören zu müssen (vgl. § 649 Abs. 2 ZPO), hinreichend über die Unbegründetheit der Einwendungen entscheiden.
Würde man vom Antragsgegner lediglich eine Darlegung der seine Einwendungen begründenden Umstände entsprechend der Darlegungslast des Antragstellers verlangen, so wäre immer eine erneute Beteiligung des Antragstellers notwendig. Dieser müsste dann die vom Antragsgegner „einfach" bestrittenen Tatsachen beweisen, da es sich um für ihn günstige, weil anspruchsbegründende Umstände handelt. Gerade dieser dem herkömmlichen Unterhaltsprozess entsprechende Verfahrensablauf wäre mit einem Zeitaufwand verbunden, den das vereinfachte Verfahren gerade vermeiden will.
Die im vereinfachten Verfahren zu Lasten des Antragsgegner geregelte Darlegungslast ist somit im Hinblick auf eine schnelle und für den Antragsteller vereinfacht zu erlangende Unterhaltstitulierung geboten und gerechtfertigt.

---

[526] Zöller- Greger, 22. Aufl., § 138 Rn. 8, 8a.
[527] Vgl. hierzu ausführlich unten C. I. 4. a.

b. Die qualifizierten Einwendungen nach § 648 Abs. 2 ZPO

Das Gesetz behandelt in § 648 Abs. 2 S. 1 ZPO alle „anderen" Einwendungen, d.h. all diejenigen, die nicht von § 648 Abs. 1 ZPO erfasst sind. Der Antragsgegner kann danach bereits im vereinfachten Verfahren auch solche Einwendungen erheben, die nach materiellem Recht gegen die beantragte Unterhaltsfestsetzung bestehen können[528]. Der Antragsgegner soll, anders als nach §§ 641o, q ZPO a.F., mit diesen Einwendungen im vereinfachten Verfahren nicht ausgeschlossen und insoweit ausnahmslos auf die Abänderungsklage verwiesen sein[529]. Erreicht werden soll hierdurch, dass ein streitiges Verfahren vermieden oder zumindest der Streitstoff hierfür vorgeklärt wird[530].

Diese sonstigen, sogenannten qualifizierten Einwendungen werden vom Rechtspfleger - anders als die einfachen Einwendungen - nicht inhaltlich überprüft. Vielmehr ist lediglich entscheidend, dass sie zulässig sind, insbesondere formwirksam erhoben wurden[531].

Dennoch kann nicht jede qualifizierte Einwendung nach § 648 Abs. 2 ZPO bereits im vereinfachten Verfahren erhoben werden. Vielmehr werden hieran besondere Anforderungen gestellt, um den Zweck des vereinfachten Verfahrens im Sinne einer raschen Unterhaltstitulierung, nicht zu gefährden.

aa. Allgemeine Anforderungen

Soweit § 648 Abs. 2 ZPO i.V.m. dem obligatorisch zu verwendenden Einwendungsvordruck keine Angaben zur Substantiierung vorschreibt, bedürfen, über den Gesetzeswortlaut hinaus, alle Einwendungen zunächst einer gewissen unterhaltsrechtlichen Relevanz. Unsinnige, erkennbar unbegründete und/ oder offensichtlich nicht begründbare Einwendungen sind daher im vereinfachten Verfahren ebenso unzulässig wie nicht als Einwendungen anzusehende Erklärungen, die lediglich allgemein und ohne Hinweis auf den Rechtsgrund, den geltend gemachten Anspruch bestreiten oder das Bestehen von sonstigen Einwendungen behaupten[532]. Dieser gegenüber der Ausgestaltung des Widerspruchs im Mahnverfahren bestehende wesentliche Unterschied ist im Interesse des Kindes geboten und rechtfertigt sich zum anderen daraus, dass der Festsetzungsbeschluss im vereinfachten

---

[528] Hierzu zählt insbesondere auch der Einwand, das Kind habe zumindest teilweise mit dem Unterhaltspflichtigen in einem Haushalt gelebt, da das Kind hierdurch gegebenenfalls Naturalleistungen erhalten hat, die den Barunterhaltsanspruch mindern.

[529] Sonnenfeld, DAV 1999, 169 (180).

[530] BT- DruckS 13/ 7338, S. 40.

[531] Vgl. dazu näher unten C. I. 4. b.

[532] BT- DruckS 13/ 7338, S. 40, 41. Der Einwand, es bestehe eine von der beantragten Unterhaltshöhe abweichende außergerichtliche Vereinbarung mit dem Antragsteller, kann daher die Festsetzung im vereinfachten Verfahren nicht abwenden; vgl. OLG Naumburg, FamRZ 2000, 360 (360).

Verfahren abgeändert werden kann (§ 654 ZPO) und daher anders als der Vollstreckungsbescheid nicht in materielle Rechtskraft erwächst[533].

bb. Besondere Anforderungen

Überdies knüpft das Gesetz in § 648 Abs. 2 ZPO selbst besondere Anforderungen an die Erhebung von qualifizierten Einwendungen.

(1.) Der Einwand eingeschränkter Leistungsfähigkeit gemäß § 648 Abs. 2 S. 3 1. Alt. ZPO

Der Antragsgegner kann bereits im vereinfachten Verfahren den in praxi wohl am häufigsten[534] anzufindenden Einwand erheben, er sei zu der beantragten Unterhaltshöhe nicht hinreichend leistungsfähig[535]. Aus welchen Gründen sich die mangelnde Leistungsfähigkeit ergibt ist unerheblich[536], sodass grundsätzlich[537] alle Umstände vorgebracht werden können, aufgrund derer sich der Antragsgegner außerstande sieht, den begehrten Unterhalt ohne Gefährdung des eigenen notwendigen Selbstbehalts zu erbringen[538]. Insbesondere kann von ihm geltend gemacht werden, seine Einkünfte seien zu gering, es bestünden mehrere Unterhaltsberechtigte (vgl. § 1609 Abs. 2 BGB) oder es seien Abzugsposten zu berücksichtigen[539]. Da eine inhaltliche Prüfung dieser Gründe im vereinfachten Verfahren nur dahingehend erfolgt, ob eine gewisse unterhaltsrechtliche Relevanz vorliegt, nicht aber ob sie materiellrechtlich zutreffen, wird die antragsgemäße Unterhaltsfestsetzung auch dann verhindert, wenn die mangelnde Leistungsfähigkeit auf Verletzung der Erwerbsobliegenheit oder auf materiellrechtlich nicht berücksichtigungsfähigen Belastungen beruht[540].

Um zu verhindern, dass sich der Antragsgegner allein wegen pauschaler Erhebung

---

[533] Sonnenfeld, DAV 1999, 169 (182); BT- DrucksS 13/ 7338, S. 41.

[534] Dies insbesondere auch deshalb, da das Kind nicht auf die Geltendmachung der Regelbeträge, sondern auf deren Eineinhalbfaches beschränkt ist, d.h. Unterhalt entsprechend der Einkommensgruppe 8 der DT (Stand 01.07.2001) geltend machen kann.

[535] Einwand „G“ im amtlichen Einwendungsvordruck; BGBl. 1998 I, 1364 (1371).

[536] Rühl, Kind- Prax 1998, 99 (102).

[537] Unterhaltsrechtlich offensichtlich irrelevante Einwendungen sind nicht zu berücksichtigen; vgl. C. I. 3. b. aa.

[538] Musielak- Borth, § 648 Rn. 7.

[539] Diese Vorbringen werden jedoch dann nicht erfolgreich sein, soweit es dem Unterhaltspflichtigen möglich ist, einen bis zu dem halben Kindergeldanteil unter 135% des Regelbetrags liegenden Unterhaltsbetrags zu leisten, da dieses hälftige Kindergeld diese mangelnde Leistungsfähigkeit vollständig auffängt; d.h. es erfolgt insoweit keine Anrechnung auf den Unterhalt, sondern eine Aufstockung der Leistungsfähigkeit zu Gunsten des Kindes (vgl. § 1612b Abs. 5 BGB).

[540] Stollenwerk, ZAP 1999, Fach 11, 489 (493).

des Einwands eingeschränkter Leistungsfähigkeit der antragsgemäßen Unterhaltsfestsetzung im vereinfachten Verfahren entziehen kann, knüpft das Gesetz an die Zulässigkeit dieses Einwands besondere Anforderungen. Insoweit wird gemäß § 648 Abs. 2 S. 3 ZPO verlangt, dass der Einwand eingeschränkter Leistungsfähigkeit nur erhoben werden kann, wenn der Antragsgegner im Einwendungsvordruck[541] erklärt, inwieweit er bereit ist, Unterhalt zu leisten und er sich insoweit verpflichtet[542], den Unterhaltsanspruch zu erfüllen (§ 648 Abs. 2 S. 1 ZPO). Zudem hat er, ebenfalls unter Verwendung des Vordrucks[543], zugleich Auskunft zu erteilen über seine Einkünfte, sein Vermögen und seine persönlichen und wirtschaftlichen Verhältnisse im übrigen und über seine Einkünfte Belege vorzulegen (§ 648 Abs. 2 S. 3 ZPO).
Diese besonderen Voraussetzungen entsprechen der allgemeinen Beweislastverteilung, wonach derjenige beweispflichtig ist, der sich auf sämtliche seine Leistungsfähigkeit schmälernden Umstände beruft[544]. Sie sind stets einzuhalten, wenn sich der Antragsgegner auf eine mangelnde Leistungsfähigkeit beruft; auch wenn der beantragte Unterhalt nicht über die Regelbeträge hinausgeht. Der Gesetzgeber entschied sich zu dieser Regelung, um den Streitstoff bereits im vereinfachten Verfahren vorzuklären und auch, um dem Antragsteller die Möglichkeit zu geben, die Auskunft zu prüfen. Dieser bekommt durch die Auskunft des Antragsgegners eine Grundlage für außergerichtliche Verhandlungen und kann die Erfolgsaussichten für ein weiteres gerichtliches Vorgehen hinreichend einschätzen[545].

(a.) Obliegenheit umfassender Auskunftserteilung

Bereits nach dem Wortlaut des § 648 Abs. 2 S. 3 ZPO geht die Auskunftsobliegenheit des Antragsgegner im vereinfachten Verfahren weiter als die nach materiellem Recht gemäß § 1605 BGB. Hier ist Auskunft nämlich nur zu erteilen, „*soweit*“ dies zur Feststellung eines Unterhaltsanspruchs oder einer Unterhaltsverpflichtung erforderlich ist (§ 1605 Abs. 1 S. 1 BGB).
Auch § 643 ZPO, wonach das Gericht im herkömmlichen Unterhaltsprozess[546] Auskünfte verlangen kann, gestattet dies in Anlehnung an die materielle Auskunft

---

[541] „Dritter Abschnitt: Erklärung zu Einwand G oder H“; BGBl. 1998 I, 1364 (1374).

[542] Diese Verpflichtungserklärung stellt kein Anerkenntnis im Sinne des § 307 ZPO dar und hat auch im übrigen keine materiellrechtliche Bedeutung. Vielmehr ist sie „nur“ notwendige Voraussetzung für eine etwaig erfolgende Teilfestsetzung gemäß § 650 S. 2 ZPO. Vgl. auch Lipp/ Wagenitz, § 648 Rn. 8.

[543] Zweiter Abschnitt im Einwendungsvordruck; BGBl. 1998 I, 1364 (1372 ff.).

[544] Wendl/ Staudigl- Haußleiter, 5. Aufl., § 6 Rn. 710 ff.; Palandt- Diederichsen, 60. Aufl., Einf. vor § 1601 Rn. 67; Sonnenfeld, DAV 1999, 169 (181); FamRefK- Bäumel, ZPO, § 648 Rn. 15.

[545] BT- DrucksS 13/ 7338, S. 41.

[546] § 643 ZPO gilt nicht im vereinfachten Verfahren; vgl. Zöller- Philippi, 22. Aufl., § 643 Rn. 1; BT- DruckS 13/ 7338, S. 35.

nur, soweit dies für die Bemessung des Unterhalts von Bedeutung ist.
Dass die umfassende Auskunftsobliegenheit des Antragsgegners im Rahmen der Einwendung nach § 648 Abs. 2 S. 3 ZPO weiter geht als die nach materiellem Recht erscheint zunächst zweifelhaft[547]. Betrachtet man aber den Hintergrund dieser Regelung, so ist die umfassende Auskunftsobliegenheit notwendig und gerechtfertigt. Die Auskunftsproblematik führt in Unterhaltsprozessen oftmals zu langwierigen Verzögerungen, was zu Lasten des Kindes und einer schnellen Unterhaltstitulierung führt. Gerade das vereinfachte Verfahren will aber eine rasche Titulierung des Gerichts zu Gunsten des Kindes erreichen und etwaige aufwendige Entscheidungen in das streitige Verfahren oder in die Abänderungsklage verlagern[548]. Der Gesetzgeber entschied sich dennoch dazu, dem Antragsgegner das Recht einzuräumen, auch Einwendungen zur Leistungsfähigkeit gegen die beantragte Unterhaltsfestsetzung zu erheben, auch wenn hierüber inhaltlich nicht entschieden wird. Der Antragsgegner sollte insoweit nicht ausnahmslos auf die Abänderungsklage verwiesen werden.
Im Gegenzug für die Berücksichtigungsfähigkeit dieser Einwände bereits im vereinfachten Verfahren ist der Antragsgegner jedoch verpflichtet, sogleich umfassende Auskunft zu erteilen.
Der Rechtspfleger prüft – wie bereits ausgeführt – im vereinfachten Verfahren gerade nicht, inwieweit der Unterhaltsanspruch beziehungsweise die Einwendung eingeschränkter Leistungsfähigkeit materiellrechtlich begründet ist, und auch nicht, inwieweit die Auskunft für den Unterhaltsanspruch oder die Unterhaltsverpflichtung notwendig ist. Würde man die Auskunftsobliegenheit im vereinfachten Verfahren der des materiellen Rechts anpassen, mithin nur soweit fordern, als diese für die Feststellung des Unterhaltsanspruchs notwendig ist, so würde die Ursächlichkeit der Auskunft für die Bemessung des Unterhalts allein vom Antragsgegner beurteilt werden können. Er dürfte ohne Entscheidungskorrektiv festlegen, inwieweit für die Feststellung des Unterhaltsanspruchs oder der Unterhaltsverpflichtung Auskunft notwendig ist und würde auch nur insoweit Auskunft erteilen. Es bestünde somit die Gefahr, dass mangels Überprüfbarkeit der Frage, ob die Auskunft hinreichend im Sinne des § 1605 BGB ist, der Antragsgegner allein durch pauschale Auskunftserteilung die Unterhaltsfestsetzung im vereinfachten Verfahren abwenden könnte. Um dem Kind insoweit hinreichend Schutz zu gewähren bedurfte es der Gesetz gewordenen Regelung, die vom Antragsgegner in jedem Fall umfassende Auskunft verlangt.
Inhalt und Umfang der Auskunft nach § 648 Abs. 2 S. 3 ZPO richten sich im übrigen nach den für § 1605 BGB entwickelten Grundsätzen[549]. Diesen entsprechend

---

[547] Strauß, FamRZ 1998, 993 (1002).
[548] BT- DruckS 13/ 7338, S. 58.
[549] Vgl. umfassend Palandt- Diederichsen, 60. Aufl., § 1605 Rn. 6 ff., Rn. 10 ff.; Göppinger/ Wax- Strohal, 7. Aufl., Rn. 680 ff.; Wendl/ Staudigl- Haußleiter; 5. Aufl., § 1 Rn. 567 ff.;

verlangt der Einwendungsvordruck umfassende und ausführliche Angaben über die Einkünfte, das Vermögen und der persönlichen und wirtschaftlichen Verhältnisse im übrigen[550]. Insbesondere bedarf es der genauen Angabe aller anfallenden Einnahmen und auch der damit zusammenhängenden Ausgaben. Hinsichtlich der Auskunft über das Vermögen entsprechen die Anforderungen des § 648 Abs. 2 S. 3 ZPO i.V.m. dem Einwendungsvordruck auch der materiellen Darlegungslast des § 1602 Abs. 2 BGB, da in Fällen mangelnder Leistungsfähigkeit auch das Vermögen zu berücksichtigen ist[551].

(b.) Obliegenheit zur Belegvorlage

Gemäß § 648 Abs. 2 S. 3 2. HS ZPO ist der Antragsgegner neben der umfassenden Auskunftserteilung nur verpflichtet, *„über seine Einkünfte Belege“* vorzulegen, um den Einwand eingeschränkter oder fehlender Leistungsfähigkeit wirksam erheben zu können.

Betrachtet man den obligatorisch zu verwendenden Einwendungsvordruck[552], wonach vom Antragsgegner auch die Lohnsteuerbescheinigung der Arbeitsstelle für das letzte Jahr, die Lohnabrechnung für das laufende Jahr, Kopien der letzten Einkommensteuererklärung mit allen Anlagen, Kopien des letzten Einkommensteuerbescheids und Kopien des Vorauszahlungsbescheids für das laufende Jahr beizufügen sind, könnte angenommen werden, der Einwendungsvordruck verlange gerade nicht nur Belege über die Einkünfte[553], sondern auch Belege für die mit den Einkünften zusammenhängenden abzugsfähigen Positionen, die dem klaren Wortlaut des Gesetzes entsprechend gerade nicht verlangt werden[554].

Dem ist jedoch nicht so. Die im Einwendungsvordruck einzeln aufgelisteten Beleganforderungen korrelieren lediglich mit der sich aus § 648 Abs. 2 S. 3 1. HS Nr. 1, 2. HS ZPO ergebenden Auskunfts- und Belegobliegenheit des Antragsgegners über seine Einkünfte und entsprechen damit dem Wortlaut des Gesetzes.

Die Auskunfts- und Belegpflicht im Rahmen des § 648 Abs. 2 ZPO entspricht im Grunde dem materiellen Auskunfts- und Beleganspruch des Unterhaltsberechtigten gemäß § 1605 BGB und den hierfür entwickelten Anforderungen. Demzufolge bedarf es für eine ordnungsgemäße Auskunfts- und Belegerteilung der Vorlage eines systematischen Verzeichnisses, worin alle Angaben über die von der Auskunftsverpflichtung erfassten Einkünfte enthalten sind, wobei zu den Einkünften

---

Staudinger- Kappe/Engler, 13. Bearbeitung 1997, §§ 1601- 1615o, § 1605 Rn. 21 ff.; Kalthoener/ Büttner, 7. Aufl., Rn. 589 ff., Rn. 596 ff.

550 Vgl. zweiter Abschnitt im Einwendungsvordruck; BGBl. 1998 I, 1364 (1372 ff.).

551 Zur Ermittlung des unterhaltsrechtlich relevanten Einkommens vgl. beispielshaft Scholz/ Stein- Kleffmann, G Rn. 1 ff., 131 ff.; Eschenbruch, Rn. 3000 ff.

552 BGBl. I 1998, 1364 (1374).

553 Van Els, Rpfleger 1999, 297 (301).

554 Van Els, Rpfleger 1999, 297 (301) sieht hierin ein Redaktionsversehen des Gesetzgebers.

alle mit einer gewissen Regelmäßigkeit erzielten Einnahmen unter Abzug der unterhaltsrechtlich zu berücksichtigenden Ausgaben zählen[555]. Unter Einkünfte ist jedoch gerade nicht nur das gesamte Bruttoeinkommen zu verstehen, sondern im Hinblick auf die unterhaltsrechtliche Relevanz das für den Unterhaltsanspruch anzusetzende Nettoeinkommen, somit auch die Art und Höhe aller Abzüge gesetzlicher Art, insbesondere die Lohnsteuer, die Sozialversicherung und sonstige einzubehaltenden Beträge[556].
Die Auskunft über das Einkommen ist somit nur dann ordnungsgemäß erteilt, wenn neben den gesamten Einnahmen auch die damit zusammenhängenden Ausgaben angegeben sind[557]. Da die Auskunft über die Einkünfte somit auch die abzugsfähigen Positionen enthalten muss, kann nichts anderes für die Belegpflicht über die Einkünfte gelten. Dementsprechend wird auch der materielle Beleganspruch des § 1605 Abs. 1 S. 2 BGB nur dann erfüllt, wenn der Unterhaltspflichtige insbesondere[558] die Monatsverdienstbescheinigung[559] - nach Brutto- und Nettoeinkommen geordnet - unter aufgeschlüsselter Darlegung der Abzugsposten nach Art und Höhe[560], die Lohnsteuerbescheinigung der Arbeitsstelle[561], die Kopie des Steuerbescheids[562] und die Steuererklärung mit sämtlichen Anlagen[563] vorlegt. Da der Einwendungsvordruck gerade diese sich lediglich auf die Einkünfte beziehenden Belege verlangt, entspricht er auch dem Wortlaut des § 648 Abs. 2 S. 3 2. HS ZPO.
Hinsichtlich sonstiger abzugsfähiger Positionen, die bei der Ermittlung des für den Unterhalt maßgeblichen bereinigten Nettoeinkommens von Bedeutung sind[564] bedarf es hingegen keiner Belegvorlage[565]. Bei diesen sonstigen zur Bereinigung des Nettoeinkommens führenden Abzugsposten handelt es sich zumeist um persönli-

---

[555] Vgl. ausführlich Palandt- Diederichsen, 60. Aufl., § 1605 Rn. 10 ff., 12 ff.; Kleffmann, FuR 1999, 403 (405 ff.); Staudinger- Kappe/Engler, 13. Bearbeitung 1997, §§ 1601- 1615o, § 1605 Rn. 21 ff.; Eschenbruch, Rn. 5256 ff.

[556] Staudinger- Kappe/Engler, 13. Bearbeitung 1997, §§ 1601 - 1615o, § 1605 Rn. 33; BGH, FamRZ 1983, 996 (998); OLG München, FamRZ 1996, 738 (739); Kalthoener/ Büttner, 7. Aufl., Rn. 597 ff.

[557] OLG München, FamRZ 1996, 738 (739).

[558] Eine umfassende Darstellung der an den Unterhaltspflichtigen gestellten Beleganforderungen im Rahmen des § 1605 BGB, getrennt nach abgängig Beschäftigten und Selbstständigen befindet sich bei Kleffmann, FuR 1999, 403 (407, 408); Eschenbruch, Rn. 5265 ff.; Staudinder- Kappe/Engler, BGB Kommentar 1997, §§ 1601 - 1615o, § 1605 Rn. 39 ff.

[559] Dies nur bei abhängig Beschäftigten.

[560] BGH, FamRZ 1983, 996 (998).

[561] Heiß/ Born- Born, Kapitel 23, Rn. 109.

[562] BGH, FamRZ 1982, 151; Heiß/ Born- Born, Kapitel 23, Rn. 109.

[563] BGH, FamRZ 1982, 680; OLG Schleswig, FamRZ 1981, 52.

[564] Zur Ermittlung des unterhaltsrechtlich relevanten Einkommens vgl. beispielshaft Scholz/ Stein- Kleffmann, G Rn. 1 ff., 131 ff.; Eschenbruch, Rn. 3000 ff.

[565] Sonnenfeld, DAV 1999, 169 (181); Gerhardt, FuR 1998, 145 (146); Knittel, DAV 1998, 177 (185); Heiß/ Born- Born, Kap. 22, Rn. 44; van Els, Rpfleger 1999, 297 (301).

che und wirtschaftliche Verhältnisse im übrigen, die ausdrücklich von der Belegpflicht ausgenommen sind[566]. Demzufolge bedarf es insbesondere keiner Vorlage von Belegen für die Vorsorgeaufwendungen[567], die berufsbedingten Aufwendungen[568], die berücksichtigungswürdigen Schulden, die der Antragsgegner nach den von der Rechtsprechung entwickelten Billigkeitsgrundsätzen angerechnet wissen will[569] oder für sonstige Umstände, die zur Erhöhung des Selbstbedarfs führen, wie z.B. unvermeidbar hohe Mietkosten[570].

(2.) Der Einwand fehlender Leistungsfähigkeit gemäß § 648 Abs. 2 S. 3 1. Alt. ZPO

Der Einwand fehlender Leistungsfähigkeit[571] ist nach dem Gesetzeswortlaut nur unter denselben Voraussetzungen zulässig wie der Einwand der eingeschränkten Leistungsfähigkeit. Es bedarf daher auch insoweit - unter Verwendung des amtlichen Einwendungsvordrucks[572] - der Auskunft hinsichtlich der Einkünfte, des Vermögens und der persönlichen und wirtschaftlichen Verhältnisse im übrigen sowie der Belegvorlage über die Einkünfte (§ 648 Abs. 2 S. 3 ZPO). Zudem verlangt der Gesetzeswortlaut als weitere Zulässigkeitsvoraussetzung die Erklärung, inwieweit der Antragsgegner zur Unterhaltszahlung bereit ist und dass er sich insoweit zur Erfüllung verpflichtet[573].
Insoweit bedarf es allerdings einer einschränkenden Auslegung des Gesetzes. Eine solche Bereitschafts- und Verpflichtungserklärung kann vom Antragsgegner letztlich nur dann verlangt werden, wenn er sich überhaupt in der Lage sieht, den Unterhaltsanspruch wenigstens teilweise zu erfüllen. Ist der Antragsgegner dagegen der Meinung, aufgrund seiner wirtschaftlichen Situation überhaupt keinen Unterhalt zu schulden, so erscheint es widersinnig von ihm eine solche Erklärung zu verlangen. Deshalb genügt der Antragsgegner den Anforderungen des § 648 Abs. 2 ZPO, wenn er im Einwendungsvordruck erklärt, zur Unterhaltszahlung überhaupt nicht fähig zu sein[574]. Weiteren Anforderungen unterliegt der Einwand fehlender Leistungsfähigkeit dagegen nicht. Zwar enthält der Einwendungsvordruck

---

[566] Gerhardt, FuR 1998, 145 (146).
[567] Knittel, DAV 1998, 177 (185).
[568] Heiß/ Born- Born, Kap. 22, Rn. 44.
[569] Knittel, DAV 1998, 177 (185); vgl. hierzu Garbe/ Oelkers, Teil 7, Kap. 5.2.2.5.
[570] Gerhardt, FuR 1998, 145 (146).
[571] Einwand „G" im amtlichen Einwendungsvordruck; BGBl. 1998 I, 1364 (1371).
[572] Zweiter Abschnitt des amtlichen Vordrucks; BGBl. 1998 I, 1364 (1372 ff.).
[573] Diese Verpflichtungserklärung stellt kein Anerkenntnis im Sinne des § 307 ZPO dar und hat auch im übrigen keine materiellrechtliche Bedeutung. Vielmehr ist sie „nur" notwendige Voraussetzung für eine etwaig erfolgende Teilfestsetzung gemäß § 650 S. 2 ZPO. Vgl. auch Lipp/ Wagenitz, § 648 Rn. 8.
[574] OLG Hamm, OLG Report 1999, 329 (329); OLG Hamm, FamRZ 2000, 360 (361); FamRefK- Bäumel, ZPO, § 648 Rn. 14; Sonnenfeld, DAV 1999, 169 (181).

insoweit den Hinweis, der Antragsgegner könne den Einwand fehlender Leistungsfähigkeit durch Eintragung einer „Null" in der vorformulierten Bereitschafts- und Verpflichtungserklärung erheben, jedoch handelt es sich hierbei wohl nicht um eine zwingende Zulässigkeitsvoraussetzung. Die vereinzelte Ansicht in der Literatur[575], der Antragsgegner müsse diesem nachkommen, um die Formwidrigkeit des Einwands fehlender Leistungsfähigkeit auszuschließen, dürfte dagegen zu formalistisch sein. Der Sinn der Verpflichtungserklärung liegt nicht in formellen Gründen, sondern allein darin, den unstreitigen Unterhaltsteil bereits im vereinfachten Verfahren festsetzen zu können (§ 650 S. 2 ZPO), sodass der Antragsteller insoweit bereits einen Unterhaltstitel erhält. Eine Verpflichtungserklärung zu „Null" hat dagegen keinerlei Bedeutung, sodass deren Fehlen nicht dazu führen kann, die gesamte Einwendung nicht zu berücksichtigen. Der dritte Abschnitt des Vordrucks[576] muss daher vom Antragsgegner überhaupt nicht ausgefüllt werden, wenn er erklärt, keinerlei Unterhalt zu schulden[577].

(3.) Der Einwand der Erfüllung gemäß § 648 Abs. 2 S. 2 ZPO

Der Antragsgegner kann im vereinfachten Verfahren auch einwenden, er habe den Unterhaltsanspruch bereits erfüllt[578]. Dieser Einwand ist aber nur dann zulässig, wenn der Antragsgegner zugleich erklärt, „*inwieweit er geleistet hat und dass er sich verpflichtet*[579]*, einen darüber hinausgehenden Unterhaltsrückstand zu begleichen*" (§ 648 Abs. 2 S. 2 ZPO).

Insoweit wird vom Antragsgegner eine konkrete Darlegung gefordert, in welcher Höhe er die Unterhaltsschuld bereits getilgt hat[580]. Der amtliche Einwendungsvordruck verlangt daher die Angabe, in welcher Höhe insgesamt der Antragsgegner geleistet hat und zwar „seit" dem Zeitpunkt, von dem ab Unterhalt begehrt wurde[581]. Die Angabe, ob die bereits erbrachte Leistung auch für diesen Zeitraum erfolgte, wird insoweit nicht gefordert. Dies ist bei etwaigen Zweifeln im streitigen Verfahren zu klären[582]. Zudem sind bei mehreren Unterhaltsberechtigten die jeweilig erbrachten Leistungen aufgeschlüsselt anzugeben[583].

---

575 Lipp/ Wagenitz, § 648 Rn. 17.

576 „Erklärung bei Einwand G oder H"; BGBl. 1998 I, 1364 (1374).

577 So auch OLG Hamm, OLG Report 1999, 329 (329); OLG Hamm, FamRZ 2000, 360 (361). Nach OLG Bamberg, FamRZ 2001, 108 (109) ist sogar ausreichend, dass der Antragsgegner schriftlich sinngemäß erklärt, nicht leistungsfähig zu sein, ohne dass er hierzu das Einwendungsformular verwendet.

578 Einwand „F" im amtlichen Einwendungsvordruck; BGBl. 1998, 1364 (1371).

579 Zur Rechtsnatur dieser Verpflichtungserklärung vgl. Fn. 573.

580 Musielak- Borth, § 648 Rn. 8.

581 Vgl. Einwendungsvordruck bei Einwand „F"; BGBl. 1998 I, 1364 (1371).

582 Lipp/ Wagenitz, § 648 Rn. 18.

583 Vgl. Einwendungsvordruck bei Einwand „F"; BGBl. 1998 I, 1364 (1371).

(4.) Die sonstigen qualifizierten Einwendungen nach § 648 Abs. 2 ZPO

Alle anderen unterhaltsrechtlich nicht offensichtlich irrelevanten Einwendungen, z.B. fehlende beziehungsweise eingeschränkte Bedürftigkeit des Kindes[584], aber auch alle übrigen denkbaren materiellrechtlichen Einwendungen, können vom Antragsgegner ebenfalls bereits im vereinfachten Verfahren erhoben werden[585]. Insbesondere kann der Antragsgegner auch entgegnen, es bestehe gemäß § 1606 Abs. 3 S. 1 BGB eine anteilige Mithaft des betreuenden anderen Elternteils am Barunterhalt[586]. Zwar verliert in diesem Fall das vereinfachte Verfahren weitgehend seinen Sinn[587], jedoch kann dies nicht dazu führen, dass entgegen dem klaren Wortlaut des § 648 Abs. 2 S. 1 ZPO („*andere Einwendungen*"), der Antragsgegner mit diesem Einwand ausgeschlossen ist[588].

Diese „*anderen*" Einwendungen sind jedoch nur dann zulässig, wenn der Antragsgegner zugleich erklärt „*inwieweit er zur Unterhaltszahlung bereit ist und dass er sich insoweit zur Erfüllung verpflichtet*[589]" (§ 648 Abs. 2 S. 1 ZPO). Durch diese Erklärungspflicht soll auch gewährleistet werden, dass sich der Antragsgegner über die Rechtslage Klarheit verschafft und gegebenenfalls Rechtsrat einholt[590]. Eine Ausnahme von dieser Erklärungspflicht besteht nur dann, wenn wie bereits dargelegt wurde[591], nach Ansicht des Antragsgegners er keinerlei Unterhalt mehr schulde. In diesen Fällen kann eine Bereitschafts- und Verpflichtungserklärung nicht verlangt werden, sodass der Antragsgegner den Anforderungen des § 648 Abs. 2 ZPO allein mit der Erklärung genügt, aufgrund des Einwands keinen Unterhalt zu schulden.

4. Die Prüfung der Einwendungen durch das Gericht

Bei der Prüfung der Einwendungen im vereinfachten Verfahren besteht zwischen einfachen und qualifizierten Einwendungen ein gewichtiger Unterschied.

a. Die Prüfung „einfacher" Einwendungen

Bezüglich der einfachen Einwendungen enthält das Gesetz in § 648 Abs. 1 S. 3 ZPO die Regelung, dass das Gericht „*nicht begründete Einwendungen nach § 648 Abs. 1 S. 1 Nr. 1, 3 ZPO*" mit dem Festsetzungsbeschluss zurückweise,

---

[584] Van Els, Rpfleger 1999, 297 (301).
[585] Einwand „F" im amtlichen Einwendungsvordruck.
[586] Insbesondere wegen dessen günstigeren Einkommensverhältnissen; vgl. Palandt- Diederichsen, 60. Aufl., § 1606 Rn. 18; Scholz/ Stein, Kap. I, Rn. 149, 188.
[587] Vgl. dazu ausführlich oben C. I. 1. a. aa. (1.) (b.).
[588] So aber ohne nähere Begründung Grandke, FPR 1998, 162 (165).
[589] Zur Rechtsnatur dieser Verpflichtungserklärung vgl. Fn. 573.
[590] Rühl/ Greßmann, Rn. 248; Sonnenfeld, DAV 1999, 169 (180).
[591] Vgl. dazu bereits oben C. I. 3. b. bb. (2.).

ebenso eine Einwendung nach § 648 Abs. 1 S. 1 Nr. 2 ZPO, wenn diese ihm *„nicht begründet erscheint“*. Das Gesetz spricht zwar lediglich von *„nicht begründet“*, jedoch prüft der Rechtspfleger bei den Einwendungen auch deren Zulässigkeit, was sich bereits daraus ergibt, dass die Prüfung der Begründetheit erst erfolgt, wenn die Zulässigkeit bejaht wurde.
Einwendungen nach § 648 Abs. 1 S. 1 Nr. 1 und 3 ZPO müssen nach dem Gesetzeswortlaut unbegründet sein, damit eine Unterhaltsfestsetzung im vereinfachten Verfahren erfolgen kann. Nach vereinzelter Auffassung in der Literatur[592] sind diese Einwendungen unbegründet, wenn der Antragsgegner keine Tatsachen behauptet, sondern nur Rechtsbegriffe des § 648 ZPO aufzählt oder sein Vorbringen nicht schlüssig ist. Der Rechtspfleger habe insoweit nur zu prüfen, ob die Behauptungen des Antragsgegners erheblich seien. Ob der Antragsteller sie zugestehe oder ob sie wahr seien, brauche er dagegen nicht zu ermitteln[593].
Dem kann nicht zugestimmt werden. Bezüglich der Einwendungen nach § 648 Abs. 1 S. 1 Nr. 1 und 3 ZPO bedarf es bereits nach dem eindeutigen Gesetzeswortlaut einer Prüfung der Begründetheit, also der materiellrechtlichen Richtigkeit. Insoweit bestand jedoch während des Gesetzgebungsverfahrens Uneinigkeit. Nach der ursprünglich vom Regierungsentwurf vorgeschlagenen Fassung des § 648 Abs. 1 S. 3 ZPO sollte das Gericht die Einwendungen bereits dann zurückweisen, wenn sie der Antragsgegner nicht begründet hatte oder wenn sie nach dessen Vortrag unbegründet sind[594]. Dem stimmte der Gesetzgeber aber nicht zu. Vielmehr folgte er insoweit der Stellungnahme des Bundesrates, wonach die Einwendungen nur dann zurückzuweisen seien, wenn sie unbegründet sind[595]. Dahingehend wurde § 648 Abs. 1 S. 3 ZPO dann auch formuliert. Das Gericht hat sich daher bei der Entscheidung über die Einwendungen nach § 648 Abs. 1 S. 1 Nr. 1 und 3 ZPO die volle Überzeugung über die Begründetheit oder Unbegründetheit zu bilden[596]. Diese Einwendungen unterliegen damit bereits im vereinfachten Verfahren einer inhaltlich vollumfänglichen Sach- und Rechtsprüfung durch den Rechtspfleger[597]. Diesem steht hinsichtlich der Begründetheit dieser Einwendungen somit kein Ermessens- oder Beurteilungsspielraum zu. Es handelt sich weder um eine summarische Prüfung noch um eine Prognoseentscheidung, sondern um eine abschließende Entscheidung[598].
Damit der Rechtspfleger in der Lage ist, sich die volle Überzeugung über die Begründetheit[599] zu bilden, kann er bereits im vereinfachten Verfahren eine vor ihm

---

[592] Zöller- Philippi, 22. Aufl., § 648 Rn. 4.
[593] Zöller- Philippi, 22. Aufl., § 648 Rn. 4.
[594] BT- DruckS 13/ 7338, S. 40; BT- DruckS 13/ 9596, S. 37.
[595] BT- DruckS 13/ 7338, S. 55.
[596] BT- DruckS 13/ 9596, S. 37.
[597] Günther, Kind- Prax 1999, 35 (38).
[598] BT- DruckS 13/ 7338, S. 55.
[599] Göppinger/ Wax- van Els, 7. Aufl., Rn. 2194, 2194 spricht hierbei von „Stichhaltigkeit“

stattfindende mündlichen Verhandlung anberaumen[600] und auch bereits Beweis erheben. Diese Beweiserhebung erfolgt auch im vereinfachten Verfahren nach den allgemeinen Beweisregeln der ZPO[601], sodass Beweis in Form des Strengbeweises erforderlich ist[602].
Dieser soeben dargestellten vollumfänglichen Prüfung unterliegt auch der Einwand fehlender Anlassgebung nach § 648 Abs. 1 S. 2 ZPO. Der Rechtspfleger hat sich daher auch hinsichtlich dieses Einwands die volle Überzeugung über dessen Zulässigkeit und Begründetheit zu bilden[603]. Der Einwand fehlender Anlassgebung ist zwar nicht vom Wortlaut des § 648 Abs. 1 S. 3 ZPO erfasst, jedoch steht dies einer umfangreichen Prüfung nicht entgegen. Dieser Einwand ist lediglich für die Kostenlast relevant und hat auf die Unterhaltsfestsetzung keinerlei Einfluss. Der Rechtspfleger entscheidet hierüber somit erst im Rahmen der bei der Unterhaltsfestsetzung zu treffenden Kostenentscheidung[604]. Auch bei einem unbegründeten Einwand fehlender Anlassgebung erfolgt daher keine Zurückweisung dieses Einwands gemäß § 648 Abs. 1 S. 3 ZPO durch den Festsetzungsbeschluss[605], sodass dieser Einwand hierin folgerichtig nicht aufgeführt ist.
Die vollumfängliche Prüfung ergibt sich zudem auch aus allgemeinen prozessrechtlichen Grundsätzen. Diesen zufolge entscheidet das Gericht grundsätzlich vollumfänglich, es sei denn, etwas anderes ist besonders angeordnet. Eine solche besondere Anordnung fehlt aber für den Einwand fehlender Anlassgebung.
Der Rechtspfleger hat daher über Einwendungen nach § 648 Abs. 1 S. 1 Nr. 1, 3 und S. 2 ZPO inhaltlich vollumfänglich zu entscheiden. Diese Prüfung ist ihm auch zuzumuten, da es sich bei diesen Einwendungen nur um solche eher formaler Art handelt, die grundsätzlich keine besonderen materiellrechtlichen Schwierigkeiten aufweisen.
Demgegenüber gilt bei der Prüfung von Einwendungen nach § 648 Abs. 1 S. 1 Nr. 2 ZPO etwas anderes. Insoweit ist nämlich nach § 648 Abs. 1 S. 3 ZPO bereits ausreichend, wenn die Einwendung dem Rechtspfleger lediglich „*unbegründet erscheint*". Der Gesetzgeber erleichterte damit dem Gericht die Entscheidung über diejenigen materiellen Einwendungen, die den Zeitpunkt des Beginns der Unterhaltszahlung betreffen und räumte ihm insoweit ein pflichtgemäßes, kein freies[606] Ermessen hinsichtlich der Begründetheitsprüfung ein. Der Gesetzgeber wollte diese Einwendungen dem Strengbeweis und insoweit einer formalen Beweiserhebung im vereinfachten Verfahren entziehen. Insbesondere ging es dem Gesetzgeber um die Problematik, ob und wann dem Antragsgegner ein die Forderung rückständi-

---

[600] Vgl. dazu näher unten C. I. 5. a.
[601] Sonnenfeld, DAV 1999, 169 (183).
[602] BT- DruckS 13/ 7338, S. 58.
[603] BT- DruckS 13/ 9596, S. 37.
[604] Vgl. dazu näher unten C. I. 5. b. aa.
[605] Zöller- Philippi, 22. Aufl., § 648 Rn. 6; van Els, Rpfleger 1999, 297 (301).
[606] BT- DruckS 13/ 7338, S. 58.

gen Unterhalts begründendes Auskunftsverlangen oder eine Mahnung zugegangen ist[607] (vgl. § 1613 Abs. 1 S. 1 BGB). Würde auch für diese Einwendung, insbesondere der, der Zugang habe nicht vorgelegen, die volle Überzeugung des Gerichts notwendig sein und damit der Strengbeweis gefordert, so würde hierüber zumeist erst nach einer oftmals langwierigen weil schwierigen Beweisaufnahme entschieden werden[608]. Dies wäre aber mit dem Zweck des vereinfachten Verfahrens nicht vereinbar gewesen. Dieser ist auf schnelle Unterhaltstitulierung ausgerichtet und verlagert etwaige notwendige Korrekturen dieses Titels in das Abänderungsverfahren nach § 654 ZPO[609]. Die Entscheidung des Gerichts bezüglich der Unbegründetheit dieser Einwendungen nach § 648 Abs. 1 S. 1 Nr. 2 ZPO ist somit nach pflichtgemäßem Ermessen möglich, wobei der Rechtspfleger nicht gehindert ist, sich dennoch im Rahmen einer mündlichen Verhandlung und eines Beweistermins die volle Überzeugung mittels Beweiserhebung in Form des Strengbeweises zu verschaffen[610]. Das Gericht kann demnach gemäß dem Sach- und Streitstand entscheiden, wie dieser sich nach dem Vorbringen der Parteien und etwaiger präsenter Beweismittel darstellt. Als solche kommen namentlich in Betracht z.B. die Vorlage einer Durchschrift der Mahnung, des Aufforderungsschreibens, des Posteinlieferungsscheins, aber auch einer eidesstattlichen Versicherung hinsichtlich der ordnungsgemäßen Aufgabe der Schreiben zur Post[611]. Aber auch Erfahrungssätze können zur Entscheidungsfindung herangezogen werden und letzte Zweifel des Rechtspflegers beheben[612].

b. Die Prüfung „qualifizierter" Einwendungen

Anders als bei den Einwendungen nach § 648 Abs. 1 ZPO, prüft das Gericht bei qualifizierten Einwendungen nach § 648 Abs. 2 ZPO grundsätzlich nur, ob diese zulässig sind[613]. Dies ergibt sich unmittelbar aus dem Gesetz, wonach der Unterhalt antragsgemäß festgesetzt wird, wenn *„nach § 648 Abs. 2 ZPO unzulässige Einwendungen erhoben"* werden (649 Abs. 1 S. 1 ZPO), beziehungsweise eine Unterhaltsfestsetzung im vereinfachten Verfahren unterbleibt, soweit diese Einwendungen *„nach § 648 Abs. 2 ZPO zulässig sind"* (§ 650 S. 1 ZPO). Insbesondere ist maßgebend, ob der Antragsgegner die gesetzlich vorgeschriebenen und im Einwendungsvordruck aufgeführten besonderen Anforderungen erfüllt. Dies ist

---

[607] BT- DruckS 13/ 7338, S. 58.
[608] Schumacher/ Grün, FamRZ 1998, 778 (791).
[609] BT- DruckS 13/ 7338, S. 58.
[610] Sonnenfeld, DAV 1999, 169 (183); BT- DruckS 13/ 7338, S. 37.
[611] Dies stellt ein ausreichendes Beweismittel dar, da das Risiko, dass ein ordnungsgemäß zur Post aufgegebener Brief den Adressaten nicht erreicht, nach statistischen Erhebungen außerordentlich gering ist; vgl. BT- DruckS 13/ 7338, S. 58.
[612] Lipp/ Wagenitz, § 648 Rn. 12.
[613] BT- DruckS 13/ 7338, S. 40.

grundsätzlich dann der Fall, wenn der Einwendungsvordruck vollständig ausgefüllt ist und die erforderlichen Anlagen beigefügt sind.
Eine inhaltliche Prüfung der Einwendungen erfolgt dagegen im vereinfachten Verfahren grundsätzlich nicht. Der Rechtspfleger prüft daher insbesondere nicht, ob die Rechtsansicht des Antragsgegners zutrifft und die Einwendungen daher schlüssig oder gar begründet sind. Eine solche umfassende Prüfung wäre dem Rechtspfleger zum einen nicht zumutbar und würde zum anderen gerade auch wegen der oftmals notwendigen umfassenden Beweiserhebung das vereinfachte Verfahren erheblich verzögern. Eine Ausnahme besteht lediglich insoweit, als der Rechtspfleger neben der Zulässigkeit auch zu prüfen hat, ob es sich um unterhaltsrechtlich relevante Einwendungen handelt. Denn im vereinfachten Verfahren können nur solche qualifizierten Einwendungen die Unterhaltsfestsetzung abwehren, die eine gewisse unterhaltsrechtliche Relevanz besitzen[614]. Eine dahingehende inhaltliche, materiellrechtliche Prüfung des Rechtspflegers beschränkt sich aber wohl nur darauf, ob sich die Irrelevanz der Einwendung ganz besonders offenkundig darstellt, die Einwendung somit bereits auf den ersten Blick als unterhaltsrechtlich abwegig erscheint.

5. Die Entscheidung des Rechtspflegers

Die Entscheidung des Gerichts, namentlich des Rechtspflegers, nach Prüfung der Einwendungen, bestimmt sich nach den §§ 647, 648 Abs. 1 S. 3, 649, 650 ZPO.
In jedem Fall legt der Rechtspfleger die Verfahrensakte bis zu dem Tag auf Frist, an dem die Einwendungsfrist seit Zustellung des zulässigen Antrags oder der Mitteilung über seinen Inhalt voraussichtlich verstrichen ist (§ 647 Abs. 1 S. 2 Nr. 2, S. 3 ZPO). Dies gilt auch, wenn der Antragsgegner bereits vor Ablauf dieser Frist Einwendungen erhoben hat, da ein fristgerechtes Nachschieben weiterer Einwendungen und ein Abändern bisher erhobener Einwendungen noch möglich ist[615]. Dieses Abwarten ist deshalb notwendig, da die Entscheidung des Rechtspflegers und der dieser Entscheidung entsprechende weitere Verfahrensgang davon abhängt, ob vom Antragsgegner keine oder nur rechtlich unbeachtliche Einwendungen erhoben werden oder ob von ihm erhobene Einwendungen rechtlich beachtlich sind. Erhebt der Antragsgegner keine Einwendungen oder lediglich solche, die nach § 648 Abs. 1 S. 3 ZPO zurückzuweisen oder nach § 648 Abs. 2 ZPO unzulässig sind, so erlässt der Rechtspfleger den sogenannten Festsetzungsbeschluss

---

[614] Vgl. dazu oben C. I. 3. b. aa.

[615] Zwar ist die Frist des § 647 Abs. 1 S. 2 Nr. 2, S. 3 ZPO keine Ausschlussfrist, sodass Einwendungen bis zur Verfügung des Festsetzungsbeschlusses zu berücksichtigen sind (vgl. § 648 Abs. 3 ZPO), dennoch stellt sie für das Gericht eine zeitliche Markierung dar, ab welcher es in den Entscheidungsprozess eintritt.

nach § 649 ZPO[616]. Werden dagegen beachliche Einwendungen erhoben, d.h. solche, die nicht nach § 648 Abs. 1 S. 3 ZPO zurückzuweisen oder nach § 648 Abs. 2 ZPO unzulässig sind, so wird dies dem Antragsteller mitgeteilt[617]. Hat sich der Antragsgegner zur Zahlung eines bestimmten Unterhalts verpflichtet, so kann über diesen Betrag auf Antrag des Antragstellers ein sogenannter Teilfestsetzungsbeschluss ergehen[618]. Im übrigen unterbleibt eine Unterhaltsfestsetzung im vereinfachten Verfahren und es verbleibt lediglich die Möglichkeit, in das streitige Verfahren überzuleiten[619].

a. Die mündliche Verhandlung

Die Entscheidungen des Rechtspfleger ergeht nach fakultativer mündlicher Verhandlung. Dies gilt gemäß § 649 Abs. 2 ZPO ausdrücklich für den Erlass des Festsetzungsbeschlusses. Aber auch für den in § 650 ZPO geregelten sonstigen Abschluss des vereinfachten Verfahrens kann vom Rechtspfleger nach pflichtgemäßem Ermessen eine mündliche Verhandlung anberaumt werden[620].
Verteidigt sich der Antragsgegner nicht, so bedarf es regelmäßig keiner mündlichen Verhandlung, ebensowenig, wenn er zwar Einwendungen erhoben hat, diese aber zweifellos unerheblich sind. Sind dagegen nicht offensichtlich unbeachtliche Einwendungen erhoben, so kommt es auf deren Qualität an. Wie bereits dargelegt wurde[621], findet im vereinfachten Verfahren eine Sachaufklärung nur hinsichtlich der Einwendungen nach § 648 Abs. 1 ZPO statt, da nur sie einer inhaltlichen Überprüfung durch den Rechtspfleger unterliegen. Auch hinsichtlich dieser Einwendungen bedarf es oftmals keiner mündlichen Verhandlung[622], da die gebotene Anhörung des Antragstellers[623] regelmäßig ausreicht. Eine mündliche Verhandlung empfiehlt sich aber dann, wenn die Einwendungen erheblich wären, würden sie vervollständigt beziehungsweise nachgebessert werden oder wenn zu erwarten ist, dass auf einen zunächst erheblichen Einwand hin der Antragsteller seinen An-

---

616 Ebenso wenn der Einwand fehlender Anlassgebung erhoben wurde. Dies unabhängig davon, ob dieser Einwand zulässig, begründet, unzulässig oder unbegründet ist. Vgl. dazu näher unten C. I. 5. c.

617 Vgl. § 650 S. 1 ZPO und dazu näher unten C. I. 5. c.

618 Vgl. § 650 S. 2 ZPO und dazu näher unten C. I. 5. d.

619 Vgl. § 651 ZPO und dazu näher unten C. I. 7.

620 Lipp/ Wagenitz, § 649 Rn. 5.

621 Vgl. dazu oben C. I. 4.

622 Selbst im Fall des § 648 Abs. 1 S. 1 Nr. 2 ZPO ist eine mündliche Verhandlung wegen der vorgesehenen Beweiserleichterung vielfach entbehrlich. Vgl. hierzu ausführlich Lipp/ Wagenitz, § 649 Rn. 6, 7.

623 Erhebt der Antragsgegner Einwendungen nach § 648 Abs. 1 ZPO, so erfolgt grundsätzlich auch eine Anhörung des Antragstellers. Sind dagegen Einwendungen nach § 648 Abs. 2 ZPO erhoben, so bedarf es keiner solchen Anhörung des Antragstellers und in der Regel auch keiner des Antragsgegners. Vgl. dazu Lipp/ Wagenitz, § 649 Rn. 2, 5.

trag berichtigt und der Einwand aus diesem Grund unerheblich wird[624].

Die mündliche Verhandlung ist nicht öffentlich[625]. In ihr kann der Rechtspfleger auch einen Vergleich protokollieren[626], der über einen höheren Unterhaltsbetrag als 150 % des Regelbetrages geschlossen werden kann[627]. Auch kann der Antragsgegner hierin einen unbegrenzten Unterhaltsbetrag anerkennen, der dann durch entsprechenden Anerkenntnisbeschluss tituliert wird[628].

b. Der Festsetzungsbeschluss gemäß § 649 ZPO

aa. Der Antragsgegner erhebt keine Einwendungen

Erhebt der Antragsgegner keine[629] Einwendungen gegen die beantragte Unterhaltsfestsetzung im vereinfachten Verfahren, so erlässt der Rechtspfleger nach Ablauf der Frist des § 647 Abs. 1 S. 2 Nr. 2, S. 3 ZPO den Festsetzungsbeschluss nach § 649 Abs. 1 ZPO[630]. Er kann in maschineller Form erstellt werden und bedarf dann keiner Unterschrift (§ 658 ZPO).

Der Festsetzungsbeschluss enthält den Ausspruch, dass der Antragsgegner den antragsgemäß festgesetzten Unterhalt an den Unterhaltsberechtigten zu zahlen hat (§ 649 Abs. 1 S. 2 ZPO). Als Unterhaltsberechtigter ist insoweit das materiellrechtlich berechtigte Kind zu bezeichnen[631]. Dies gilt auch in den Fällen, in denen der eine Elternteil als Prozessstandschafter auftritt[632] und sogar dann, wenn der Antragsteller aus übergegangenem Recht vorgeht, da wegen der Individualität des übergegangenen Anspruchs das originär berechtigte Kind zu bezeichnen ist[633].

---

[624] Eine mündliche Verhandlung erscheint auch dann notwendig, wenn der Antragsteller den Zeitpunkt beanstandet, von dem ab Unterhalt geltend gemacht wird und den Zugang der Mahnung bestreitet, da durch die Gewährung rechtlichen Gehörs im schriftlichen Verfahren zu viel Zeit verstreichen würde; Zöller- Philippi, 22. Aufl., § 649 Rn. 2.

[625] Zöller- Philippi, 22. Aufl., § 649 Rn. 2.

[626] Zwar wurde die Möglichkeit eines Vergleichs nicht wie im alten Recht (§ 641r ZPO a.F.) ausdrücklich vorgesehen, jedoch sind keine Gründe ersichtlich, den Abschluss des vereinfachten Verfahrens mittels eines Vergleichs nicht zuzulassen. Vgl. dazu Sonnenfeld, DAV 1999, 169 (184).

[627] Gießler, FPR 1998, 173 (180); Zöller- Philippi, 22. Aufl., § 649 Rn. 2.

[628] Musielak- Borth, § 649 Rn. 2; Zöller- Philippi, 22. Aufl., § 649 Rn. 2.

[629] Da die Einwendungsfrist keine Ausschlussfrist ist (§§ 647 Abs. 1 S. 2 Nr. 2, S. 3, 648 Abs. 3 ZPO), ist maßgebend, dass der Antragsgegner bis zur Verfügung des Festsetzungsbeschlusses keine Einwendung erhebt.

[630] Die Praxis behilft sich insoweit eines Vordrucks (ZP 684a; 6.98), der dem Gericht Raum für zusätzliche Ausführungen lässt. Vgl. Lipp/ Wagenitz, § 649 Rn. 8.

[631] Zöller- Philippi, 22. Aufl., § 649 Rn. 4; MüKo- Coester- Waltjen, ZPO, 2. Aufl., § 649 Rn. 5.

[632] Zöller- Philippi, 22. Aufl., § 649 Rn. 4.

[633] MüKo- Coester- Waltjen, ZPO, 2. Aufl., § 649 Rn. 5.

Der Festsetzungsbeschluss ist den Parteien von Amts wegen entsprechend § 329 Abs. 3 ZPO zuzustellen[634]. Er ist ein Zahlungstitel, aus dem vor dessen Rechtskraft die Zwangsvollstreckung betrieben werden kann (vgl. § 794 Abs. 1 Nr. 2a ZPO). Zu berücksichtigen ist lediglich eine Wartefrist von zwei Wochen nach Zustellung des Beschlusses (vgl. § 798 ZPO). Der Antragsgegner kann im Beschwerde- und im Abänderungsverfahren nach §§ 654, 656 ZPO die einstweilige Aussetzung der Vollziehung entsprechend § 572 ZPO oder die einstweilige Einstellung der Zwangsvollstreckung entsprechend § 769 ZPO erwirken[635].
Der Festsetzungsbeschluss ist gerichtsgebührenpflichtig[636]. Über die Tragung der Gerichtskosten und etwaiger außergerichtlicher Kosten wird im Festsetzungsbeschluss nach Maßgabe der §§ 91 ff. ZPO von Amts wegen entschieden[637]. Bei einer sofortigen Verpflichtung des Antragsgegners zur Zahlung des beantragten Unterhalts trifft den Antragsteller die Kostenlast (§ 93 ZPO). Eine Kostenteilung ist bei sofortiger Teilverpflichtung möglich[638].
Damit ein zusätzliches Kostenfestsetzungsverfahren vermieden wird, sind gemäß § 649 Abs. 1 S. 3 ZPO bereits in dem Beschluss auch die erstattungsfähigen Kosten[639] festzusetzen[640] soweit sie ohne weiteres ermittelt werden können und die Festsetzung der Kosten damit nicht zur Verzögerung der Unterhaltsfestsetzung führt. Andernfalls ergeht der Festsetzungsbeschluss ohne gleichzeitige Kostenfestsetzung. Eine mit dem Festsetzungsbeschluss einhergehende Kostenfestsetzung ergeht insbesondere dann, wenn der Antragsgegner die Angaben des Antragstellers über seine notwendigen Auslagen[641] nicht bestreitet.
Der Antragsteller kann sich hier auf die Mitteilung der zur Berechnung seiner notwendigen Auslagen maßgebenden Angaben beschränken (§ 649 Abs. 1 S. 3 2. HS ZPO). Einer besonderen Glaubhaftmachung des Antrags bedarf es dann nicht[642].
Sind die notwendigen Auslagen dagegen streitig und nicht ohne weiteres festzustellen, so ergeht in der Regel ein nachträglicher Kostenfestsetzungsbeschluss nach den allgemeinen Vorschriften (§§ 103 ff. ZPO)[643].

---

634 Gießler, FPR 1998, 173 (180); Musielak- Borth, § 649 Rn. 3; Zöller- Philippi, 22. Aufl., § 649 Rn. 8.
635 Musielak- Borth, § 649 Rn. 3.
636 Vgl. GKG Anlage 1, Nr. 1800.
637 Claessen, RpflStud 1999, 1 (7); Zöller- Philippi, 22. Aufl., § 649 Rn. 5.
638 Lipp/ Wagenitz, § 648 Rn. 8, § 649 Rn. 10.
639 Gerichtskosten, Anwaltsgebühren und Parteiauslagen.
640 Auch insoweit ist der Beschluss Vollstreckungstitel (vgl. § 794 Abs. 1 Nr. 2a ZPO).
641 Im Fall einer aus § 93 ZPO folgenden Kostenpflicht des Antragstellers empfiehlt sich dies auch dann, wenn der Antragsteller die Angaben des Antragsgegners nicht bestreitet.
642 Lipp/ Wagenitz, § 649 Rn. 11; Zöller- Philippi, 22. Aufl., § 649 Rn. 6; Musielak- Borth, § 649 Rn. 1.
643 Rühl/ Greßmann, Rn. 254.

Der Festsetzungsbeschluss ist mit einer Rechtsbehelfsbelehrung zu versehen, aus der zu ersehen ist, welche Einwendungen die Parteien hiergegen mittels der sofortigen Beschwerde[644] beziehungsweise der Rechtspflegererinnerung[645] vorbringen können und welche Einwendungen im Wege der Abänderungsklage nach § 654 ZPO[646] geltend zu machen sind. Zudem sind die Parteien darüber zu belehren, in welcher Frist und Form dies erfolgen muss[647]. Der unterhaltspflichtige Antragsgegner ist weiter darauf hinzuweisen, dass er die Abänderungsklage nach § 654 ZPO innerhalb eines Monats nach Rechtskraft der Unterhaltsfestsetzung zu erheben hat, wenn er eine rückwirkende Änderung der Festsetzung erreichen will (§ 654 Abs. 2 S. 1 ZPO)[648].

bb. Der Antragsgegner erhebt Einwendungen, die nach § 648 Abs. 1 S. 3 ZPO zurückzuweisen oder nach § 648 Abs. 2 ZPO unzulässig sind

Erhebt der Antragsgegner nach § 648 Abs. 1 S. 3 ZPO zurückzuweisende oder nach § 648 Abs. 2 ZPO unzulässige Einwendungen, so ergeht ebenfalls der Festsetzungsbeschluss nach § 649 Abs. 1 ZPO. Dies gilt auch für den Fall, dass der Antragsteller auf eine zunächst beachtliche Einwendung hin seinen Antrag berichtigt beziehungsweise umstellt und dadurch die Einwendung unbeachtlich wird[649]. Einer förmlichen Zurückweisung dieser Einwendungen bedarf es nicht[650]. Für Einwendungen nach § 648 Abs. 1 S. 1 Nr. 1 und Nr. 3 ZPO ergibt sich dies bereits unmittelbar aus § 648 Abs. 1 S. 3 ZPO[651]. Aber auch bei der Nichtberücksichtigung von Einwendungen nach § 648 Abs. 1 S. 1 Nr. 2 und Abs. 2 ZPO folgt dies hinreichend daraus, dass der Rechtspfleger den Festsetzungsbeschluss erlässt[652].

Für den unbegründeten Einwand, der Antragsgegner habe keinen Anlass zur Stel-

---

644 § 652 ZPO; vgl dazu unten C. I. 6. a. aa.

645 § 11 Abs. 2 RpflG; vgl. dazu unten C. I. 6. a. bb.

646 Vgl. dazu unten C. III. 1.

647 Vgl. dazu die Ausführungen zu den jeweiligen Rechtsbehelfen beziehungsweise Folgeklagen.

648 Zöller- Philippi, 22. Aufl., § 649 Rn. 5; Schumacher/ Grün, FamRZ 1998, 778 (792, 793).

649 Rühl/ Greßmann, Rn. 253; Claessen, RpflStud 1999, 1 (6); Musielak- Borth, § 649 Rn. 1. Anders stellt sich die Rechtslage aber dar, wenn der ergänzende Vortrag des Antragstellers nicht den Antrag nachbessern, sondern vielmehr den erhobenen Einwand als unbegründet zurückweisen soll. Hierin ist regelmäßig nur die Überleitung in das streitige Verfahren durch konkludente Antragstellung zu sehen; vgl. FamRefK- Bäumel, ZPO, § 650 Rn. 4.

650 Firsching/ Graba, 1. HB, 6. Aufl.,Rn. 1242; FamRefK- Bäumel, ZPO, § 648 Rn. 20; Sonnenfeld, DAV 1999, 169 (180, 183); Lipp/ Wagenitz, § 649 Rn. 2; Nickel, DVP 2000, 50 (54); BT- DrucksS 13/ 7338, S. 40; Schumacher/ Grün, FamRZ 1998, 778 (792); Günther, Kind-Prax 1999, 35 (38).

651 Für Einwendungen nach § 648 Abs. 1 ZPO vgl. Wortlaut des § 648 Abs. 1 S. 3 ZPO („*weist das Gericht mit dem Festsetzungsbeschluss zurück*").

652 Schumacher/ Grün, FamRZ 1998, 778 (792); Günther, Kind- Prax 1999, 35 (38); MüKo-Coester- Waltjen, ZPO, 2. Aufl., § 649 Rn. 3.

lung des Antrags gegeben (§ 648 Abs. 1 S. 2 ZPO), folgt dies wegen der Nichtanwendbarkeit des § 648 Abs. 1 S. 3 ZPO auf diesen Einwand[653] aus dessen rechtlicher Natur. Da es sich um einen Einwand handelt, der lediglich die Kostenlast betrifft und auf die Unterhaltsfestsetzung keinen Einfluss hat, entscheidet der Rechtspfleger hierüber lediglich im Rahmen der Kostenverteilung[654]. Insoweit genügt daher für dessen Zurückweisung, dass der Rechtspfleger die zur Unbegründetheit führenden Gründe im Rahmen der Kostenentscheidung mitteilt und die Kosten dem Antragsgegner nach § 91 Abs. 1 S. 1 ZPO auferlegt[655].

Ohne dass es somit einer ausdrücklichen Entscheidung im Tenor bedarf, sind mit Erlass des Festsetzungsbeschlusses zugleich die Einwendungen des Antragsgegners gegen die beantragte Unterhaltsfestsetzung zurückgewiesen[656]. Gleichwohl darf der Rechtspfleger Einwendungen des Antragsgegners nicht stillschweigend übergehen. Vielmehr bedarf es eines Eingehens hierzu in den Entscheidungsgründen und einer Mitteilung der Gründe, die zu der Zurückweisung führen[657].

c. Der Verfahrensgang bei begründeten und/ oder begründet erscheinenden und zulässigen Einwendungen

Werden vom Antragsgegner nach § 648 Abs. 1 S. 3 ZPO begründete beziehungsweise begründet erscheinende oder nach § 648 Abs. 2 ZPO zulässige Einwendungen gegen die beantragte Unterhaltsfestsetzung im vereinfachten Verfahren erhoben, so kann ein Festsetzungsbeschluss über die volle Unterhaltshöhe grundsätzlich[658] nicht ergehen. Das weitere Verfahren bestimmt sich in diesen Fällen daher nicht nach § 649 ZPO, sondern alleine nach § 650 ZPO.

Lediglich hinsichtlich des Einwands fehlender Anlassgebung (§ 648 Abs. 1 S. 2 ZPO) erfolgt auch bei dessen Begründetheit ein Festsetzungsbeschluss gemäß § 649 ZPO in voller Höhe[659], da dieser Einwand nur für die Kostenentscheidung

---

[653] Der Wortlaut des § 648 Abs. 1 S. 3 ZPO erfasst ausdrücklich nur Einwendungen nach § 648 Abs. 1 S. 1 ZPO; Zöller- Philippi, 22. Aufl., § 648 Rn. 6.

[654] B/ L- Albers, 59. Aufl., § 648 Rn. 8.

[655] Zöller- Philippi, 22. Aufl., § 648 Rn. 6.

[656] Lipp/ Wagenitz, § 649 Rn. 2; Sonnenfeld, DAV 1999, 169 (180, 183); Nickel, DVP 2000, 50 (54).

[657] Firsching/ Graba, 1. HB, 6. Aufl.,Rn. 1242; FamRefK- Bäumel, ZPO, § 648 Rn. 20. Nach Zöller- Philippi, 22. Aufl., § 648 Rn. 4, bedarf es sogar einer ausdrücklichen Zurückweisung der Einwendungen in den Entscheidungsgründen.

[658] Werden dagegen zunächst beachtliche Einwendungen erhoben, auf die hin der Antragsteller seinen Antrag berichtigt, so ergeht in diesem Fall ein Festsetzungsbeschluss nach § 649 Abs. 1 ZPO. Auch bei Einwendungen, die sich nur gegen Übertragungs- und Berechnungsfehler des Gerichts richten, ergeht unter Vermeidung dieser gerügten Mängel ein Festsetzungsbeschluss; vgl. Lipp/ Wagenitz, § 649 Rn. 3.

[659] Im Falle einer sofortigen Teilverpflichtung im Rahmen des § 648 Abs. 1 S. 2 ZPO, ergeht der Teilfestsetzungsbeschluss gleichfalls nach § 649 ZPO, nicht nach § 650 S. 2 ZPO; Lipp/ Wagenitz, § 648 Rn. 8.

relevant ist und die Unterhaltsfestsetzung als solche nicht betrifft[660].
Sind Einwendungen erhoben, die nach § 648 Abs. 1 S. 3 ZPO begründet sind oder begründet erscheinen oder nach § 648 Abs. 2 ZPO zulässig sind, so teilt „*dies*"[661] der Rechtspfleger dem Antragsteller mit und weist ihn auf die Möglichkeit hin, das streitige Verfahren durchzuführen (§§ 650 S. 1, 651 Abs. 1 S. 2 ZPO). Eine Mitteilung an den Antragsgegner erfolgt dagegen nicht[662].
Welchen Mitteilungsinhalt das Gesetz mit der Bezeichnung „*dies*" konkret vorsieht und in welcher Form die Mitteilung zu erteilen ist, wird mangels genauer gesetzlicher Vorgaben in der Literatur[663] nicht einheitlich beantwortet.
Zunächst muss die Mitteilung den Antragsteller in die Lage versetzen, sich über sein weiteres Vorgehen, insbesondere über die Chancen einer weiteren Rechtsverfolgung im streitigen Verfahren, Klarheit zu verschaffen[664]. Sie kann sich daher nicht in dem bloßen Hinweis erschöpfen, der Antragsgegner habe Einwendungen erhoben, die eine Unterhaltsfestsetzung hindern. Vielmehr hat die Mitteilung im einzelnen zu bezeichnen[665], dass und warum die Einwendungen nach Auffassung des Rechtspflegers nicht zurückzuweisen gewesen seien[666] und, dass auf Antrag einer Partei das streitige Verfahren durchgeführt wird[667] und im Fall der teilweisen Anerkennung (vgl. §§ 648 Abs. 2 S. 1, 2 ZPO) der Unterhalt im anerkannten Umfang auf Antrag des Antragstellers hin bereits im vereinfachten Verfahren festgesetzt werden kann[668].
In der Literatur besteht Uneinigkeit, ob diese durch Beschluss[669] zu fassende Mitteilung an den Antragsteller förmlich zuzustellen ist[670] oder ob eine formlose

---

660 Zöller- Philippi, 22. Aufl., § 650 Rn. 1; Lipp/ Wagenitz, § 649 Rn. 4.
661 Vgl. § 650 S. 1 ZPO.
662 Dies ist gesetzlich nicht vorgesehen und rechtfertigt sich wegen des auch dem Antragsgegner zustehenden Antragsrecht auf Durchführung des streitigen Verfahrens (vgl. unten C. I. 7. a. aa.) nur daraus, dass der Antragsgegner hierzu seltenst Anlass haben wird und daher ein genereller Hinweis entbehrlich ist; vgl. Zöller- Philippi, 22. Aufl., § 651 Rn. 1.
663 Vgl. beispielshaft: van Els, Rpfleger 1999, 297 (301); FamRefK- Bäumel, ZPO, § 650 Rn. 2, 3; Gießler, FPR 1998, 177 (180); Zöller- Philippi, 22. Aufl., § 650 Rn. 2, 3. Eine Stellungnahme der Rechtsprechung steht zu dieser Frage noch nicht zur Verfügung.
664 Lipp/ Wagenitz, § 650 Rn. 2.
665 Claessen, RpflStud 1999, 1 (6); Lipp/ Wagenitz, § 650 Rn. 2; van Els, Rpfleger 1999, 297 (301); a.A. Zöller- Philippi, 22. Aufl., § 650 Rn. 2; BT- DruckS 13/ 7338, S. 41.
666 Van Els, Rpfleger 1999, 297 (301); FamRefK- Bäumel, ZPO, § 650 Rn. 2.
667 § 651 Abs. 1 S. 2 ZPO
668 § 650 S. 2, 3 ZPO.
669 Schumacher/ Grün, FamRZ 1998, 778 (793); Gießler, FPR 1998, 177 (180); Göppinger/ Wax, 7. Aufl., Rn. 2194; Weber, NJW 1998, 1992 (2002); wohl auch van Els, Rpfleger 1999, 297 (301).
670 Gießler, FPR 1998, 177 (180); T/ P, 23. Aufl., § 650 Rn. 2, 3; Göppinger/ Wax, 7. Aufl., Rn. 2194; Sonnenfeld, DAV 1999, 169 (181).

Übermittlung[671] ausreicht. Entscheidend für die Beantwortung dieser Frage ist, ob die Mitteilung eine sogenannte eigentliche[672] Frist im Sinne des § 329 Abs. 2 S. 2 ZPO in Lauf setzt oder nicht, da es nur im ersteren Fall einer förmlichen Zustellung an den Antragsteller bedarf.
Das Gesetz bestimmt in § 651 Abs. 3 ZPO, dass im Falle der Erhebung des Antrags auf Durchführung des streitigen Verfahrens vor Ablauf von sechs Monaten[673] nach Zugang dieser Mitteilung[674] der Rechtsstreit als mit Zustellung des Festsetzungsantrags rechtshängig geworden gilt (vgl. § 651 Abs. 3 ZPO). Entscheidend ist somit, ob diese erwähnten sechs Monate eine eigentliche Frist im Sinne des § 329 Abs. 2 S. 2 ZPO darstellen.
Eigentliche Fristen bestimmen Zeiträume zur Vornahme einer Parteihandlung (Handlungsfristen) oder als Vorbereitungszeit (Zwischenfrist)[675]. Handlungsfristen sind Mittel zur Prozessförderung und können zum Zweck der Rechtsklarheit als Ausschlussfristen ausgestaltet sein, deren Verstreichenlassen in der Regel Ausschlusswirkung zukommt[676]. Demgegenüber sind uneigentliche Fristen die im Gesetz vorgesehenen Zeiträume, innerhalb derer das Gericht Amtshandlungen vorzunehmen hat oder während derer ein Verfahren ausgesetzt ist[677].
Die in § 651 Abs. 3 ZPO festgelegte Frist von sechs Monaten stellt demnach eine Handlungsfrist im Sinne des § 329 Abs. 2 S. 2 ZPO dar, da sie eine Zeitspanne festlegt, innerhalb derer der Antragsteller die Prozesshandlung - Antrag auf Durchführung des streitigen Verfahrens – vorzunehmen hat[678]. Beantragt der Antragsteller die Überleitung in das streitige Verfahren erst nach Ablauf dieser sechs Monate, so tritt Rechtshängigkeit erst mit Zustellung dieses Antrags ein[679]. Die unmittelbare Prozesswirkung - rückwirkende Rechtshängigkeit - ist dann ausgeschlossen.

---

[671] Zöller- Philippi, 22. Aufl., § 650 Rn. 5; van Els, Rpfleger 1999, 297 (301); MüKo- Coester-Waltjen, ZPO, 2. Aufl., § 650 S. 2 ZPO.
[672] Die Ausnahmeregelung des § 329 Abs. 2 S. 2 ZPO kommt grundsätzlich nur bei sogenannten eigentlichen Fristen zur Anwendung, nicht bei sogenannten uneigentlichen Fristen; B/ L-Hartmann, 59. Aufl., § 329 Rn. 32.
[673] Für die Fristberechnung gilt § 222 ZPO; T/ P, 23. Aufl., § 651 Rn. 8.
[674] Voraussetzung für die Wirkung des § 651 Abs. 3 ZPO ist nicht, dass der Antrag innerhalb dieser Frist dem Antragsgegner zugestellt wird, sondern dass er fristgerecht bei Gericht eingeht; Lipp/ Wagenitz, § 651 Rn. 14.
[675] B/ L- Hartmann, 59. Aufl., Übersicht § 214 Rn. 10; Zöller- Stöber, 22. Aufl., Vor § 214 Rn. 2, 3; T/ P, 23. Aufl., Vor § 214 Rn. 7, 8.
[676] Zöller- Stöber, 22. Aufl., Vor § 214 Rn. 3.
[677] B/ L- Hartmann, 59. Aufl., Übersicht § 214 Rn. 11; Zöller- Stöber, 22. Aufl., Vor § 214 Rn. 6.
[678] Die Bezugnahme von Zöller- Philippi, 22. Aufl., § 650 Rn. 5 auf die Rechtslage bei § 614 Abs. 4 ZPO und § 234 Abs. 3 ZPO vermag daher nicht zu überzeugen, da es sich dort um uneigentliche Fristen handelt (B/ L- Hartmann, 59. Aufl., Übersicht § 214 Rn. 11) und somit mit der Regelung in § 651 Abs. 3 ZPO nicht vergleichbar sind.
[679] Lipp/ Wagenitz, § 651 Rn. 14.

Gemäß § 329 Abs. 2 S. 2 ZPO bedarf es daher einer förmlichen Zustellung der Mitteilung an den Antragsteller[680].
Sind somit Einwendungen im Sinne von § 650 S. 1 ZPO erhoben, so erfolgt keine Unterhaltsfestsetzung. Aber auch eine förmliche Zurückweisung des Antrags auf Unterhaltsfestsetzung ist in § 650 ZPO nicht vorgeschrieben. Etwas anderes ist nur für den Fall bestimmt, dass begründete Einwendungen gegen die Zulässigkeit des Antrags erhoben wurden. In diesen Fällen wird der Antrag gemäß § 646 Abs. 2 ZPO förmlich zurückgewiesen[681]. In allen übrigen Fällen, in denen nach § 648 Abs. 1 S. 3 ZPO begründete oder begründet erscheinende oder nach § 648 Abs. 2 ZPO zulässige Einwendungen erhoben wurden, fehlt dagegen eine solche gesetzliche Zurückweisungsnorm, sodass eine förmliche Zurückweisung des Antrags nicht notwendig und daher unzulässig erscheint[682].
Fraglich ist aber, ob dies auch für den Einwand vollständiger Leistungsunfähigkeit nach § 648 Abs. 2 S. 3 ZPO gilt, wenn der Rechtspfleger die Leistungsunfähigkeit für nachgewiesen hält. Vereinzelt[683] wird in diesem Fall, entgegen § 650 ZPO, eine förmliche Zurückweisung des Antrags für erforderlich gehalten, da aus Sicht des Gerichts materiellrechtlich kein Unterhaltsanspruch bestehe und eine Festsetzung somit generell ausscheide. Gegen diese Zurückweisung könne der Antragsteller dann die Rechtsmittel nach § 567 Abs. 1 ZPO und § 11 Abs. 1 RpflG erheben[684].
Dieser Ansicht kann jedoch nicht gefolgt werden. Zum einen bestimmt sich das weitere Verfahren bei beachtlichen Einwendungen allein nach § 650 ZPO, der zwingend den Verfahrensablauf regelt. Dies gilt mangels abweichender Regelungen auch für den Einwand vollständiger Leistungsunfähigkeit[685]. Wie bereits dargelegt wurde[686], beschränkt sich die Prüfung der Einwendungen nach § 648 Abs. 2 ZPO auf deren Zulässigkeit. Sind sie zulässig, so erfolgt grundsätzlich keine Unterhaltsfestsetzung im vereinfachten Verfahren und der Antragsteller wird auf die Möglichkeit des streitigen Verfahrens verwiesen (§ 650 S. 1 ZPO). Allein der Umstand, dass der Rechtspfleger diese Einwendungen für begründet erachtet, än-

---

680 Gießler, FPR 1998, 177 (180); T/ P, 23. Aufl., § 651 Rn. 2; Göppinger/ Wax, 7. Aufl., Rn. 2194; Sonnenfeld, DAV 1999, 169 (181).

681 Vgl. dazu oben C. I. 2. b.

682 So Günther, Kind- Prax 1999, 35 (38); Sonnenfeld, DAV 1999, 169 (182); FamRefK- Bäumel, ZPO, § 649 Rn. 5; Zöller- Philippi, 22. Aufl., § 650 Rn. 2; Lipp/ Wagenitz, § 649 Rn. 5; T/ P, 23. Aufl., § 648 Rn. 10.

683 Knittel, DAV 1998, 177 (185); Schulz, FuR 1998, 385 (388); Firsching/ Graba, 1. HB, 6. Aufl., Rn. 1245.

684 Schulz, FuR 1998, 385 (388). A.A. Firsching/ Graba, 1. HB, 6. Aufl.,Rn. 1245, wonach wegen Einheitlichkeit der Entscheidung bei einem Rechtsmittel des Antragsgegners und Antragstellers die sofortige Beschwerde nach § 652 Abs. 1 ZPO der zutreffende Rechtsbehelf sei.

685 FamRefK- Bäumel, ZPO, § 649 Rn. 5.

686 Vgl. dazu oben C. I. 4. b.

dert an diesem Verfahrensablauf nichts[687].
Zudem würde eine förmliche Zurückweisung des Antrags den Antragsteller ohne ersichtlichen Grund in der Möglichkeit beschneiden, in das streitige Verfahren überzuleiten und ihn auf ein völlig neues Klageverfahren (§ 567 Abs. 1 ZPO, § 11 Abs. 1 RpflG) verweisen[688]. Dies würde dem System des vereinfachten und streitigen Verfahrens und insbesondere der Regelung des § 651 Abs. 3 ZPO – rückwirkende Rechtshängigkeit des Rechtsstreits - widersprechen[689].
Eine förmliche Zurückweisung des Antrags erfolgt daher auch dann nicht, wenn der Antragsgegner den Einwand vollständiger Leistungsunfähigkeit erhebt und diesen belegt[690]. Auch in diesem Fall ergeht somit lediglich die Mitteilung nach §§ 650 S. 1, 3, 651 Abs. 1 S. 2 ZPO.
Hält der Antragsteller die Weigerung des Rechtspflegers, den Unterhalt antragsgemäß festzusetzen, rechtlich für nicht haltbar, so kann er lediglich die Überleitung in das streitige Verfahren beantragen (§ 651 Abs. 1 S. 1 ZPO). Die Rechtspflegererinnerung (§ 11 Abs. 2 RpflG) ist ihm dagegen verschlossen, da das streitige Verfahren als spezielles Rechtsmittel im Sinne des § 11 Abs. 1, 2 RpflG anzusehen ist[691].

d. Die Teilfestsetzung gemäß § 650 S. 2 ZPO

Für den Fall, dass sich der Antragsgegner im Zusammenhang mit der Erhebung von Einwendungen im Sinne des § 648 Abs. 2 S. 1, 2 ZPO zur Zahlung eines Unterhaltsteilbetrages verpflichtet hat, kann der Antragsteller beantragen, dass insoweit bereits eine Unterhaltsfestsetzung erfolgt (§ 650 S. 2 ZPO).
Auf diesen sogenannten Teilfestsetzungsbeschluss sind die Vorschriften über den Festsetzungsbeschluss, insbesondere § 649 ZPO, entsprechend anwendbar[692]. Der Teilfestsetzungsbeschluss ist somit ebenso wie der Festsetzungsbeschluss Vollstreckungstitel. Er ergeht jedoch gerichtskostenfrei[693] und enthält weder eine Kostenentscheidung noch eine Kostenfestsetzung, da es sich um eine Teilentscheidung handelt und die Kostenentscheidung der im streitigen Verfahren ergehenden Endentscheidung vorbehalten ist (§ 651 Abs. 5 ZPO). Dies ist für den Fall unproblematisch, dass der Antragsteller wegen des noch offenen Unterhaltsbetrages tatsächlich in das streitige Verfahren überleitet. Die Kosten des vereinfachten Ver-

---

687 FamRefK- Bäumel, ZPO, § 649 Rn. 5.
688 Lipp/ Wagenitz, § 649 Rn. 5; FamRefK- Bäumel, ZPO, § 649 Rn. 5
689 FamRefK- Bäumel, ZPO, § 649 Rn. 5.
690 Zöller- Philippi, 22. Aufl., § 650 Rn. 2; Günther, Kind- Prax 1999, 35 (38); FamRefK- Bäumel, ZPO, § 649 Rn. 5; Lipp/ Wagenitz, § 649 Rn. 5; Sonnenfeld, DAV 1999, 169 (182).
691 Günther, Kind- Prax 1999, 35 (38); vgl. hierzu ausführlich unten C. I. 6. a. aa./ bb.
692 MüKo- Coester- Waltjen, ZPO, 2. Aufl., § 650 Rn. 1.
693 BT- DrucksS 13/ 9596, S. 38.

fahrens werden dann als Kosten des streitigen Verfahrens behandelt[694]. Belässt es der Antragsteller dagegen bei dem festgesetzten Teilbetrag, verzichtet er somit auf das streitige Verfahren bezüglich des noch offenen Betrages, oder ist die Überleitung in das streitige Verfahren ungewiss, etwa, weil der Antragsteller sich noch nicht entschieden hat, das streitige Verfahren zu betreiben, so ruht das vereinfachte Verfahren und die Akten sind wegzulegen. In diesem Fall kann auf Antrag einer Partei nach §§ 92, 91a, 98 ZPO je nach Beendigungssituation eine Kostenentscheidung ergehen[695].
Im übrigen wird auf die zum Festsetzungsbeschluss gemachten Ausführungen verwiesen[696].
Der Antragsteller erhält im Fall des § 650 S. 2 ZPO somit bereits im vereinfachten Verfahren einen Vollstreckungstitel zumindest über einen Teil seines geltend gemachten Unterhalts. Diese Teilfestsetzung ist aber durch die Verpflichtungserklärung des Antragsgegners limitiert. Dies gilt für die Höhe des Unterhalts aber auch für die Wahl zwischen statischem oder dynamisiertem und im Fall des § 1612a BGB für die dort genannten Varianten. Das Kind kann mit seinem Teilfestsetzungsantrag somit nur den vom Antragsgegner in der Verpflichtungserklärung gewollten Unterhaltsoptionen folgen[697]. Den über diese Optionen hinausgehenden Unterhaltsanspruch kann der Antragsteller nur im streitigen Verfahren weiter verfolgen.
Es besteht jedoch keine Verpflichtung des Antragstellers, die Teilfestsetzung zu beantragen[698]. Er kann daher auch auf eine Teilfestsetzung verzichten und insgesamt den Anspruch in das streitige Verfahren überleiten. Im Rahmen der Prozesskostenhilfe wird sich dies jedoch, für den anerkannten Teil, als mutwillig im Sinne des § 114 ZPO darstellen, da die Teilfestsetzung gemäß § 650 S. 2 ZPO ein kostengünstigeres Mittel darstellt[699].

Unabhängig von dem Recht des Antragstellers auf Teilfestsetzung gemäß § 650 S. 2 ZPO kann auch der Antragsgegner den von ihm anerkannten Betrag nach

---

694 Lipp/ Wagenitz, § 650 Rn. 4.
695 MüKo- Coester- Waltjen, ZPO, 2. Aufl., § 650 Rn.2; Sonnenfeld, DAV 1999, 169 (184). Die abweichende Ansicht von Lipp/ Wagenitz, § 650 Rn. 4, wonach Antragsteller wie Antragsgegner in diesem Fall das streitige Verfahren allein mit dem Ziel einer Kostenentscheidung beantragen können sollen, ist abzulehnen. Das streitige Verfahren nur mit dem Ziel, die Entscheidung über die Kosten des vereinfachten Verfahrens herbeizuführen, ist nicht statthaft. Insbesondere fehlt es an einem Streitpunkt, für dessen Klärung es einer Überleitung in das streitige Verfahren bedarf. Zumindest fehlt es am Rechtschutzbedürfnis, da eine Klärung im vereinfachten Verfahren einfacher und schneller ist.
696 Vgl. oben C. I. 5. b.
697 Lipp/ Wagenitz, § 650 Rn. 3.
698 FamRefK- Bäumel, ZPO, § 650 Rn. 2.
699 FamRefK- Bäumel, ZPO, § 650 Rn. 5. Vgl. zur Prozesskostenhilfe unten C. VII. 3.

§ 59 Abs. 1 Nr. 9 SGB VIII kostenlos titulieren lassen[700]. Eine solche Urkundserrichtung ist ihm jederzeit und unabhängig vom Verfahrensstand möglich.
Erfolgt sie erst nach Einleitung des vereinfachten Verfahrens, so bleibt dieses dennoch insgesamt statthaft[701].
Der Antragsteller kann das vereinfachte Verfahren aber auch nur für den nicht titulierten Spitzenbetrag weiterführen[702]. Erhebt der Antragsgegner insoweit keine Einwendungen und beantragt der Antragsteller ebenfalls nicht die Durchführung des streitigen Verfahrens, so erfolgt für den nicht titulierten Spitzenbetrag die Unterhaltsfestsetzung gemäß § 649 ZPO[703]. In diesem Fall ist aber nicht gemäß § 651 Abs. 4 ZPO ein Gesamtbetrag zu bestimmen und die bereits erfolgte Teiltitulierung aufzuheben. Dies wäre nur dann der Fall, wenn die Titulierung des Sockelbetrags durch Festsetzung im vereinfachten Verfahren erfolgt wäre[704]. Bei Titelerrichtung außerhalb des vereinfachten Verfahrens ist im Interesse der Bestimmtheit des Vollstreckungstitels klarzustellen, dass nur der Spitzenbetrag tituliert wird. Dies folgt dem im ähnlichen Fall einer Zusatzklage geltenden Prinzip, dass, wenn in einem vorangegangenen Verfahren nur ein Teilbetrag des Unterhalts tituliert worden ist und sodann eine Zusatzklage erhoben wird, dies in der Urteilsformel zum Ausdruck zu bringen ist, indem nicht „in Abänderung des früheren Urteils", sondern über den bereits abgeurteilten Teilbetrag hinaus zu dem für Recht erkannten Mehrbetrag verurteilt wird[705]. Dies ist auch bei der Festsetzung im vereinfachten Verfahren zu beachten, sodass im Festssetzungsbeschluss auf die Existenz eines weiteren Unterhaltstitels sowie auf den Sockelbetrag hinzuweisen ist[706].

---

700 Dies kommt jedoch wohl nur dann in Betracht, wenn der Antragsteller die Teiltitulierung im vereinfachten Verfahren (§ 650 S. 2 ZPO) als zu niedrig ablehnt; vgl. Gerhardt, FuR 1998, 145 (147).

701 Zwar findet das vereinfachte Verfahren nicht statt, soweit bereits ein zur Zwangsvollstreckung geeigneter Schuldtitel errichtet wurde (§ 645 Abs. 2 ZPO), jedoch ist maßgeblicher Zeitpunkt hierfür die Einleitung des vereinfachten Verfahrens. Später errichtete Schuldtitel stehen der Durchführung des vereinfachten Verfahrens nicht entgegen. Vgl. dazu oben C. I. 1. c. cc.

702 Hierfür bedarf es lediglich einer dies ausdrückenden Erklärung des Antragstellers; vgl. OLG Zweibrücken, FamRZ 2000, 1160 (1161). Hinsichtlich des titulierten Betrages kann das Kind das vereinfachte Verfahren entsprechend den allgemeinen prozessualen Regeln für erledigt erklären oder den Festsetzungsantrag entsprechend § 269 ZPO zurücknehmen; vgl. Fn. 389.

703 OLG Zweibrücken, FamRZ 2000, 1160 (1161).

704 Vgl. Wortlaut des § 650 Abs. 4 ZPO („*Ist ein Festsetzungsbeschluss nach § 650 S. 2 ZPO vorausgegangen* (...)").

705 BGH, FamRZ 1991, 925.

706 Ergeht eine solche Titulierung nicht, so kann insoweit die Korrekturklage gemäß § 654 ZPO erhoben oder die Ergänzung des Festsetzungsbeschlusses entsprechend § 321 ZPO beantragt werden. Vgl. insgesamt OLG Zweibrücken, FamRZ 2000, 1160 (1161).

6. Die Rechtsmittel im vereinfachten Verfahren

a. Die Rechtsmittel gegen den Festsetzungsbeschluss nach § 649 ZPO

Gegen den Festsetzungsbeschluss nach § 649 ZPO findet dem Wortlaut des § 652 Abs. 1 ZPO nach das Rechtsmittel der sofortigen Beschwerde statt. Bei Erlass des KindUG war diese sofortige Beschwerde wegen der Entscheidungszuständigkeit des Rechtspflegers im vereinfachten Verfahren noch als sogenannte Rechtspflegererinnerung nach § 11 Abs. 1 S. 1, 2 RpflG a.F. ausgestaltet[707]. Diese Rechtspflegererinnerung stellte einen „mehrstufigen" Rechtsbehelf dar, um dem Umstand Rechnung zu tragen, dass der Rechtspfleger an Stelle des Prozessgerichts entschieden hatte. Die Besonderheit dieser modifizierten sofortigen Beschwerde lag insbesondere darin, dass der Rechtspfleger ihr in Kostenfestsetzungsentscheidungen gemäß §§ 11 Abs. 2 2. HS, 21 Nr. 1, 2 RpflG a.F. abhelfen konnte, beziehungsweise abzuhelfen hatte. Half der Rechtspfleger der Erinnerung nicht ab oder bestand, wie gegen alle übrigen Rechtspflegerentscheidungen, eine Abhilfebefugnis nicht[708], so legte er sie dem zuständigen Richter vor. Dieser entschied endgültig, wenn, hätte er an Stelle des Rechtspflegers entschieden, kein Rechtsmittel gegeben wäre (§ 11 Abs. 2 S. 3 2. Alt. RpflG a.F.). Ansonsten nur, wenn er die Erinnerung für zulässig und begründet hielt (§ 11 Abs. 2 S. 3 1. Alt. RpflG a.F.). Hielt er dagegen die Erinnerung für unzulässig oder unbegründet, so legte er sie dem Beschwerdegericht zur Entscheidung vor[709].

Diese Rechtslage wurde durch das 3. Gesetz zur Änderung des Rechtspflegergesetzes vom 06.08.1998[710] aufgehoben. Mit dieser Novellierung des Rechtspflegergesetzes, insbesondere des § 11 RpflG, wurde auf die eben dargestellte Rechtspflegererinnerung als modifizierte sofortige Beschwerde vollständig verzichtet[711]. Zwar ist gegen die Entscheidung des Rechtspflegers auch weiterhin die Erinnerung mit der Möglichkeit der Abhilfe statthaft, jedoch gilt dies nur in den Fällen, in denen nach den allgemeinen verfahrensrechtlichen Vorschriften kein Rechtsmittel gegeben ist (§ 11 Abs. 2 S. 1 RpflG). Ist demgegenüber ein Rechtsmittel nach den allgemeinen verfahrensrechtlichen Vorschriften zulässig, so ist dies auch gegen die Entscheidung des Rechtspflegers gegeben (§ 11 Abs. 1 RpflG). Das neue Recht trennt somit strikt zwischen der nunmehr subsidiären Rechtspflegererinnerung nach § 11 Abs. 2 RpflG und den speziellen Rechtsmit-

---

[707] Vgl. hierzu ausführlich Dallmayer/ Eickmann, § 11 Rn. 1, 6 ff.; Bassenge/ Herbst, 8. Aufl., § 11 Rn. 1 ff., 26 ff.

[708] Vgl. §§ 11 Abs. 2 S. 1 2. HS, 21 Nr. 1, 2 RpflG a.F.

[709] Vgl. § 11 Abs. 2 S. 5 RpflG a.F.

[710] 3. Gesetz zur Änderung des Rechtspflegergesetzes und anderer Gesetze, BGBl. 1998 I, S. 2030 ff., in Kraft seit 01.10.1998.

[711] Für die Anfechtung von Entscheidungen des Rechtspflegers, die vor dem 01.10.1998 verkündet oder, wenn eine Verkündung nicht stattgefunden hat, der Geschäftsstelle übergeben worden sind, gilt § 11 RpflG in der vor dem 01.10.1998 geltenden Fassung; vgl. § 39 RpflG.

teln nach den allgemeinen verfahrensrechtlichen Vorschriften.
Aufgrund dieser Neuregelung des Rechtspflegergesetzes findet somit gegen den Festsetzungsbeschluss im vereinfachten Verfahren grundsätzlich[712] nur das „unmodifizierte“ Rechtsmittel der sofortigen Beschwerde gemäß §§ 652, 577 ZPO statt.

aa. Die sofortige Beschwerde gemäß § 652 ZPO

Wie gerade dargestellt wurde, ist die sofortige Beschwerde gegen Entscheidungen des Rechtspflegers nicht mehr als Rechtspflegererinnerung ausgestaltet, sodass sich auch dieses Rechtsmittel gegen den Festsetzungsbeschluss grundsätzlich nur nach den allgemeinen Vorschriften der §§ 577, 567 ff. ZPO und den speziellen Normen des vereinfachten Verfahrens, insbesondere § 652 ZPO und § 657 ZPO, bestimmt.
Daher ist die sofortige Beschwerde binnen einer Notfrist von zwei Wochen ab Zustellung des Festsetzungsbeschlusses wahlweise beim Familiengericht oder beim Beschwerdegericht einzulegen (§ 577 Abs. 2 ZPO)[713]. Beschwerdegericht ist das Oberlandesgericht (§§ 119 Abs. 1 Nr. 2, 23b Abs. 1 Nr. 5 GVG). Dennoch besteht gemäß § 78 Abs. 3 ZPO kein Anwaltszwang, da § 657 ZPO, wonach Anträge und Erklärungen im vereinfachten Verfahren vor dem Urkundsbeamten der Geschäftsstelle abgegeben werden können, auch im Beschwerdeverfahren gilt[714]. Eine weitere Beschwerde ist gemäß §§ 652 Abs. 1, 577 Abs. 1, 568 Abs. 2 S. 1 ZPO ausgeschlossen.

(1.) Die Beschwer

Voraussetzung für die Zulässigkeit der sofortigen Beschwerde ist zunächst eine Beschwer[715]. Um die Besonderheiten des vereinfachten Verfahrens auch in der Rechtmittelinstanz zu erhalten, beschränkt § 652 Abs. 2 ZPO die Geltendmachung der sofortigen Beschwerde auf die dort genannten Beschwerdegründe. Demnach können mit der sofortigen Beschwerde *„nur die in § 648 Abs. 1 ZPO bezeichneten Einwendungen, die Zulässigkeit von Einwendungen nach § 648 Abs. 2 ZPO sowie die Unrichtigkeit der Kostenfestsetzung geltend gemacht werden*“. Andere

---

[712] Zur ausnahmsweise statthaften Rechtspflegererinnerung gemäß § 11 RpflG vgl. unten C. I. 6. a. bb.

[713] Im Rahmen dieser Arbeit werden nachfolgend nur die sich aus dem vereinfachten Verfahren ergebenden Besonderheiten der sofortigen Beschwerde dargestellt. Hinsichtlich der übrigen Merkmale der sofortigen Beschwerde nach § 577 ZPO vgl. beispielshaft T/ P, 23. Aufl., § 577, 567 ff.; MüKo- Braun, ZPO, 2. Aufl., § 577 Rn. 1 ff., §§ 570 ff.

[714] MüKo- Coester- Waltjen, ZPO, 2. Aufl., § 652 Rn. 1; B/ L- Albers, 59. Aufl., § 657 Rn. 1; OLG Frankfurt, Rpfleger 1999, 268.

[715] Vgl. zur Beschwer allgemein T/ P, 23. Aufl., Vor § 511 Rn. 16 ff.; MüKo- Braun, ZPO, 2. Aufl., § 567 Rn. 12 ff.

Einwendungen führen daher insoweit zur Verwerfung der sofortigen Beschwerde als unzulässig, können aber im Wege der Abänderungsklage nach § 654 ZPO geltend gemacht werden[716].

(a.) Beschwer durch die Kostenfestsetzung

Beide Parteien können gemäß § 652 Abs. 2 ZPO die Unrichtigkeit der Kostenfestsetzung geltend machen. Über den Gesetzeswortlaut hinaus kann auch die Kostenentscheidung mittels der sofortigen Beschwerde angegriffen werden[717]. Dies ist zwar in § 652 Abs. 2 ZPO nicht ausdrücklich erwähnt, ergibt sich aber aus der ratio legis[718], da die Grundlage der Kostenfestsetzung der Kostenausspruch ist, sodass er von der Anfechtung nicht ausgenommen werden kann[719]. So ist der Antragsteller z.B. durch eine zu seinen Lasten ergehende Kostenentscheidung im Rahmen des vom Antragsgegner erhobenen Einwands fehlender Anlassgebung nach § 648 Abs. 1 S. 2 ZPO hinreichend beschwert[720].

(b.) Beschwer allein durch die Unterhaltsfestsetzung

Gegen die Unterhaltsfestsetzung als solche können mittels der sofortigen Beschwerde die in „*§ 648 Abs. 1 ZPO bezeichneten Einwendungen*“ und die „*Zulässigkeit von Einwendungen nach § 648 Abs. 2*“[721] ZPO geltend gemacht werden. Insoweit decken sich die in der Beschwerdeinstanz zugelassenen Beschwerdegründe mit den nach § 648 ZPO möglichen Einwendungen gegen den Festsetzungsantrag[722].

(aa.) Die Präklusionswirkung des Festsetzungsbeschlusses

Betrachtet man den differenzierten Wortlaut des Gesetzes, so stellt sich die Frage, inwieweit hierdurch, und durch den Zweck des vereinfachten Verfahrens im übrigen, Einschränkungen hinsichtlich der Erhebung von Einwendungen nach § 648 ZPO in der Beschwerdeinstanz bestehen.

In der Literatur und Rechtsprechung herrscht über diese Frage Uneinigkeit. Vereinzelt wird die Auffassung vertreten, der ergangene Festsetzungsbeschluss habe für die Erhebung von Einwendungen in der Beschwerdeinstanz umfassend präkludierende Wirkung, sodass nur solche Einwendungen im Rahmen des § 652 Abs. 2

---

[716] Vgl. dazu ausführlich unten C. III. 1. a.

[717] Sonnenfeld, DAV 1999, 169 (186); Schulz, FuR 1998, 385 (388); MüKo- Coester- Waltjen, ZPO, 2. Aufl., § 652 Rn. 4; Zöller- Philippi, 22. Aufl., § 652 Rn. 2.

[718] MüKo- Coester- Waltjen, ZPO, 2. Aufl., § 652 Rn. 4.

[719] Zöller- Philippi, 22. Aufl., § 652 Rn. 2; Wendl/ Staudigl- Thalmann, 5. Aufl., § 8 Rn. 342.

[720] FamRefK- Bäumel, ZPO, § 652 Rn. 6.

[721] Vgl. § 652 Abs. 2 ZPO.

[722] OLG Zweibrücken, OLG Report Koblenz 2000, 317 (318); Zöller- Philippi, 22. Aufl., § 652 Rn. 3; MüKo- Coester- Waltjen, ZPO, 2. Aufl., § 652 Rn. 2.

ZPO erhoben werden könnten, die bereits erstinstanzlich vor dem Rechtspfleger erhoben worden seien[723]. Begründet wird dies damit, dass die sofortige Beschwerde gemäß § 652 ZPO Teil des vereinfachten Verfahrens sei und damit dessen Besonderheiten, insbesondere dessen Sinn und Zweck, auch in der Rechtsmittelinstanz zu beachten seien. Insbesondere wegen des ausdrücklichen Bezugs des § 652 Abs. 2 ZPO auf die Einwendungsregelung des § 648 ZPO müsse dessen Regelungszweck auch für die sofortige Beschwerde maßgebend sein. Ziel des vereinfachten Verfahrens sei es, dem Kind schnellstmöglich einen vollstreckungsfähigen Unterhaltstitel zu verschaffen. Dieses Ziel werde in erster Instanz unter anderem dadurch erreicht, dass der Antragsgegner gemäß § 648 Abs. 3 ZPO gezwungen wird, seine Einwendungen bis zur Verfügung des Festsetzungsbeschlusses vorzubringen. Der in dieser Spezialregelung zum Ausdruck kommende Beschleunigungseffekt würde aber aufgehoben und ad absurdum geführt werden, wenn lediglich der Rechtspfleger nach der Verfügung des Beschlusses an diesen gebunden wäre und nachträglich eintreffende Einwendungen nicht mehr berücksichtigen dürfte, diese aber später mittels der sofortigen Beschwerde in zweiter Instanz in das Verfahren eingeführt werden könnten. Die Verfügung des Festsetzungsbeschlusses müsse deshalb die äußerste zeitliche Grenze darstellen, bis zu der der Antragsgegner der Entscheidung mit Einwendungen nach § 648 ZPO entgegentreten und damit die Schaffung eines Titels im vereinfachten Verfahren verhindern könne[724].
Aus diesem Grund könnten Einwendungen nach § 648 Abs. 1 und Abs. 2 ZPO nur dann im Beschwerdeverfahren nach § 652 Abs. 2 ZPO zulässig vorgebracht werden, wenn sie bereits rechtzeitig im Sinn des § 648 Abs. 3 ZPO erstinstanzlich vor dem Rechtspfleger erhoben worden seien. Sei dies dagegen nicht der Fall gewesen, so könnten diese Einwendungen auch nicht mehr als Beschwerdegrund herangezogen werden. Hinsichtlich solcher nicht bereits erstinstanzlich vorgebrachter Einwendungen sei daher die sofortige Beschwerde als unzulässig zu verwerfen. Dem Festsetzungsbeschluss komme somit hinsichtlich aller Beschwerdegründe im Sinne von § 648 ZPO präkludierende Wirkung zu.

Die gegenteilige Ansicht[725] nimmt hingegen an, der Antragsgegner könne die Beschwerdegründe des § 648 Abs. 1 und Abs. 2 ZPO auch dann geltend machen, wenn er im erstinstanzlichen Anhörungsverfahren keine diesen entsprechenden Einwendungen nach § 648 ZPO erhoben habe.
Dies folge aus den allgemeinen prozessualen Regeln, insbesondere aus der auch

---

[723] OLG Hamm, FamRZ 2000, 901 (902).
[724] OLG Hamm, FamRZ 2000, 901 (902).
[725] OLG Stuttgart, FamRZ 2001, 361 (362); OLG Bamberg, FamRZ 2001, 108 (108, 109); OLG Frankfurt, OLG Report Frankfurt 2000, 141 (141, 142); Maurer, FamRZ 2000, 1578 (1579, 1580); Lipp/ Wagenitz, § 652 Rn. 3; Musielak- Borth, § 652 Rn. 2; Zöller- Philippi, 22. Aufl., § 652 Rn. 3.

für die sofortige Beschwerde nach § 652 ZPO geltenden Norm des § 570 ZPO[726]. Danach könne eine Beschwerde auf neue Tatsachen und Beweise gestützt werden, unabhängig davon, wann sie entstanden und bekannt geworden seien[727]. Da somit auch die Beschwerdeinstanz eine Tatsacheninstanz darstelle, könnten auch Einwendungen des § 648 ZPO erstmals im Rahmen des § 652 Abs. 2 ZPO erhoben werden[728]. Hiergegen spräche insbesondere auch nicht der Zweck des vereinfachten Verfahrens, namentlich die Vorschrift des § 648 Abs. 3 ZPO. Damit sei lediglich klargestellt, dass es sich bei der zu beachtenden Einwendungsfrist nicht um eine Ausschlussfrist handele. Der Gesetzgeber habe hiermit nur deutlich gemacht, dass dem Beschleunigungseffekt kein Vorrang vor der Einwendungsmöglichkeit des Antragsgegners eingeräumt werden sollte, sodass auch neues Tatsachenvorbringen in der Beschwerdeinstanz nicht ausgeschlossen sei[729], zumal allein die bezweckte Beschleunigung keine ausreichende sachliche Rechtfertigung sei, sich über § 570 ZPO hinwegzusetzen[730]. Auch aus dem Gesetzeswortlaut des § 652 Abs. 2 ZPO, wonach *„die Zulässigkeit von Einwendungen nach § 648 Abs. 2 ZPO (...)“* erhoben werden könne, ließe sich nicht entnehmen, dass in dem Beschwerdeverfahren hinsichtlich der Erhebung von Einwendungen Einschränkungen bestünden[731]. Die insoweit getroffene Formulierung stelle lediglich klar, dass bei Einwendungen nach § 648 Abs. 2 ZPO im Rahmen der sofortigen Beschwerde, ebenso wie im erstinstanzlichen Verfahren vor dem Rechtspfleger, nur eine Überprüfung der Zulässigkeit dieser Einwendungen[732] erfolge[733], nicht auch derer Begründetheit. Nach alledem könnten somit im Beschwerdeverfahren nach § 652 ZPO auch erstmals oder zusätzlich neue Einwendungen erhoben werden, und zwar unabhängig davon, ob eine frühere Geltendmachung dieser Einwendung möglich war oder nicht[734]. Insbesondere sei der Antragsgegner nicht darauf beschränkt, die im Festsetzungsbeschluss liegende Zurückweisung seiner bisher erhobenen Einwendungen nach § 648 Abs. 2 ZPO als unzulässig zur Überprüfung zu stellen[735].

Beide hier aufgezeigten Ansichten vermögen nicht zu überzeugen.

---

[726] OLG Bamberg, FamRZ 2001, 108 (109).

[727] T/ P, 23. Aufl., § 570 Rn. 2; MüKo- Braun, ZPO, 2. Aufl., § 570 Rn. 1.

[728] OLG Bamberg, FamRZ 2001, 108 (109).

[729] OLG Bamberg, FamRZ 2001, 108 (109).

[730] OLG Bamberg, FamRZ 2001, 108 (109).

[731] OLG Bamberg, FamRZ 2001, 108 (109); OLG Stuttgart, FamRZ 2001, 361 (362), wonach insoweit allerdings eine theleologische Reduktion zu erfolgen habe.

[732] OLG Stuttgart, FamRZ 2001, 361 (361); Wendl/ Staudigl- Thalmann, 5. Aufl., § 8 Rn. 343.

[733] OLG Bamberg, FamRZ 2001, 108 (109).

[734] Lipp/ Wagenitz, § 652 Rn. 3; MüKo- Coester- Waltjen, ZPO, 2. Aufl., § 652 Rn. 6. Ebenso OLG Frankfurt, OLG Report Frankfurt 2000, 141 (141, 142); Zöller- Philippi, 22. Aufl., § 652 Rn. 3, wobei hiernach jedoch auch bei Erfolg der sofortigen Beschwerde dem Antragsgegner die Kosten gemäß § 97 Abs. 2 ZPO aufzuerlegen seien.

[735] Lipp/ Wagenitz, § 652 Rn. 3; Wendl/ Staudigl- Thalman, 5. Aufl., § 8 Rn. 343.

Vielmehr ist bei der Frage der Präklusion des Festsetzungsbeschlusses zwischen den Einwendungen nach § 648 Abs. 1 ZPO und denen nach § 648 Abs. 2 ZPO zu unterscheiden.
Dies folgt zum einen aus dem differenzierten Gesetzeswortlaut des § 652 Abs. 2 ZPO, wonach zwar *„(...) die in § 648 Abs. 1 ZPO bezeichneten Einwendungen"* aber lediglich *„die Zulässigkeit von Einwendungen nach § 648 Abs. 2 ZPO (...)"* wirksam erhoben werden können.
Hinsichtlich der Erhebung von Einwendungen nach § 648 Abs. 2 ZPO ist hierdurch ausdrücklich klargestellt, dass nur die Geltendmachung ihrer Zulässigkeit und nicht die Geltendmachung dieser Einwendungen als solche möglich ist. Die Geltendmachung der Zulässigkeit setzt aber voraus, dass die Einwendung selbst bereits erstinstanzlich vorgebracht wurde[736]. Demnach können Einwendungen nach § 648 Abs. 2 ZPO nur dann im Beschwerdeverfahren vorgebracht werden, wenn sie bereits im erstinstanzlichen Verfahren vor dem Rechtspfleger erhoben und zumindest aus Sicht des Antragsgegners zu Unrecht als unzulässig zurückgewiesen wurden[737]. Ein erstmaliges Vorbringen der Einwendungen nach § 648 Abs. 2 ZPO im Beschwerdeverfahren ist dagegen nicht statthaft[738].
Bei den Einwendungen nach § 648 Abs. 1 ZPO stellte der Gesetzgeber hingegen klar, dass *„(...) die in § 648 Abs. 1 ZPO bezeichneten Einwendungen (...)"* zulässig sind, was bei unbefangener Betrachtung voraussetzt, dass diese Einwendungen auch erstmals in der Beschwerdeinstanz vorgebracht werden können, es also keiner erstinstanzlichen Erhebung bedurft hätte[739].
Für die hier vertretene vermittelnde Ansicht spricht auch die Gesetzesbegründung[740], wonach *„als Beschwerdegrund (...) nur die in § 648 Abs. 1 ZPO bezeichneten Einwendungen (...) sowie der Einwand (...), das Gericht habe eine Einwendung im Sinne des § 648 Abs. 2 ZPO zu Unrecht als unzulässig behandelt"* in Betracht kommen. Insbesondere rechtfertigt letztlich auch der Zweck und die Ausgestaltung des vereinfachten Verfahrens - entgegen § 570 ZPO - eine Einschränkung der Erhebung von Einwendungen nach § 648 Abs. 2 ZPO.
Im erstinstanzlichen Verfahren werden lediglich die Einwendungen nach § 648 Abs. 1 ZPO auf ihre Zulässigkeit und Begründetheit hin überprüft. Hinsichtlich der Überprüfung der Einwendungen nach § 648 Abs. 2 ZPO ist das Gericht hingegen auf die Prüfung derer Zulässigkeit beschränkt, um die Unterhaltsfestsetzung nicht durch eine umfassende Prüfung der materiellen Rechtslage zu verzögern.

---

736 OLG Köln, FamRZ 2000, 680 (680); OLG Naumburg, FuR 2000, 295 (296).
737 OLG Naumburg, FuR 2000, 295 (296); OLG Köln, FamRZ 2000, 680 (680).
738 OLG Naumburg, FuR 2000, 295 (296); OLG Köln, FamRZ 2000, 680 (680); OLG Hamm, FamRZ 2000, 901 (901, 902); OLG Koblenz, OLG Report Koblenz 2000, 116 (116, 117); OLG Köln, FamRZ 2000, 1578; T/ P, 23. Aufl., § 652 Rn. 3; FamRefK- Bäumel, ZPO, § 652 Rn. 8.
739 OLG Frankfurt, OLG Report Frankfurt 2000, 141 (141).
740 BT- DrucksS 13/ 7338, S. 42.

Sind sie zulässig, unterbleibt eine Festsetzung[741]; sind sie unzulässig erfolgt eine antragsgemäße Festsetzung im vereinfachten Verfahren. Diese Faktoren zugrundegelegt, hat der Gesetzgeber im Rahmen des § 652 Abs. 2 ZPO unter Beachtung des § 570 ZPO mit der getroffenen Formulierung hinsichtlich der Einwendungen nach § 648 Abs. 2 ZPO ausdrücklich deren eingeschränkte Erhebbarkeit geregelt.
Diese Beschränkung war notwendig, um den Zweck des vereinfachten Verfahrens - schnelle Unterhaltstitulierung - nicht zu gefährden, da auch das Beschwerdegericht, ebenso wie der Rechtspfleger in erster Instanz, lediglich über die Zulässigkeit dieser Einwendungen entscheidet. Wäre nämlich allein die Zulässigkeit der Einwendungen nach § 648 Abs. 2 ZPO gegeben, so müsste das Beschwerdegericht die ursprünglich erfolgte Unterhaltsfestsetzung wieder aufheben. Der Antragsteller könnte erst anschließend die erhobenen Einwendungen prüfen und gegebenenfalls die Überleitung in das streitige Verfahren und damit die materielle Überprüfung der Einwendungen beantragen. Dem Antragsgegner wäre damit ein Mittel in die Hand gegeben, die Überleitung in das streitige Verfahren unproblematisch um die Zeit der Dauer des Beschwerdeverfahrens zu verzögern, ohne dass über die materiellrechtliche Relevanz der Einwendungen und damit über den Unterhaltsanspruch als solchen entschieden worden wäre. Hierdurch träte eine Verzögerung zu Lasten des Kindes ein, die allein vom Antragsgegner verschuldet würde und die es gerade mit der Ausgestaltung des vereinfachten Verfahrens, insbesondere den Regelungen der §§ 648 Abs. 2, 3 ZPO und der eingeschränkten gerichtlichen Überprüfung gemäß §§ 649 Abs. 1 S. 1, 650 S. 1 ZPO, zu vermeiden gilt.
Eine solche dem Zweck des vereinfachten Verfahren zuwiderlaufende Verfahrensverzögerung kann auch nicht mit dem Hinweis auf § 570 ZPO gerechtfertigt werden. Das vereinfachte Verfahren stellt ein besonders auf die Interessen des Kindes ausgerichtetes Rechtsinstitut dar. Diese Interessen rechtfertigen es hinreichend, dem Antragsgegner hinsichtlich der Erhebung der Einwendungen nach § 648 Abs. 2 ZPO Beschränkungen aufzuerlegen, zumal, anders als im herkömmlichen Verfahrensrecht, dem Antragsgegner mit der Änderungsklage nach § 654 ZPO ein Korrektiv zur Verfügung steht, die festgesetzte Unterhaltsverpflichtung ohne Beachtung etwaiger Besonderheiten[742] vollumfänglich überprüfen und gegebenenfalls dem materiellen Unterhaltsrecht entsprechend anpassen zu lassen[743].

---

[741] §§ 649, 650 S. 1 ZPO, mit Ausnahme eines Teilfestsetzungsbeschlusses (§ 650 S. 2 ZPO).

[742] Insoweit gelten nicht die nach §§ 323, 767 ZPO erforderlichen Anforderungen; vgl. umfassend unten C. III. 1.

[743] Hat der Antragsgegner es versäumt, Einwendungen nach § 648 Abs. 2 ZPO erstinstanzlich zulässig zu erheben, ergeht antragsgemäß der Festsetzungsbeschluss. § 654 ZPO ermöglicht dem Antragsgegner nunmehr jedoch hinreichend, durch entsprechenden Abänderungsantrag die festgesetzte Unterhaltsverpflichtung nach umfassender gerichtlicher Prüfung dem materiellen Recht entsprechend abzuändern. Für die sofortige Beschwerde mit ihrer verfahrensverzögernden Wirkung besteht daher kein Bedürfnis.

Nach alledem kann der Antragsgegner daher mittels der sofortigen Beschwerde Einwendungen nach § 648 Abs. 2 ZPO nur dann zulässig erheben, wenn diese nach § 652 Abs. 2 ZPO bereits erstinstanzlich erhoben und zumindest aus der Sicht des Antragsgegners zu Unrecht als unzulässig zurückgewiesen wurden.
Etwas anderes gilt hingegen für die Einwendungen nach § 648 Abs. 1 ZPO, da das Beschwerdegericht, wie der Rechtspfleger in erster Instanz, über diese Einwendungen vollumfänglich befindet, also deren Zulässigkeit und Begründetheit prüft[744]. Kommt das Beschwerdegericht zu dem Ergebnis, dass die, wenn auch erstmalig in der Beschwerdeinstanz erhobenen Einwendungen, zulässig und begründet sind[745], so steht aufgrund einer umfassenden gerichtlichen Prüfung hinreichend fest, dass der Unterhaltsanspruch in der beantragten Form nicht besteht. Insoweit bestehen somit keine ungerechtfertigten Nachteile für das Kind, da aufgrund einer richterlichen Entscheidung, und nicht wegen der Besonderheiten des vereinfachten Verfahrens, eine Unterhaltsfestsetzung unterbleibt. Nach §§ 652 Abs. 2, 570 ZPO können somit vom Antragsgegner Einwendungen nach § 648 Abs. 1 ZPO auch dann mittels der sofortigen Beschwerde geltend gemacht werden, wenn sie nicht bereits erstinstanzlich erhoben wurden.

(bb.) Der Beschwerdeführer

Da sich die zulässigen Beschwerdegründe mit den nach § 648 ZPO dem Antragsgegner möglichen Einwendungen gegen den Festsetzungsantrag decken[746], wird vereinzelt[747] angenommen, nur der Antragsgegner könne diese Beschwerdegründe geltend machen[748].
Dem kann jedoch nicht gefolgt werden. Zwar kann im erstinstanzlichen Verfahren nur der Antragsgegner Einwendungen nach § 648 ZPO erheben, jedoch kann die unrichtige Behandlung einer Einwendung nach § 648 Abs. 1 ZPO[749] auch den Antragsteller beschweren[750]. Dies insbesondere dann, wenn der Rechtspfleger den Unterhalt der Höhe nach zu niedrig errechnet oder Unterhaltszeiträume nicht hinreichend berücksichtigt hat.

---

[744] Hinsichtlich der Einwendung nach § 648 Abs. 1 Nr. 2 ZPO erfolgt neben der Prüfung der Zulässigkeit eine solche dahingehend, ob sie begründet erscheint; vgl. § 648 Abs. 1 S. 3 ZPO.

[745] Beziehungsweise erscheint; vgl. § 648 Abs. 1 S. 3 ZPO.

[746] OLG Zweibrücken, OLG Report Koblenz 2000, 317 (318).

[747] MüKo- Coester- Waltjen, ZPO, 2. Aufl., § 652 Rn. 5.

[748] Der Antragsteller bleibe dagegen auf die nicht über den Familienrichter hinausgehende Erinnerung nach § 11 Abs. 2 RpflG beschränkt; MüKo- Coester- Waltjen, ZPO, 2. Aufl., § 652 Rn. 5.

[749] Mit Ausnahme der Einwendung, es sei höherer Unterhalt als beantragt festgesetzt worden (§ 648 Abs. 1 Nr. 3b ZPO).

[750] OLG Zweibrücken, FamRZ 2000, 1160 (1161); FamRefK- Bäumel, ZPO, § 652 Rn. 5; BT-DrucksS 13/ 7338, S. 42.

Dagegen scheidet die unrichtige Behandlung von Einwendungen nach § 648 Abs. 2 ZPO als Beschwerdegrund des Antragstellers aus. Dies deshalb, da es in diesen Fällen entweder zu keiner nach § 652 ZPO beschwerdefähigen Unterhaltsfestsetzung[751] kommt oder eine Teilfestsetzung auf Antrag des Antragstellers[752] selbst ergeht.
Ebenso ist, wie bereits dargestellt[753], die Zurückweisung des Festsetzungsantrags gemäß § 646 Abs. 2 ZPO nicht beschwerdefähig.
Der Antragsgegner ist hingegen durch die Zurückweisung seiner Einwendung ebenso beschwert wie durch eine inhaltlich falsche Beurteilung seiner Einwendung gemäß § 648 Abs. 1 ZPO[754].

(2.) Die Beschwerdesumme

Die Beschwerdesumme bestimmt sich mangels anderweitiger Regelungen nach den allgemeinen Normen der §§ 577 Abs. 1, 567 Abs. 2 ZPO. Demnach ist die sofortige Beschwerde gegen die Entscheidung über die Verpflichtung, die Prozesskosten zu tragen, nur zulässig, wenn der Wert des Beschwerdegegenstands DM 200.- übersteigt; gegen andere Entscheidungen über Kosten muss die Beschwerdesumme von DM 100.- überstiegen sein.

(3.) Die Entscheidung des Gerichts/ die Abhilfebefugnis des Rechtspflegers

Über die sofortige Beschwerde entscheidet gemäß §§ 119 Abs. 1 Nr. 2, 23 b Abs. 1 Nr. 5 GVG und §§ 652 Abs. 1, 577 Abs. 1, 568 Abs. 1 ZPO das jeweils zuständige Oberlandesgericht. Dieses entscheidet nach dem Gesetzeswortlaut nunmehr unmittelbar, ohne dass der erstinstanzliche Familienrichter zuerst damit betraut wird. Dies folgt aus §§ 652 Abs. 1, 577 Abs. 3 ZPO und der bereits dargestellten Neuregelung des Rechtspflegergesetzes, insbesondere des § 11 Abs. 1, 2 RpflG, wonach das - bis dahin auch die sofortige Beschwerde gegen Rechtspflegerentscheidungen modifizierende - Erinnerungsverfahren abgeschafft wurde. Durch diese Ausgestaltung der Rechtspflegererinnerung als subsidiärer eigenständiger Rechtsbehelf, gelten auch für die sofortige Beschwerde gegen Entscheidungen im vereinfachten Verfahren lediglich die jeweiligen allgemeinen Verfahrensvorschriften der ZPO. Diesen, insbesondere § 577 Abs. 3 ZPO, entsprechend ist das erstinstanzliche Gericht aber nicht zu einer Änderung seiner der sofortigen Beschwerde

---

[751] § 650 S. 1 ZPO, mit der Möglichkeit in das streitige Verfahren überzuleiten.

[752] § 650 S. 2 ZPO. Durch den Antrag auf Teilfestsetzung verliert der Antragsteller grundsätzlich das Rechtschutzbedürfnis, diese Teilfestsetzung mit der sofortigen Beschwerde anzugreifen; vgl. dazu näher unten C. I. 6. b.

[753] Vgl. dazu oben C. I. 2. b.; insoweit kommt somit gegebenenfalls lediglich die Rechtspflegererinnerung nach § 11 Abs. 2 RpflG in Betracht.

[754] FamRefK- Bäumel, ZPO, § 652 Rn. 8.

unterliegenden Entscheidung befugt. Damit ist auch der Rechtspfleger, der als Gericht im Sinne dieser Vorschrift anzusehen ist, grundsätzlich nicht mehr befugt, der sofortigen Beschwerde gegen die von ihm getroffenen Entscheidungen abzuhelfen, selbst wenn er die sofortige Beschwerde für zulässig und begründet hält. Die Abschaffung der Rechtspflegererinnerung als Modifikation des allgemeinen Rechtsmittels eröffnet somit nach dem Gesetzeswortlaut einen direkten Instanzenzug vom Rechtspfleger zum Oberlandesgericht, sodass die sofortige Beschwerde nur dem Oberlandesgericht zur Entscheidung vorzulegen ist.
Fraglich ist jedoch, ob dies auch bei der sofortigen Beschwerde gegen die vom Rechtspfleger getroffenen Entscheidungen im Kostenfestsetzungsverfahren gilt. Trotz des eindeutigen Wortlauts des §§ 11 Abs. 1 RpflG, 577 Abs. 3 ZPO[755], wonach eine erstinstanzliche Änderung der angefochtenen Entscheidung nicht mehr möglich ist, nehmen einige Oberlandesgerichte[756] und einzelne Vertreter in der Literatur[757] an, der Rechtspfleger habe zumindest im Kostenfestsetzungsverfahren auch weiterhin die Befugnis und die Verpflichtung zur Abhilfe. Die Abschaffung der Rechtspflegererinnerung als Modifikation auch der sofortigen Beschwerde habe den Rechtspfleger nicht von seiner Pflicht enthoben, die Einwendungen des Beschwerdeführers gegen Entscheidungen im Kostenfestsetzungsverfahren daraufhin zu überprüfen, ob ihm diese zur Abhilfe Anlass geben oder nicht[758]. Zur Begründung dieser Rechtsansicht werden von den jeweiligen Oberlandesgerichten mehrere Argumentationsversuche unternommen.
So spräche zwar der Gesetzeswortlaut des §§ 11 Abs. 1 RpflG, 577 Abs. 3 ZPO zunächst gegen eine Abhilfemöglichkeit auch im Kostenfestsetzungsverfahren, jedoch bedürfe es insoweit einer Auslegung des Gesetzes[759]. Vereinzelt[760] wird sogar angenommen, die sich aus dem Gesetzeswortlaut ergebende Rechtslage sei lediglich die Folge eines Redaktionsversehens des Gesetzgebers und deshalb im Wege der Auslegung zu korrigieren.
Die Befugnis des Festsetzungsorgans zur Abänderung seiner Entscheidung im Kostenfestsetzungsverfahren sei seit mehr als hundert Jahren[761] fester Bestandteil unserer Rechtsordnung[762]. Daher bedürfe es zu deren Abschaffung einer ganz be-

---

[755] Vgl. auch § 104 Abs. 3 S. 1 ZPO; § 19 Abs. 2 S. 2 BRAGO; § 20 GesO; § 18 Abs. 2 FGG; § 311 Abs. 3 S. 1 StPO, mit Ausnahme der Sonderregelung des § 311 Abs. 3 S. 2 StPO.
[756] OLG Stuttgart, MDR 1999, 322 ff.; OLG München, Rpfleger 1999, 16 ff.; OLG Koblenz, Rpfleger 1999, 213 ff.; OLG Zweibrücken, Rpfleger 1999, 215 ff.; OLG Köln, MDR 1999, 321; OLG Brandenburg, OLG Report Brandenburg 1999, 450 ff.
[757] Rellermeyer, Rpfleger 1998, 309 (310 ff.).
[758] OLG Stuttgart, MDR 1999, 322 (322, 323); OLG Köln, MDR 1999, 321 (321).
[759] OLG Zweibrücken, Rpfleger 1999, 215 (215); OLG München, Rpfleger 1999, 16 (16, 17); OLG Brandenburg, OLG Report Brandenburg 1999, 450 (451).
[760] OLG Stuttgart, MDR 1999, 322 (323); sich anschließend OLG Köln, MDR 1999, 321 (321).
[761] CPO- Novelle vom 17.05.1898.
[762] Rellermeyer, Rpfleger 1998, 309 (310).

wusst getroffenen gesetzgeberischen Entscheidung[763]. Gerade einer solchen ermangele es jedoch, da die Materialien zum Änderungsgesetz des Rechtspflegergesetzes vom 06.08.1998 lediglich erkennen ließen, dass die Vorlage an den Richter des erstinstanzlichen Gerichts abgeschafft werden sollte[764]. In der Regierungsentwurfsbegründung[765] sei insoweit ausgeführt: „*Die Entscheidung über die Erinnerung belastet den zuständigen Richter erheblich, da (...). Deshalb soll die Durchgriffserinnerung abgeschafft werden.*". Diese hierdurch zum Ausdruck kommende Zielsetzung, den erstinstanzlichen Richter zu entlasten, spräche aber dafür, dass die Neuregelung des § 11 RpflG lediglich die durch die Ausgestaltung der Durchgriffserinnerung alten Rechts zwischen Abhilfeentscheidung des Rechtspflegers und der Entscheidung des Beschwerdegerichts geschaltete Entscheidung des erstinstanzlichen Richters abschaffen solle. Für die Absicht, zusätzlich auch die Abhilfeprüfung des Rechtspflegers entfallen zu lassen, sei dagegen nichts ersichtlich[766]. Vielmehr solle nach der Begründung des Regierungsentwurfs[767], der Rechtspfleger künftig „*immer die Möglichkeit haben, der Erinnerung abzuhelfen, nicht nur in den Fällen der Festsetzungsverfahren nach dem § 21 Nr. 1 und 2*"[768]. Dies und der systematische Zusammenhang der einschlägigen Vorschriften sprächen für den Fortbestand der Abhilfemöglichkeit[769]. Zudem entstünde eine prozessuale Ungereimtheit[770], würde man im Rahmen der sofortigen Beschwerde eine Abhilfemöglichkeit verneinen. In Bagatellfällen, in denen der Beschwerdewert DM 100.- (§ 567 Abs. 2 ZPO) nicht übersteige, sei die Rechtspflegererinnerung mit der ausdrücklich vorgesehenen Abhilfemöglichkeit gemäß § 11 Abs. 2 S. 2 RpflG statthaft[771]. In den wichtigeren, weil den Beschwerdewert übersteigenden Fällen, sei diese Möglichkeit hingegen ausgeschlossen. Auch aus diesem Grund

---

763 OLG Stuttgart, MDR 1999, 322 (323); Rellermeyer, Rpfleger 1998, 309 (310).

764 OLG Frankfurt, MDR 1999, 320 (320); OLG Stuttgart MDR 1999, 322 (323); OLG Köln, MDR 1999, 321 (321); OLG München, Rpfleger 1999, 16 (17).

765 BT- DruckS 13/ 10244, S. 7.

766 OLG Köln, MDR 1999, 321 (321); OLG München, Rpfleger 1999, 16 (17); OLG Stuttgart, MDR 1999, 322 (323).

767 BT- DruckS 13/ 10244, S. 7.

768 OLG Köln, MDR 1999, 321 (321); OLG Stuttgart, MDR 1999, 322 (323); OLG München, Rpfleger 1999, 16 (17).

769 OLG München, Rpfleger 1999, 16 (17); OLG Koblenz, Rpfleger 1999, 213 (213).

770 Das OLG München, Rpfleger 1999, 16 (16, 17), sieht hierin sogar eine Regelungslücke im System der Rechtsbehelfe gegen Entscheidungen in Kostenfestsetzungsverfahren, die nur dadurch ausgefüllt werden könne, dass die Abhilfemöglichkeit und -verpflichtung des Rechtspflegers auch im Rahmen der sofortigen Beschwerde nach §§ 11 Abs. 1 RpflG, 577 Abs. 3 ZPO besteht.

771 Übersteigt der Beschwerdewert DM 100.- nicht, so ist die sofortige Beschwerde mangels Erreichens der Mindestbeschwer (§§ 567 Abs. 2, 577 Abs. 1 ZPO) nicht zulässig, sodass gegen die getroffene Entscheidung kein Rechtsmittel nach den allgemeinen verfahrensrechtlichen Vorschriften gegeben ist. In diesem Fall ist somit gemäß § 11 Abs. 2 RpflG die Rechtspflegererinnerung mit der Möglichkeit der Abhilfe statthaft.

müsse § 11 Abs. 2 S. 2 RpflG daher über § 11 Abs. 2 RpflG hinaus allgemeine Bedeutung zukommen[772]. Im übrigen sei das Fortbestehen einer Abhilfeprüfung durch den Rechtspfleger im Interesse der Parteien und der Rechtspflege zweckmäßig, während ein dem Gesetzeswortlaut entsprechendes Verfahren den Zielen des Gesetzgebers - Verfahrensvereinfachung und Verfahrensbeschleunigung - zuwiderlaufen würde[773]. Die Kostenfestsetzung, die in nahezu jedem Rechtsstreit vorgenommen wird, sei für den Rechtspfleger ein Massegeschäft, in dem sehr zügig entschieden werde. Die damit zwangsläufig einhergehende Fehlerhaftigkeit dieser Entscheidungen bedürfte eines einfachen und schnellen Abhilfeverfahrens. Würde eine Abhilfebefugnis des Rechtspflegers verneint werden, so wäre das erstinstanzliche Gericht – namentlich der Rechtspfleger - nur noch in Ausnahmefällen befugt, offenbare Unrichtigkeiten nach § 319 ZPO zu berichtigen oder eine Ergänzung nach § 321 ZPO vorzunehmen. Im übrigen wäre die Korrektur dieser Kostenfestsetzungsentscheidungen dem Oberlandesgericht als Beschwerdegericht vorbehalten, was als „*Vergeudung qualifizierter richterlicher Arbeitskraft*“[774] anzusehen sei. Gerade in dem Masseverfahren - Kostenfestsetzung - würde die alleinige Entscheidungsbefugnis der Oberlandesgerichte zu eine erheblichen Mehrbelastung[775] dieser Gerichte führen, da das Erinnerungs- und insbesondere das Abhilfeverfahren nach § 11 RpflG a.F. insoweit als effektiver „Filter“ gewirkt habe[776].

Diese Begründungsversuche vermögen jedoch nicht vollständig zu überzeugen. Die Annahme einer Abhilfemöglichkeit des Rechtspflegers im Rahmen der sofortigen Beschwerde steht zunächst im Widerspruch zum eindeutigen Wortlaut des § 11 Abs. 1 RpflG, 577 Abs. 3 ZPO. Die bislang bestehende Abhilfemöglichkeit des Rechtspflegers basierte lediglich auf der speziellen Vorschrift des § 1 Abs. 2 S. 1, § 11 RpflG a.F.. Mit der Neuregelung des Rechtspflegergesetzes und der damit erfolgten Abschaffung des die allgemeinen Rechtsbehelfe modifizierenden Erinnerungsverfahrens, finden nunmehr auch gegen Entscheidungen in Kostenfestsetzungsverfahren lediglich die Verfahrensvorschriften der ZPO Anwendung[777]. An dieser Rechtslage kann auch eine Auslegung, die den Wortlaut des § 11 Abs. 1 RpflG zu korrigieren trachtet, nichts ändern[778]. Es trifft zwar zu, dass sich in der

[772] OLG Köln, MDR 1999, 321 (321).
[773] OLG Köln, MDR 1999, 321 (321).
[774] Schütt, MDR 1999, 84 (85).
[775] Nach ersten praktischen Erfahrungen stieg die Zahl der Beschwerdeverfahren bei den Kostenkammern der Oberlandesgerichte um das zwei- beziehungsweise dreifache. Vgl. dazu Arnold/ Meyer- Stolte/ HErman/ Hansens- Hansens, 5. Aufl., § 11 Rn. 26; OLG Koblenz, Rpfleger 1999, 213 (215).
[776] OLG Koblenz, Rpfleger 1999, 213 (214).
[777] OLG Brandenburg, Rpfleger 1999, 174 (174).
[778] OLG Hamm, NJW 1999, 3726 (3727).

Begründung des Gesetzesentwurfs[779] kein ausdrücklicher Hinweis auf die gewollte Abschaffung der Abhilfemöglichkeit durch den Rechtspfleger findet, jedoch lässt dies nicht den Umkehrschluss zu, der Gesetzgeber habe dieses Ergebnis nicht gewollt. Abgesehen davon, dass der objektivierte Wille des Gesetzgebers maßgeblich ist[780], kann von einer ungewollten Nebenfolge jedenfalls dann nicht ausgegan-gen werden, wenn, wie im Fall des § 11 Abs. 1 RpflG, dieses Ergebnis die zwingende Konsequenz einer vom Gesetzgeber bewusst getroffenen Regelung ist. Insbesondere liegt insoweit kein Versehen des Gesetzgebers vor. Der Wegfall der Abhilfebefugnis im Rahmen des §§ 11 Abs. 1 RpflG, 577 Abs. 3 ZPO ist zwingendes Ergebnis der vom Gesetzgeber gewollten Fortentwicklung der Stellung des Rechtspflegers und somit die rechtliche Konsequenz einer vom Gesetzgeber gewünschten Aufwertung des Berufsbilds und des Aufgabenbereichs des Rechtspflegers[781]. Nach der Begründung des Gesetzesentwurfs[782] sollte durch die Neuregelung des Rechtspflegergesetzes im Hinblick auf die sich in Richtung Eigenständigkeit und Eigenverantwortlichkeit entwickelnde Tätigkeit des Rechtspflegers dessen Stellung als eigenständiges Organ der Gerichtsverfassung deutlicher zum Ausdruck gebracht werden. Gegen Entscheidungen des Rechtspflegers sollte daher künftig ebenfalls dasjenige Rechtsmittel gegeben sein, das zulässig wäre, falls der Richter entschieden hätte[783]. Primäres Anliegen des Gesetzgebers war, die Entscheidung des Rechtspflegers verfahrensrechtlich aufzuwerten und dieser aufgewerteten Stellung auch im allgemeinen Rechtsbehelfsystem Ausdruck zu verleihen[784]. Der Gedanke der Entlastung des erstinstanzlichen Richters stand dagegen ausweislich der Begründung des Gesetzesentwurfs[785] nicht im Mittelpunkt der Rechtspflegergesetzreform. Um die Zielsetzung - Aufwertung der Rechtspflegertätigkeit - zu gewährleisten, wurde die Entscheidung des Rechtspflegers gemäß § 11 Abs. 1 RpflG für das Rechtsmittelverfahren der richterlichen Ausgangsentscheidung gleichgestellt.

Dies wird auch aus einem Schreiben des Bundesministeriums der Justiz[786] deutlich, wonach eingeräumt wird, „*dass die Neufassung des § 11 RpflG (...) in den Fällen der sofortigen Beschwerde gegen Entscheidungen des Rechtspflegers, d.h. vor allem in Kostenfestsetzungsverfahren zum Ausschluss der nach bisherigem Recht (...) bestehenden Abhilfemöglichkeit führt. (...) Die Neufassung des § 11 RpflG, mit der die sogenannte Durchgriffserinnerung abgeschafft und die Ent-*

---

[779] BT- DruckS 13/ 10244.

[780] BVerfGE 79, 106 (121).

[781] OLG Dresden, Rpfleger 1999, 211 (212).

[782] BR- DruckS 56/ 98, S. 5, 6.

[783] BR- DruckS 56/ 98, S. 9.

[784] OLG Köln, Rpfleger 2000, 208 (209); OLG Dresden, Rpfleger 1999, 211 (212).

[785] BT- DruckS 13/ 10244, S. 6.

[786] Geschäftszeichen 0312/10-R 1 10806/98; vgl. Arnold/ Meyer- Stolte/ Herrmann/ Hansens-Hansens, 5. Aufl., § 11 Rn. 29.

scheidung des Rechtspflegers hinsichtlich ihrer Überprüfbarkeit im Rechtsmittelverfahren den Entscheidungen des Richters grundsätzlich gleichgestellt werden, ist Ausdruck des Bestrebens des Gesetzgebers, der eingetretenen Entwicklung der Stellung des Rechtspflegers vom ehemaligen Richtergehilfen zu einem eigenständigen Organ der Rechtspflege, das in sachlicher Unabhängigkeit neben dem Richter als Gericht tätig wird, Rechnung zu tragen. Daran ist festzuhalten.“
Der bloße Verweis auf die allgemeinen verfahrensrechtlichen Vorschriften (§ 11 Abs. 1 RpflG) hält sich somit wegen der insgesamt bezweckten Hervorhebung der eigenständigen Arbeit des Rechtspflegers im Rahmen des Gesetzeszwecks, sodass eine Gesetzesauslegung kein abweichendes Ergebnis zu tragen vermag[787].
Für dieses Ergebnis spricht auch der Vergleich von § 11 Abs. 1 mit Abs. 2 RpflG. Durch die ausdrückliche Erwähnung der Abhilfe- und der Vorlagemöglichkeit an den erstinstanzlichen Richter in § 11 Abs. 2 S. 2 RpflG wird deutlich, dass der Gesetzgeber das Problem der Abhilfemöglichkeit gesehen und in der Weise bewusst geregelt hat, dass im Fall des § 11 Abs. 1 ZPO eine Abhilfe gerade nicht stattfinden soll[788]. Die Abhilfebefugnis ist somit ausdrücklich auf § 11 Abs. 2 RpflG beschränkt und damit als eine solche Ausnahmeregelung gefasst, die der Gesetzgeber nur im Hinblick auf Art. 19 Abs. 4 GG für erforderlich gehalten hatte, um im Fall des § 11 Abs. 2 RpflG gegebenenfalls eine Überprüfung durch den Richter zu erreichen[789].
Auch liegt keine Regelungslücke im System des Rechtsmittelrechts vor, die im Wege der ergänzenden Auslegung geschlossen werden müsste[790]. Die Regelungen des § 11 Abs. 1 und Abs. 2 RpflG in Verbindung mit den allgemeinen Rechtsmittelvorschriften der ZPO stellen ein geschlossenes System dar, das wegen der ausdrücklichen Regelung des § 577 Abs. 3 ZPO keine Lücke lässt[791].
Soweit in der Gesetzesbegründung[792] ausgeführt ist, der Rechtspfleger solle „*künftig immer die Möglichkeit haben, der Erinnerung abzuhelfen, nicht nur in den Fällen der Festsetzungsverfahren nach § 21 Nr. 1 und 2*“ RpflG, meint dies lediglich die Fälle der Erinnerung nach § 11 Abs. 2 RpflG. Dies deshalb, da sich dieser Satz in einem Absatz der Gesetzesbegründung befindet, der sich nur auf die Fälle bezieht, denenzufolge die Entscheidung des Rechtspflegers nach den allgemeinen verfahrensrechtlichen Regeln nicht anfechtbar ist[793]. Es handelt sich mithin

---

787 So auch OLG Brandenburg, Rpfleger 1999, 174 (175).

788 OLG Dresden, Rpfleger 1999, 211 (212); OLG Hamm, NJW 1999, 3726 (3727); OLG Saarbrücken, Rpfleger 1999, 175 (175); Rellermeyer, Rpfleger 1998, 309 (310 ff.).

789 OLG Düsseldorf, Rpfleger 1999, 265 (266); OLG Karlsruhe, Rpfleger 1999, 64 (65); Schütt, MDR 1999, 265.

790 Schütt, MDR 1999, 256; Schneider, Rpfleger 1998, 499 (500); a.A. OLG München, Rpfleger 1999, 16 (16, 17).

791 OLG Dresden, Rpfleger 1999, 211 (212).

792 BT- DruckS 13/ 10244, S. 7.

793 Der vorausgehende Satz in der Gesetzesbegründung lautet: „*Soweit Entscheidungen des Rechtspflegers nach den allgemeinen Regeln des Verfahrensrechts nicht anfechtbar sind,*

lediglich um die Begründung zu der Änderung des § 11 Abs. 2 RpflG. Für den in § 11 Abs. 1 RpflG geregelten Fall ist in der Gesetzesbegründung dagegen nur die Rede von den allgemeinen Regeln des Verfahrensrechts[794].

An diesem Ergebnis kann auch der Umstand nichts ändern, dass der mit der Änderung des Rechtspflegergesetzes geschaffene Rechtszustand im Hinblick auf die Verfahrensökonomie, insbesondere die Mehrbelastung der Beschwerdegerichte, in hohem Maße unbefriedigend ist und eine Abhilfemöglichkeit aus Zweckmäßigkeitserwägungen daher gerade im Kostenfestsetzungsverfahren sinnvoll wäre. Rechtspolitische Fehler allein erlauben aber wegen der Bindung an das Gesetz (Art. 20 Abs. 3 GG) noch keine richterliche Korrektur im Wege der Auslegung[795]. Die fehlende Abhilfemöglichkeit außerhalb des Anwendungsbereichs des § 11 Abs. 2 RpflG entspricht somit gerade dem Willen des Gesetzgebers und kann daher nicht durch eine ergänzende Auslegung korrigiert werden[796]. Vielmehr kann eine Korrektur der eindeutigen Regelung der §§ 11 Abs. 1, 2 RpflG, 577 Abs. 3 ZPO nur durch den Gesetzgeber selbst erfolgen[797].

Eine Abhilfebefugnis oder gar eine Abhilfeverpflichtung des Rechtspflegers im Rahmen einer sofortigen Beschwerde gegen die von ihm getroffenen Entscheidungen besteht somit seit dem 01.10.1998 auch nicht mehr im Kostenfestsetzungsverfahren[798].

Die durch den Rechtspfleger getroffene Ausgangsentscheidung bildet den alleinigen Beschwerdegegenstand. Dies bedeutet jedoch nicht, dass der Rechtspfleger in jedem Fall gehindert ist, seine eigene Entscheidung zu überprüfen und gegebenenfalls abzuändern. Gemäß § 319 ZPO hat er seine Entscheidung auf rechnerische Unrichtigkeiten zu überprüfen oder versehentlich nicht in Ansatz gekommene Positionen durch eine ergänzende Entscheidung gemäß § 321 ZPO nachträglich zu berücksichtigen. Im Streitfall kommen diese Ausnahmetatbestände jedoch nicht in Betracht, sodass der Rechtspfleger in diesen Fällen die Akten unmittelbar dem Beschwerdegericht vorzulegen hat.

bb. Die Rechtspflegererinnerung gemäß § 11 Abs. 1, 2 RpflG

Wie bereits ausführlich dargelegt wurde, trennt das Gesetz seit der Neuregelung

---

muss aus verfassungsrechtlichen Gründen weiterhin der Rechtsbehelf der einfachen Erinnerung gegeben sein"; BT- DruckS 13/ 10244, S. 10.

794 Vgl. BT- DruckS 13/ 10244, S. 6 ff.

795 So auch OLG Brandenburg, Rpfleger 1999, 174 (175); Schneider, Rpfleger 1998, 499 (501).

796 OLG Hamm, NJW 1999, 3726 (3727).

797 OLG Dresden, Rpfleger 1999, 211 (212); OLG Brandenburg, Rpfleger 1999, 174 (175); Schneider, Rpfleger 1998, 499 (501).

798 OLG Brandenburg, Rpfleger 1999, 174 ff.; OLG Saarbrücken, Rpfleger 1999, 175; OLG Zweibrücken, Rpfleger 1999, 176; OLG Köln, Rpfleger 2000, 208 ff.; OLG Dresden, Rpfleger 1999, 211 ff.

insbesondere des § 11 RpflG durch das 3. Gesetz zur Änderung des RpflG strikt zwischen den Rechtsmitteln, die nach den allgemeinen verfahrensrechtlichen Vorschriften zulässig sind und der Rechtspflegererinnerung nach § 11 Abs. 2 ff. RpflG. Gemäß § 11 Abs. 2 RpflG ist die Rechtspflegererinnerung nur noch dann statthaft, wenn gegen die Entscheidung des Rechtspflegers nach den allgemeinen verfahrensrechtlichen Vorschiften ein Rechtsmittel „*nicht gegeben*" ist (§ 11 Abs. 2 S. 1 RpflG).
Fraglich ist insoweit, wie die Formulierung „*nicht gegeben*" rechtlich zu qualifizieren ist. Auch wenn in den Gesetzesmaterialien hierzu nichts ausgeführt ist, kann dem Gesetzeswortlaut nicht entnommen werden, dass die dem Gesetzgeber bekannte dogmatische Unterscheidung zwischen der Statthaftigkeit eines Rechtsmittels und seiner Zulässigkeit aufgehoben sein sollte. Andererseits kommt durch die Nichterwähnung dieser Termini zum Ausdruck, dass mit der gewählten Gesetzesformulierung jedenfalls über die bloße Statthaftigkeit eines Rechtsmittels hinausgegangen werden sollte.
Hierfür spricht auch der Wortlaut des § 11 Abs. 1 RpflG wonach gegen die Entscheidung des Rechtspflegers dasjenige Rechtsmittel „*gegeben*" ist, das nach den allgemeinen verfahrensrechtlichen Vorschriften „*zulässig*" ist. Die Bezeichnung „*gegeben*" steht damit in einem untrennbaren Zusammenhang mit der Zulässigkeit eines Rechtsmittels. Ist somit ein Rechtsmittel nach den allgemeinen verfahrensrechtlichen Vorschriften zulässig, so ist es auch im Sinn des § 11 Abs. 1 RpflG „*gegeben*". Diese Gleichsetzung von „*zulässig*" und „*gegeben*" erfolgt auch im anschließenden Satz 1 des § 11 Abs. 2 RpflG. Demzufolge ist die Rechtspflegererinnerung grundsätzlich dann statthaft, wenn ein Rechtsmittel nach den allgemeinen verfahrensrechtlichen Vorschriften überhaupt nicht vorgesehen[799] oder dieses zwar nach den allgemeinen verfahrensrechtlichen Vorschriften vorgesehen, im Einzelfall jedoch nicht zulässig ist[800].
Um die Subsidiaritätsregelung des § 11 RpflG und die Zulässigkeitserfordernisse des allgemeinen Verfahrensrechts nicht zu unterlaufen, kann aber nicht jede Unzulässigkeit des nach den allgemeinen verfahrensrechtlichen Vorschriften vorgesehenen Rechtsmittels die Statthaftigkeit der Rechtspflegererinnerung begründen. Vielmehr bedarf es einer Unzulässigkeit, die sich aus gesetzlichen Vorgaben ergibt und diese von dem Rechtsmittelführer nicht beeinflussbar sind[801]. Dies folgt daraus, dass dem Rechtsmittelführer die Rechtspflegererinnerung nicht deshalb eröffnet werden kann, weil er Form- und Fristerfordernisse des nach den allgemeinen verfahrensrechtlichen Vorschriften statthaften Rechtsmittels nicht gewahrt

---

[799] So insbesondere im Fall der Zurückweisung des Antrags auf Festsetzung im vereinfachten Verfahren nach § 646 Abs. 2 ZPO; vgl. § 646 Abs.2 S. 3 ZPO und oben C. I. 2. b.

[800] So auch Arnold/ Meyer- Stolte/ Herrmann/ Hansens- Hansens, 5. Aufl., § 11 Rn. 47; B/ L-Hartmann, 59. Aufl., § 104 Rn. 43.

[801] OLG Stuttgart, FamRZ 2000, 1161 (1162); Arnold/ Meyer- Stolte/ Herrmann/ Hansens-Hansens, 5. Aufl., § 11 Rn. 47.

oder sonstige „subjektiv“ zu erfüllende Zulässigkeitsvoraussetzungen nicht erfüllt hat[802]. Hat der Rechtsmittelführer z.B. die Beschwerdefrist versäumt oder fehlt ihm die persönliche Beschwer, so führt die hieraus resultierende Unzulässigkeit der sofortigen Beschwerde daher nicht zur Statthaftigkeit der Rechtspflegererinnerung[803].
Die Rechtspflegererinnerung nach § 11 Abs. 2 RpflG ist somit grundsätzlich nur dann statthaft, wenn die sofortige Beschwerde aus allgemeinen „objektiven“ verfahrensrechtlichen Gründen unzulässig ist.
Soll die Entscheidung des Rechtspflegers über die Kostenpflicht beziehungsweise Kostenfestsetzung im Rahmen des § 649 ZPO angefochten werden, ohne dass die Beschwerdesumme des §§ 652 Abs. 1, 577 Abs. 1, 567 Abs. 2 ZPO erreicht ist[804], oder erfolgte eine unrichtige Berechnung des Unterhalts aufgrund der vorhandenen Daten[805], so ist daher insoweit wegen Unzulässigkeit der sofortigen Beschwerde gemäß § 567 Abs. 2 ZPO nur die Rechtspflegererinnerung gemäß § 11 Abs. 2 RpflG statthaft.
Fraglich ist jedoch, ob die Rechtspflegererinnerung auch dann statthaft ist, wenn die sofortige Beschwerde nach § 652 ZPO wegen Nichtvorliegens besonderer sich aus den Vorschriften des vereinfachten Verfahrens spezifisch ergebender Zulässigkeitserfordernisse im Einzelfall unzulässig ist. Diese Frage stellt sich insbesondere im Hinblick auf die Norm des § 652 Abs. 2 ZPO, wonach nur die dort aufgeführten Einwendungen mit der sofortigen Beschwerde erhoben werden können, und diese zum Teil auch nur dann, wenn sie bereits erstinstanzlich vorgebracht wurden[806]. Würde man lediglich das oben dargestellte Abgrenzungskriterium der „objektiven“ Unzulässigkeit der sofortigen Beschwerde zu Grunde legen, so müsste auch in diesen Fällen die Rechtspflegererinnerung statthaft sein[807]. Dies

---

[802] Arnold/ Meyer- Stolte/ Herrmann/ Hansens- Hansens, 5. Aufl., § 11 Rn. 47. Die Gegenansicht (B/ L- Hartmann, 59. Aufl., § 104 Rn. 44) nimmt an, die Statthaftigkeit der Rechtspflegererinnerung sei immer begründet, wenn das nach den allgemeinen verfahrensrechtlichen Vorschriften vorgesehene Rechtsmittel unzulässig sei, unabhängig davon, aus welchen Gründen sich die Unzulässigkeit ergebe.

[803] A.A. B/ L- Hartmann, 59. Aufl., § 104 Rn. 44.

[804] So auch Zöller- Philippi, 22. Aufl., § 652 Rn. 12; B/ L- Albers, 59. Aufl., § 652 Rn. 1; B/ L- Hartmann, 59. Aufl., § 104 Rn. 43; MüKo- Coester- Waltjen, ZPO, 2. Aufl., § 652 Rn. 1; Arnold/ Meyer- Stolte/ Herrmann/ Hansens- Hansens, 5. Aufl., § 11 Rn. 47.

[805] MüKo- Coester- Waltjen, ZPO, 2. Aufl., § 652 Rn. 1.

[806] Vgl. dazu bereits oben C. I. 6. a. aa. (1.) (b.) (aa.).

[807] Die fehlende Erhebung der in § 652 Abs. 2 ZPO genannten Einwendungen in erster Instanz ist insoweit nicht als eine vom Beschwerdeführer „subjektiv“ herbeigeführte Unzulässigkeit im Sinn der dargestellten Abgrenzung anzusehen. Zwar hat er subjektiv diese Einwendungen nicht erstinstanzlich erhoben, jedoch kann ihm hieraus kein Vorwurf im Sinn einer subjektiv verursachten Unzulässigkeit der sofortigen Beschwerde gemacht werden. Deren Unzulässigkeit steht bereits zu einem Zeitpunkt fest, zu welchem der Antragsgegner noch in keinster Weise über die Einlegung der sofortigen Beschwerde nachdenkt, geschweige denn hierüber belehrt wurde.

würde bedeuten, dass alle anderen Einwendungen, d.h. solche, die nicht in § 652 Abs. 2 ZPO besonders erwähnt sind und solche nach § 648 Abs. 2 ZPO, die zwar erwähnt sind, jedoch nicht erstinstanzlich vom Beschwerdeführer vorgebracht wurden, mittels der Rechtspflegererinnerung nach § 11 Abs. 2 RpflG geltend gemacht werden könnten.
Dies vermag jedoch im Hinblick auf die Ziele des vereinfachten Verfahrens nicht zu überzeugen. Das Rechtspflegergesetz ist ein allgemeingültiges Gesetz mit eigenen Zielen und zwar unabhängig von etwaig bestehenden, sich aus anderen Gesetzen ergebenden prozessualen Sondervorschriften. Das vereinfachte Verfahren stellt demgegenüber ein besonderes auf die Bedürfnisse des Kindesunterhalts abgestimmtes beschleunigtes Verfahren zur Erlangung eines Unterhaltstitels dar. Der in diesen Sondervorschriften geäußerte gesetzgeberische Wille, insbesondere der dem vereinfachten Verfahren zu Grunde liegende Gedanke, einfach und schnell einen Kindesunterhaltstitel zu erlangen, muss aber auch außerhalb der §§ 645 ff. ZPO Beachtung finden, um den Sinn und Zweck des vereinfachten Verfahrens insgesamt nicht zu gefährden.
Aus diesem Grund ist den im Beschwerdeverfahren geltenden besonderen Einwendungsbeschränkungen des § 652 Abs. 2 ZPO umfassende Geltung zuzukommen. Würde man die Erhebung aller anderen nicht von § 652 Abs. 2 ZPO erfassten Einwendungen mittels der Rechtspflegererinnerung gestatten, so wäre die Regelung des § 652 Abs. 2 ZPO obsolet. Alle, selbst erstinstanzlich unzulässigen Einwendungen, könnten erhoben und die bewusst gestalteten Besonderheiten des vereinfachten Verfahrens zunichte gemacht werden. Aus diesem Grund muss die Rechtspflegererinnerung nach § 11 Abs. 2 RpflG auch dann als Rechtsbehelf ausscheiden, wenn die sofortige Beschwerde gemäß § 652 Abs. 2 ZPO unzulässig ist. § 652 Abs. 2 ZPO stellt somit eine abschließende Norm dar, die über den Anwendungsbereich der ZPO hinaus festschreibt, mittels welcher besonderer Einwendungen der Festsetzungsbeschluss unmittelbar angefochten werden kann.
Dieser Ausschluss der Rechtspflegererinnerung im Rahmen des § 652 ZPO ist auch aus rechtstaatlicher Sicht nicht zu beanstanden, da gemäß § 654 ZPO weiterhin die Möglichkeit besteht, den Festsetzungsbeschluss gerichtlich überprüfen und gegebenenfalls abändern zu lassen.

b. Rechtsmittel gegen den Teilfestsetzungsbeschluss nach § 650 S. 2 ZPO

Welches Rechtsmittel den Parteien gegen den sogenannten Teilfestsetzungsbeschluss gemäß § 650 S. 2 ZPO offensteht, wird durch die §§ 645 ff. ZPO nicht unmittelbar beantwortet. Insbesondere enthält § 650 ZPO insoweit keine Regelung. Lediglich in § 649 Abs. 1 ZPO ist ausgeführt, dass gegen den „*Festsetzungsbeschluss*" die sofortige Beschwerde stattfindet. Fraglich ist somit, ob auch der Beschluss nach § 650 S. 2 ZPO als Festsetzungsbeschluss in diesem Sinn angesehen werden kann. Dieser setzt ebenso wie derjenige nach § 649 ZPO die Unterhaltsverpflichtung des Antragsgegners fest, sodass auch gegen diesen

sogenannten Teilfestsetzungsbeschluss die sofortige Beschwerde statthaft sein dürfte[808]. Hierfür spricht auch, dass auf den Teilfestsetzungsbeschluss die Regelungen über den Festsetzungsbeschluss nach § 649 ZPO entsprechend anwendbar sind[809].
Unabhängig von der rechtlichen Einordnung des Teilfestsetzungsbeschlusses stellt sich jedoch die Frage, ob und inwieweit dieser überhaupt von den Parteien angefochten werden kann, da er gemäß § 650 S. 2 ZPO nur dann ergeht, wenn der Antragsgegner sich zu der Zahlung eines bestimmten Unterhaltsbetrages verpflichtet und der Antragsteller insoweit die Festsetzung beantragt hat. Es handelt sich um einen Beschluss, dessen Festsetzungsinhalt von den Parteien selbst bestimmt und dessen Erlass von ihnen selbst herbeigeführt wird. Mangels Beschwer ist daher eine Anfechtung dieser Teilfestsetzung in der Regel von vornherein ausgeschlossen[810].
Lediglich für den Fall, dass der Teilfestsetzungsbeschluss irrtümlich über den anerkannten und beantragten Unterhaltsbetrag hinausgeht oder hinter diesem zurückbleibt, kann ein hinreichendes Rechtschutzbedürfnis der Parteien bejaht werden und eine Anfechtung dieses Beschlusses in Betracht kommen[811].
Die Anfechtung des Teilfestsetzungsbeschlusses unter Bezugnahme auf diesen Einwand kann jedoch in keinem Fall mittels der sofortigen Beschwerde nach § 652 ZPO erfolgen, selbst wenn der Teilfestsetzungsbeschluss von der Norm des § 652 Abs. 1 ZPO erfasst sein sollte. Dies resultiert aus der Regelung des § 652 Abs. 2 ZPO, wonach exklusiv und abschließend diejenigen Einwendungen genannt sind, die mittels der sofortigen Beschwerde erhoben werden können. Neben der Unrichtigkeit der Kostenfestsetzung sind dies nur die Einwendungen nach § 648 Abs. 1 und 2 ZPO[812]. Die gegen die Teilfestsetzung einzig mögliche Einwendung - der Rechtspfleger sei irrtümlich über den anerkannten und beantragten Unterhaltsbetrag hinausgegangen oder hinter diesem zurückgeblieben - ist hiervon jedoch weder von § 652 Abs. 2 ZPO noch unmittelbar von § 648 ZPO[813] erfasst. Der Teilfestsetzungsbeschluss kann nach alledem in keiner Fallgestaltung mittels der sofortige Beschwerde nach § 652 ZPO angefochten werden. Hierfür spricht auch die Begründung des Regierungsentwurfs zum KindUG[814], wonach den Par-

---

[808] So im Ergebnis - ohne nähere Begründung - auch: MüKo- Coester- Waltjen, ZPO, 2. Aufl., § 652 Rn. 2; Musielak- Borth, § 652 Rn. 1; B/ L- Albers, 59. Aufl., § 652 Rn. 1; Wendl/ Staudigl- Thalmann, 5. Aufl., § 8 Rn. 341; Zöller- Philippi, 22. Aufl., § 652 Rn. 1.
[809] T/ P, 23. Aufl., § 650 Rn. 4; MüKo- Coester- Waltjen, ZPO, 2. Aufl., § 650 Rn. 1.
[810] So Gießler, FPR 1998, 173 (180). Im Ansatz auch Claessen, RpflStud. 1999, 1 (7).
[811] Lipp/ Wagenitz, § 652 Rn. 2; Claessen, RpflStud. 1999, 1 (7).
[812] Vgl. dazu ausführlich oben C. I. 6. a. aa. (1.).
[813] Lediglich seitens des Antragsgegners käme die Einwendung des §§ 652 Abs. 2, 648 Abs. 1 S. 1 Nr. 3b ZPO in Betracht, die sich jedoch nur auf den Antrag des Antragstellers nach § 645 ZPO und nicht auf den nach § 650 S. 2 ZPO bezieht. Zudem würde es an dem erforderlichen erstinstanzlichen Erheben der Einwendung fehlen.
[814] BT- DruckS 13/ 7338, S. 42.

teien nur „(...) *gegen den Festsetzungsbeschluss nach § 649 ZPO* (...)" das Rechtsmittel der sofortigen Beschwerde eingeräumt wird. Der Gesetzgeber selbst ging somit davon aus, dass Teilfestsetzungsbeschlüsse nach § 650 S. 2 ZPO nicht mittels der sofortigen Beschwerde angefochten werden können[815].
Da auch ein sonstiges Rechtsmittel nach den allgemeinen verfahrensrechtlichen Vorschriften nicht in Betracht kommt, können gemäß § 11 Abs. 2 S. 1 RpflG die Parteien den Teilfestsetzungsbeschluss daher ausschließlich mittels der Rechtspflegererinnerung angreifen. Diese stellt den einzig statthaften Rechtsbehelf gegen Teilfestsetzungsbeschlüsse nach § 650 S. 2 ZPO dar[816].
Darüber hinaus besteht nur die Möglichkeit, den Teilfestsetzungsbeschluss nach der Vorschrift des § 319 ZPO berichtigen oder nach der des § 321 ZPO ergänzen zu lassen.

7. Das streitige Verfahren gemäß § 651 ZPO

Der Gesetzgeber wollte dem Kind mit dem vereinfachten Verfahren ein kostengünstiges und schnelles Prozessmittel zur Verfügung stellen, um seine Unterhaltsansprüche titulieren zu lassen. Erfolgt hierdurch keine dem ursprünglichen Antrag entsprechende Unterhaltsfestsetzung, so sollte es dem Kind, ähnlich wie im Mahnverfahren (vgl. § 696 Abs. 1 ZPO), ermöglicht werden, ohne großen Aufwand in das Streitverfahren überzuleiten, um seine Unterhaltsansprüche im gerichtlichen Unterhaltsverfahren weiter zu verfolgen. Um dies zu gewährleisten, eröffnet der Gesetzgeber mit § 651 ZPO die Möglichkeit der Überleitung in das streitige Verfahren.
Diese sich an § 650 ZPO anschließende Vorschrift des § 651 ZPO eröffnet den Weg in das streitige Verfahren jedoch nur dann, wenn der Antragsgegner im vereinfachten Verfahren Einwendungen erhoben hat, die nach § 648 Abs. 1 S. 3 ZPO nicht zurückzuweisen, oder gemäß § 648 Abs. 2 ZPO zulässig und daher im Rahmen des § 650 ZPO zu berücksichtigen sind[817] und der Rechtspfleger hierüber bereits entschieden hat[818]. Dies folgt zum einen aus der Stellung des § 651 ZPO im Gesetzesgefüge[819], wonach dieser – wie ausgeführt wurde - unmittelbar an die Vorschrift des § 650 ZPO anschließt und dort nur die dort genannten Konstellationen geregelt sind, als auch aus § 651 Abs. 1 S. 2 ZPO, wonach in der Mitteilung nach § 650 ZPO darauf hinzuweisen ist, dass das streitige Verfahren durchgeführt werden kann. Zum anderen sollte gewährleistet werden, dass der Antragsgegner nicht bereits vor Entscheidung des Rechtspflegers über seine Ein-

---

815 Lipp/ Wagenitz, § 652 Rn. 2.
816 Lipp/ Wagenitz, § 652 Rn. 2.
817 Wendl/ Staudigl- Thalmann, 5. Aufl., § 8 Rn. 345; Zöller- Philippi, 22. Aufl., § 651 Rn. 1; BT- DruckS 13/ 7338, S. 42.
818 Günther, Kind- Prax 1999, 35 (38); B/ L- Albers, 59. Aufl., § 651 Rn. 2.
819 Günther, Kind- Prax 1999, 35 (38).

wendungen durch Überleitung in das streitige Verfahren, das vereinfachte Verfahren blockieren und sich diesem entziehen kann.
Erhebt der Antragsgegner dagegen keine oder nur unbeachtliche Einwendungen, so ergeht der Festsetzungsbeschluss nach § 649 ZPO, der diese erhobenen Einwendungen zurückweist und den Unterhaltsanspruch hinreichend tituliert. Dem Antragsgegner steht hiergegen nicht das streitige Verfahren, sondern nur die sofortige Beschwerde offen[820].

a. Der Überleitungsantrag

Der Übergang in das streitige Verfahren erfolgt nicht von Amts wegen, sondern nur, wenn es von einer Partei beantragt wird (vgl. § 651 Abs. 1 S. 1 ZPO), da den Parteien Gelegenheit zu einer außergerichtlichen Einigung gegeben werden soll, aber auch, um dem Antragsteller, der, etwa unter der Berücksichtigung der Auskunft des Antragsgegners, den Unterhaltsanspruch nicht oder nicht vollständig weiterverfolgen will, zusätzliche Kosten zu ersparen[821].

aa. Die Antragsberechtigung

Dem Gesetzeswortlaut nach steht das Antragsrecht den Parteien, also auch dem Antragsgegner zu. Vereinzelt[822] wird in der Literatur jedoch angenommen, es seien Fälle, in denen der Antragsgegner einen solchen Antrag stellen kann, nicht ersichtlich, sodass die Überleitung allein dem Antragsteller zustehe. Erhebt der Antragsgegner beachtliche Einwendungen, so scheide eine Festsetzung im vereinfachten Verfahren aus und die Überleitung in das streitige Verfahren könne nur durch den Antragsteller erfolgen. Liegen dagegen nur unbeachtliche Einwendungen vor, so ergehe der Festsetzungsbeschluss und dem Antragsgegner bleibe lediglich die Möglichkeit der sofortigen Beschwerde[823]. Die Überleitung in das streitige Verfahren könne somit ohne Mitwirkung des Antragstellers nicht erfolgen[824]. Hierfür spräche auch die Regelung des § 650 ZPO, wonach sich die Mitteilung, das streitige Verfahren beantragen zu können (§§ 650 S. 3, 651 Abs. 1 S. 2 ZPO), lediglich an den Antragsteller richte[825]. Nach alledem sei daher die Überleitung in das streitige Verfahren allein dem Antragsteller und in keinem Falle dem Antragsgegner eröffnet[826].
Dem kann nicht zugestimmt werden.

---

[820] Vgl. hierzu umfassend oben C. I. 6. a. (b.).
[821] Rühl/ Greßmann, Rn. 257.
[822] FamRefK- Bäumel, ZPO, § 651 Rn. 4.
[823] Vgl. im Einzelnen oben C. I. 6. a. (b.).
[824] Vgl. hierzu FamRefK- Bäumel, ZPO, § 651 Rn. 4.
[825] FamRefK- Bäumel, ZPO, § 651 Rn. 5.
[826] FamRefK- Bäumel, ZPO, § 651 Rn. 5.

Zwar trifft es zu, dass der Antragsgegner regelmäßig kein Interesse hat, die Überleitung in das streitige Verfahren zu beantragen. Betrachtet man jedoch die Verfahrenssituation im Fall des § 650 ZPO, wenn der Antragsteller von der sofortigen Überleitung in das streitige Verfahren absieht, so ist es notwendig, auch dem Antragsgegner ein Antragsrecht auf Durchführung des streitigen Verfahrens zuzubilligen. Erhebt der Antragsgegner im vereinfachten Verfahren beachtliche Einwendungen gegen die beantragte Unterhaltsfestsetzung und leitet der Antragsteller nicht in das streitige Verfahren über, so endet das vereinfachte Verfahren entweder mit der bloßen Mitteilung nach § 650 S. 3 ZPO an den Antragsteller oder mit einer Teilfestsetzung nach § 650 S. 2 ZPO. Für den nicht festgesetzten Unterhaltsbetrag erfolgt jedoch keinerlei förmlicher oder andersartiger nach außen dringender Verfahrensabschluss.

Für den Antragsteller ist dies von geringer Bedeutung, da ihm mitgeteilt wird, dass ihm die unbefristete Möglichkeit offensteht, den nicht festgesetzten Unterhalt, sei es im streitigen Verfahren oder durch eine herkömmliche Unterhaltsklage, prozessual weiter zu verfolgen.

Der Antragsgegner hingegen bleibt über die Verfahrenssituation im Unklaren, da ihm gegenüber keine Mitteilung ergeht, inwieweit das vereinfachte Verfahren abgeschlossen ist beziehungsweise prozessual weiter verfahren werden kann[827]. Von der hieraus resultierenden Ungewissheit und Unsicherheit muss sich der Antragsgegner befreien können[828]. Dies wird dadurch gewährleistet, dass auch ihm die Möglichkeit zugebilligt wird, die Überleitung in das streitige Verfahren zu beantragen, auch wenn dies allein mit dem Ziel erfolgt, verbindlich gerichtlich feststellen zu lassen, dass er nicht, beziehungsweise nicht über den gemäß § 650 S. 2 ZPO bereits titulierten Betrag hinaus, zur Unterhaltszahlung verpflichtet ist.

Die Ansicht[829], dies stelle eine negative Feststellungsklage dar, für die, in Anlehnung an die auf eine einstweilige Anordnung folgende Feststellungsklage entwickelten Grundsätze, das notwendige Rechtschutzbedürfnis fehle, vermag nicht zu überzeugen. Es handelt sich bei dem Überleitungsantrag auf Durchführung des streitigen Verfahrens nicht um eine eigenständige negative Feststellungsklage, sondern vielmehr um ein eigenständiges Verfahren, das sich wegen der Besonderheiten des vereinfachten Verfahrens an dieses anschließt, um mittels der bereits vorliegenden - regelmäßig ausreichenden - Informationen eine „vollwertige" gerichtliche Überprüfung von Unterhaltsanspruch und Einwendungen zu ermöglichen[830]. Selbst wenn man für den Streitantrag nach § 651 ZPO ein besonderes

---

[827] Eine Mitteilung an den Antragsgegner, ähnlich der an den Antragsteller gemäß § 650 S. 3 ZPO ergehenden, ist gesetzlich nicht vorgesehen; vgl. Zöller- Philippi, 22. Aufl., § 651 Rn. 1.

[828] Lipp/ Wagenitz, § 651 Rn. 5.

[829] FamRefK- Bäumel, ZPO, § 651 Rn. 5, unter Verweis auf Göppinger/ Wax- Vogel, 7. Aufl., Rn. 2256.

[830] So im Ergebnis auch FamRefK- Bäumel, ZPO, § 651 Rn. 5.

Rechtschutzbedürfnis entsprechend der negativen Feststellungsklage für erforderlich hielte, müsste dieses dem Antragsgegner zuerkannt werden. Durch das vereinfachte Verfahren ist er gehalten, über seine Einkommensverhältnisse umfassend Auskunft zu erteilen. Auch im übrigen ist das vereinfachte Verfahren zu Lasten des Antragsgegners ausgestaltet. Führt nun dieses auf Grund seiner Bemühungen nicht zur beantragten Unterhaltsfestsetzung, so hat er ein berechtigtes Interesse, dass über seine Einwendungen sachlich abschließend entschieden und damit die Unterhaltsstreitigkeit gerichtlich abgeschlossen wird.
Für ein Antragsrecht des Antragsgegners spricht auch, dass sich nicht jeder Unterhaltsschuldner ohne Grund vehement gegen jegliche Unterhaltszahlungen wehrt. Vielfach sind die Unterhaltspflichtigen bereit, denjenigen Unterhalt nach Art und Höhe zu erbringen, zu dem sie rechtlich verpflichtet sind. Um diese rechtliche Verpflichtung festzustellen, bedarf es aber einer gerichtlichen Entscheidung. Auch die gegebenenfalls erfolgte Teiltitulierung gemäß § 650 S. 2 ZPO vermag diese nicht zu ersetzen, da sie nur deshalb erfolgte, weil der Unterhaltspflichtige selbst sich hierzu verpflichtete, damit seine Einwendungen berücksichtigungsfähig sind (vgl. § 648 Abs. 2 ZPO). Im Einklang mit den vorstehenden Ausführungen steht auch der Gesetzeswortlaut, der in § 651 Abs. 1 ZPO ausdrücklich festschreibt, dass das streitige Verfahren „*auf Antrag einer Partei*" durchgeführt wird.
Nach alledem kann somit auch der Antragsgegner bei Vorliegen der Voraussetzungen den Antrag auf Durchführung des streitigen Verfahrens stellen[831].

bb. Die sonstigen Antragsvoraussetzungen

Der Antrag ist nicht fristgebunden, um den Parteien ausreichend Zeit zu geben, zu einer außergerichtlichen Einigung zu kommen[832].
Damit der Antragsteller durch das Betreiben des vereinfachten Verfahrens keine Nachteile erleidet, gilt der Rechtsstreit nach § 651 Abs. 3 ZPO mit Zustellung des Festsetzungsantrags im vereinfachten Verfahren (vgl. § 647 Abs. 1 S. 1 ZPO) als rechtshängig geworden[833], wenn der Antrag auf Durchführung des streitigen Verfahrens binnen sechs Monaten nach Zustellung der Mitteilung nach § 650 ZPO gestellt wird[834]. Maßgeblich ist nicht, dass der Überleitungsantrag des Antragstel-

---

[831] So ohne Begründung auch: Zöller- Philippi, 22. Aufl., § 651 Rn. 1; Heiß/ Born- Born, Kap. II, Rn. 444; Gießler, FPR 1998, 173 (180); Kleinle, ZfJ 1998, 349 (352); T/ P, 23. Aufl., § 651 Rn. 2; MüKo- Coester- Waltjen, ZPO, 2. Aufl., § 651 Rn. 1; Göppinger/ Wax- van Els, 7. Aufl., Rn. 2198; Firsching/ Graba, 1. HB, 6. Aufl.,Rn. 1246; Gerhardt/ Heintschel-Heinegg/ Klein- Gerhardt, 3. Aufl., 6. Kapitel, Rn. 204b; Sonnenfeld, DAV 1999, 169 (187). A.A. nur FamRefK- Bäumel, ZPO, § 651 Rn. 4 und wohl auch Knittel, DAV 1998, 177 (185).
[832] BT- DruckS 13/ 7338, S. 42.
[833] Dies ist insbesondere für die Geltendmachung rückständigen Unterhalts maßgebend.
[834] Ist der Hinweis bezüglich des streitigen Verfahrens in der Mitteilung nach § 650 S. 3 ZPO unterblieben oder ist diese nicht zugegangen, so wird die Frist nicht in Lauf gesetzt, sodass

lers dem Antragsgegner innerhalb dieser Frist zugestellt wird, sondern nur, dass er fristgerecht bei Gericht eingeht. Die Frist von sechs Monaten wurde deshalb so großzügig bemessen, um den Antragsteller auch im Hinblick auf eine außergerichtliche Einigung nicht zum Übergang in das streitige Verfahren zu nötigen[835].
Die Rückwirkung gilt aber nur für den Fall, dass der ursprüngliche Antragsteller selbst den Überleitungsantrag stellt. Ein vom Antragsgegner gestellter Antrag kann diese Wirkung nicht begründen, selbst dann nicht, wenn der Antragsteller später, mit einem eigenen Antrag widerklagend, seinen Unterhaltsanspruch weiterverfolgt[836]. Ein vom Antragsteller erst nach Ablauf dieser Frist gestellter Antrag löst die Wirkungen der Rechtshängigkeit erst mit Mitteilung dieses Antrags an die Gegenpartei aus. Die Rechtshängigkeit tritt in diesen Fällen, anders als im Mahnverfahren, erst ein, wenn ein anspruchsbegründender Schriftsatz des Klägers an den Beklagten zugestellt wird. Ein solcher Schriftsatz ist in § 651 ZPO nicht vorgesehen und auch entbehrlich, da der ursprüngliche Festsetzungsantrag den Streitgegenstand hinreichend erkennen lässt.
Gleiches gilt für die Frage der Rechtshängigkeit auch hinsichtlich des vom ursprünglichen Antrag abweichenden Teils, wenn der Antragsteller im streitigen Verfahren einen höheren Unterhalt oder einen Unterhalt für andere Zeiträume als im vereinfachten Verfahren beantragt[837].
Der Antrag auf Überleitung in das streitige Verfahren ist Prozesshandlung und kann gemäß § 657 S. 1 ZPO schriftlich gestellt oder gerichtlich zu Protokoll gegeben werden. Der Formularsatz sieht insoweit einen entsprechenden Antragsvordruck vor, der gemäß § 659 Abs. 2 ZPO zwingend ist. Anwaltszwang besteht gemäß §§ 78 Abs. 2 S. 1 Nr. 2, Abs. 3, 657 ZPO nicht.

b. Das weitere Verfahren nach dem Überleitungsantrag

Beantragt eine Partei die Durchführung des streitigen Verfahrens, so ist, wie nach Eingang einer Klage, weiter zu verfahren (vgl. § 651 Abs. 2 ZPO).
Der Antrag auf Unterhaltsfestsetzung im vereinfachten Verfahren (vgl. §§ 645, 646 ZPO) gilt für das streitige Verfahren gleichzeitig als Klageschrift[838]. Dies ist zwar nicht ausdrücklich gesetzlich geregelt, ergibt sich aber unmittelbar aus der

---

dann auch ein späterer Antrag zu einer rückwirkenden Rechtshängigkeit führt; vgl. B/ L- Albers, 59. Aufl., § 651 Rn. 4.

[835] BT- DruckS 13/ 7338, S. 42.

[836] Lipp/ Wagenitz, § 651 Rn. 13.

[837] Gleiches gilt auch im Fall eines im vereinfachten Verfahren unzulässig gestellten, aber nicht nach § 646 Abs. 2 ZPO zurückgewiesenen Antrags; vgl. Lipp/ Wagenitz, § 651 Rn. 14.

[838] Zöller- Philippi, 22. Aufl., § 651 Rn. 2; FamRefK- Bäumel, ZPO, § 651 Rn. 7; MüKo-Coester- Waltjen, ZPO, 2. Aufl., § 651 Rn. 2.

ratio legis des § 651 Abs. 2 ZPO[839]. Da er nur als eine solche gilt und er bereits nach § 647 Abs.1 S. 1 ZPO zugestellt wurde, ist der Antrag auf Durchführung des streitigen Verfahrens der anderen Partei nicht zuzustellen, sondern gemäß § 270 Abs. 2 ZPO ohne Einhaltung besonderer Formvorschriften lediglich mitzuteilen[840]. Ein den Anforderungen des § 646 ZPO genügender Festsetzungsantrag enthält regelmäßig bereits alle für eine Klageschrift erforderlichen, weil die Klage begründenden Tatsachen.
Einer besonderen Klagebegründungsschrift des Antragstellers, der nunmehr als Kläger zu bezeichnen ist[841], bedarf es somit im Regelfall nicht. Sollten ausnahmsweise[842] die vom Antragsteller im Festsetzungsantrag vorgebrachten Tatsachen nicht der ihm obliegenden Darlegungslast genügen oder erscheint dem Gericht der Festsetzungsantrag nicht hinreichend substantiiert, so kann es nach § 139 ZPO darauf hinwirken, dass sich der Antragsteller über alle erheblichen Tatsachen vollständig erklärt und sachdienliche Anträge stellt[843].

Die nach § 648 ZPO erhobenen Einwendungen des Antragsgegners, der nunmehr als Beklagter zu bezeichnen ist[844], werden gemäß § 651 Abs. 2 S. 2 ZPO zur Klageerwiderung im Sinne des § 277 ZPO, die einen weitergehenden Vortrag jedoch nicht hindern[845]. Auch hier bedarf es grundsätzlich keiner gesonderten Klageerwiderungschrift, jedoch kann das Gericht zur Behebung von etwaigen Mängeln oder zur Schließung etwaiger Lücken entsprechend § 139 ZPO hinwirken.
Hat der Rechtspfleger nach Eingang des Antrags das vereinfachte Verfahren an die zuständige[846] richterliche Abteilung abgegeben, kann der Familienrichter, sofern er der Auffassung ist, der Rechtsstreit könne in einem Termin erledigt werden, einen frühen ersten Termin nach § 275 Abs. 2 ZPO anberaumen oder das

---

[839] Vgl. Wortlaut des § 651 Abs. 2 ZPO: „*Beantragt eine Partei die Durchführung des streitigen Verfahrens, so ist wie nach Eingang einer Klage weiter zu verfahren. Einwendungen nach § 648 gelten als Klageerwiderung*". So auch FamRefK- Bäumel, ZPO, § 651 Rn. 7.

[840] MüKo- Coester- Waltjen, ZPO, 2. Aufl., § 651 Rn. 2; Zöller- Philippi, 22. Aufl., § 651 Rn. 2.

[841] Der Antragsteller im vereinfachten Verfahren wird auch nachfolgend als Antragsteller bezeichnet, unabhängig davon, wer den Antrag auf Durchführung des streitigen Verfahrens gestellt hat.

[842] Z.B. bei eigenem Einkommen des Kindes oder bei einer Unterhaltsforderung oberhalb des Existenzminimums; vgl. Günther, Kind- Prax, 1999, 35 (38).

[843] BT- DrucksS 13/ 7338, S. 42.

[844] Der Antragsgegner im vereinfachten Verfahren wird auch nachfolgend als Antragsgegner bezeichnet, unabhängig davon, wer den Antrag auf Durchführung des streitigen Verfahrens gestellt hat.

[845] Günther, Kind- Prax 1999, 35 (38).

[846] Zuständig für die Durchführung des streitigen Verfahrens bleibt das Familiengericht, bei dem das vereinfachte Verfahren anhängig ist. Ist aber eine Familiensache anhängig, so ist das streitige Verfahren von Amts wegen an das Gericht der Ehesache abzugeben, §§ 642 Abs. 2 S. 1, 621 Abs. 3 S. 1 ZPO.

Verfahren durch vorbereitende Maßnahmen nach §§ 139, 273, 643 ZPO fördern. Eine alsbaldige mündliche Verhandlung ist insbesondere dann sinnvoll, wenn, wie regelmäßig, die Einwendungen mit der Auskunft hinreichend substantiiert erscheinen.

Wird das streitige Verfahren betrieben, so bestehen keine Bindungen mehr an die besonderen Erfordernisse des vereinfachten Verfahrens. Mit Anhängigwerden des Überleitungsantrags verwandelt sich das Verfahren in einen normalen Unterhaltsprozess[847]. Damit entfällt insbesondere auch die Begrenzung des Unterhalts auf das Eineinhalbfache der Regelbeträge. Im Wege der Klageerweiterung kann der Antragsteller höheren Unterhalt oder auch Unterhalt für andere Zeiträume geltend machen. Hinsichtlich dieses, den im Festsetzungsantrag bezeichneten Unterhalt übersteigenden Mehrbetrages tritt Rechtshängigkeit jedoch erst mit Zustellung des klageerweiternden Schriftsatzes ein.
Über die vom Antragsgegner erhobenen Einwendungen ist losgelöst von der Auffassung des Rechtspflegers und somit neu zu entscheiden. Dementsprechend sind beispielsweise nicht den besonderen Anforderungen des § 648 Abs. 2 ZPO genügende Einwendungen des Antragsgegners nunmehr nach den allgemeinen prozessualen Grundsätzen zu berücksichtigen und können somit anders als im vereinfachten Verfahren erheblich werden.
Der Festsetzungsantrag kann in entsprechender Anwendung der Vorschrift des § 696 Abs. 4 ZPO bis zum Beginn der mündlichen Verhandlung des Antragsgegners zurückgenommen werden[848]. Mit der Rücknahme ist die Streitsache als nicht rechtshängig geworden anzusehen. Nimmt eine Partei ihren Streitantrag zurück, so kann sie ihn später erneut stellen[849]. Ebenso kann auf die Rücknahme hin die andere Partei einen solchen Antrag stellen. Der Festsetzungsantrag kann somit jederzeit wiederholt oder auf einen anderen Zeitraum erstreckt werden.

Knüpft das streitige Verfahren an einen Teilfestsetzungsbeschluss nach § 650 S. 2 ZPO an, so wird im anschließenden streitigen Verfahren lediglich über den nicht anerkannten und daher noch nicht titulierten „Spitzenbetrag" entschieden. Zur Erleichterung der Zwangsvollstreckung wird im Fall der Begründetheit des Unterhaltsanspruchs der Teilfestsetzungsbeschluss aufgehoben und der zu titulierende Unterhalt in einem Gesamtbetrag bestimmt (vgl. § 651 Abs. 4 ZPO). Damit wird vermieden, dass für denselben Unterhaltsanspruch zwei Vollstreckungstitel beste-

---

[847] Daher kann im streitigen Verfahren der Unterhalt auch nach den herkömmlichen Regelungen des einstweiligen Rechtschutzes, insbesondere § 644 ZPO, geregelt werden.

[848] Wendl/ Staudigl- Thalmann, 5. Aufl, § 8 Rn. 345; Zöller- Philippi, 22. Aufl., § 651 Rn. 2. Nach T/ P, 23. Aufl., § 651 Rn. 3 kann mangels einer dem § 696 Abs. 4 ZPO entsprechenden Vorschrift nicht der Antrag, sondern nur gemäß § 269 ZPO die Klage zurückgenommen werden.

[849] Zöller- Philippi, 22. Aufl., § 651 Rn. 2.

hen. Dieser einheitliche Titel kann jedoch nur bei Streitidentität, d.h. bei Geltendmachung des Unterhalts für den gleichen Zeitraum, ergehen. Liegen demgegenüber klar abgrenzbare Unterhaltszeiträume vor[850], so bedarf es eines solch einheitlichen Titels nicht[851].
Da das vereinfachte Verfahren in den Fällen des § 650 ZPO ohne eine Kostenentscheidung endet[852], werden die entstandenen Kosten als Teil der Kosten des streitigen Verfahrens behandelt (§ 651 Abs. 5 ZPO). Dies entspricht den Regelungen der §§ 281 Abs. 3 S. 1, 696 Abs. 1 S. 5 ZPO. Über die Kosten des vereinfachten Verfahrens ist daher in gleicher Weise zu entscheiden wie über die des streitigen Verfahrens. Kostenvereinbarungen sind in beiden Verfahren aber jederzeit möglich. Im streitigen Urteil nach § 651 ZPO selbst wird über die Kosten nach §§ 91, 92, 93, 93a oder § 93d ZPO entschieden. Im übrigen gelten für die Verfahrensausgestaltung des streitigen Verfahrens die §§ 253 - 510a ZPO, denen die besonderen Regelungen der §§ 642 - 644 ZPO und die der §§ 621 - 629d ZPO vorgehen. Gegen die Entscheidung des Familiengerichts sind die üblichen Rechtsmittel wie Berufung und Revision gegeben[853].

II. Die Unterhaltsannexklage im Vaterschaftsprozess (§ 653 ZPO)

Die Annexklage nach § 653 ZPO, mit der bereits im Verfahren auf Feststellung der Vaterschaft Kindesunterhalt geltend gemacht werden kann, steht mit dem vereinfachten Verfahren nur mittelbar in Verbindung, wird aber wegen ihrer Stellung im Gesetz und den gleichwohl bestehenden Bezügen zum vereinfachten Verfahren nachfolgend näher erläutert.

Wie bereits nach altem Recht[854] kann auch nach der Reform des Kindschaftsrechts vom 01.07.1998, insbesondere[855] das nichteheliche[856] minderjährige Kind (vgl. § 640 Abs. 2 Nr. 1 ZPO) bereits in dem Verfahren auf Feststellung der Va-

---

[850] Z.B. dann, wenn der Teilfestsetzungsbeschluss nur rückständigen Unterhalt betrifft, im streitigen Verfahren aber laufender Unterhalt geltend gemacht wird.

[851] BT- DrucksS 13/ 7338, S. 4.

[852] Die Mitteilung und auch der gerichtskostenfreie Teilfestsetzungsbeschluss enthalten keine eigenständige Kostenentscheidung und Kostenfestsetzung; vgl. dazu oben C. I. 6. d.

[853] Die in dem streitigen Verfahren ergehende Unterhaltsentscheidung ist mit der Berufung gemäß § 511 ZPO angreifbar. Eine Revision findet nur statt, wenn das OLG sie zugelassen hat oder die Berufung als unzulässig verworfen wird (vgl. § 621d ZPO).

[854] Vgl. § 643 ZPO a.F.

[855] Auch das gemäß § 1592 Nr. 1 BGB zunächst als ehelich geltende Kind kann die Annexklage betreiben; z.B. wenn die Vaterschaft vom Vater angefochten wird. Vgl. dazu unten C. II. 1.

[856] Seit dem KindRG vom 16.12.1998 wird das nichteheliche Kind als Kind bezeichnet, dessen Eltern nicht miteinander verheiratet sind. Aus Gründen der Übersichtlichkeit wird jedoch nachfolgend die Bezeichnung „nichtehelich" beibehalten.

terschaft[857] zugleich eine Entscheidung über den Kindesunterhalt beantragen. Diese nach § 640 c Abs. 1 S. 3 ZPO ausdrücklich als Ausnahme zum grundsätzlichen Verbot der Klageverbindung mit Kindschaftssachen gemäß §§ 640 c Abs. 1 S. 1, 2, 640 ZPO zugelassene Annexklage zur Vaterschaftsfeststellung, soll Doppelprozesse vermeiden und dem Kind schnellstmöglich einen Unterhaltstitel verschaffen[858]. Das Kind ist damit nicht darauf beschränkt, das selbstständige Unterhaltsverfahren, das wegen der Sperrwirkung des § 1600a BGB vor Rechtskraft der Vaterschaftsfeststellung nicht erfolgreich eingeleitet werden kann, erst im Anschluss daran zu betreiben.

1. Der Statusprozess

Voraussetzung für die Verurteilung im Annexprozess nach § 653 ZPO ist zunächst, dass „*auf Klage des Kindes die Vaterschaft festgestellt wird*"[859].
Diesem Gesetzeswortlaut entsprechend wird vereinzelt angenommen[860], der Unterhaltsannexantrag könne nur in Verbindung mit der positiven Vaterschaftsfeststellungsklage gemäß § 640 Abs. 2 Nr. 1 ZPO, durch das Kind als Kläger[861], gestellt werden. Nicht ohne Weiteres möglich sei demzufolge eine Annexentscheidung nach § 653 ZPO, wenn der Vater gemäß § 640 Abs. 2 Nr. 2 ZPO seine Vaterschaft anficht[862] oder gegen das Kind eine negative Feststellungsklage mit dem Ziel erhebt, dass eine Vaterschaft nicht bestehe[863]. In diesen Fällen könne das Kind den Antrag nach § 653 ZPO lediglich als Annex einer von ihm erhobenen Widerklage auf positive Feststellung der Vaterschaft erheben[864].
Diese Ansicht vermag jedoch nicht zu überzeugen.
Nach dem mit der Regelung des § 653 ZPO verfolgten gesetzgeberischen Willen, soll, anknüpfend an § 643 ZPO a.F., dem Kind die Möglichkeit eröffnet sein, schnellstmöglich und vereinfacht einen Unterhaltstitel gegen seinen Vater zu erlangen[865]. Um die pauschale[866] und schematische[867] Unterhaltsentscheidung nach

---

[857] Zur Anwendbarkeit der Annexklage in Verfahren mit Auslandsberührung und auf Feststellung der Mutterschaft nach ausländischem Recht vgl. MüKo- Coester- Waltjen, ZPO, 2. Aufl. § 653 Rn. 5, 6; Eschenbruch, Rn. 2322 ff.
[858] BT- DrucksS V/ 3719, S. 47; Göppinger, FamRZ 1970, 167 (168).
[859] Vgl. § 653 Abs. 1 S. 1 ZPO.
[860] Zöller- Philippi, 22. Aufl., § 653 Rn. 2; Musielak- Borth, § 653 Rn. 1.
[861] Wendl/ Staudigl- Thalmann, 5. Aufl., § 8 Rn. 347.
[862] Wendl/ Staudigl- Thalmann, 5. Aufl., § 8 Rn. 347.
[863] Zöller- Philippi, 22. Aufl., § 653 Rn. 2.
[864] Wieczorek/ Schütze- Schlüter, 3. Aufl., § 643 Rn. 2 (zu § 643 ZPO a.F.); Wendl/ Staudigl-Thalmann, 5. Aufl., § 8 Rn. 347; Zöller- Philippi, 22. Aufl., § 653 Rn. 2.
[865] BT- DrucksS V/ 3719, S. 47; Göppinger, FamRZ 1970, 167 (168).
[866] Maximal 100% des jeweiligen Regelbetrages, ohne der Möglichkeit einer Herabsetzung; vgl. unten C. II. 2.

§ 653 ZPO gewähren zu können, bedarf es einer Entscheidung dahingehend, dass die positive Vaterschaft des Unterhaltsgegners rechtlich gesichert feststeht. Um dies zu gewährleisten, formulierte der Gesetzgeber *„Wird (...) Vaterschaft festgestellt (...)"*.

Zwar erfolgt eine solche Feststellung in der Regel durch die gerichtliche Vaterschaftsfeststellung auf Grund einer vom Kind betriebenen positiven Vaterschaftsfeststellungsklage nach § 1600d BGB, § 640 Abs. 2 Nr. 1 ZPO, jedoch ergibt sich auch aus anderen Entscheidungen hinreichend das rechtlich verbindliche Ergebnis der positiven Vaterschaft. Dies insbesondere bei einer vom Vater erhobenen negativen Vaterschaftsfeststellungsklage und der Klage auf Anfechtung eines Vaterschaftsanerkenntnisses[868].

Hieran ändert auch der Umstand nichts, dass im Fall der Anfechtung des Vaterschaftsanerkenntnisses der Klageerfolg grundsätzlich nur zur Feststellung der Wirksamkeit des Anerkenntnisses führt, denn bei Vorliegen eines wirksamen Anerkenntnisses kommt die gesetzliche Vermutung des § 1592 Nr. 2 BGB, mit dem Ergebnis der positiven Vaterschaft, zum Tragen.

Das durch diese Verfahren, wenn auch nur mittelbar, gefundene Ergebnis der Vaterschaft muss aber für die erforderliche Vaterschaftsfeststellung im Rahmen des § 653 ZPO genügen. Allein der Verweis auf den Wortlaut des § 653 ZPO kann nicht genügen, um dessen vorteilhafte Anwendbarkeit solchen Kindern gegenüber zu versagen, die lediglich wegen der tatsächlichen Gegebenheiten - Vorliegen eines Anerkenntnisses oder einer vom Vater erhobenen negativen Vaterschaftsfeststellungsklage - eine andere gerichtliche Vorgehensweise ergreifen müssen. Maßgeblich für die Anwendbarkeit des § 653 ZPO ist somit nicht, dass eine positive Vaterschaftsfeststellungsklage erhoben ist, sondern vielmehr, dass ein Verfahren anhängig ist, dessen Abschluss dazu führt, dass die Vaterschaft in rechtlicher Hinsicht gesichert feststeht. Demnach ist insbesondere auch in Verfahren nach § 1592 Nr. 1, 2 und § 1593 BGB die Annexklage eröffnet[869]. Für dieses Ergebnis spricht auch, dass das Annexverfahren gemäß § 653 ZPO, wie sich aus der Stellung des § 640c Abs. 1 S. 3 ZPO ergibt, nicht auf Verfahren nach § 1600d BGB beschränkt ist, sondern auch für andere Verfahren offensteht[870].

Zwar spricht der Gesetzeswortlaut von der *„Klage des Kindes (...)"*, jedoch bedarf es, wie eben dargestellt wurde, im Rahmen des § 653 ZPO lediglich der Entscheidung dahingehend, dass eine Vaterschaft besteht. Dass diese im Regelfall durch eine vom Kind betriebene Vaterschaftsfeststellungsklage ergeht, entspricht

---

[867] Einwendungen können im Rahmen des § 653 ZPO nur eingeschränkt geltend gemacht werden; vgl. dazu unten C. II. 3.

[868] Unabhängig davon, ob die Klage von dem Vater, der Mutter oder dem Kind selbst gestellt wurde; MüKo- Coester- Waltjen, ZPO, 2. Aufl., § 653 Rn. 3.

[869] MüKo- Coester- Waltjen, ZPO, 2. Aufl., § 653 Rn. 4; Stein/ Jonas- Schlosser, 21. Aufl., § 643 Rn. 4, 5 (zu § 643 ZPO a.F.), der insoweit eine entsprechende Anwendbarkeit bejaht.

[870] MüKo- Coester- Waltjen, ZPO, 2. Aufl., § 653 Rn. 4.

dem Gesetzeswortlaut, jedoch rechtfertigt dies nicht den Schluss, das Kind müsse generell Kläger sein. Gerade im Fall einer negativen Feststellungsklage und einer Anfechtung des Vaterschaftsanerkenntnisses ist das Kind Beklagter, sodass nach der zitierten Ansicht[871] allein wegen der prozessualen Stellung des Kindes ein Annexantrag unzulässig wäre. Wäre diese Auffassung zutreffend, könnte der Antragsgegner dem Kind zuvorkommen und den Annexantrag verhindern. Um dem entgegenzutreten, müsste dem Kind die Erhebung einer systemwidrigen Widerklage mit identischem Klageziel zugebilligt werden[872]. Das Rechtschutzbedürfnis hierfür wäre dann nur deshalb gegeben, da die Widerklage notwendig wäre, um den Unterhaltsanspruch mittels der Annexklage durchsetzen zu können[873]. Diese allein wegen des Gesetzeswortlauts konstruierte prozessuale Vorgehensweise würde dem Kind unnötig die Stellung des Annexantrags erschweren und ist daher als reine Förmelei abzulehnen.
Da somit keine überzeugenden Gründe ersichtlich sind, dem Kind trotz Beklagtenstellung nicht sogleich das Recht zuzubilligen den Annexantrag zu stellen, ist § 653 ZPO auch in diesen Fällen anwendbar[874]. Aus denselben Gründen muss der Antrag seitens des Kindes auch hilfsweise gestellt werden können, insbesondere wenn das Kind der vom Vater begehrten positiven Feststellung entgegentritt[875].
Der Annexantrag kann folglich neben der vom Kind gestellten Vaterschaftsfeststellungsklage in allen Verfahren über die Feststellung der Vaterschaft auch ohne positive Feststellungswiderklage des Kindes gestellt werden[876].

2. Der Verfahrensgegenstand

Im Gegensatz zur bisherigen Regelung des § 643 ZPO a.F., die das Regelunterhaltsverfahren als zweistufiges Verfahren gestaltete, erlaubt § 653 ZPO nunmehr auch im Kindschaftsprozess eine Unterhaltsentscheidung über Grund und Höhe des Unterhalts[877].
Anders als das vereinfachte Verfahren, zielt die Annexklage jedoch nur auf die Zuerkennung von Kindesunterhalt in Höhe von maximal 100% des jeweiligen der Altersstufe des Kindes entsprechenden Regelbetrags der Regelbetragsverordnung, vermindert oder erhöht um die nach §§ 1612b, c BGB anzurechnenden Leistungen. Diese Begrenzung der Geltendmachung im Rahmen des § 653 ZPO wurde

---

871 Wendl/ Staudigl- Thalmann, 5. Aufl., § 8 Rn. 347.
872 So aber Wieczorek/ Schütze- Schlüter, 3. Aufl., § 643 Rn. 2 (zu § 643 ZPO a.F.); Zöller-Philippi, 22. Aufl., § 653 Rn. 2; Wendl/ Staudigl- Thalmann, 5. Aufl., § 8 Rn. 347.
873 Wieczorek/ Schütze- Schlüter, 3. Aufl., § 643 Rn. 2 (zu § 643 ZPO a.F.); Zöller- Philippi, 22. Aufl., § 653 Rn. 2.
874 Nach MüKo- Coester- Waltjen, ZPO, 2. Aufl., § 653 Rn. 4 zumindest entsprechend.
875 MüKo- Coester- Waltjen, ZPO, 2. Aufl. § 653 Rn. 4.
876 Stein/ Jonas- Schlosser, 21. Aufl., § 653 Rn. 4 (zu § 643 ZPO a.F.); MüKo- Coester- Waltjen, ZPO, 2. Aufl., § 653 Rn. 3.
877 Musielak- Borth, § 653 Rn. 2.

damit begründet, dass eine gerichtliche Auseinandersetzung über den individuellen Unterhalt so lange nicht sinnvoll und möglich ist, bis die Vaterschaft rechtskräftig festgestellt ist[878]. Demzufolge seien die konkreten Umstände bezüglich des Unterhalts im Rahmen der Annexklage nicht zu klären[879]. Zudem müssten die Gerichte vor einer ansonsten bestehenden Mehrbelastung mit Abänderungsklagen geschützt werden[880].
Ob diese Anliegen tatsächlich eine Begrenzung auf den Regelbetrag rechtfertigen, ist fraglich[881], zumal der Gesetzgeber auch im Rahmen des vereinfachten Verfahrens einen höheren Unterhalt zubilligt (150% des Regelbetrages) und mit der Neufassung des § 1612b Abs. 5 BGB erneut zum Ausdruck bringt, dass die Regelbeträge unterhalb des Existenzminimums liegen.

Das Kind ist jedoch nicht verpflichtet, den Höchstbetrag von 100% des jeweiligen Regelbetrages geltend zu machen. Vielmehr kann es auch einen geringeren Betrag verlangen (§ 653 Abs. 1 S. 2 ZPO). Insbesondere in den Fällen, in denen seitens des Kindes keine Zweifel an der eingeschränkten Leistungsfähigkeit des Unterhaltsverpflichteten bestehen, ist es dem Kind möglich, weniger als 100% des Regelbetrags zu fordern. Diese nach § 643 Abs. 1 S. 2 ZPO a.F. noch ausdrücklich ausgeschlossene Möglichkeit wurde eingeführt, um das Kind vor nachteiligen Kostenfolgen einer Abänderungsklage zu schützen[882].
Im übrigen kann jedoch gemäß § 653 Abs. 1 S. 3 ZPO weder eine Erhöhung noch eine Herabsetzung des Regelbetragsunterhalts im Rahmen der Annexklage verlangt werden. Insbesondere kann weder das Kind mehr als 100% des jeweiligen Regelbetrages noch der Vater Abschläge vom dem Betrag verlangen, den das Kind verlangt. Derartige Anträge sind wie nach bisherigem Recht[883] als unzulässig zu behandeln[884]. Diese im Rahmen des § 653 ZPO unzulässige Erhöhung oder Herabsetzung des Regelbetragsunterhalts kann lediglich in dem gesonderten Klageverfahren nach § 654 ZPO geltend gemacht werden.

Nach vereinzelter Ansicht in der Literatur[885] kann der Unterhaltsbetrag nicht be-

---

[878] Musielak- Borth, § 653 Rn. 2; BT- DruckS 13/ 7338, S. 42.
[879] BT- DruckS 13/ 7338, S. 42, 43.
[880] BT- DruckS 13/ 9596, S. 37. Hintergrund war insoweit wohl die Tatsache, dass viele Unterhaltspflichtige aufgrund mangelnder Leistungsfähigkeit nicht in der Lage sind, mehr als den Regelbetrag zu erbringen.
[881] Sehr kritisch zu dieser Rechtslage Grandke, NJ 1998, 295 (297), wonach keine Gründe erkennbar seien, warum das Gericht nicht wie im vereinfachten Verfahren tätig werden sollte.
[882] BT- DruckS 13/ 7338, S. 42.
[883] Zöller- Philippi, 20. Aufl., § 643 a.F. Rn. 3; OLG Düsseldorf, DAV 1994, 202 ff.
[884] FamRefK- Bäumel, ZPO, § 653 Rn. 9; B/ L- Albers, 59. Aufl., § 653 Rn. 3; OLG Düsseldorf, FamRZ 1994, 655 (zu § 643 ZPO a.F.).
[885] So ohne Begründung: van Els, Rpfleger 1999, 297 (302); Zöller- Philippi, 22. Aufl., § 653 Rn. 2.

ziffert, sondern lediglich in Form von Prozentsätzen des Regelbetrages geltend gemacht werden. Dies kann jedoch nicht überzeugen. Es sind keine Gründe ersichtlich, warum für die Geltendmachung von Unterhalt mittels der Annexklage nicht dieselben Grundsätze gelten sollen wie bei der herkömmlichen Unterhaltsklage oder dem vereinfachten Verfahren. Anders als im Verfahren nach § 643 ZPO a.F., in welchem der Regelunterhalt noch einen eigenständigen Unterhalt darstellte[886], bezeichnet der Regelbetrag lediglich eine Bezugsgröße, mittels der der Individualunterhalt berechnet und dynamisiert werden kann. Die Besonderheit des § 653 ZPO besteht lediglich darin, dass das Kind bereits mit der rechtskräftigen Vaterschaftsfeststellung einen wirksamen vollstreckungsfähigen Unterhaltstitel über den, wenn auch betragsmäßig auf den Regelbetrag begrenzten, Individualunterhalt erlangt. Ob das Kind die Möglichkeit der Dynamisierung dieses Unterhaltsbetrages wählt, steht ebenso wie bei der herkömmlichen Unterhaltsklage oder dem vereinfachten Verfahren in seiner alleinigen Disposition. Hierfür spricht auch, dass in § 653 ZPO lediglich von dem „*Regelbetrag*" und einem hierzu „*geringeren Unterhalt*", nicht aber von Prozentsätzen die Rede ist und der Gesetzgeber im Rahmen des § 653 ZPO die Geltendmachung von Kindesunterhalt lediglich betragsmäßig begrenzen, nicht aber auch die Form der Unterhaltsgeltendmachung festschreiben wollte.

Das Kind kann somit im Rahmen des § 653 ZPO ebenso wie mittels der herkömmlichen Unterhaltsklage oder des vereinfachten Verfahrens frei wählen, ob es den betragsmäßig bis zum entsprechenden Regelbetrag begrenzten Unterhalt dynamisiert - als Prozentsatz des Regelbetrages - oder statisch - als bezifferten Unterhaltsbetrag - geltend macht[887].

3. Die Einwendungen

Für die Zulässigkeit von Einwendungen des Beklagten im Annexverfahren enthalten das Gesetz und auch die Gesetzgebungsmaterialien[888] keine unmittelbaren Regelungen. Festgeschrieben ist in § 653 Abs. 1 S. 3 ZPO lediglich, dass im Rahmen des Annexverfahrens eine Herabsetzung des Unterhalts nicht verlangt werden kann.

Fraglich ist somit, inwieweit der Beklagte im Rahmen des Annexverfahrens Einwendungen gegen seine Unterhaltsverpflichtung zulässig erheben kann.

Festzustellen ist zunächst, dass die Regelungen des vereinfachten Verfahrens über die Erhebung von Einwendungen nicht auch für die Annexklage gelten. Die Annexklage ist insoweit ein vom vereinfachten Verfahren prozessual losgelöstes Rechtsinstitut, dass sich, mangels Verweisungen auf die Normen des vereinfach-

---

[886] Vgl. dazu ausführlich oben B. II. 1. a. aa.

[887] Im Ergebnis ebenso: Schumacher/ Grün, FamRZ 1998, 778 (793); Wendl/ Staudigl- Thalmann, 5. Aufl., § 8 Rn. 347.

[888] Vgl. BT- DruckS 13/ 7338, S. 42, 43; BT- DruckS 13/ 9596, S. 37.

ten Verfahrens, nach den allgemeinen Grundsätzen des Prozessrechts richtet. Allein die Einordnung der Annexklage unter dem Gesamttitel „Vereinfachtes Verfahren über den Unterhalt Minderjähriger" vor den §§ 645 ff. ZPO kann hieran nichts ändern[889].

Um die Frage der Erhebung von Einwendungen hinreichend beantworten zu können, bedarf es einer Gesamtschau von Sinn und Zweck der § 653 und § 654 ZPO. §§ 653, 654 ZPO enthalten Regelungen, die auf die hierdurch ersetzten §§ 643, 643a ZPO a.F. aufbauen, die nahezu dieselben Zielsetzungen hatten und im Wesentlichen gleich strukturiert waren. Der Gesetzgeber selbst führt insoweit aus, dass mit der geänderten Fassung der Vorschrift des § 653 ZPO *„die Möglichkeit, den Vater (...) zur Leistung von Unterhalt bis zur Höhe der Regelbeträge zu verurteilen, im bisherigen Umfang beibehalten"* [890] wird. Die Vorschrift des § 653 Abs. 1 S. 1 ZPO entspricht daher *„der Regelung des (...) § 643 Abs. 1 ZPO"*[891] a.F..

Dies zu Grunde gelegt, wird angenommen[892], es seien auch im Rahmen der Annexklage gemäß § 653 ZPO diejenigen Grundsätze anzuwenden, die für die Zulässigkeit von Einwendungen im Rahmen des § 643 ZPO a.F. gegolten haben[893]. Diese Grundsätze hinsichtlich der Zulässigkeit von Einwendungen im Verfahren nach §§ 643, 643a ZPO a.F. wurden von Rechtsprechung und Literatur im Rahmen einer differenzierten Rechtspraxis entwickelt. Nach altem Recht konnte im Vaterschaftsfeststellungsprozess nach § 643 ZPO a.F. nur der Regelunterhalt, ohne Möglichkeit von Zu- oder Abschlägen, verlangt werden. Erst im anschließend einleitbaren Abänderungsverfahren (§ 643a ZPO a.F.) war es den Parteien möglich, im einzelnen darüber zu streiten, ob mehr oder weniger als der Regelunterhalt geschuldet sei. Sinn und Zweck dieser Verfahrensaufteilung lag darin, dem Kind mittels der Annexklage möglichst schnell und auf einfachem Weg zu einem Regelunterhaltstitel zu verhelfen. Die nähere Prüfung zur Konkretisierung des Unterhaltsanspruchs nach den individuellen Verhältnissen der Parteien sollte aus dem Vaterschaftsfeststellungsprozess ausgeschaltet und in das Anpassungsverfahren nach § 643a ZPO a.F. verwiesen werden. Dabei handelte es sich insbesondere um Fragen der endgültigen Höhe des Unterhaltsanspruchs[894].

Weder aus Wortlaut noch Sinn und Zweck der §§ 643, 643a ZPO a.F. waren jedoch Anhaltspunkte für die Annahme entnehmbar, dass in dem Annexverfahren nach § 643 ZPO a.F. auch der Grund des Unterhaltsanspruchs offenbleiben könne. Um auszuschließen, dass das Kind nach § 643 ZPO a.F. einen vollstreckungsfähi-

---

[889] Göppinger/ Wax- van Els, 7. Aufl., Rn. 2213.

[890] BT- DruckS 13/ 9596, S. 37.

[891] BT- DruckS 13/ 7338, S. 42.

[892] B/ L- Albers, 59. Aufl., § 653 Rn. 3; OLG Brandenburg, DAV 2000, 496 (501).

[893] Vgl. hierzu BGH, NJW 1981, 393 ff.; AK- Künkel, ZPO, § 643 Rn. 10 (zu § 643 ZPO a.F.); Zöller- Philippi, 20. Aufl., § 643 Rn. 3, 4, 4a; Demharter, FamRZ 1985, 977 ff. m.w.N.

[894] BGH, NJW 1981, 393 (393, 394).

gen Titel über einen ihm nicht zustehenden Unterhaltsanspruch erhält[895], wurde daher der Grundsatz entwickelt, im Annexverfahren nach § 643 ZPO a.F. müsse bereits die Frage des Unterhaltsgrundes geklärt werden. Daher mussten und konnten solche Einwendungen, die den Grund des Unterhaltsanspruchs betrafen, bereits im Rahmen der Annexklage vorgebracht und entschieden werden[896]. Namentlich konnte und musste demnach der Einwand des gesetzlichen Forderungsübergangs (§ 1615b BGB a.F.)[897], der Einwand der Verwirkung, die Einrede der Verjährung und der Erfüllung bereits im Rahmen der Annexklage erhoben und berücksichtigt werden[898]. Im Nachverfahren nach § 643a ZPO hingegen konnten nur solche Einwendungen erhoben werden, die die Unterhaltshöhe als solche betrafen[899].
Diesen Grundsätzen entsprechend seien somit auch im Rahmen des § 653 ZPO solche Einwendungen zulässig, die den Grund des Unterhaltsanspruch beträfen[900].

Gegen diese Ansicht wird vorgebracht[901], die Klage auf Abänderung nach § 654 ZPO ermögliche nicht nur eine Korrektur der Verurteilung auf Unterhalt nach § 653 ZPO, sondern auch eine der Unterhaltsfestsetzung nach § 649 ZPO, während § 643a ZPO a.F. auf die Annexentscheidung gemäß § 643 ZPO a.F. beschränkt gewesen sei. Im Rahmen des vereinfachten Verfahrens sei der Antragsgegner jedoch hinsichtlich der Erhebung von Einwendungen stark beschränkt (vgl. § 648 ZPO). Der Gesetzgeber habe ihm daher die Erhebung aller seiner Einwendungen mittels der sich an Festsetzungsbeschlüsse anschließenden Abänderungsklage nach § 654 ZPO ermöglicht. Da in § 654 ZPO nicht zwischen den Unterhaltstiteln nach § 649 ZPO oder § 653 ZPO unterschieden werde, stelle die Abänderungsklage ein einheitliches und für beide Titel gleichermaßen anwendbares Korrektiv dar, mittels der jegliche Einwendungen geltend gemacht werden könnten. Besondere Gründe, die es rechtfertigten, entgegen der bewusst vom Gesetzgeber getroffenen Zusammenlegung, lediglich hinsichtlich der Zulässigkeit von Einwendungen danach zu unterscheiden, ob ein Titel nach § 649 ZPO oder § 653 ZPO vorliegt, seien nicht ersichtlich. Da somit mittels § 654 ZPO sämtliche Einwendungen erhoben werden könnten und § 653 ZPO keine Regelungen hinsichtlich der Zulässigkeit von Einwendungen enthalte, seien im Rahmen der Annexkla-

---

[895] BGH, NJW 1981, 393 (393, 394).
[896] Vgl. hierzu ausführlich BGH, NJW 1981, 393 ff.; AK- Künkel, ZPO, § 643 Rn. 10 (zu § 643 ZPO a.F.); Demharter, FamRZ 1985, 977 ff. m.w.N.
[897] OLG Karlsruhe, DAV 1982, 214 (215); BGH, NJW 1981, 393 (393, 394).
[898] Zöller- Philippi, 20. Aufl., § 643 Rn. 3, 4, 4a; MüKo- Coester- Waltjen, ZPO, 2. Aufl., § 653 Rn. 9; BGH, NJW 1981, 393 (393).
[899] BGH, NJW 1981, 393 (393, 394); BGH, NJW 1982, 515; OLG Düsseldorf, NJW 1981, 2476; DIV Gutachten, DAV 1987, 198; OLG Karlsruhe, FamRZ 1993, 712 (713); Zöller-Philippi, 20. Aufl., § 643 Rn. 3, 4.
[900] MüKo- Coester- Waltjen, ZPO, 2. Aufl., § 653 Rn. 9; B/ L- Albers, 59. Aufl., § 653 Rn. 3.
[901] Zöller- Philippi, 22. Aufl., § 653 Rn. 4.

ge keinerlei Einwendungen zulässig[902]. Vielmehr sei der Beklagte allein auf die Abänderungsklage nach § 654 ZPO verwiesen, um ergangene Unterhaltsentscheidungen wegen bestehender Einwendungen abändern oder sogar aufheben zu lassen.
Nach alledem könne im Rahmen der Annexklage somit keinerlei Einwendung erhoben werden, sodass auch die zu §§ 643, 643a ZPO a.F. entwickelten Grundsätze im Rahmen des § 653 ZPO nicht gelten könnten[903]. Dies sei im Grunde auch nicht bedenklich, da die Entscheidung nach § 653 ZPO, wegen der sich anschließenden Abänderungsmöglichkeit nach § 654 ZPO, gerade nicht endgültig[904] sei.
Diese Auffassung vermag jedoch nicht zu überzeugen.
Zum einen rechtfertigt die Korrekturmöglichkeit zweier Titel mittels einer im Gesetz geregelten Abänderungsklage noch nicht die Annahme, hinsichtlich beider Titel müssten auch dieselben Einwendungsregelungen gelten. Vielmehr richtet sich auch in diesem Fall die Zulässigkeit von Einwendungen gegen einen Titel nach den jeweiligen, für diesen Titel geltenden Besonderheiten. Zum anderen handelt es sich bei der Entscheidung nach § 653 ZPO, trotz der hierfür geltenden Besonderheiten und dem Eindruck der Vorläufigkeit, um ein vollwertiges Unterhaltsurteil, das den Unterhalt dem Grunde und der Höhe nach zuerkennt[905]. Gerade aber in den Fällen, in denen der Unterhaltsanspruch offensichtlich nicht besteht, erscheint es unbillig, den Beklagten nur mit dem Argument zur Zahlung zu verurteilen, er könne sich hiergegen mittels der Abänderungsklage wehren.
Es widerspräche prozessualen Grundsätzen, würde man einen Anspruch durch gerichtliche Entscheidung feststellen, der offensichtlich und nachweisbar nicht besteht[906]. Hieran kann auch ein sich anschließendes Abänderungsverfahren nichts ändern, da zunächst sehenden Auges ein unrichtiges vollstreckungsfähiges Urteil ergeht. Zwar erachtete der Gesetzgeber eine gerichtliche Auseinandersetzung über den individuellen Unterhaltsanspruch im Rahmen des § 653 ZPO für wenig sinnvoll[907], um das auch mit den Regelungen der §§ 653, 654 ZPO angestrebte Ziel, dem Kind schnellstmöglich einen Unterhaltstitel zu verschaffen, nicht zu gefährden, jedoch betrifft dies, ebenso wie im Fall der §§ 643, 643a ZPO a.F., lediglich die konkrete Unterhaltshöhe entsprechend den individuellen Verhältnissen der Parteien und nicht den Grund des Unterhaltsanspruchs als solchen. Der Beklagte sollte vielmehr lediglich mit solchen Einwendungen ausgeschlossen sein, für deren gerichtliche Prüfung es eines besonderen Eingehens auf die konkreten Umstände des Einzelfalls bedarf.
Allein diese Einwendungen sollten der Abänderungsklage nach § 654 ZPO vorbe-

---

[902] OLG Bremen, FamRZ 2000, 1164 (1164); Zöller- Philippi, 22. Aufl., § 653 Rn. 4.
[903] Zöller- Philippi, 22. Aufl., § 653 Rn. 4; OLG Bremen, FamRZ 2000, 1164 (1164).
[904] BT- DruckS 13/ 7338, S. 42.
[905] BT- DruckS 13/ 7338, S. 42.
[906] OLG Düsseldorf, NJW 1981, 2476.
[907] BT- DruckS 13/ 7338, S. 43.

halten sein, um das Annexverfahren nicht unnötig zu verzögern. Dementsprechend sind, den Grundsätzen und rechtlichen Ausführungen zu §§ 643, 643a ZPO a.F. folgend, bereits im Rahmen der Annexklage diejenigen Einwendungen zu berücksichtigen und daher zulässig, die den Grund des Unterhaltsanspruchs betreffen[908]. Dies entspricht auch dem Wortlaut des § 653 Abs. 1 ZPO, wonach lediglich eine *„Herabsetzung"* nicht verlangt werden kann. Eine Versagung des Anspruchs aufgrund fehlenden Anspruchsgrundes ist offensichtlich keine Herabsetzung in dem besagten Sinn.

Im Rahmen der Annexklage können daher Einwendungen zum Grund des Unterhaltsanspruchs zulässig erhoben werden. In Betracht kommen insbesondere[909] solche der Aktivlegitimation des Kindes[910], der Erfüllung[911] und der Verwirkung[912].

Einwendungen zur Unterhaltshöhe können dagegen grundsätzlich nicht im Annexverfahren erhoben werden, sondern sind dem Abänderungsverfahren nach § 654 ZPO vorbehalten. Dies folgt aus dem Umstand, dass die Entscheidung nach der Vorschrift des § 653 ZPO *„ohne nähere Prüfung des Unterhaltsanspruchs"*[913] ergeht, um den Statusprozess nicht mit langwierigen Prüfungen der individuellen Verhältnisse der Parteien zu belasten[914].

Fraglich ist in diesem Zusammenhang, inwieweit die fehlende Leistungsfähigkeit des Beklagten zulässig eingewendet werden kann. Teilweise wird angenommen, eine Zulässigkeit dieser Einwendung im Rahmen des Annexverfahrens scheide generell aus[915]. Andere[916] hingegen bejahen eine zulässige Geltendmachung im Rahmen des § 653 ZPO, da es sich hierbei um einen Einwand gegen den Grund

---

[908] OLG Brandenburg, DAV 2000, 496 (501); B/ L- Albers, 59. Aufl., § 653 Rn. 3.

[909] B/ L- Albers, 59. Aufl., § 653 Rn. 3.

[910] BGH, NJW 1981, 393 (393, 394); OLG Düsseldorf, DAV 1981, 483.
Einwendungen betreffend die Aktivlegitimation des Kindes kommen insbesondere dann in Betracht, wenn dem Kind für einen Zeitraum zwischen Geburt und Termin der letzten mündlichen Verhandlung Unterhaltsvorschuss gezahlt wurde oder noch wird. In diesen Fällen fehlt gemäß § 7 Abs. 1 UVG die Sachbefugnis des Kindes, da der Unterhaltsanspruch in entsprechender Höhe auf das jeweilige Land übergegangen ist beziehungsweise übergeht. Eine Geltendmachung dieser Unterhaltsansprüche durch das Kind ist als unzulässig abzuweisen. Etwas anderes gilt auch im Rahmen des § 653 ZPO jedoch dann, wenn eine treuhänderische Rückübertragung gemäß § 7 Abs. 4 S. 2 UVG auf das Kind zum Zweck der gerichtlichen Geltendmachung erfolgt ist. Vgl. hierzu DIV- Gutachten, DAV 1999, 610 (610, 611).

[911] OLG Düsseldorf, NJW 1981, 2476 (2476); OLG Bremen, FamRZ 2000, 1164 (1164); OLG Brandenburg, FamRZ 2000, 1044 (1044).

[912] Vgl. hierzu umfassend OLG Brandenburg, FamRZ 2000, 1044 (1045).

[913] BT- DruckS 13/ 7338, S. 43.

[914] MüKo- Coester- Waltjen, ZPO, 2. Aufl., § 653 Rn. 9. Im übrigen kommen hier die zu § 643 ZPO a.F. angeführten Gründe zum Tragen, aus denen sich die Unzulässigkeit von Einwendungen gegen die Unterhaltshöhe ergab; vgl. hierzu insbesondere BGH, NJW 1981, 393 ff.

[915] Stein/ Jonas - Schlosser, 21. Aufl., § 643 Rn. 10a (zu § 643 ZPO a.F.).

[916] Göppinger/ Wax- Maurer, 6. Aufl., Rn. 2196 (zu § 643 ZPO a.F.).

des Unterhaltsanspruchs[917] handele.
Richtigerweise bedarf es einer vermittelnden Betrachtung. Dies folgt insbesondere daraus, dass der Einwand mangelnder Leistungsfähigkeit nicht eindeutig dem einen oder anderen Verfahren zugeordnet werden kann[918].
Maßgeblich für die Frage der Zulässigkeit dieses Einwands ist auch nicht, ob es sich um einen Einwand gegen den Grund oder die Höhe des Unterhaltsanspruchs handelt, sondern vielmehr, inwieweit der gesetzlichen Regelung in ihrer Verfahrensabgrenzung einerseits, und dem Sinn und Zweck des Annexverfahrens andererseits, Rechnung getragen werden kann[919]. Dies zu Grunde gelegt, kann der Einwand der Leistungsunfähigkeit nur dann im Annexverfahren geprüft werden, wenn die Leistungsunfähigkeit des Unterhaltspflichtigen entweder unstreitig oder so offensichtlich ist, dass es keiner weiteren Feststellung bedarf[920]; also in keiner Weise ersichtlich ist, dass dem Kind in einem etwaigen Nachverfahren ein – wenn auch herabgesetzter - Unterhaltsanspruch verbleiben könnte[921]. Da in jedem Fall ein Streit über die konkrete Höhe des Unterhaltsanspruchs der Entscheidung nach § 653 ZPO entzogen sein soll, ist dem durch § 653 ZPO angestrebten Ziel der beschleunigten und vereinfachten Titelschaffung dadurch Rechnung zu tragen, dass die Klärung streitiger Fragen zur tatsächlichen und rechtlichen Bewertung der Leistungsfähigkeit in das Abänderungsverfahren nach § 654 ZPO verwiesen wird[922]. Dem Gesichtspunkt der Vermeidung langwieriger Prüfung der Leistungsfähigkeit fällt allerdings ein geringes Gewicht zu, wenn die Leistungsunfähigkeit von vornherein offensichtlich feststeht[923].
Die Frage der Zulässigkeit dieses Einwands kann somit letztlich nur fallbezogen beantwortet werden. Steht die Leistungsunfähigkeit des Antragsgegners unstreitig fest oder ist sie offensichtlich, so kann der Einwand der Leistungsunfähigkeit bereits im Annexverfahren nach § 653 ZPO erhoben werden; im übrigen ist der Einwand der Leistungsunfähigkeit jedoch im Annexverfahren unzulässig[924] und dem Abänderungsverfahren nach § 654 ZPO vorbehalten.

---

[917] MüKo- Köhler, BGB, 2. Aufl., § 1603 Rn. 2.

[918] OLG Stuttgart, DAV 1995, 382 (384). Dies wird insbesondere offensichtlich, wenn die mangelnde Leistungsfähigkeit zu einem Unterhaltsanspruch gegen Null geht.

[919] OLG Stuttgart, DAV 1995, 382 (385) (zu § 643 ZPO a.F.).

[920] OLG Brandenburg, DAV 2000, 496 (501); B/ L- Albers, 59. Aufl., § 653 Rn. 2.

[921] OLG Stuttgart, DAV 1995, 382 (385) (zu § 643 ZPO a.F.).

[922] OLG Stuttgart, DAV 1995, 382 (385) (zu § 643 ZPO a.F.).

[923] OLG Karlsruhe, FamRZ 1993, 712 (713).

[924] Dies entspricht auch der bisherigen Rechtspraxis, die von Fall zu Fall entschieden hat, abhängig davon, inwieweit eine sachliche Prüfung erforderlich war. Leistungsunfähigkeit als berücksichtigungsfähige Einwendung: OLG Brandenburg, DAV 2000, 496 (501); als unzulässiger Einwand: OLG Brandenburg, FamRZ 2000, 1044 (1045); OLG Hamm, DAV 2000, 65 (66); OLG Bremen, FamRZ 2000, 1164 (1164).

4. Sonstiges

Der Antrag des Annexverfahrens, für den gemäß § 657[925], §§ 78 Abs. 2 S. 1 Nr. 2, 621 Abs. 1 Nr. 4, 10[926] ZPO kein Anwaltszwang besteht, kann ab Einreichung der die Vaterschaft feststellenden Klage bis zum Schluss der letzten mündlichen Verhandlung – auch in der Berufungsinstanz - gestellt werden[927].
Ein gleichzeitig gestellter Antrag auf einstweilige Anordnung nach § 641d ZPO steht dem Klagebegehren nach § 653 ZPO nicht entgegen, da die einstweilige Anordnung nur die tatsächliche Gewährung oder Sicherstellung des Unterhalts bis zur Erlangung eines anderen Titels ermöglicht, nicht aber diesen überflüssig macht oder ersetzt[928]. Ist demgegenüber ein selbstständiges Unterhaltsverfahren eingeleitet, so resultiert hieraus der Einwand der Rechtshängigkeit gegenüber dem Annexantrag nach § 653 ZPO, obwohl es mangels der erforderlichen Vaterschaftsfeststellung zunächst unbegründet ist[929].

Anders als das vereinfachte Verfahren ist das Annexverfahren Kindschaftssache[930] und unterliegt damit den Grundsätzen des § 640 ZPO[931], insbesondere dem Amtsermittlungsgrundsatz[932]. Die erweiterte Auskunftspflicht des § 643 ZPO ist jedoch nicht anwendbar[933].
Im Rahmen des § 653 ZPO ist es zulässig, dass die Parteien einen Vergleich über die Höhe der Unterhaltsverpflichtung schließen oder der Beklagte den Regelbetragsunterhalt anerkennt[934]. Eine solche Verfahrensbeendigung schließt jedoch eine spätere Abänderung gemäß § 654 ZPO aus, da den Parteien wegen des freien Willens, die Streitsache damit abschließend zu klären, insoweit das Rechtschutzbedürfnis fehlt.

---

925 § 657 ZPO gilt wegen dessen systematischer Stellung und des allgemeinen Bezugs zum „vereinfachten Verfahren" auch für die Annexklage.

926 Die Annexklage ist ebenso wie die Vaterschaftsfeststellungsklage Kindschaftssache; MüKo- Coester- Waltjen, ZPO, 2. Aufl., § 653 Rn. 1; B/ L- Albers, 59. Aufl., § 653 Rn. 1; Zöller- Philippi, 22. Aufl., § 653 Rn. 5; OLG Hamm, FamRZ 1972, 150 (150, 151) (zu § 643 ZPO a.F.).

927 T/ P, 23. Aufl., § 653 Rn. 2.

928 MüKo- Coester- Waltjen, ZPO, 2. Aufl., § 653 Rn. 3.

929 OLG Köln, DAV 1975, 347; Stein/ Jonas- Schlosser, 21. Aufl., § 653 Rn. 4; MüKo- Coester- Waltjen, ZPO, 2. Aufl., § 653. Rn. 3

930 MüKo- Coester- Waltjen, ZPO, 2. Aufl., § 653 Rn. 1; B/ L- Albers, 59. Aufl., § 653 Rn. 1; Zöller- Philippi, 22. Aufl., § 653 Rn. 5; OLG Hamm, FamRZ 1972, 150 (150, 151) (zu § 643 ZPO a.F.).

931 Zöller- Philippi, 22. Aufl., § 653 Rn. 5; MüKo- Coester- Waltjen, ZPO, 2. Aufl., § 653 Rn. 1. A.A. B/ L- Albers, 59. Aufl., § 653 Rn. 4, wonach sich das Annexverfahren nach den Bestimmungen der §§ 621 Abs. 1, 621a, c, d, 643 und 644 ZPO richte.

932 Zöller- Philippi, 22. Aufl., § 653 Rn. 5; MüKo- Coester- Waltjen, ZPO, 2. Aufl., § 653 Rn. 10.

933 Schebb, DVP 1999, 147 (149).

934 MüKo- Coester- Waltjen, ZPO, 2. Aufl., § 653 Rn. 9.

Aufgrund der materiellrechtlichen Abhängigkeit des Unterhalts von der rechtskräftigen Feststellung der Vaterschaft, ist die Unterhaltsverpflichtung im Rahmen des § 653 ZPO eine unselbstständige Ergänzung des Vaterschaftsfeststellungsurteils, die dessen Schicksal nicht nur bei der Vollstreckbarkeit und der Überprüfung in der Rechtsmittelinstanz teilt[935], sondern auch abhängig ist vom Ergehen und Bestand dieser Feststellung[936]. Wird die Statusklage zurückgenommen[937] oder anerkennt ein Dritter die Vaterschaft, so entfällt die Grundlage für eine Regelbetragsverurteilung. Hält das Kind in diesem Fall den Antrag auf Verurteilung des Regelbetrages aufrecht, so ist dieser als unzulässig abzuweisen[938].
Erledigt sich hingegen die Vaterschaftsfeststellungsklage durch Anerkennung der Vaterschaft des in Anspruch Genommenen, so besteht das Antragsrecht nach § 653 ZPO fort und das Verfahren wird als Kindschaftsverfahren weitergeführt[939]. Die Entscheidung im Annexverfahren ergeht mit der Feststellung der Vaterschaft einheitlich durch Urteil[940]. Die Zuständigkeitsregelung des § 640a ZPO gilt auch für den Annexantrag nach § 653 ZPO. In Fällen mit Auslandsberührung, in denen dem Gericht die Zuständigkeit für isolierte Unterhaltsklagen fehlen würde, darf der Annexantrag somit nicht zurückgewiesen werden[941].
Gemäß § 653 Abs. 2 ZPO wird die Verurteilung zum Unterhalt im Annexverfahren nicht wirksam, bevor die Vaterschaft nicht rechtskräftig festgestellt wird.
Der Grund hierfür besteht darin, dass vor Rechtskraft der Vaterschaftsfeststellung kein von der Rechtsordnung anerkanntes Eltern – Kind - Verhältnis zwischen den Parteien besteht.
Da die das generelle Verbot der vorläufigen Vollstreckbarkeit von Titeln nach § 653 ZPO enthaltene Norm des § 704 Abs. 2 S. 2 ZPO a.F. zum 01.07.1998 aufgehoben wurde, kommt nunmehr auch eine vorläufige Vollstreckbarkeit des Unterhaltsausspruchs in Betracht; wegen der Abhängigkeit zur Statusentscheidung gemäß § 653 Abs. 2 ZPO jedoch erst ab Rechtskraft des Vaterschaftsfeststellungsurteils. Ab diesem Zeitpunkt kann somit die Unterhaltsverpflichtung, unabhängig von deren Rechtskraft, vollstreckt werden. Im übrigen kommt eine vorläufige Vollstreckbarkeit dann in Betracht, wenn der in Anspruch Genommene die Vaterschaft anerkannt hat und nur noch über den Unterhalt zu entscheiden ist[942].

---

[935] Rühl/ Greßmann, Rn. 266.
[936] BT- DrucksS 13/ 7338, S. 43; FamRefK- Bäumel, ZPO, § 653 Rn. 11.
[937] Ebenso, wenn die Statusklage auf ein Rechtsmittel hin wegfällt; B/ L- Albers, 59. Aufl., § 653 Rn. 3.
[938] Vgl. hierzu ausführlich MüKo- Coester- Waltjen, ZPO, 2. Aufl., § 653 Rn. 13.
[939] Zöller- Philippi, 22. Aufl., § 653 Rn. 5; vgl. hierzu näher BGH, FamRZ 1971, 637 (637, 638) (zu § 643 ZPO a.F.); MüKo- Coester- Waltjen, ZPO, 2. Aufl., § 653 Rn. 14; B/ L- Albers, 59. Aufl., § 653 Rn. 2.
[940] Musielak- Borth, § 653 Rn. 1.
[941] Zöller- Philippi, 22. Aufl., § 653 Rn. 5. Vgl. zu weiteren Problemen der Auslandsberührung: OLG Düsseldorf, FamRZ 1993, 983 ff.; B/ L- Albers, 59. Aufl., § 653 Rn. 2.
[942] Zöller- Philippi, 22. Aufl., § 653 Rn. 6; Musielak- Borth, § 653 Rn. 3.

Das Gericht kann ab Anhängigkeit eines Statusverfahrens[943] - bis zu dessen rechtskräftiger Entscheidung - gemäß § 641d Abs. 1 ZPO durch einstweilige Anordnung den Beklagte verpflichten, Unterhalt zu zahlen oder für diesen Unterhalt Sicherheit zu leisten, und die Höhe des Unterhalts regeln[944].

Gegen das nach § 653 ZPO ergangene Urteil findet die Berufung - auch wenn sie sich lediglich gegen die Unterhaltsentscheidung richtet[945] - an das Oberlandesgericht gemäß § 119 GVG und, wenn auch zugleich über den Kindesunterhalt entschieden wurde, nur die Zulassungsrevision gemäß §§ 545, 546 ff. ZPO statt[946].

III. Die Abänderung von Unterhaltstiteln gemäß §§ 654, 655, 656 ZPO

Der Gesetzgeber hat mit den Vorschriften der §§ 654, 655 und 656 ZPO besondere Abänderungsmöglichkeiten geschaffen, die auf die im vereinfachten und im Annexverfahren ergangenen Unterhaltsentscheidungen zugeschnitten sind und den Besonderheiten dieser Titel Rechnung tragen. Neben diesen besonderen Abänderungsmöglichkeiten kommt überdies die allgemeine Abänderungsklage nach § 323 ZPO in Betracht, durch welche grundsätzlich eine Abänderung auch der nach §§ 645 ff. ZPO ergangenen Unterhaltstitel erreicht werden kann[947].

1. Die Abänderungsklage nach § 654 ZPO

Liegt eine Unterhaltsfestsetzung nach § 649 Abs. 1 ZPO oder § 653 Abs. 1 ZPO vor, so besteht nach § 654 ZPO für jede Partei die Möglichkeit, im Wege der Klage auf Abänderung zu verlangen, dass auf höheren Unterhalt oder auf Herabsetzung des Unterhalts erkannt wird (vgl. § 654 Abs. 1 ZPO).
Hintergrund dieser Abänderungsmöglichkeit ist der Umstand, dass Festsetzungsbeschlüsse im vereinfachten Verfahren über den Unterhalt Minderjähriger und Unterhaltsentscheidungen im Kindschaftsprozess schematisiert ergehen und den Unterhalt nur pauschal regeln. Insbesondere bleiben die individuellen Bemessungsumstände in diesen Verfahren ohne nähere Prüfung weitgehend unberücksichtigt.
Mit der Klage nach § 654 ZPO wurde insoweit ein ausgleichendes Korrektiv geschaffen, das es jeder Partei ermöglicht, den im vereinfachten Verfahren bezie-

---

[943] Vor Anhängigkeit des Statusverfahrens kommt insoweit lediglich eine einstweilige Verfügung gemäß § 1615o BGB in Betracht. Mit Anhängigkeit des Statusverfahrens tritt sie jedoch gegenüber der insoweit spezielleren einstweiligen Anordnung gemäß § 641d ZPO als unanwendbar zurück; vgl. MüKo- Coester- Waltjen, ZPO, 2. Aufl., § 641d Rn. 6.
[944] Schebb, DVP 1999, 147 (149).
[945] BGH, NJW 1972, 111 (111, 112) (zu § 643 ZPO a.F.); B/ L- Albers, 59. Aufl., § 653 Rn. 6.
[946] BGH, NJW 1998, 2224 (zu § 643 ZPO a.F.).
[947] Vgl. dazu unten C. III. 4.

hungsweise im Kindschaftsprozess festgesetzten Unterhalt in einem Nachverfahren dahingehend überprüfen zu lassen, dass die Unterhaltspflicht genauestens dem materiellen Unterhaltsrecht und den tatsächlichen Umständen entsprechend festgesetzt wird.
Diese Abänderungsmöglichkeit ist daher nicht mit der Abänderungsklage nach § 323 ZPO vergleichbar, sondern stellt den gesamten Streitstoff des vereinfachten Verfahrens nochmals und ohne jegliche Einschränkungen zur Disposition. Sie ist weder auf eine Anpassung des Unterhalts an veränderte Umstände noch auf eine Berücksichtigung nachträglicher Verhältnisse gerichtet[948].
§ 654 ZPO ist auch im übrigen nicht mit § 323 ZPO oder § 767 ZPO vergleichbar, da es im Rahmen des § 654 Abs. 1 ZPO weder auf den Entstehungszeitpunkt der Einwendungen noch auf die Wesentlichkeitsgrenze des § 323 ZPO ankommt. Ebenso wie das streitige Verfahren nach § 651 ZPO geht dieses Abänderungsverfahren daher seiner speziellen Zielsetzung entsprechend, im Rahmen seines Geltungsbereichs, als lex specialis dem Abänderungsverfahren nach § 323 ZPO vor[949].
Mittels der Abänderungsklage nach § 654 ZPO lassen sich somit alle Abänderungsgründe, die dazu führen können, dass der Unterhalt abweichend von dem bestehenden Titel festzusetzen ist, unabhängig von ihrem Entstehungszeitpunkt geltend machen[950]. Der Unterhaltsberechtigte kann hierdurch einen Titel über seine Unterhaltsspitze erwirken, unabhängig davon, ob deren Geltendmachung im vereinfachten Verfahren oder im Annexverfahren nicht statthaft war oder ob er erst aufgrund der vom Antragsgegner erteilten Auskunft nach § 648 Abs. 2 ZPO über dessen finanzielle und persönliche Verhältnisse Aufklärung über den wahren materiellrechtlichen Umfang seines Unterhaltsanspruchs erlangt hat. Ebenso wie im Rahmen einer herkömmlichen Unterhaltsklage besteht insoweit die Wahlmöglichkeit, den Unterhalt statisch oder dynamisiert zu verlangen.

Der Unterhaltspflichtige hingegen kann eine Herabsetzung oder einen Wegfall seiner Unterhaltspflicht erreichen, indem er Tatsachen vorträgt, bei deren vollständiger Berücksichtigung der festgesetzte Unterhaltsanspruch nicht oder nur eingeschränkt besteht. § 654 Abs. 1 ZPO enthält für die Erhebung von Einwendungen keinerlei Beschränkungen, insbesondere keine Präklusionsklausel, sodass im Rahmen des § 654 ZPO auch Einwendungen zulässig sind, die in dem erstinstanzlichen vereinfachten Verfahren vor dem Rechtspfleger oder im Annexverfahren nach § 653 ZPO gänzlich unzulässig waren oder vom Antragsgegner nicht nach § 648 ZPO bereits im Festsetzungsverfahren erhoben wurden.
Verlangt der Unterhaltsverpflichtete Herabsetzung des Unterhalts, kann er aus Gründen des Gläubigerschutzes nur eine geminderte Unterhaltshöhe, nicht auch

---

[948] BT- DruckS 13/ 7338, 43.
[949] Schumacher/ Grün, FamRZ 1998, 778 (794); BT- DruckS 13/ 7338, 43.
[950] Schumacher/ Grün, FamRZ 1998, 778 (794).

eine von der bisher erfolgten Festsetzung abweichende Form des Unterhalts verlangen. Wurde der Kindesunterhalt somit beispielsweise in dynamisierter Form festgesetzt, so kann mittels der Abänderungsklage lediglich eine Herabsetzung auf Null oder die Änderung der Festsetzung auf einen geringeren Prozentsatz des jeweiligen Regelbetrags, nicht jedoch auf einen geringeren statischen Unterhaltsbetrag verlangt werden.

a. Gegenstand der Abänderungsklage nach § 654 ZPO

Dem Gesetzeswortlaut entsprechend können mittels des Korrektivs der Abänderungsklage nach § 654 ZPO nur die Unterhaltsfestsetzungen nach *„§ 649 Abs. 1 oder § 653 Abs. 1“* ZPO den individuellen Verhältnissen der Parteien entsprechend abgeändert werden, nicht hingegen andere Unterhaltstitel.

Hinsichtlich des Teilfestsetzungsbeschlusses nach § 650 S. 2 ZPO wird hiergegen vielfach vorgebracht, dass auch dieser Gegenstand einer Abänderungsklage sein könne[951]. Hierfür spräche insbesondere, dass auch die Teilfestsetzung nach § 650 S. 2 ZPO eine Unterhaltsfestsetzung im Sinn des § 649 Abs. 1 ZPO darstelle[952] und nach Sinn und Zeck der Abänderungsklage auch dieser Beschluss dem Bedürfnis einer Abänderung unterliege[953].

Diese Auffassung vermag jedoch nicht zu überzeugen.

Zum einen ist der Wortlaut des § 654 ZPO eindeutig, wenn von *„Unterhaltsfestsetzung nach § 649 Abs. 1 oder § 653 Abs. 1“* ZPO die Rede ist, sodass insoweit eine Auslegung des Gesetzeswortlauts ausscheidet. Hieran ändert auch nichts, dass im Regierungsentwurf zum KindUG ausgeführt ist, § 654 ZPO regele den Fall, dass *„ein Unterhaltstitel im vereinfachten Verfahren“*[954] erlangt worden sei. Diese pauschale Aussage alleine kann noch nicht ausreichen, um sämtliche Titel des vereinfachten Verfahrens, insbesondere solche nach § 650 S. 2 ZPO, als von § 654 ZPO erfasst zu sehen, zumal im Regierungsentwurf zwei Absätze nach den oben genannten Ausführungen wieder nur von der *„Entscheidung nach § 649 oder § 653 ZPO“* die Rede ist[955].

Zum anderen lässt der Sinn und Zweck des Abänderungsverfahrens eine Erweiterung seines Anwendungsbereichs auf Teilfestsetzungsbeschlüsse nicht zu.

Der Unterhaltsberechtigte beschreitet den Weg des vereinfachten Verfahrens grundsätzlich ohne Kenntnis der wirtschaftlichen Verhältnisse des Unterhaltsverpflichteten und ist bei der Geltendmachung von Unterhalt auf eine Höhe von

---

[951] Grandke, NJ 1998, 295 (297); Kleinle, ZfJ 1998, 349 (352); MüKo- Coester- Waltjen, ZPO, 2. Aufl., § 654 Rn. 1; Wendl/ Staudigl- Thalmann, 5. Aufl., § 8 Rn. 350; Musielak- Borth, § 654 Rn. 2; B/ L- Albers, 59. Aufl., § 654 Rn. 2.
[952] B/ L- Albers, 59. Aufl., § 654 Rn. 2.
[953] Grandke, NJ 1998, 295 (297).
[954] BT- DruckS 13/ 7338, 43.
[955] BT- DruckS 13/ 7338, 43.

150%[956] beziehungsweise 100%[957] des jeweiligen Regelbetrags beschränkt. Die tatsächlichen individuellen Verhältnisse werden in aller Regel unberücksichtigt gelassen. Der Antragsgegner kann, wie bereits dargelegt wurde[958], sowohl im vereinfachten Verfahren als auch im Annexverfahren Einwendungen nicht oder nur unter besonderen Voraussetzungen zulässig erheben. Selbst mittels der sofortigen Beschwerde (§ 652 ZPO) können von ihm lediglich bereits erstinstanzlich erhobene Einwendungen geltend gemacht werden[959].

Die Abänderungsklage nach § 654 ZPO soll gerade diese durch das vereinfachte Verfahren beziehungsweise das Annexverfahren bestehenden Nachteile ausgleichen und die insoweit ergangenen Entscheidungen dem materiellen Recht anpassen. Maßgeblich ist daher im Rahmen des § 654 ZPO nicht, dass eine Änderung der Umstände vorliegt, die der zu ändernden Entscheidung zu Grunde lagen, sondern vielmehr, dass wegen der Besonderheiten dieser Verfahren, die eine schnelle und einfache Unterhaltsfestsetzung gewährleisten, eine vom tatsächlichen matriellen Recht abweichende Unterhaltsfestsetzung erfolgte.

Diese Gründe kommen bei einer Teilfestsetzung nach § 650 S. 2 ZPO jedoch nicht zum Tragen. Wie bereits dargestellt, kommt eine Teilfestsetzung nur dann in Betracht, wenn sich der zu Unterhaltsleistungen in Anspruch Genommene zur Zahlung eines bestimmten Unterhaltsbetrages verpflichtet hat. Über diesen Betrag kann sodann auf Antrag des Kindes eine Festsetzung ergehen. Da es sich somit um eine auf „freiwilliger“ Basis beruhende Unterhaltsfestsetzung handelt, ist für eine Kompensation der pauschalen und schematischen Entscheidung oder der eingeschränkten Verteidigungsmöglichkeit kein Raum[960].

Zudem stehen verfahrensrechtliche Gesichtspunkte einer Anwendbarkeit des § 654 ZPO auf Teilfestsetzungsbeschlüsse entgegen. Wird auf Betreiben der Parteien eine Unterhaltsfestsetzung gemäß § 650 S. 2 ZPO vorgenommen, so ist der hierdurch festgesetzte Unterhaltsbetrag zwischen den Parteien unstreitig. Lediglich hinsichtlich des noch streitigen Unterhaltsspitzenbetrags bedarf es einer klärenden Entscheidung durch das Gericht. Dies ermöglicht § 651 ZPO als eine hierfür geschaffene vorrangige Regelung.

Würde man neben § 651 ZPO auch die Abänderungsklage nach § 654 ZPO zulassen, so stünde es dem Kind zur Wahl, ob es hiernach Erhöhung des bereits rechtskräftig festgesetzten Teilunterhalts verlangt und damit auch der bereits unstreitige Unterhaltsteil vollumfänglich einer gerichtlichen Überprüfung zugeführt wird oder ob mittels des streitigen Verfahrens lediglich über den noch nicht festgesetzten Spitzenbetrag entschieden wird. Hierfür besteht jedoch kein Bedürfnis, da dies aus Sicht des Kindes materiellrechtlich zu demselben Ergebnis führt. Auch mit

---

[956] Vgl. § 645 Abs. 1 ZPO.
[957] Vgl. § 653 Abs. 1 ZPO.
[958] Vgl. Ausführungen unter C. I. 3. und C. II. 3.
[959] Vgl. dazu oben C. I. 6. a. aa. (1.).
[960] Lipp/ Wagenitz, § 654 Rn. 4.

Blick auf den Unterhaltsverpflichteten bestehen keine Gründe, im Fall des Teilfestsetzungsbeschlusses die Abänderungsklage zuzulassen. Der Unterhaltsverpflichtete hat sich im Rahmen des § 650 S. 2 ZPO freiwillig zur Zahlung eines bestimmten Unterhaltsbetrags verpflichtet, der sodann ohne nähere Prüfung vom Gericht festgesetzt wurde. Insoweit bestehen keinerlei Beschränkungen hinsichtlich seiner Verteidigungsmöglichkeit und seinem Vorbringen, die eine nachträgliche Korrektur rechtfertigen.

Der Sinn und Zweck des Abänderungsverfahrens kommt somit bei Teilfestsetzungsbeschlüssen nach § 650 S. 2 ZPO nicht zum Tragen, sodass die Abänderungsklage nach § 654 ZPO nicht auch auf diese Beschlüsse anwendbar ist[961]. Hinsichtlich des über den nach § 650 S. 2 ZPO hinausgehenden Spitzenbetrag ist vielmehr nur das streitige Verfahren als das gegenüber der Abänderungsklage nach § 654 ZPO speziellere Verfahren durchzuführen[962].

Auch ist eine vom Unterhaltspflichtigen errichtete vollstreckbare Urkunde[963] nicht im Wege der Klage nach § 654 ZPO abänderbar[964]. Zum einen handelt es sich nicht um einen im vereinfachten Verfahren oder im Kindschaftsprozess ergangenen Unterhaltstitel. Zum anderen hat sich der Unterhaltspflichtige in diesen Fällen, ebenso wie beim Teilfestsetzungsbeschluss, freiwillig zur Unterhaltszahlung verpflichtet und unterlag insoweit keinen Beschränkungen, die es mittels eines Korrektivs wie des der Abänderungsklage auszugleichen bedarf[965]. Sein Verhalten widerspräche der vorausgegangenen Urkundserrichtung und verstieße gegen Treu und Glauben[966].

Das Kind hingegen ist an die ohne seine Mitwirkung entstandene Urkunde nicht gebunden und kann daher ohne weiteres auf zusätzlichen Unterhalt klagen. Der besonderen Korrekturklage nach § 654 ZPO bedarf es nicht[967]. Insoweit kommt eine Korrektur gegebenenfalls nur im Wege der Abänderung nach § 323 ZPO beziehungsweise nach § 655 ZPO[968] in Betracht[969].

Gleiches gilt im übrigen auch bei einem Vergleich zwischen den Parteien, da dieser freiwillig errichtet wurde und in diesem bereits hinreichend die individuellen Verhältnisse der Parteien berücksichtigt werden konnten, sodass es auch hier nicht des Korrektivs für eine pauschale und schematische Unterhaltsfestsetzung

---

[961] Zöller- Philippi, 22. Aufl., § 654 Rn. 3; Lipp/ Wagenitz, Rn. 2, 4; Gerhardt/ Heintschel- Heinegg/ Klein- Gerhardt, 3. Aufl., 6. Kapitel, Rn. 205; Nickel, DVP 2000, 50 (55); Schumacher/ Grün, FamRZ 1998, 778 (794).

[962] Wendl/ Staudigl- Thalmann, 5. Aufl., § 8 Rn. 352, der jedoch dennoch die Anwendbarkeit des § 654 ZPO auf § 650 S. 2 ZPO befürwortet.

[963] Insbesondere die Jugendamtsurkunde.

[964] Wendl/ Staudigl- Thalmann, 5. Aufl., § 8 Rn. 352.

[965] Wendl/ Staudigl- Thalmann, 5. Aufl., § 8 Rn. 352.

[966] Zöller- Philippi, 22. Aufl., § 654 Rn. 3.

[967] Zöller- Philippi, 22. Aufl., § 654 Rn. 3.

[968] Vgl. dazu unten C. III. 2.

[969] BGH, NJW 1985, 64.

nach § 654 ZPO bedarf[970].
Mittels der besonderen Abänderungsklage nach § 654 ZPO können somit lediglich Unterhaltsentscheidungen nach § 649 Abs. 1 ZPO und § 653 Abs. 1 ZPO, namentlich der Festsetzungsbeschluss und die Annexentscheidung im Kindschaftsprozess abgeändert werden[971]. Bei allen übrigen Unterhaltstiteln sind die Parteien dagegen auf das streitige Verfahren nach § 651 ZPO beziehungsweise die Abänderungsklagen nach §§ 323, 655 ZPO beschränkt[972].

b. Der Zeitpunkt der Abänderung

Gemäß § 654 Abs. 2 S. 1 ZPO darf die Abänderung nur für die Zeit nach Erhebung der Klage erfolgen, wenn eine Klage auf Herabsetzung des Unterhalts nicht innerhalb eines Monats nach Rechtskraft der Unterhaltsfestsetzung erhoben wird. Ist innerhalb dieser Frist ein Abänderungsverfahren nach § 654 Abs. 1 ZPO anhängig geworden, so läuft die Frist für den Gegner jedoch nicht vor Beendigung dieses Verfahrens ab (§ 654 Abs. 2 S. 2 ZPO). Im übrigen enthält das Gesetz keine weiteren Fristregelungen.
Da lediglich für die Klage auf Herabsetzung Einschränkungen bestehen, gelten für die vom Kind begehrte Heraufsetzung keine Besonderheiten. Mittels der Klage nach § 654 ZPO kann somit ohne Einhaltung etwaiger Fristen oder Einschränkungen eine rückwirkende oder zukünftige Änderung, namentlich eine Heraufsetzung des nach § 649 Abs. 1 ZPO beziehungsweise § 653 Abs. 1 ZPO titulierten Unterhalts, verlangt werden. Das Kind kann somit jederzeit höheren Unterhalt und zwar bis zur Grenze einer etwaigen Verwirkung auch für die Vergangenheit geltend machen, soweit die materiellen Voraussetzungen des § 1613 BGB erfüllt sind. Der Unterhaltsverpflichtete kann sich somit nicht darauf verlassen, dass sich das Kind zumindest für die Vergangenheit mit dem festgesetzten Unterhalt zufrieden gibt.
Bei einer vom Antragsgegner begehrten Herabsetzung stellt das Gesetz in § 654 Abs. 2 ZPO hingegen klar, dass eine rückwirkende Änderung nur eingeschränkt erfolgen kann. Verlangt der Unterhaltsverpflichtete nach § 654 ZPO, dass der nach § 649 Abs. 1 ZPO oder § 653 ZPO festgesetzte Unterhalt rückwirkend herabgesetzt wird, so ist dies gemäß § 654 Abs. 2 S. 1 ZPO nur möglich, wenn er innerhalb eines Monats nach Rechtskraft der Unterhaltsfestsetzung die Abänderungsklage erhebt[973]. Die Einreichung der Klageschrift wahrt diese Frist, wenn die

---

[970] Wendl/ Staudigl- Thalmann, 5. Aufl., § 8 Rn. 352.
[971] Zöller- Philippi, 22. Aufl., § 654 Rn. 3; Lipp/ Wagenitz, Rn. 2, 4; Gerhardt/ Heintschel- Heinegg/ Klein- Gerhardt, 3. Aufl., 6. Kapitel, Rn. 205; Nickel, DVP 2000, 50 (55); Schumacher/ Grün, FamRZ 1998, 778 (794).
[972] Zöller- Philippi, 22. Aufl., § 654 Rn. 3; Wendl/ Staudigl- Thalmann, 5. Aufl., § 8 Rn. 352.
[973] Für die Einhaltung der Monatsfrist genügt auch die mit einem PKH- Antrag versehene Einreichung der Änderungsklage; vgl. AG Landshut, NJWE- FER 2000, 164.

Klage demnächst zugestellt wird (§ 270 Abs. 3 ZPO).
Es handelt sich nicht um eine Notfrist nach § 224 Abs. 1 S. 2 ZPO[974]. Bei Versäumung dieser Frist ist eine Wiedereinsetzung in den vorigen Stand nach §§ 233 ff. ZPO zulässig[975]. Ist trotz Versäumung eine Wiedereinsetzung ausgeschlossen[976], so kann gemäß § 654 Abs. 2 S. 1 ZPO eine Abänderung der Unterhaltsfestsetzung grundsätzlich nur für die Zeit ab Erhebung der Abänderungsklage erfolgen. Der Unterhaltstitel ist dann von dem Tag der Zustellung der Abänderungsklage an[977], und nicht erst von dem folgenden Monatsersten und auch nicht rückwirkend auf den Monatsersten vor Klageerhebung an, zu ändern[978].
Neben dieser für den Unterhaltsverpflichteten geltenden Monatsfrist kann er gemäß § 654 Abs. 2 S. 2 ZPO rückwirkende Herabsetzung der Unterhaltsfestsetzung auch dann verlangen, wenn innerhalb der Monatsfrist des § 654 Abs. 2 S. 1 ZPO ein Abänderungsverfahren nach § 654 Abs. 1 ZPO seitens des Kindes anhängig geworden ist. Für den Fall also, dass innerhalb der Monatsfrist eine Abänderungsklage des Kindes anhängig wird, verlängert § 654 Abs. 2 S. 2 ZPO die Frist zur Geltendmachung der rückwirkenden Herabsetzung für den Unterhaltspflichtigen bis zu dem Zeitpunkt der Beendigung des Verfahrens über die Klage des Kindes. Diese Regelung soll den Unterhaltverpflichteten schützen, der im Interesse des Rechtsfriedens zunächst davon abgesehen hat, seinerseits Rechte mit der Abänderungsklage geltend zu machen[979]. Der Unterhaltsverpflichtete verliert somit die rückwirkende Herabsetzungsmöglichkeit nicht dadurch, dass er zunächst den Unterhaltstitel nicht fristgerecht angreift, der Unterhaltsberechtigte dagegen aber Erhöhung verlangt[980].
Ist somit innerhalb der Monatsfrist des § 654 Abs. 1 ZPO eine Abänderungsklage des Kindes nach § 654 ZPO auf Heraufsetzung des Unterhalts anhängig geworden, so läuft die Frist für eine rückwirkende Herabsetzung seitens des Unterhaltsverpflichteten nicht vor Beendigung dieses Verfahrens ab.
Hat der Unterhaltsverpflichtete etwa eine Widerklage auf Herabsetzung des Unterhalts in diesem Sinne rechtzeitig erhoben, so verliert sie nicht ihre Wirkung, wenn das Ursprungsverfahren durch Klagerücknahme oder Erledigungserklärung endet[981]. Nimmt somit das Kind seine Abänderungsklage zurück oder erledigt sie sich, kann der Unterhaltsverpflichtete mittels seiner nunmehr allein anhängigen und zulässigen Abänderungswiderklage weiterhin rückwirkende Abänderung der

---

974 Zöller- Philippi, 22. Aufl., § 654 Rn. 4.
975 Zöller- Philippi, 22. Aufl., § 654 Rn. 4.
976 Z.B. bei verschuldeter Fristversäumung; vgl. T/ P, 23. Aufl., § 233 Rn. 10 ff.
977 Wendl/ Staudigl- Thalmann, 5. Aufl., § 8 Rn. 351.
978 Zöller- Philippi, 22. Aufl., § 654 Rn. 4.
979 BT- DruckS 13 /7338, 43.
980 In der Regel ist dem Kind jedoch zu raten, den Ablauf der Monatsfrist abzuwarten und erst anschließend rückwirkende Heraufsetzung zu verlangen, um dem Unterhaltsverpflichteten die Möglichkeit der rückwirkenden Herabsetzung zu nehmen.
981 Zöller- Philippi, 22. Aufl., § 654 Rn. 4.

angefochtenen Entscheidung verlangen[982].

Hinsichtlich der Darlegungs- und Beweislast gilt bei der Abänderungsklage nach § 654 ZPO ebenso der Grundsatz, dass derjenige darlegungs- und beweispflichtig ist, der sich auf die für ihn günstigen Tatsachen beruft[983]. Dies folgt insbesondere daraus, dass der Kläger auch im Abänderungsverfahren nach § 323 ZPO für die maßgebenden Umstände darlegungs- und beweispflichtig ist und es auch im Verfahren nach § 654 ZPO um die Reduzierung oder Erhöhung einer gerichtlich festgelegten Unterhaltslast geht[984]. Hieran ändert auch der Umstand nichts, dass nach der Regierungsbegründung[985] für die Abänderungsklage nach § 654 ZPO die Voraussetzungen des § 323 ZPO gerade nicht vorliegen müssen[986]. Dieser Teil der Begründung bezieht sich lediglich auf die sich aus dem Gesetzeswortlaut ergebenden Voraussetzungen des § 323 ZPO, insbesondere auf die dort geltende zeitliche Präklusion und das Erfordernis der Wesentlichkeit, nicht jedoch auf die Frage der Darlegungs- und Beweislast.
Der Unterhaltsberechtigte erreicht eine Erhöhung seines Unterhalts somit nur dann, wenn er die hierfür erforderlichen Voraussetzungen darlegt und im Bestreitensfall beweist. Andererseits kommt eine Herabsetzung auf Betreiben des Unterhaltsverpflichteten nur dann in Betracht, wenn er die insoweit maßgeblichen Gründe wie z.B. seine mangelnde Leistungsfähigkeit hinreichend dargelegt und bewiesen hat[987].

c. Sonstiges

Das Verfahren über die Abänderung der nach §§ 649 Abs. 1, 653 Abs. 1 ZPO ergangenen Unterhaltsfestsetzung richtet sich nach den für die Familiensachen im Sinn von § 621 Abs. 1 Ziff. 4 ZPO – die durch Verwandtschaft begründete gesetzliche Unterhaltspflicht - geltenden Vorschriften[988]. Das Verfahren ist somit eine herkömmliche Unterhaltssache, für die die allgemeinen verfahrensrechtlichen Regelungen einschließlich der Besonderheiten der §§ 642 ff. ZPO gelten. Dies gilt auch für die Abänderung einer im Statusprozess ergangenen Annexentschei-

---

982 Wendl/ Staudigl- Thalmann, 5. Aufl., § 8 Rn. 351.
983 Gerhardt, FuR 1998, 145 (147); Schulz, FuR 1998, 385 (389).
984 Gerhardt, FuR 1998, 145 (147); Schulz, FuR 1998, 385 (389). A.A. Kleinle, ZfJ 1998, 349 (352) und Günther, Kind- Prax 1999, 35 (39) die davon ausgehen, dass die Darlegungs- und Beweislast im Rahmen des § 654 ZPO ebenso zu beurteilen sei, wie in einem Rechtsstreit auf erstmalige Unterhaltsfestsetzung, da im Abänderungsverfahren die individuellen Verhältnisse der Parteien erstmals geprüft werden würden.
985 BT- DrucksS 13/ 7338, 43.
986 So aber Kleinle, ZfJ 1998, 349 (352).
987 Gerhardt, FuR 1998, 145 (147); Schulz, FuR 1998, 385 (389).
988 B/ L- Albers, 59. Aufl., § 654 Rn. 6; MüKo- Coester- Waltjen, ZPO, 2. Aufl., § 654 Rn. 7.

dung[989]. Es findet demnach ein Wechsel vom Kindschaftsverfahren in das Unterhaltsverfahren statt[990]. Anwaltszwang besteht gemäß § 78 Abs. 2 S. 1 Ziff. 2 ZPO nicht.
Anders als noch die Vorschrift des § 643a ZPO a.F. enthält § 654 ZPO keine Regelung über die Zuständigkeit des Gerichts, sodass sich diese nach der allgemeinen Zuständigkeitsnorm des § 642 ZPO bestimmt.
Sind bis zur Entscheidung des Gerichts gleichzeitig eine Erhöhungs- als auch eine Herabsetzungsklage anhängig, so ist über beide einheitlich zu verhandeln und zu entscheiden, da es sich um denselben Unterhaltsanspruch handelt. Insoweit „*ordnet das Gericht die Verbindung an*“ (§ 654 Abs. 3 ZPO). Diese Verfahrensverbindung ist zwingend, sodass das dem Gericht in § 147 ZPO eingeräumte Ermessen nicht gegeben ist[991].
Bei der Fassung des Urteilstenors sollte im Fall einer Erhöhung und einer Herabsetzung des Unterhalts entsprechend § 651 Abs. 4 ZPO ein Gesamtunterhaltsbetrag festgelegt und der Festsetzungsbeschluss beziehungsweise die Annexentscheidung deshalb aufgehoben werden, um für spätere Anpassungen und Änderungen nach § 323 ZPO sowie bei einer Vollstreckung einen einheitlichen Titel zur Verfügung zu haben[992].
Die Kostenentscheidung im Rahmen des § 654 ZPO richtet sich nach dem Umfang des Obsiegens und Unterliegens der Parteien. § 93d ZPO, wonach dem Antragsgegner die Kosten des Rechtsstreits ganz oder teilweise auferlegt werden können, wird nur dann zum Tragen kommen, wenn der Antragsgegner vorprozessual zur Auskunftserteilung aufgefordert wurde[993]. Dies folgt aus § 648 ZPO, der im vereinfachten Verfahren keine Verpflichtung des Antragsgegners begründet, sich bei eingeschränkter oder fehlender Leistungsfähigkeit hierauf unter umfassender Auskunftserteilung zu berufen. Ein Nichtäußern auf den Unterhaltsfestsetzungsantrag des Kindes bleibt somit im Abänderungsverfahren nach § 654 ZPO im Falle seines Obsiegens ohne kostenrechtliche Sanktion.

2. Das vereinfachte Abänderungsverfahren nach § 655 ZPO

Mit der Vorschrift des § 655 ZPO schuf der Gesetzgeber gleichzeitig mit dem vereinfachten Verfahren auf Erstfestsetzung von Unterhalt ein eigenständiges Abänderungsverfahren und damit eine vereinfachte Möglichkeit, „*auf wiederkehrende Unterhaltsleistungen gerichtete Vollstreckungstitel, in denen ein Betrag der nach den §§ 1612b, c BGB anzurechnenden Leistungen festgelegt ist*“, abändern

---

[989] MüKo- Coester- Waltjen, ZPO, 2. Aufl., § 654 Rn. 6.
[990] Insbesondere gilt auch § 653 ZPO, sodass die Parteien nunmehr auskunftspflichtig sind und das Gericht berechtigt ist, Auskünfte bei Dritten einzuholen.
[991] MüKo- Coester- Waltjen, ZPO, 2. Aufl., § 654 Rn. 11.
[992] Musielak- Borth, § 654 Rn. 4.
[993] Günther, Kind- Prax 1999, 35 (39).

zu lassen, wenn sich ein für die Berechnung dieses Betrags maßgebender Umstand ändert. Diese Abänderung erfolgt auf Antrag jeder Partei durch den Rechtspfleger[994] des nach §§ 621 Abs. 1 Nr. 4, 642 ZPO zuständigen Gerichts.
Diesem Verfahren liegt der Gedanke zugrunde, dass der Minderjährigenunterhalt gemäß § 1612a BGB im Regelfall dynamisiert geltend gemacht wird[995] und hierdurch das Erfordernis von Abänderungsklagen wegen Unterhaltserhöhungen wesentlich reduziert ist. Kindergeld beziehungsweise andere anzurechnende kindbezogene Leistungen nach §§ 1612b, c BGB sind hingegen nicht dynamisiert, sondern statisch und somit auch für die Zukunft nur mit ihrem jeweils geltenden Betrag festzulegen[996]. Um auch im Fall der Erhöhung beziehungsweise Verminderung dieser Leistungen eine vereinfachte Anpassung der Unterhaltstitel zu ermöglichen, bedurfte es eines besonderen Abänderungsverfahrens, das die herkömmliche und aufwendige Abänderungsklage nach § 323 ZPO unnötig macht[997]. Die Regelung des § 655 ZPO sieht daher ein der früheren Abänderung von Titeln nach § 1612a BGB vergleichbares Verfahren - wie es in § 642b Abs. 1 S. 2 ZPO a.F. geregelt war - nunmehr allein für die Veränderung des anzurechnenden Kindergelds beziehungsweise sonstiger kindbezogener Leistungen vor.

a. Der Anwendungsbereich

Das vereinfachte Abänderungsverfahren findet nach § 655 Abs. 1 S. 1 ZPO Anwendung auf vollstreckbare Unterhaltstitel, in denen ein Betrag der nach den §§ 1612b, c BGB anzurechnenden Leistungen festgelegt ist.
Gegenstand dieses Verfahrens können daher nicht nur im vereinfachten Verfahren nach §§ 645 ff. ZPO ergangene Unterhaltsentscheidungen sein, sondern alle Urteile, Unterhaltsfestsetzungsbeschlüsse[998], vollstreckbare Urkunden[999] und Vergleiche[1000], und zwar unabhängig davon, ob sie vor oder nach dem Inkrafttreten des KindUG am 01.07.1998 errichtet wurden[1001]. Voraussetzung ist jedoch, dass die

---

[994] § 20 Nr. 10 RpflG.

[995] Wegen der Novellierung des § 1612b Abs. 5 BGB wird vereinzelt angenommen, eine Dynamisierung scheide nunmehr aus; vgl. Scholz, FamRZ 2000, 1541 ff.; Vossenkämper, FamRZ 2000, 1547 ff.; Graba, NJW 2001, 249 ff.

[996] BT- DruckS 13/ 7338, S. 43, wo ausgeführt ist „*Die nach §§ 1612c, d BGB- E auf den Unterhalt anzurechnenden Leistungen sind mit ihrem Betrag festzulegen. Dieser wird von der Änderung der Regelbeträge nicht erfasst*".

[997] BT- DruckS 13/ 7338, S. 43. Für das Konkurrenzverhältnis des § 655 ZPO zu anderen Abänderungsverfahren, insbesondere §§ 323, 654 ZPO vgl. unten C. III. 5. c.

[998] §§ 794 Abs. 1 Nr. 2a, 642a, b ZPO a.F., Art 5 § 3 KindUG

[999] Insbesondere die vor dem Jugendamt oder Notar errichteten; vgl. §§ 794 Abs. 1 Nr. 5, 59f KJHG (SGB VIII).

[1000] Vgl. § 794 Abs. 1 Nr. 1 ZPO.

[1001] BT- DruckS 13/ 7338, S. 43.

Unterhaltsfestsetzung bereits rechtskräftig ist[1002] und in dem Vollstreckungstitel der Betrag der anzurechnenden Leistung festgeschrieben ist[1003]. Hinsichtlich der Festschreibung dieser anzurechnenden Leistungen ist es nicht erforderlich, dass diese im Tenor erfolgt, sondern es ist ausreichend, wenn sich aus den Entscheidungsgründen oder dem Vergleichstext eindeutig feststellen lässt, wie hoch die kindbezogenen Leistungen sind und in welcher Höhe sie auf den Unterhalt angerechnet werden[1004]. Dies vorausgesetzt, können nach § 655 ZPO somit nicht nur diejenigen Unterhaltstitel angepasst werden, die einen Prozentsatz des Regelbetrages unter Anrechnung des nach §§ 1612b, c BGB zu berücksichtigenden Betrages enthalten, oder solche nach früherem Recht, die Entsprechendes vorsahen[1005], sondern auch Vollstreckungstitel, die auf einen bezifferten Gesamtunterhaltsbetrag lauten.
Das vereinfachte Abänderungsverfahren stellt somit ein eigenständiges Rechtsinstitut dar, dem über den Anwendungsbereich des vereinfachten Unterhaltsfestsetzungsverfahrens nach §§ 645 ff. ZPO hinaus Bedeutung zukommt.

Fraglich ist, ob das vereinfachte Abänderungsverfahren nach § 655 ZPO auch dann zur Anwendung kommt, wenn es um die Abänderung von Vollstreckungstiteln geht, die den Unterhalt volljähriger oder volljährig gewordener Kinder festsetzen. Diese Frage stellt sich insbesondere deshalb, da sich dem Gesetzeswortlaut nicht entnehmen lässt, ob es sich bei den oben genannten Vollstreckungstiteln um solche zu handeln hat, die den Unterhalt noch minderjähriger Kindern betreffen oder um solche, die in einem Verfahren über den Unterhalt minderjähriger Kinder ergangen sind.
In der Literatur[1006] wird die Anwendbarkeit des Abänderungsverfahrens auf nichtminderjährige Kinder überwiegend mit folgender Begründung verneint. Zum einen befände sich das vereinfachte Abänderungsverfahren im 2. Titel 6. Abschnitt des 6. Buches, der mit „vereinfachtes Verfahren über den Unterhalt Minderjähriger“ überschrieben sei[1007]. Zum anderen sei der einzige Sinn und Zweck des vereinfachten Abänderungsverfahrens nach § 655 ZPO, die ergangenen Unterhaltstitel bei sich geänderten Leistungen nach §§ 1612b, c BGB schnell und einfach anzupassen. Alle anderen den Unterhalt verändernden Umstände seien dagegen nur mit der herkömmlichen Abänderungsklage nach § 323 ZPO oder der

---

[1002] MüKo- Coester- Waltjen, ZPO, 2. Aufl., § 655 Rn. 2.
[1003] Zöller- Philippi, 22. Aufl., § 655 Rn. 1.
[1004] Wendl/ Staudigl- Thalmann, 5. Aufl., § 8 Rn. 354; Musielak- Borth, § 655 Rn. 2; Zöller- Philippi, 22. Aufl., § 655 Rn. 1.
[1005] Z.B. §§ 1615f BGB a.F., 1612a BGB a.F.
[1006] Günther, Kind- Prax 1999, 35 (39); Strauß, FamRZ 1999, 993 (1004); Göppinger/ Wax- van Els, 7. Aufl., Rn. 2221; van Els, Rpfleger 1999, 298 (303).
[1007] Strauß, FamRZ 1999, 993 (1004); Günther, Kind- Prax 1999, 35 (39).

Vollstreckungsgegenklage nach § 767 ZPO geltend zu machen[1008]. Da der Unterhaltsanspruch eines volljährig gewordenen Kindes gegenüber dem bei Minderjährigkeit begründeten jedoch steige, der Rang sich außer bei den privilegierten volljährigen Schülern verschlechtere (§ 1609 BGB) und nunmehr beide Elternteile gemäß § 1606 Abs. 3 S. 1 BGB anteilig barunterhaltspflichtig seien, komme lediglich eine Neuberechnung des Unterhalts insgesamt in Betracht, die jedoch nicht mit dem Verfahren nach § 655 ZPO erfolgen könne[1009]. Eine Ausdehnung des Anwendungsbereichs des § 655 ZPO auf die Fälle des § 798a ZPO – Vollstreckung aus Titeln auf Minderjährigenunterhalt über die Minderjährigkeit hinaus - sei demnach nicht vorgesehen und auch nicht geboten[1010]. Das volljährige Kind könne somit auch bei Änderung der nach §§ 1612b, c BGB anzurechnenden Leistungen lediglich die Abänderungsklage nach § 323 ZPO beziehungsweise die Vollstreckungsgegenklage nach § 767 ZPO erheben[1011].

Diese Ansicht vermag jedoch nicht zu überzeugen.

Der Gesetzeswortlaut enthält keinerlei Anhaltspunkte dafür, dass § 655 ZPO lediglich auf noch minderjährige Kinder anzuwenden sei. Um den damit allumfassenden Gesetzeswortlaut einzuschränken, bedürfte es somit gewichtiger Gründe, die es rechtfertigten, die Vorteile des vereinfachten Abänderungsverfahrens den volljährigen Kindern zu versagen. Solche sind jedoch nicht ersichtlich.

Die Stellung des § 655 ZPO im Gesetz stellt keinen solchen Grund dar. Insbesondere ergibt sich hieraus nicht zwingend der von der zitierten Auffassung getroffene Rückschluss, § 655 ZPO gälte nicht für Volljährige; zumal der 6. Abschnitt, entgegen seiner Überschrift, in §§ 643, 644 ZPO auch Vorschriften enthält, die auch die Ansprüche aus § 1615m BGB betreffen, die keine Unterhaltsansprüche sind[1012]. Auch das Argument, dass bei volljährig gewordenen Kindern der Unterhaltsanspruch grundsätzlich vollumfänglich neu ermittelt werden müsse, ist nicht stichhaltig.

Der Gesetzgeber hat mit der Regelung des § 798a ZPO den volljährig gewordenen Kindern die Möglichkeit eingeräumt, aus einem Titel auf Minderjährigenunterhalt auch nach Vollendung des 18. Lebensjahres hinaus zu vollstrecken, ohne dass sich der Unterhaltsverpflichtete mit dem Argument der Volljährigkeit hiergegen wehren kann. Insoweit bedarf es auch keiner neuen Unterhaltsberechnung. Vielmehr gilt der Titel auf Minderjährigenunterhalt in diesem Fall auch für die Zeit der Volljährigkeit. Ändern sich die anzurechnenden kindbezogenen Leistungen, so wäre es widersprüchlich, würde man dennoch nur wegen der zwischenzeitlich

---

[1008] Vgl. dazu unten C. III. 2. b.

[1009] Strauß, FamRZ 1999, 993 (1004).

[1010] Strauß, FamRZ 1999, 993 (1004).

[1011] Göppinger/ Wax- van Els, 7. Aufl., Rn. 2221; van Els, Rpfleger 1999, 298 (303); Graba, NJW 2001, FamRZ 2001, 249 (252). A.A. MüKo- Coester- Waltjen, ZPO, 2. Aufl., § 655 Rn. 2.

[1012] MüKo- Coester- Waltjen, ZPO, 2. Aufl., § 655 Rn. 2.

eingetretenen Volljährigkeit die Anwendbarkeit des § 655 ZPO und damit die schnelle und vereinfachte Titelanpassung ablehnen.
Zudem führt der Regierungsentwurf zum KindUG[1013] insoweit aus, § 655 ZPO solle ermöglichen, „*alle Vollstreckungstitel über den Unterhalt Minderjähriger (...) anzupassen*". Damit ist klargestellt worden, dass auch Volljährige den noch über die Volljährigkeit hinaus bestehenden Minderjährigenunterhaltstitel nach § 655 ZPO anzupassen berechtigt sind.

Aber auch Titel über den Unterhalt Volljähriger können gemäß § 655 ZPO angepasst werden. Das vereinfachte Abänderungsverfahren verfolgt lediglich das Ziel, eintretende Änderungen hinsichtlich der nach §§ 1612b, c BGB anzurechnenden Leistungen im bereits ergangenen Unterhaltstitel vereinfacht aufzunehmen. Hinsichtlich aller übrigen Änderungen, die den Unterhalt betreffen, kommt das vereinfachte Abänderungsverfahren nach § 655 ZPO als lex generalis grundsätzlich nicht in Betracht[1014]. Dies auch dann nicht, wenn neben den anzurechnenden Leistungen andere Veränderungen eingetreten sind, die den Unterhaltsanspruch erhöhen oder vermindern[1015]. Liegen demnach keine materiellrechtlichen Veränderungen des Volljährigenunterhalts vor und soll der Unterhaltstitel lediglich bei kindbezogenen Leistungen nach §§ 1612b, c BGB abgeändert werden, so besteht auch bei Volljährigen das Bedürfnis der einfachen und schnellen Titelanpassung gemäß § 655 ZPO[1016]. Dies umso mehr, als die Regelungen der §§ 1612b, c BGB auf den Unterhalt Volljähriger im gleichen Maße Anwendung finden wie auf den Minderjährigenunterhalt. Dem Umstand, dass § 655 ZPO von dem Regelfall des dynamisierten Unterhalts ausgeht und dieser gemäß § 1612a BGB grundsätzlich[1017] nur für den Unterhalt Minderjähriger möglich ist, kann dagegen kein großes Gewicht beigemessen werden. Für § 655 ZPO ist gerade nicht Voraussetzung ist, dass der Unterhalt dynamisiert tituliert wurde. Maßgeblich für die Anwendbarkeit des § 655 ZPO ist lediglich, dass sich im Rahmen des Kindesunterhalts ein Umstand geändert hat, der für die anzurechnenden kindbezogenen Leistungen von Bedeutung ist[1018]. Dies ist beim Volljährigenunterhalt jedoch in demselben Maße der Fall wie beim herkömmlichen Minderjährigenunterhalt und beim fortgeltenden Minderjährigenunterhalt nach § 798a ZPO.
Da auch im übrigen keine Gründe ersichtlich sind, volljährige Kinder nur wegen ihrer Volljährigkeit schlechter zu stellen und sie auf die herkömmliche Abänderungsklage nach § 323 ZPO und damit auf dessen Wesentlichkeitsgrenze zu ver-

---

[1013]BT- DruckS 13/ 7338, S. 43.
[1014]Vgl. dazu unten C. III. 2. b.
[1015]Schumacher/ Grün, FamRZ 1998, 778 (794).
[1016]MüKo- Coester- Waltjen, ZPO, 2. Aufl., § 655 Rn. 2.
[1017]Vgl. dazu ausführlich oben B. III. 1.
[1018]Gießler, FPR 1998, 173 (181).

weisen[1019], findet § 655 ZPO auf den nach § 798a ZPO fortgeltenden Minderjährigenunterhalt und auch auf den Volljährigenunterhalt Anwendung[1020].

b. Die Änderungsgründe

Voraussetzung für die Änderung des Unterhaltstitels ist nach § 655 Abs. 1 ZPO, dass sich Umstände ändern, die für die Anrechnung des Kindergeldes (§ 1612b BGB) oder anderer regelmäßig wiederkehrender kindbezogener Leistungen (§ 1612c BGB)[1021] auf den Unterhalt maßgeblich sind.
Hierzu zählen insbesondere die Erhöhungen oder Verringerungen des Kindergeldes und der sonstigen kindbezogenen Leistungen selbst; denn mit der Änderung der Höhe dieser Leistungen ändert sich auch die Höhe des auf den Unterhalt anzurechnenden Betrages[1022]. Aber auch alle übrigen Änderungen der anzurechnenden Beträge[1023] begründen eine Anpassung gemäß § 655 ZPO.
Von besonderer Bedeutung ist hier die Novellierung des § 1612b Abs. 5 BGB. Mit dem Gesetz zur Ächtung der Gewalt in der Erziehung und zur Änderung des Kindesunterhaltsrechts vom 02.11.2000[1024] wurde die Kindergeldanrechnung in-

---

[1019] MüKo- Coester- Waltjen, ZPO, 2. Aufl., § 655 Rn. 2.

[1020] So im Ergebnis Gießler, FPR 1998, 173 (181); MüKo- Coester- Waltjen, ZPO, 2. Aufl., § 655 Rn. 2; Musielak- Borth, § 655 Rn. 2.

[1021] Anzurechnende Leistungen sind neben dem Kindergeld auch die das Kindergeld ausschließenden Leistungen, die in § 65 EStG genannt sind. Hierzu zählen insbesondere Kinderzulagen aus der gesetzlichen Unfallversicherung, Kinderzuschüsse aus den gesetzlichen Rentenversicherungen, von ausländischen, zwischenstaatlichen oder überstaatlichen Einrichtungen gewährte Leistungen für Kinder; nicht aber Waisenrenten, die unmittelbar dem Kind zustehen.
Vgl. Palandt- Diederichsen, 59. Aufl., § 1612c Rn. 1.

[1022] Von Bedeutung ist insoweit, dass gemäß § 1612 Abs. 1 BGB zukünftig die Höhe des anzurechnenden Betrages nicht mehr durch gleichmäßige Aufteilung des für die gemeinschaftlichen Kinder geleisteten Gesamtkindergeldes nach Kopfteilen zu ermitteln ist, sondern für jedes Kind das Kindergeld in der Höhe anzurechnen ist, in der es für das Kind gezahlt wird.

[1023] So gegebenenfalls der Wegfall eines Kindes als Unterhaltsberechtigter, Änderungen in der Bezugsberechtigung oder Änderungen in der Barunterhaltspflicht. Vgl. insoweit §§ 1612b Abs. 1 bis 3 BGB. Auch in dem Fall, in dem ein an sich zu verrechnender Teil des Kindergelds zur Auffüllung des Regelbetrags anderer Kinder oder für den Bedarf des betreuenden Elternteils einzusetzen war (vgl. hierzu Strauß, FamRZ 1999, 993 (999, 1000)), kommt das Verfahren nach § 655 ZPO zur Anwendung. Dies folgt aus der Intention des Gesetzgebers, ein möglichst einfaches Verfahren für die Änderung anrechenbarer Beträge zur Verfügung zu stellen, die aber die Wesentlichkeitsgrenze des § 323 ZPO nicht erreichen; Strauß, FamRZ 1999, 993 (1004). Der Hinzutritt eines nachgeborenen Geschwisters stellt hingegen zukünftig keine Änderung i.d.S. dar, da nach § 1612b Abs. 1 BGB seit 01.07.1998 bei mehreren Kindern immer derjenige Kindergeldbetrag angerechnet wird, der für das jeweilige Kind gezahlt wird.

[1024] BGBl. 2000 I, S. 1479 ff.; in Kraft seit 01.01.2001.

soweit geändert, als fortan eine Anrechnung des Kindergeldes[1025] unterbleibt, soweit der Unterhaltspflichtige außerstande ist, Unterhalt in Höhe von 135% (bisher 100%) des Regelbetrags der aktuellen Regelbetragsverordnung - das sogenannte Barexistenzminimum - zu leisten[1026].
Erreicht somit z.B. das hälftige Kindergeld, das dem Unterhaltspflichtigen zugerechnet wird, und der geschuldete Tabellenunterhalt zusammen betragsmäßig nicht diese 135% - sogenannte Mangelfälle -, so scheidet eine Anrechnung nunmehr in vollem Umfang aus. Wird durch diese Zusammenrechnung die Grenze von 135% überstiegen, so erfolgt eine Anrechnung nur noch hinsichtlich dieses übersteigenden Teils[1027].
Damit gewährleistet der Gesetzgeber, dass das Kindergeld im Falle der fehlenden oder eingeschränkten Leistungsfähigkeit des Unterhaltspflichtigen diesen nicht entlastet, sondern unmittelbar zur Aufstockung und Sicherung des Kindesunterhalts verwendet wird.
Der Gesetzgeber hat in Art. 4 § 2 der Novelle ausdrücklich festgelegt, dass dieser erweiterte Ausschluss der Kindergeldanrechnung nach § 1612b Abs. 5 BGB einer Änderung der für die Berechnung des auf den Unterhalt angerechneten Kindergelbetrags maßgebenden Umstands gleich steht[1028]. Demzufolge können alle Unterhaltstitel, die die Kindergeldanrechnung nach § 1612b Abs. 5 BGB a.F. enthalten, gemäß § 655 ZPO insoweit angepasst werden, als durch § 1612b Abs. 5 BGB n.F. eine anderweitige Kindergeldanrechnung erfolgt[1029].

Neben der unmittelbaren Änderung der anzurechnenden kindbezogenen Leistungen oder der novellierten Anrechnungsnorm des § 1612b Abs. 5 BGB kann auch die Anpassung der Regelbeträge eine Änderung hinsichtlich der Anrechnung dieser Leistungen begründen und damit die Anpassung nach § 655 ZPO begründen.

[1025]Gemäß § 1612c BGB gilt gleiches auch für sonstige kindbezogenen Leistungen.

[1026]Vgl. zu dieser Neuregelung und ihren Auswirkungen auf das materielle Unterhaltsrecht, insbesondere die Dynamisierung, Scholz, FamRZ 2000, 1541 ff.; Vossenkämper, FamRZ 2000, 1579 ff.; Weisensee, FamRZ 2001, 463 ff.; Gerhardt, FamRZ 2001, 73 ff.; Graba, NJW 2001, 249 ff.

[1027]Bei den Einkommensstufen 1 bis 6 führt dies dazu, dass im Ergebnis der gleiche Betrag gezahlt werden muss, nämlich der Mindestbarunterhalt (135%) abzüglich hälftiges Kindergeld. Vgl. insoweit Anrechnungstabelle bei Knittel, DAV 2000, 825 (827); Graba, NJW 2001, 249 (250). In der ersten Altersgruppe beispielsweise, erhält das Kind damit bis zur Einkommensgruppe 6 einen Zahlbetrag in Höhe von DM 360.- (135% von DM 366.- - Regelbetrag der ersten Altersgruppe - = DM 495.- abzüglich hälftiges Kindergeld in Höhe von DM 135.-). Vgl. hierzu umfassend Anrechnungstabelle von Scholz, FamRZ 2001, 809.

[1028]Vgl. Graba, NJW 2001, 249 (249).

[1029]Der Rechtsausschuss (BR- DrucksS 519/1/00, S. 2) schätzt, dass etwa 70% aller bestehenden Unterhaltstitel unter 135% des jeweiligen Regelbetrags liegen und daher anpassungswürdig sind. Die Anpassung nach § 655 ZPO sei insoweit jedoch eine einfache Rechtsanwendung in Form eines bloßen Rechenvorgangs.

Auch dies ergibt sich aus § 1612b Abs. 5 BGB. Ist das Barexistenzminimum überstiegen, so kommt eine Anrechnung nur hinsichtlich des übersteigenden Betrages in Betracht. Für die Ermittlung des anzurechnenden Betrages kommt es somit erheblich auf die Differenz zwischen geschuldetem Unterhalt und den 135% des maßgeblichen Regelbetrags an.
Zu beachten ist jedoch, dass eine Änderung des Unterhaltstitels gemäß § 655 ZPO in diesen Fällen nur dann in Betracht kommt, wenn sich die Festsetzung der Höhe der anzurechnenden Leistungen ausschließlich aufgrund der Regelbetragsänderung ändert[1030].
Ändert sich hingegen der Unterhaltsbetrag nicht oder nicht nur wegen der automatischen Dynamisierung, sondern (auch) wegen einer Änderung der Leistungsfähigkeit des Unterhaltspflichtigen oder des Unterhaltsbedarfs des Unterhaltsberechtigten, so kommt § 655 ZPO nicht zur Anwendung. Zwar hat auch dies in Mangelfällen mittelbar Einfluss auf den konkreten Betrag der Kindergeldanrechnung, jedoch bedarf es bei im vereinfachten Verfahren nach §§ 649, 653 ZPO erwirkten Titeln der Klage nach § 654 ZPO und in allen anderen Fällen einer Abänderung nach § 323 ZPO[1031]. Diese Abänderungsmöglichkeiten nach §§ 654, 323 ZPO gehen der besonderen Klage nach § 655 ZPO vor, da sie den Unterhalt als solchen neu berechnen und im Zuge dessen auch die Höhe der anzurechnenden Leistungen neu festlegen.
Bei der Maßgeblichkeit der Veränderung im Sinn des § 655 Abs. 1 ZPO muss die Wesentlichkeitsgrenze des § 323 ZPO nicht erreicht sein[1032]. Auch geringfügige Veränderungen in den Leistungen rechtfertigen damit das vereinfachte Abänderungsverfahren. In § 655 Abs. 6 ZPO wird jedoch auf die Präklusionsregelung des § 323 Abs. 2 ZPO verwiesen, sodass im Rahmen der erstgenannten Vorschrift eine Änderung der anzurechnenden Leistungen nur zulässig ist, soweit die Gründe, auf die die Änderung gestützt wird, erst nach dem Schluss der mündlichen Verhandlung des Vorprozesses entstanden sind, in der sie spätestens hätten geltend gemacht werden müssen[1033]. Anders als bei der vereinfachten Abänderungsklage nach § 654 ZPO können somit bereits im Zeitpunkt der Festsetzung bestehende Änderungsgründe nachträglich nicht mehr geltend gemacht werden[1034] und zwar auch dann nicht, wenn sie dem Berechtigten nicht bekannt waren[1035]. Eine Änderung der anzurechnenden Beträge ist daher nur wegen Umständen mög-

---

[1030] Nickel, DVP 2000, 50 (55).
[1031] Schumacher/ Grün, FamRZ 1998, 778 (794).
[1032] Göppinger/ Wax- van Els, 7. Aufl., Rn. 2220; MüKo- Coester- Waltjen, ZPO, 2. Aufl., § 655 Rn. 5; FamRefK- Bäumel, ZPO, § 655 Rn. 8.
[1033] Zöller- Philippi, 22. Aufl., § 655 Rn. 5; Rühl/ Greßmann, Rn. 271; MüKo- Coester- Waltjen, ZPO, 2. Aufl., § 655 Rn. 5.
[1034] Rahm/ Künkel, Rn. 798.1; FamRefK- Bäumel, ZPO, § 655 Rn. 18, der diesen Umstand jedoch als nicht sachgerecht empfindet.
[1035] MüKo- Coester- Waltjen, ZPO, 2. Aufl., § 655 Rn. 5.

lich, die bei der vorausgegangenen Unterhaltsfestsetzung noch nicht berücksichtigt werden konnten. Auch Irrtümer bei der vorausgegangenen Titulierung können somit mittels des Verfahrens nach § 655 ZPO nicht rückwirkend ausgeräumt werden[1036]. Ebensowenig stellt eine Änderung der Rechtsprechung über die Anrechenbarkeit der kindbezogenen Leistungen einen beachtlichen Umstand im Sinne des § 655 ZPO dar[1037].

c. Der Antrag

Das Abänderungsverfahren nach § 655 ZPO kann auf Antrag sowohl des Unterhaltsberechtigten als auch des Unterhaltsverpflichteten eingeleitet werden, je nachdem, wem es zugute kommt.

Ebenso wie der Unterhaltsverpflichtete gegen Rechtsnachfolger des Kindes Änderungen geltend machen kann, können dies auch die Rechtsnachfolger des Kindes gegenüber dem Unterhaltsverpflichteten. Dies gesteht das Gesetz diesen zwar wegen des nur eingeschränkten Verweises gemäß § 655 Abs. 6 ZPO auf § 646 Abs. 1 Nr. 1 - 5, 7 ZPO und nicht auf § 646 Abs. 1 Nr. 10 ZPO unmittelbar nicht zu, jedoch muss insoweit eine korrigierende Auslegung erfolgen, da auch für diese ein derartiges Bedürfnis bestehen kann[1038].

Der Antrag ist schriftlich oder zu Protokoll der Geschäftsstelle zu stellen. Ein Antragsformular ist insoweit nicht vorgesehen.

Für den Antrag gelten gemäß § 655 Abs. 6 ZPO die Erfordernisse der §§ 646 Abs. 1 Nr. 1 - 5, 7 ZPO. Somit bedarf es insbesondere der Bezeichnung der Parteien, ihrer gesetzlichen Vertreter, der Prozessbevollmächtigten, des angerufenen Gerichts und des Geburtsdatums des Kindes. Zudem ist anzugeben, von welchem Zeitpunkt an die Änderung des Titels verlangt wird. Falls das Kind verlangt, dass der bisher auf den Unterhalt angerechnete Betrag gesenkt wird und sich dadurch der Unterhalt rückwirkend erhöht, ist die Angabe erforderlich, wann die Voraussetzungen des §§ 1613 Abs. 1 oder Abs. 2 S. 2 BGB eingetreten sind.

Schließlich sind noch Angaben über das Kindergeld und andere anzurechnende kindbezogene Leistungen zu machen[1039].

Gemäß § 655 Abs. 2 S. 1 ZPO ist dem Antrag eine Ausfertigung des abzuändernden Titels beizufügen; bei Urteilen, eine Ausfertigung des in vollständiger Form abgefassten Urteils.

Ist der Titel bereits geändert worden, bevor das Abänderungsverfahren anhängig

---

[1036]Zöller- Philippi, 22. Aufl., § 655 Rn. 3; van Els, Rpfleger 1999, 298 (303).

[1037]Wendl/ Staudigl- Thalmann, 5. Aufl., § 8 Rn. 354. Vgl. zur Abänderbarkeit von Unterhaltstiteln aufgrund einer Änderung der Rechtssprechung nunmehr aber BGH, FamRZ 2001, 1687 (1688 ff.) sowie Anmerkung hierzu Gottwald, FamRZ 2001, 1691 (1691, 1692).

[1038]MüKo- Coester- Waltjen, ZPO, 2. Aufl., § 655 Rn. 6.

[1039]Vgl. hierzu Ausführungen oben C. I. 1. d.

gemacht wurde, so ist der letzte gültige Titel vorzulegen[1040]. In diesem Fall bedarf es grundsätzlich nicht der Vorlage des Grundtitels, es sei denn, der letzte Titel ist ohne den Grundtitel nicht zu verstehen oder der Antragsgegner erhebt Einwendungen, die sich aus dem Grundtitel ergeben[1041].
Ist ein Urteil in gekürzter Form abgefasst, so genügt es, wenn, außer der Ausfertigung, eine von dem Urkundsbeamten der Geschäftsstelle des Prozessgerichts beglaubigte Abschrift der Klageschrift beigefügt wird (§ 655 Abs. 2 S. 2 ZPO). Ist der letzte Titel ein maschinell erstellter Beschluss des angerufenen Gerichts, so bedarf es wegen der gespeicherten Daten bei Gericht der Vorlage des abzuändernden Titels nicht (§ 655 Abs. 2 S. 3 1. HS ZPO), es sei denn, das Gericht gibt dies dem Antragsteller bei gegebenem Anlass auf (§ 655 Abs. 2 S. 3 2. HS ZPO).

d. Der Verfahrensgang

Der Rechtspfleger prüft wegen des Verweises von § 655 Abs. 6 ZPO auf § 646 Abs. 2 ZPO von Amts wegen, ob der Antrag auf Abänderung gemäß § 655 ZPO die notwendigen Angaben enthält und ob er auch im übrigen zulässig ist[1042]. Ist dies aus seiner Sicht nicht der Fall, so hat er es dem Antragsteller mitzuteilen und ihm Gelegenheit zur Stellungnahme und damit zur Nachbesserung zu geben. Der Antragsgegner ist gemäß §§ 655 Abs. 6, 646 Abs. 2 S. 2 ZPO zunächst noch nicht zu beteiligen. Hält der Rechtspfleger auch nach Stellungnahme des Antragstellers den Antrag für unzulässig, so hat er ihn, ohne vorherige Anhörung des Antragsgegners, gemäß § 646 Abs. 2 S. 1 ZPO durch Beschluss zurückzuweisen[1043].
Ist der Antrag nach Ansicht des Rechtspflegers zulässig, so verläuft das weitere Verfahren wegen des Verweises von § 655 Abs. 6 ZPO auf § 647 ZPO wie im Fall des zulässigen Antrags auf Unterhaltsfestsetzung im vereinfachten Verfahren[1044]. Demnach ist dem Antragsgegner entweder der Abänderungsantrag oder eine Mitteilung über dessen Inhalt zuzustellen. Zugleich ist er darauf hinzuweisen, dass und welche Einwendungen er gegen den Antrag erheben kann und dass ein Festsetzungsbeschluss in der beantragten Form ergeht, wenn er nicht innerhalb eines Monats diese Einwendungen in der vorgeschriebenen Form erhebt.

[1040] MüKo- Coester- Waltjen, ZPO, 2. Aufl., § 655 Rn. 7; Zöller- Philippi, 22. Aufl., § 655 Rn. 5.
[1041] Zöller- Philippi, 22. Aufl., § 655 Rn. 5.
[1042] Zöller- Philippi, 22. Aufl., § 655 Rn. 7; MüKo- Coester- Waltjen, ZPO, 2. Aufl., § 655 Rn. 9. Hinsichtlich des Prüfungsumfangs vgl. ausführlich oben C. I. 2. a.
[1043] Vgl. zu den Einzelheiten des Beschlusses und dem hierauf folgenden Verfahren Zöller- Philippi, 22. Aufl., § 655 Rn. 8.
[1044] Vgl. hierzu ausführlich oben C. I. 2. c.

e. Die Einwendungen gegen die Abänderung

Gemäß § 655 Abs. 3 ZPO sind nur bestimmte Einwendungen gegen die beantragte Abänderung zulässig. So kann der Antragsgegner nach § 655 Abs. 3 S. 1 ZPO nur Einwendungen gegen die Zulässigkeit des vereinfachten Abänderungsverfahrens, gegen den Zeitpunkt der Abänderung oder die Berechnung des Betrags der nach den §§ 1612b, c BGB anzurechnenden Leistungen geltend machen. Ferner kann er nach § 655 Abs. 3 S. 2 ZPO, wenn er sich sofort zur Erfüllung des Anspruchs verpflichtet, hinsichtlich der Verfahrenskosten geltend machen, dass er keinen Anlass zur Stellung des Antrags gegeben hat[1045]. Alle übrigen Einwendungen können nicht im Rahmen des vereinfachten Abänderungsverfahrens zulässig erhoben werden.

Die Einwendungen sind innerhalb der in §§ 655 Abs. 6, 647 ZPO geregelten Monatsfrist, beziehungsweise der bei Auslandszustellung angegebenen Frist zu erheben. Hierbei handelt es sich nicht um eine Ausschlussfrist, da die Einwendungen gemäß §§ 655 Abs. 6, 648 Abs. 3 ZPO solange zu berücksichtigen sind, solange der Festsetzungsbeschluss nicht verfügt ist, d.h. aus dem inneren Geschäftsbereich hinausgegeben ist[1046].

f. Der weitere Verfahrensgang

Das weitere Verfahren ist in § 655 Abs. 4 bis 6, insbesondere durch den dortigen Verweis auf § 649 ZPO, geregelt.

aa. Zusammentreffen des Abänderungsantrags mit einer Abänderungsklage

Das vereinfache Abänderungsverfahren nach § 655 ZPO kann gemäß dessen Abs. 4 ausgesetzt werden, wenn es gleichzeitig mit einer Abänderungsklage nach § 323 ZPO beziehungsweise einer nach § 654 ZPO[1047] anhängig ist. Insoweit ist unerheblich, ob es sich um eine Abänderungsklage des Unterhaltsberechtigten oder des Unterhaltsverpflichteten handelt und ob zunächst das vereinfachte Abänderungsverfahren in Gang gesetzt wird und sodann die Abänderungsklage erhoben wird oder umgekehrt. Dies resultiert daraus, dass die Änderung des Betrags der anzurechnenden Leistungen zumeist im Rahmen der Abänderungsklage hinreichend berücksichtigt wird[1048] und dass der individuellen Anpassung der Unterhaltstitel nach §§ 654, 323 ZPO der Vorrang vor der pauschalen Anpassung nach

---

1045 MüKo- Coester- Waltjen, ZPO, 2. Aufl., § 655 Rn. 11 versteht § 655 Abs. 3 S. 2 ZPO fälschlicherweise dahingehend, dass mit der Bezeichnung „*er*“ und dem Bezug zu S. 1 als Antragsgegner lediglich der Unterhaltsverpflichtete gemeint ist und erachtet § 655 Abs. 3 S. 2 ZPO als entsprechend anwendbar, wenn der Unterhaltsberechtigte Antragsgegner ist.

1046 Vgl. dazu oben C. I. 3.

1047 Dies im Falle der Unterhaltsfestsetzung im vereinfachten Verfahren nach §§ 649, 653 ZPO.

1048 BT- DrucksS 13/ 7338, S. 44.

§ 655 ZPO gebührt[1049].

Die Aussetzung des vereinfachten Abänderungsverfahrens ist in das pflichtgemäße Ermessen des Gerichts, namentlich des Rechtspflegers, gestellt. Im Rahmen dieser Ermessensentscheidung bedarf es zwar nicht zwingend der Würdigung der Erfolgsaussichten der Abänderungsklage[1050], jedoch sollte von einer Aussetzung abgesehen werden, wenn eine Klage nach § 323 ZPO oder § 654 ZPO keine hinreichende Erfolgsaussicht bietet[1051]. Gleiches gilt, wenn der Unterhaltsberechtigte nach § 655 ZPO eine Herabsetzung des anzurechnenden Betrages begehrt und er mit der Abänderungsklage nach §§ 323, 654 ZPO gleichzeitig eine weitere Erhöhung des Unterhalts erreichen will[1052]. In diesen Fällen besteht ein anzuerkennendes berechtigtes Interesse des Unterhaltsberechtigten, einen Teil seiner Forderung möglichst schnell und einfach durchzusetzen. Das Verfahren ist jedoch auszusetzen, wenn ein vereinfachtes Abänderungsverfahren auf Reduzierung des anzurechnenden Betrags mit einer Abänderungsklage des Unterhaltsverpflichteten auf Herabsetzung nach §§ 323, 654 ZPO zusammentrifft[1053].

Vor der Aussetzung hat das Gericht den Parteien Gelegenheit zur Stellungnahme zu geben. Die Aussetzungsentscheidung kann nach §§ 252 ZPO, 11 Abs. 1 RpflG mit der unbefristeten Beschwerde, die Ablehnungsentscheidung mit der sofortigen Beschwerde angegriffen werden.

Wird die Abänderungsklage zurückgenommen oder als unzulässig abgewiesen, kann das vereinfachte Abänderungsverfahren entsprechend § 250 ZPO wieder aufgenommen werden. Im übrigen kommt es im Fall eines Sachurteils auf dessen Inhalt an.

Hat die Klage auf Erhöhung ganz oder teilweise Erfolg, so verbleibt es bei dem insoweit zugesprochenen Betrag. Eine Fortsetzung des vereinfachten Abänderungsverfahrens kommt nicht in Betracht. Es ist für erledigt zu erklären[1054].

Hat die Erhöhungsklage dagegen keinen Erfolg, weil der den persönlichen Verhältnissen der Parteien entsprechende Unterhalt nicht wesentlich von dem Unterhalt abweicht, der im vereinfachten Abänderungsverfahren zu erreichen wäre (vgl. § 323 Abs. 5 ZPO) oder weil der individuell angemessene Unterhalt nicht wesentlich über dem bisher titulierten liegt (vgl. § 323 Abs. 1 ZPO), so kann das vereinfachte Abänderungsverfahren fortgesetzt werden. Hat die Herabsetzungsklage des Unterhaltsverpflichteten keinen Erfolg, weil der individuell gerechtfertigte Unter-

---

[1049] Zöller- Philippi, 22. Aufl., § 655 Rn. 12.

[1050] Zöller- Philippi, 22. Aufl., § 655 Rn. 12.

[1051] BT- DruckS 13/ 7338, S. 44.

[1052] MüKo- Coester- Waltjen, ZPO, 2. Aufl., § 655 Rn. 15; Zöller- Philippi, 22. Aufl., § 655 Rn. 12.

[1053] Zöller- Philippi, 22. Aufl., § 655 Rn. 12.

[1054] Mangels besonderer Regelungen gelten hierfür die allgemeinen Regelungen; vgl. auch Fn. 389.

halt nicht unter dem titulierten liegt, so steht die Rechtskraft dieses Urteils einer Herabsetzung der nach §§ 1612b, c BGB anzurechnenden Beträge nicht entgegen. Wurde hingegen mittels der Abänderungsklage der bisherige Titel durch Herabsetzung der geschuldeten Unterhaltsrente abgeändert, so ist diese Entscheidung auch für das vereinfachte Abänderungsverfahren verbindlich, sodass hierdurch eine Herabsetzung der nach §§ 1612b, c BGB anzurechnenden Beträge ausgeschlossen ist[1055]. Das Verfahren nach § 655 ZPO ist somit auch hier für erledigt zu erklären.

bb. Die Entscheidung des Gerichts

Ist die Monatsfrist des §§ 655 Abs. 6, 647 Abs. 1 S. 2 Nr. 2 ZPO abgelaufen und bedarf es keiner weiteren Aufklärung der Einwendungen oder etwaiger Verweisungs- beziehungsweise Aussetzungsentscheidungen, so erlässt der Rechtspfleger nach fakultativer mündlicher Verhandlung[1056] den das vereinfachte Abänderungsverfahren abschließenden Beschluss gemäß §§ 655 Abs. 6, 649 ZPO.

Der Abänderungsantrag ist abzuweisen, wenn sich – auch erst im Anhörungsverfahren - herausstellt, dass das Verfahren nach § 655 ZPO unzulässig ist. Wird dem Abänderungsantrag dagegen nicht in vollem Umfang entsprochen, unterbleibt eine teilweise Abweisung[1057]. Die Abweichung der Entscheidung vom Antrag ergibt sich allein und hinreichend aus dem Tenor und den der Entscheidung zugrunde liegenden Gründen.

Ist dem Abänderungsantrag ganz oder teilweise stattzugeben, so kommt es maßgeblich auf den abzuändernden Titel an. Sah dieser unter Anrechnung der kindbezogenen Leistung einen bezifferten Unterhaltsbetrag vor, so ist auch im Änderungsbeschluss nur ein entsprechender bezifferter Betrag zu titulieren[1058]. Ebenso kann im Änderungsbeschluss lediglich Unterhalt in dynamisierter Form tituliert werden, wenn der abzuändernde Titel diese Unterhaltsform vorsah.

Mit dem Verfahren nach § 655 ZPO kann somit nicht eine Änderung in der Unterhaltsform herbeigeführt werden[1059]. Im übrigen gilt für den Änderungsbeschluss gemäß § 655 Abs. 6 ZPO die Vorschrift des § 649 ZPO entsprechend, sodass die dort erfolgten Ausführungen[1060], insbesondere die zur Kostenentscheidung, auch hier zum Tragen kommen.

Gegen den Beschluss, der eine Abänderung vornimmt oder ablehnt, findet gemäß § 655 Abs. 5 S. 1 ZPO die sofortige Beschwerde statt. Soweit sich diese gegen

---

[1055] Zöller- Philippi, 22. Aufl., § 655 Rn. 15.
[1056] Vgl. §§ 655 Abs. 6, 649 Abs. 2 ZPO.
[1057] Zöller- Philippi, 22. Aufl., § 655 Rn. 19.
[1058] Wendl/ Staudigl- Thalmann, 5. Aufl., § 8 Rn. 355.
[1059] Eine solche Umwandlung ist gemäß Art. 5 § 3 KindUG nur für die Unterhaltstitel vorgesehen, die aus der Zeit vor Inkrafttreten des KindUG am 01.07.1998 stammen.
[1060] Vgl. dazu oben C. I. 5. b.

die Änderung der anzurechnenden Leistungen richtet, kann der Antragsgegner hiermit gemäß § 655 Abs. 5 S. 2 ZPO nur die nach § 655 Abs. 3 ZPO möglichen Einwendungen und die Unrichtigkeit der Kostenfestsetzung geltend machen.

3. Die Abänderungskorrekturklage nach § 656 ZPO

Führt die Abänderung des Unterhaltstitels aufgrund der vereinfachten Abänderungsklage nach § 655 ZPO zu einem Unterhaltsbetrag, der wesentlich von den jetzigen individuellen Verhältnissen der Parteien abweicht, so kann gemäß § 656 ZPO jede Partei im Wege der Klage eine entsprechende Korrektur des nach § 655 ZPO geänderten Unterhaltstitels verlangen.

Hintergrund dieser sich an § 641q ZPO a.F. anlehnenden[1061] Korrekturklage - nachfolgend Abänderungskorrekturklage genannt - ist der Schematismus des Änderungsverfahrens nach § 655 ZPO, wonach der Antragsteller nur geltend machen kann, dass sich die Umstände geändert haben, die für die Berechnung des Betrags der anzurechnenden kindbezogenen Leistungen maßgebend sind und der Antragsgegner nur im beschränkten Maß Einwendungen erheben kann. In dem Änderungsverfahren nach § 655 ZPO können die die materielle Unterhaltspflicht beeinflussenden Tatsachen nur in sehr engen Grenzen geltend gemacht werden. Dies kann mithin zu Ergebnissen führen, die für die anzurechnenden Leistungen als solche zwar gerechtfertigt sind, jedoch den individuellen Verhältnissen der Parteien nicht mehr entsprechen. Die Abänderungskorrekturklage nach § 656 ZPO eröffnet daher jeder Partei die Möglichkeit, das Ergebnis der Änderungsklage nach § 655 ZPO zur Überprüfung dahingehend zu stellen, ob die hierdurch getroffene Unterhaltsverpflichtung, auch umfassend betrachtet, letztlich den tatsächlichen individuellen Verhältnissen der Parteien entspricht. Ist der Änderungsanlass für die Klage nach § 655 ZPO - wie erforderlich - die Neufestlegung der nach §§ 1612b, c BGB anzurechnenden Leistungen[1062], so können mit der Abänderungskorrekturklage nach § 656 ZPO auch alle für den Unterhalt erheblichen Tatsachen geltend gemacht werden.

Formelle Mängel des Verfahrens nach § 655 ZPO können hingegen nicht mit der Abänderungskorrekturklage, sondern nur mittels der sofortigen Beschwerde gemäß § 655 Abs. 5 ZPO gerügt werden[1063].

a. Die Voraussetzungen der Abänderungskorrekturklage

Voraussetzung für die Erhebung der Abänderungskorrekturklage ist nach § 656 Abs. 1 ZPO zunächst, dass ein Schuldtitel vorliegt, der nach § 655 ZPO abgeän-

---

[1061] BT- DruckS 13/ 7338, S. 44.

[1062] Schumacher/ Grün, FamRZ 1998, 778 (795).

[1063] MüKo- Coester- Waltjen, ZPO, 2. Aufl., § 656 Rn. 4; Zöller- Philippi, 22. Aufl., § 656 Rn. 7.

dert wurde. Das Abänderungskorrekturverfahren stellt somit ein nur auf diese Titel anwendbares Korrektiv dar, das erst im Anschluss an das Änderungsverfahren nach § 655 ZPO betrieben werden kann.
Für die Klage nach § 656 ZPO gelten nicht die Beschränkungen des § 323 Abs. 2 und Abs. 3 ZPO[1064], sodass sie auch zulässig ist, soweit die Gründe, auf die sie gestützt wird, bereits während der Anhängigkeit des Abänderungsverfahrens nach § 655 ZPO vorlagen. Auch kann der nach § 655 ZPO ergangene Abänderungsbeschluss für die Zeit vor Erhebung der Änderungskorrekturklage abgeändert werden[1065]. Dies resultiert aus dem Umstand, dass viele der zu einer Korrektur führenden Gründe im Rahmen der Abänderungsklage nach § 655 ZPO nicht geltend gemacht werden können, die Abänderungskorrekturklage nach § 656 ZPO aber dieses Verfahren voraussetzt.
Mit der Abänderungskorrekturklage kann jedoch lediglich verlangt werden, dass diejenigen finanziellen Folgen ganz oder teilweise rückgängig gemacht werden, die der Abänderungsbeschluss nach § 655 ZPO herbeigeführt hat[1066]. Dies ergibt sich hinreichend aus dem Gesetzeswortlaut, wonach nur *„eine (...) Abänderung des ergangenen Beschlusses"* nach § 655 ZPO, somit lediglich ein vollständiges oder teilweises Rückgängigmachen der hierdurch erfolgten Änderung verlangt werden kann[1067]. Darüber hinausgehende Änderungen des ursprünglichen Unterhaltstitels lassen sich dagegen nicht mit der Klage nach § 656 ZPO verfolgen, sondern können nur mit der herkömmlichen Abänderungsklage nach § 323 ZPO, beziehungsweise bei nach §§ 649, 653 ZPO ergangenen Ersttiteln mit der Änderungsklage nach § 654 ZPO geltend gemacht werden. Sollen sowohl die durch § 655 ZPO herbeigeführten Änderungen angepasst als auch darüber hinausgehende für den Unterhalt maßgebende Umstände geltend gemacht werden, so ist neben der Erhebung der Klage nach § 323 ZPO beziehungsweise der nach § 654 ZPO gegebenenfalls auch die Erhebung der Abänderungskorrekturklage nach § 656 ZPO zweckmäßig[1068].

[1064]BT- DruckS 13/ 7338, S. 44.

[1065]Die Abänderung kann jedoch nur bis zu dem Zeitpunkt zurückwirken, ab dem der Titel im vorausgegangenen Abänderungsverfahren nach § 655 ZPO abgeändert wurde, da erst von diesem Zeitpunkt an die schematische Abänderung nach § 655 ZPO und die Entwicklung der besonderen Verhältnisse der Parteien in Widerspruch stehen können; vgl. Lipp/ Wagenitz, § 656 Rn. 6.

[1066]MüKo- Coester- Waltjen, ZPO, 2. Aufl., § 656 Rn. 3.

[1067]Zudem können nur die durch den Abänderungsbeschluss nach § 655 ZPO schematisch getroffenen Änderungen mit den *„Entwicklungen der besonderen Verhältnisse der Parteien"* (vgl. § 656 Abs. 1 ZPO) in solch einem Widerspruch stehen, der mit dem Verfahren nach § 656 ZPO aufgelöst werden soll. Vgl. Lipp/ Wagenitz, § 656 Rn. 6.

[1068]Werden diese beiden Klagen gemeinsam erhoben, so ergibt sich gegebenenfalls wegen der rückwirkenden Änderung gemäß § 655 ZPO und dem geltenden Rückwirkungsverbot gemäß § 323 Abs. 2 ZPO eine gestaffelte Abänderung des Änderungsbeschlusses.

Gemäß § 656 Abs. 1 ZPO ist zudem maßgebliche Voraussetzung, dass eine wesentliche Abweichung von dem Unterhaltsbetrag vorliegt, der der besonderen Entwicklung der Parteien Rechnung trägt. Diese Wesentlichkeit der Abweichung ist wie bei § 323 ZPO zu beurteilen[1069], sodass grundsätzlich auch die 10%-Grenze - bezogen auf den Gesamtbetrag - zur Anwendung kommt. Da es sich hierbei nicht um eine starre Wesentlichkeitsgrenze handelt und die Verhältnisse im Einzelnen mitzuberücksichtigen sind[1070], kann die erforderliche Abweichung auch dann vorliegen, wenn die Differenz zwischen vereinfachter und individueller Anpassung 50% beträgt[1071], wobei sich dieser Prozentsatz aus dem Vergleich der Steigerungssätze zwischen allgemeiner und individueller Anpassung bestimmt und sich nicht auf den insgesamt geschuldeten Unterhaltsbetrags[1072] bezieht.
Unter diesen Grenzen liegende Abweichungen sind dagegen nur unwesentlich. Diese sind von den Parteien hinzunehmen und können nicht mittels der Abänderungskorrekturklage geltend gemacht werden.

Weitere Zulässigkeitsvoraussetzung nach § 656 Abs. 2 ZPO ist, dass die Abänderungskorrekturklage innerhalb eines Monats seit Zustellung des nach § 655 ZPO ergangenen Änderungsbeschlusses erhoben wird[1073]. Insoweit ist gemäß § 270 ZPO ausreichend, dass die Klageschrift fristgerecht eingereicht wurde und die Zustellung demnächst erfolgt[1074]. Im Fall der zunächst eingelegten Beschwerde oder sonstiger möglicher Rechtsmittel[1075] gegen den Beschluss nach § 655 ZPO beginnt diese Klagefrist erst mit Zustellung der Beschwerdeentscheidung beziehungsweise der sonstigen Rechtsmittelentscheidung an zu laufen[1076]. Hat eine Partei fristgerecht die Klage nach § 656 ZPO erhoben, so beginnt der Lauf der Frist für die Klageerhebung der anderen Partei nicht vor Beendigung dieses Verfahrens. Diese unter Verweis des § 656 Abs. 2 S. 2 ZPO auf § 654 Abs. 2 S. 2 ZPO eröffnete Fristverlängerung soll verhindern, dass der einen Partei durch die Klagerücknahme der anderen Partei die Änderungsmöglichkeit abgeschnitten wird. Hat der

---

[1069] BT- DruckS 13/ 7338, S. 44; Kleinle, ZfJ 1998, 349 (352).
[1070] MüKo- Gottwald, ZPO, 2. Aufl., § 323 Rn. 72.
[1071] MüKo- Gottwald, ZPO, 2. Aufl., § 323 Rn. 47; OLG Hamm, FamRZ 1987, 91 (93); OLG Hamburg, FamRZ 1985, 729.
[1072] OLG Hamburg, FamRZ 1985, 729; MüKo- Gottwald, ZPO, 2. Aufl., § 323 Rn. 47.
[1073] Eine Wiedereinsetzung ist jedoch ebenso wie bei der Abänderungsklage nach § 654 ZPO möglich.
[1074] Verzögert sich die Zustellung beispielsweise dadurch, dass zunächst über ein eingereichtes PKH- Gesuch entschieden werden muss, so geht dies nicht zu Lasten des Klägers. Dies zumindest dann nicht, wenn der PKH- Antrag vollständig ist, insbesondere die Erklärung über die persönlichen und wirtschaftlichen Verhältnisse vorliegt. Zöller- Philippi, 22. Aufl., § 656 Rn. 5.
[1075] Z.B. die Erinnerung gegen die Kostenentscheidung; vgl. §§ 655 Abs. 6, 649, 652 ZPO; 11 Abs. 2 RpflG und Ausführungen hierzu oben C. I. 6.
[1076] Zöller- Philippi, 22. Aufl., § 656 Rn. 5.

Antragsgegner seine Widerklage rechtzeitig in diesem Sinn erhoben, so verliert diese nicht ihre Wirkung, wenn die Ursprungsklage zurückgenommen oder für erledigt erklärt wird[1077].
Im Fall der Fristversäumung kommt eine Abänderungskorrekturklage nach § 656 ZPO grundsätzlich[1078] nicht mehr in Betracht.
Fraglich ist in diesem Zusammenhang, ob dies auch auf andere Verfahren Auswirkungen hat. Dies ist zunächst insoweit zu verneinen, als andere Abänderungsverfahren, insbesondere die nicht fristgebundene Abänderungsklage nach § 654 ZPO, dennoch eingeleitet werden können[1079]. Hinsichtlich des im Rahmen der Abänderungsklage möglichen Vorbringens, insbesondere für die bei einer solchen Klage möglichen Einwendungen könnte dagegen angenommen werden, diese seien im Rahmen einer erst nach Verstreichenlassen der Frist des § 656 ZPO erhobenen Abänderungsklage, insbesondere einer solchen nach § 654 ZPO präkludiert[1080].
Eine solche Präklusion ist jedoch abzulehnen. Zwar ist gemäß § 323 Abs. 4 ZPO i.V.m. § 794 Abs. 1 Nr. 2a ZPO die Vorschrift des § 323 Abs. 2 ZPO analog anwendbar, wenn mittels einer Klage die Abänderung eines nach § 655 ZPO ergangenen Beschlusses begehrt wird[1081], jedoch konnten die Gründe, auf die die Klage nach § 654 ZPO allein gestützt werden kann - gestiegener Bedarf des Unterhaltsberechtigten, gesunkene Leistungsfähigkeit des Unterhaltsverpflichteten - nicht im Abänderungskorrekturverfahren nach § 655 ZPO geltend gemacht werden. Eine Präklusion dieser Gründe gemäß § 323 Abs. 2 ZPO käme somit nur dann in Betracht, wenn man die Abänderungskorrekturklage nach § 656 ZPO an die Stelle des Einspruchs setzen könnte. Dies ist jedoch nicht der Fall, da die Abänderungskorrekturklage, anders als der Einspruch, einen beschränkten Streitgegenstand insoweit hat, als mit ihr lediglich die Rückgängigmachung derjenigen Folgen verlangt werden kann, die der Abänderungsbeschluss nach § 655 ZPO selbst herbeigeführt hat. Im übrigen sind neben diesem eingeschränkten Streitgegenstand im Abänderungsverfahren nach § 655 ZPO nur begrenzte Einwendungsmöglichkeiten gegeben. Für eine Partei ist es daher gegebenenfalls von Bedeutung, nicht zunächst die Klage nach § 656 ZPO zu erheben, sondern in einem späteren Verfahren weitere Argumente zum erhöhten Bedarf oder zur verminderten Leistungsfähigkeit vorzubringen. Dieses prozessökonomische Verhalten einer Partei, nämlich alle Einwendungen in einem Verfahren vorzubringen, das diese zulässt, darf je-

---

[1077]Vgl. hierzu oben C. III. 1. b.
[1078]Die Regeln über die Wiedereinsetzung in den vorigen Stand finden im Rahmen des § 656 ZPO ebenso Anwendung.
[1079]MüKo- Coester- Waltjen, ZPO, 2. Aufl., § 656 Rn. 2; Zöller- Philippi, 22. Aufl., § 656 Rn. 6.
[1080]So zu § 641q ZPO a.F. OLG Celle, FamRZ 1981, 585 ff.; Zöller- Philippi, 20. Aufl., § 641q Rn. 3.
[1081]Zöller- Philippi, 22. Aufl., § 656 Rn. 6.

doch nicht durch Präklusion bestraft werden[1082].
Die Fristversäumung des § 656 Abs. 2 S. 1 ZPO hat demnach keine Auswirkungen auf die Erhebung anderer Verfahren, insbesondere nicht auf die Abänderungsklage nach § 654 ZPO.

b. Das Verfahren

Sachlich zuständig ist nach § 23a Nr. 2 GVG das Amtsgericht; funktionell nach § 23 b Abs. 1 Nr. 5 GVG das Familiengericht. Die örtliche Zuständigkeit bestimmt sich, wie im Fall des § 655 ZPO, nach der allgemeinen Vorschrift des § 642 ZPO.
Die Klage kann gemäß § 496 ZPO schriftlich oder zu Protokoll der Geschäftsstelle erhoben werden. Anwaltszwang besteht nach § 78 Abs. 2 Nr. 2 ZPO nicht. Die Zwangsvollstreckung aus dem Änderungsbeschluss kann vom Prozessgericht entsprechend § 769 Abs. 1 ZPO einstweilen eingestellt werden[1083].
Um die Gefahr sich widersprechender Entscheidungen zu vermeiden, muss über alle Klagen, die auf Abänderung des Beschlusses nach § 655 ZPO gerichtet sind, gemeinsam entschieden werden. Gemäß § 656 Abs. 2 S. 2 ZPO wird daher auf § 654 Abs. 3 ZPO verwiesen, demzufolge die zwingende Verbindung der von beiden Parteien eingeleiteten Verfahren angeordnet wird. Im übrigen richtet sich das Verfahren nach den gleichen Grundsätzen wie die Abänderungsklage nach § 654 ZPO[1084].
Das Urteil, das die Höhe des Unterhalts neu bestimmt, tritt an die Stelle des nach § 655 ZPO ergangenen Änderungsbeschlusses. Während § 641q Abs. 4 ZPO a.F. ausdrücklich vorsah, dass das Urteil auf den Zeitpunkt der Änderung im vereinfachten Verfahren zurückwirkt, fehlt es in § 656 ZPO an einer solchen Regelung. Wegen der nur begrenzten Einwendungsmöglichkeit im Verfahren nach § 655 ZPO, wirkt aber auch das Urteil nach § 656 ZPO auf den Zeitpunkt zurück, der in dem Beschluss nach § 655 ZPO bezeichnet worden ist[1085].
Die Kosten des vereinfachten Abänderungsverfahrens nach § 655 ZPO werden gemäß § 656 Abs. 3 ZPO als Kosten der Abänderungskorrekturklage nach § 656 ZPO behandelt. An die Stelle des Kostenausspruchs im Änderungsbeschluss nach § 655 ZPO tritt somit die Kostenentscheidung des Urteils, die über die Kosten beider Verfahren je nach dem Enderfolg einheitlich befindet.

[1082] MüKo- Coester- Waltjen, ZPO, 2. Aufl., § 656 Rn. 10.
[1083] Zöller- Philippi, 22. Aufl., § 656 Rn. 8; MüKo- Coester- Waltjen, ZPO, 2. Aufl., § 656 Rn. 7.
[1084] Vgl. hierzu ausführlich oben C. III. 1. c.
[1085] B/ L- Albers, 59. Aufl., § 656 Rn. 5; MüKo- Coester- Waltjen, ZPO, 2. Aufl., § 656 Rn. 8; Zöller- Philippi, 22. Aufl., § 656 Rn. 8.

4. Die Abänderungsklage nach § 323 ZPO[1086]

Neben den besonderen Abänderungsmöglichkeiten der §§ 645, 655 und 656 ZPO kommt auch für Unterhaltstitel des vereinfachten Verfahrens die allgemeine Abänderungsklage nach § 323 ZPO in Betracht. Gemäß § 323 Abs. 4 ZPO i.V.m. § 794 Abs. 1 Ziff. 2a ZPO wurde der Anwendungsbereich dieser Abänderungsmöglichkeit auch auf alle in einem vereinfachten Verfahren über den Unterhalt Minderjähriger ergangenen Titel[1087] erweitert[1088]; insbesondere also auf die nach §§ 645 ff. ZPO ergangenen Unterhaltsbeschlüsse, die den Unterhalt festsetzen. Tritt demnach im Fall der Entscheidung zur Zahlung von Unterhalt eine wesentliche Veränderung derjenigen Verhältnisse ein, die für die Ermittlung der Leistungen maßgebend waren, so ist nach § 323 Abs. 1 ZPO grundsätzlich[1089] jeder Teil berechtigt, im Wege der Klage eine entsprechende Abänderung des Unterhaltsurteils zu verlangen. Eine Besonderheit besteht lediglich gemäß § 323 Abs. 5 ZPO, wonach Schuldtitel auf Unterhaltszahlungen, deren Abänderung nach § 655 ZPO statthaft ist, nach § 323 ZPO nur dann abgeändert werden können, wenn eine Anpassung nach § 655 ZPO zu einem Unterhaltsbetrag führen würde, der wesentlich von dem Betrag abweicht, der der Entwicklung der besonderen Verhältnisse der Parteien Rechnung trägt[1090].

Im übrigen gelten für die Abänderungsklage die allgemeinen Bestimmungen[1091] und nicht die sich aus den §§ 645 ff. ZPO ergebenden und für die dort normierten Abänderungsmöglichkeiten jeweils vorgesehenen Besonderheiten.

5. Das Verhältnis der Abänderungsmöglichkeiten nach §§ 651, 654, 655, 656 und § 323 ZPO zueinander

a. Das streitige Verfahren nach § 651 ZPO

Bei Entscheidungen nach § 650 ZPO stellt das streitige Verfahren nach § 651 ZPO das alleinige und gegenüber der allgemeinen Abänderungsklage vorrangige Korrektiv dar[1092]. Soweit ein Teilfestsetzungsbeschluss ergangen ist (§ 650 S. 2

[1086] Im Rahmen dieser Arbeit werden nachfolgend lediglich die durch die §§ 645 ff. ZPO begründeten Besonderheiten der Abänderungsklage nach § 323 ZPO dargestellt. Im übrigen vgl. MüKo- Gottwald, ZPO, 2. Aufl., § 323 Rn. 1 ff.; Zöller- Vollkommer, 22. Aufl., § 323 Rn. 1 ff.; Musielak- Musielak, § 323 Rn. 1 ff.; Hoppenz, 5. Aufl., ZPO § 323 Rn. 1 ff.

[1087] Einschließlich der Titel, die nach Art. 5 § 3 KindUG erlassen wurden; Musielak- Musielak, § 323 Rn. 47.

[1088] Art. 2 Nr. 4 KindUG.

[1089] Zu dem Konkurrenzverhältnis der Abänderungsklage nach § 323 ZPO zu den besonderen Abänderungsmöglichkeiten nach §§ 654, 655, 656 ZPO vgl. unten C. III. 5.

[1090] Vgl. dazu sogleich C. III. 5. c.

[1091] Vgl. insoweit ausführlich Zöller- Vollkommer, 22. Aufl., § 323 Rn. 1 ff.; Musielak- Musielak, § 323 Rn. 1 ff.; MüKo- Gottwald, ZPO, 2. Aufl., § 323 Rn. 1 ff.

[1092] Gerhardt, FuR 1998, 145 (147); Kleinle, ZfJ 1998, 349 (352, 353).

ZPO), schließt § 651 Abs. 4 ZPO - als lex specialis - die Abänderungsklage nach § 323 ZPO selbst bei Änderungen der Verhältnisse erst nach Erlass des Teilfestsetzungsbeschlusses aus[1093]. Dies deshalb, da in einem solchen Fall der Unterhalt im streitigen Verfahren in einem Gesamtbetrag festzusetzen und der Teilfestsetzungsbeschluss aufzuheben ist (vgl. § 651 Abs. 4 ZPO).
Erst bei wesentlicher Änderung der Verhältnisse nach Schluss der letzten mündlichen Verhandlung im streitigen Verfahren, können die Parteien im Wege der Klage nach § 323 ZPO[1094] oder mittels der erleichterten Abänderungsmöglichkeit nach § 655 ZPO Anpassung verlangen.

b. Die Abänderungsklage nach § 654 ZPO

Dem Wortlaut der §§ 794 Abs. 1 Ziff. 2a, 323 Abs. 4 ZPO zufolge kommt die Abänderungsklage nach § 323 ZPO zwar auch dann zur Anwendung, wenn ein Festsetzungsbeschluss nach § 649 ZPO oder eine Annexentscheidung nach § 653 ZPO dem Abänderungsbegehren zu Grunde liegt, jedoch ist in diesen Fällen die Abänderungsklage nach § 654 ZPO lex specialis gegenüber der nach § 323 ZPO[1095]. Dies folgt insbesondere daraus, dass für eine Abänderungsklage nach § 654 ZPO, anders als für eine solche nach § 323 ZPO gerade nicht erforderlich ist, dass eine Änderung der für die Unterhaltsentscheidung maßgebenden Verhältnisse eingetreten ist und auch nicht, dass die Wesentlichkeitsgrenze des § 323 ZPO erreicht ist. Mit der Klage nach § 654 ZPO können zudem alle Einwendungen geltend gemacht werden, und zwar unabhängig davon, ob sie bereits in dem Verfahren erhoben wurden, in welchem die abzuändernde Unterhaltsentscheidung erging oder nicht. Die Klage nach § 654 ZPO trägt gerade den Besonderheiten des vereinfachten Unterhaltsfestsetzungsverfahrens und des Annexverfahrens Rechnung und geht somit der allgemeinen Abänderungsklage vor.
Dieses Verhältnis besteht jedoch nur insoweit, als es um die Abänderung der nach §§ 649, 653 ZPO erfolgten Erstfestsetzung geht[1096]. Nach dem Willen des Gesetzgebers hat die Klage nach § 654 ZPO die Funktion einer Erstklage auf Unterhalt[1097], sodass sie dementsprechend regelmäßig auch nur dann zur Anwendung kommt, wenn es um die erstmalige Anpassung der nach §§ 649, 653 ZPO ergangenen Entscheidungen an die tatsächlichen individuellen Verhältnisse geht[1098].
Eine Abänderungsklage nach § 323 ZPO kommt somit dann in Betracht, wenn es um die Abänderung der rechtskräftigen Entscheidung nach § 654 ZPO bezogen

---

[1093] Günther, Kind- Prax 1999, 35 (38, 39).
[1094] MüKo- Gottwald, ZPO, 2. Aufl., § 323 Rn. 42.
[1095] MüKo- Gottwald, ZPO, 2. Aufl., § 323 Rn. 42; Gerhardt, FuR 1998, 145 (147); Kleinle, ZfJ 1998, 349 (352); Schulz, FuR 1998, 385 (389); Heiß/ Born- Born, Rn. 449.
[1096] FamRefK- Bäumel, ZPO, § 656 Rn. 9.
[1097] MüKo- Gottwald, ZPO, 2. Aufl., § 323 Rn. 43.
[1098] FamRefK- Bäumel, ZPO, § 656 Rn. 9.

auf die individuellen Verhältnissen der Parteien geht[1099].

Nicht durch § 654 ZPO ausgeschlossen ist dagegen eine vom Unterhaltsberechtigten gesondert geltend gemachte Zusatzklage, die nur auf Zahlung des den 150%igen[1100] beziehungsweise 100%igen[1101] Regelbetrag übersteigenden Unterhaltsspitzenbetrag gerichtet ist[1102]. Eine derartige Unterhaltsklage ist - im Fall des § 649 ZPO - im Anschluss an das den Höchstbetrag festsetzende[1103] vereinfachte Verfahren unproblematisch zulässig[1104]. Im Fall des § 653 ZPO[1105] besteht dagegen zwar erst nach Feststellung der Vaterschaft uneingeschränkt das Recht zur Erhebung einer herkömmlichen Unterhaltsklage, jedoch muss das Kind diesen Weg auch dann wählen können, wenn es im Rahmen der Vaterschaftsfeststellungsklage bereits 100% des jeweiligen Regelbetrages zuerkannt bekam. Die Verfahren nach §§ 649, 653 ZPO mit der besonderen Abänderungsmöglichkeit nach § 654 ZPO sollen lediglich die Unterhaltstitulierung vereinfachen und beschleunigen, nicht jedoch die herkömmliche Unterhaltsklage ersetzen. Zu beachten ist jedoch, dass eine solche herkömmliche Klage über den Unterhaltsspitzenbetrag nur dann in Betracht kommt, wenn die Unterhaltsentscheidungen nach §§ 649, 653 ZPO den dort zulässigen Höchstbetrag zugesprochen haben, da nur in diesen Fällen wegen der gesetzlichen Beschränkung des Streitgegenstands keine Entscheidung über einen höheren Unterhalt ergangen ist. Wurde dagegen ein geringerer als der zulässige Höchstbetrag tituliert, so steht die Rechtskraft der erwirkten Titel einer gesonderten Zusatzklage entgegen[1106]. Hinsichtlich des mittels dieser Unterhaltsklage durchsetzbaren Spitzenbetrages kommt anschließend eine Anpassung an die veränderten Umstände mittels der Abänderungsklage nach § 323 ZPO in Betracht.

[1099]MüKo- Gottwald, ZPO, 2. Aufl., § 323 Rn. 43.

[1100]Im Fall des § 649 ZPO.

[1101]Im Fall des § 653 ZPO.

[1102]MüKo- Coester- Waltjen, ZPO, 2. Aufl., § 654 Rn. 4.

[1103]Werden nicht 150% des Regelbetrages im vereinfachten Verfahren festgesetzt, obwohl diese beantragt waren, so steht mit dem Festsetzungsbeschluss auch hinreichend fest, dass kein darüberhinausgehender Unterhaltsanspruch besteht (so auch Lipp/ Wagenitz, § 654 Rn. 12). Eine gesonderte Unterhaltsklage kommt in diesen Fällen nicht in Betracht, da die Überleitung in das streitige Verfahren insoweit das speziellere Rechtsinstitut darstellt.

[1104]Zöller- Philippi, 22. Aufl., § 645 Rn. 4.

[1105]Eine gleichzeitig mit der Annexklage erhobene Zusatzklage ist wegen der noch fehlenden Vaterschaftsfeststellung unbegründet. Vgl. dazu oben C. II. 4.

[1106]So wohl auch Lipp/ Wagenitz, § 654 Rn. 12, wonach mit dem rechtskräftigen Beschluss beziehungsweise Urteil der geschuldete Unterhalt nicht etwa nur als Mindestbetrag festgelegt sei. Vielmehr stehe inter partes auch fest, dass kein höherer Unterhalt als tituliert geschuldet werde.

c. Das vereinfachte Abänderungsverfahren nach § 655 ZPO

Das Abänderungsverfahren nach § 655 ZPO wurde vom Gesetzgeber geschaffen, um den Parteien die Möglichkeit zu geben, alle Unterhaltstitel vereinfacht anpassen zu können, wenn es nur um die Änderung der in ihnen enthaltenen anzurechnenden kindbezogenen Leistungen geht.

Im Fall von Unterhaltsentscheidungen nach §§ 649, 653 ZPO steht diese Abänderungsmöglichkeit wahlweise neben der nach § 654 ZPO[1107] und ist dieser Abänderungsklage gegenüber nicht vorrangig, und zwar auch dann nicht, wenn nur Änderungen bezüglich der nach §§ 1612b, c BGB anzurechnenden kindbezogenen Leistungen geltend gemacht werden[1108]. Für diese Fälle ist zwar gerade das kostengünstigere und schnellere Verfahren nach § 655 ZPO eingeführt worden, sodass angenommen werden könnte, insoweit fehle es für die Abänderungsklage nach § 654 ZPO am Rechtschutzbedürfnis[1109].

Dies trifft jedoch nicht zu. Insbesondere aus dem Gesetzeswortlaut des § 655 Abs. 4 ZPO ergibt sich, dass das Verfahren nach § 655 ZPO auszusetzen ist, wenn eine Abänderungsklage nach § 654 ZPO anhängig wird[1110]. Der Gesetzgeber selbst geht demnach davon aus, dass sowohl die Klage nach § 655 ZPO als auch die nach § 654 ZPO nebeneinander erhoben werden können.

Auch hinsichtlich des Verhältnisses von § 655 ZPO zu § 323 ZPO, also im Fall der nicht nach §§ 649, 653 ZPO ergangenen Unterhaltsentscheidungen[1111], besteht kein unmittelbarer Vorrang des § 655 ZPO[1112]. Dies folgt ebenso wie im Verhältnis zu § 654 ZPO bereits hinreichend aus § 655 Abs. 4 ZPO.

Zudem ergibt sich dieses gleichwertige Nebeneinander insbesondere aus § 323 Abs. 5 ZPO, wonach eine Abänderungsklage nach § 323 ZPO, wenn auch nur unter verschärften Voraussetzungen, ausdrücklich auch dann zulässig ist, wenn eine Änderung nach § 655 ZPO statthaft ist. Der Umstand, dass die allgemeine Abänderungsklage gemäß § 323 Abs. 5 ZPO nur dann zulässig ist, wenn die Änderung gemäß § 655 ZPO zu einem Unterhaltsbetrag führen würde, der wesentlich von dem Betrag abweicht, der der Entwicklung der besonderen Verhältnisse der Par-

---

1107 Die Klage nach § 654 ZPO kommt insoweit in Betracht, als es um die Änderung der Erstentscheidung nach §§ 649, 653 ZPO geht und noch vor Erhebung der Klage nach § 654 ZPO Änderungen hinsichtlich der anzurechnenden kindbezogenen Leistungen eingetreten sind.

1108 MüKo- Coester- Waltjen, ZPO, 2. Aufl., § 654 Rn. 4.

1109 Lipp/ Wagenitz, § 655 Rn. 9; B/ L- Albers, 59. Aufl., § 654 Rn. 2.

1110 Vgl. hierzu ausführlich oben C. III. 2. f. aa.

1111 Geht es nicht um Unterhaltstitel nach §§ 649, 653 ZPO stellt sich die Frage des Konkurrenzverhältnisses von § 655 ZPO zu § 323 ZPO nicht, da § 654 ZPO die gegenüber § 323 ZPO speziellere und damit die diese verdrängende Norm darstellt.

1112 A.A. ohne nähere Begründung Günther, Kind- Prax 1999, 35 (39), wonach die erleichterte Anpassungsmöglichkeit nach § 655 ZPO der Anwendung von § 323 ZPO als Spezialregelung vorgehe.

teien Rechnung trägt, beruht auf der Regelung des § 656 ZPO, der bei Vorliegen gerade dieser Voraussetzung eine Änderung des nach § 655 ZPO ergangenen Beschlusses ermöglicht. Ist somit bereits vor Einleitung beziehungsweise Abschluss des Verfahrens nach § 655 ZPO ersichtlich, dass der hierdurch festzusetzende Unterhaltsbetrag wesentlich von dem tatsächlich geschuldeten abweichen wird, so ermöglicht § 323 Abs. 5 ZPO sogleich eine Änderung der Unterhaltsentscheidung entsprechend aller für den Unterhalt maßgebender Umstände. Hierdurch wird vermieden, dass zunächst das Verfahren nach § 655 ZPO und anschließend das nach § 656 ZPO betrieben werden muss und gegebenenfalls selbst dann noch eine Änderung nach § 323 ZPO erforderlich ist[1113]. Diese Vorgehensweise steht dem Berechtigten jedoch lediglich zur Wahl[1114] und begründet keinen Vorrang.

Der Gesetzgeber wollte mit der Schaffung der vom vereinfachten Verfahren losgelösten und auf alle Unterhaltstitel gleichermaßen anwendbaren Änderungsklage nach § 655 ZPO den Parteien im Fall der alleinigen Änderung der nach §§ 1612b, c BGB anzurechnenden Leistungen lediglich die zusätzliche Möglichkeit eröffnen, vereinfacht und insoweit ohne besondere Anforderungen eine Titeländerung zu erreichen, um die Parteien nicht zwingend auf die aufwendigeren Abänderungsklagen nach § 654 ZPO oder § 323 ZPO verweisen zu müssen[1115].

d. Die Abänderungskorrekturklage nach § 656 ZPO

Zwischen der Abänderungskorrekturklage nach § 656 ZPO und den Abänderungsklagen nach § 323 ZPO und § 654 ZPO besteht kein besonderes Konkurrenzverhältnis[1116]. Dies resultiert aus dem unterschiedlichen Anwendungsbereich dieser Klagen. Während Änderungsanlass für die Klage nach § 656 ZPO die Neufestlegung der nach §§ 1612b, c BGB anzurechnenden Beträge ist und die Abweichung des nach § 655 ZPO geänderten Titels von den tatsächlichen individuellen Bedürfnissen korrigiert werden soll, bedarf es für die Klage nach § 323 ZPO einer erst nach der gemäß § 655 ZPO getroffenen Entscheidung eingetretenen wesentlichen Änderung der der Entscheidung zugrundeliegenden Umstände. Die allgemeine Abänderungsklage ist somit für die Zukunft zulässig, soweit sie nicht auf im Rahmen des § 656 ZPO geltend gemachte Gründe gestützt wird[1117], sondern auf solche Änderungsgründe, die ungeachtet der geänderten Höhe der anzurechnenden Leistungen zu einer Abänderung des bestehenden Unterhaltstitels führen sol-

---

[1113] Dies insbesondere, weil gemäß § 656 ZPO lediglich die durch § 655 ZPO erfolgten Änderungen ganz oder teilweise rückgängig gemacht werden können; vgl. oben C. III. 3. a.
[1114] So auch MüKo- Gottwald, ZPO, 2. Aufl., § 323 Rn. 48.
[1115] BT- DruckS 13/ 7338, S. 43.
[1116] So wohl auch Lipp/ Wagenitz, § 656 Rn. 1.
[1117] Musielak- Borth, § 656 Rn. 1.

len[1118].
Bei dem Verhältnis des § 656 ZPO zur Klage nach § 654 ZPO ist zu beachten, dass ein Nebeneinander nur dann in Betracht kommt, wenn es um die Abänderung von nach §§ 649, 653 ZPO ergangenen Unterhaltsentscheidungen geht und diese noch nicht nach § 654 ZPO geändert wurden, wohl aber gemäß § 655 ZPO eine Anpassung der hierin festgesetzten kindbezogenen Leistungen erfolgte[1119].
Änderungsanlass der Klage nach § 655 ZPO ist nur die erfolgte Berücksichtigung der betragsmäßig neu festgesetzten kindbezogenen Leistungen, während im Rahmen des § 654 ZPO die Erstfestsetzung bezüglich des Unterhaltsbetrages selbst an die tatsächlichen Verhältnisse angepasst werden soll. Ein Vorrangverhältnis besteht jedoch aus denselben Gründen wie im Verhältnis des § 655 ZPO zu § 654 ZPO nicht, sodass auch beide Klagen nebeneinander erhoben werden können. In diesem Fall bedarf es aber nach § 655 Abs. 4 ZPO und den dort genannten Gründen der Aussetzung der Abänderungskorrekturklage.

IV. Streitwert, Kosten und Gebühren

Durch das am 01.07.1998 in Kraft getretene KindUG wurden nicht nur die Streitwertvorschrift des § 17 GKG geändert[1120], die über § 8 Abs. 1 S. 1 BRAGO auch für die Anwaltsgebühren maßgebend ist, sondern auch die bislang für das vereinfachte Verfahren über den Regelunterhalt anzuwendenden Gebührenvorschriften der §§ 43a, b BRAGO.

1. Der Streitwert

Nach § 17 Abs. 1 S. 1 GKG, der gemäß § 44 Abs. 3 BRAGO auch im vereinfachten Verfahren über den Unterhalt Minderjähriger gilt, ist der für die ersten zwölf Monate nach Einreichung des Antrags geforderte Betrag maßgeblich. Zugrunde zu legen sind die ersten zwölf Monate, die auf den Monat, in dem der Antrag gestellt wurde, folgen. Wird Unterhalt nicht mindestens für ein Jahr geltend gemacht, so ist gemäß § 17 Abs. 1 S. 1 2. HS GKG nicht der Jahresbetrag, sondern der geforderte Gesamtbetrag an Unterhalt maßgebend[1121].
Im Fall der Geltendmachung von dynamisiertem Unterhalt nach §§ 1612a - c BGB

[1118] Schumacher/ Grün, FamRZ 1998, 778 (795); B/ L- Albers, 59. Aufl., § 656 Rn. 2.

[1119] In diesem Fall handelt es sich für die Anwendbarkeit des § 654 ZPO weiterhin um eine Erstfestsetzung, da gemäß § 655 ZPO diese Titel lediglich hinsichtlich der kindbezogenen Leistungen geändert, nicht jedoch der Unterhalt als solcher den individuellen Verhältnissen entsprechend angepasst wurde.

[1120] Geändert durch Art. 4 Abs. 6 Ziff. 1a, b KindUG vom 06.04.1998, in Kraft seit 01.07.1998. Bis dahin galt gemäß § 17 Abs. 1 S. 1 GKG a.F.: *„Bei Ansprüchen auf Erfüllung einer gesetzlichen Unterhaltspflicht ist der Jahresbetrag der wiederkehrenden Leistungen maßgebend"*.

[1121] Vgl. hierzu umfassend Hartmann, 30. Aufl., GKG § 17 Rn. 12.

ist nach § 17 Abs. 1 S. 2 GKG für den Monatsbetrag der Regelbetrag und die Altersstufe zugrunde zu legen, die im Zeitpunkt der Einreichung der Klage oder des Antrags maßgebend sind[1122].
Wird somit ein gestaffelter statischer Unterhalt geltend gemacht, z.B. für ein Kind, das in den ersten elf Monaten nach Einreichung des Antrags noch in der ersten Altersstufe ist, so ist nach § 17 Abs. 1 S. 1 GKG für den Streitwert die Summe aus elf Monatsbeträgen für die erste und einem Monatsbetrag für die zweite Altersstufe maßgebend[1123].
Wird hingegen Unterhalt in dynamisierter Form gefordert, so ist für den Streitwert der geltend gemachte Vomhundertsatz[1124] nur desjenigen Regelbetrags mal 12 in Ansatz zu bringen, der im Zeitpunkt der Antragstellung gegolten hat. Dies gilt auch dann, wenn innerhalb des in § 17 Abs. 1 S. 1 GKG beschriebenen Zeitraums - die ersten 12 Monate, die dem der Antragstellung folgen - der neue Regelbetrag in Kraft tritt. Begründet hat der Gesetzgeber dies damit, dass „*bei Klageeinreichung die für die Entscheidung maßgebenden Regelbeträge in der Regel nicht bekannt sind (...)*“[1125].
Darüber hinaus ist auch nur diejenige Altersstufe maßgebend, in der sich das Kind zur Zeit der Antragstellung befunden hat[1126].
Wurde somit z.B. im April 2001 der Antrag auf dynamischen Unterhalt einge-

---

[1122]Nach § 17 Abs. 1 S. 2 GKG a.F. hingegen war bei Klagen auf Regelunterhalt der Jahresbetrag auf der Grundlage des Regelbedarfs nach freiem Ermessen zu bestimmen.

[1123]Vgl. Groß, Rpfleger 1999, 303 (304). Dies bedeutet eine Verminderung des Streitwerts gegenüber dem alten Recht, wonach bei gestaffelten Monatsbeträgen der höchste in Ansatz gebracht wurde. Vgl. beispielshaft Groß, FPR 1998, 183 (184); Enders, JurBüro 1998, 449 (449).

[1124]Nach Enders, JurBüro 1998, 449 (450) und Gerhardt, FuR 1998, 145 (146) soll für die Ermittlung des Gegenstandswertes immer nur der Regelbetrag als solcher maßgeblich sein, und zwar unabhängig davon, ob das Kind einen geringeren oder einen höheren Vomhundertsatz geltend macht.
Dies überzeugt nicht. Festgeschrieben ist in § 17 Abs. 1 S. 2 GKG zwar, dass der Monatsbetrag des Unterhalts „*nach dem Regelbetrag*“ maßgebend ist, jedoch ist dies als gesetzgeberische Ungenauigkeit zu werten. Es sind keine Gründe ersichtlich, den Streitwert in Mangelfällen (Geltendmachung von weniger als 100% des Regelbetrages) zu erhöhen, während er in Fällen erhöhter Leistungsfähigkeit (Geltendmachung von maximal 150% des Regelbetrages im vereinfachten Verfahren; von 190% und darüber hinaus – entsprechend der Unterhaltstabellen – im herkömmlichen Klageverfahren) erheblich ermäßigt wird; zumal die Regelbeträge für die Unterhaltshöhe gerade nicht konstitutiv sind. Maßgeblich ist daher für die Streitwertermittlung bei dynamisierter Unterhaltsgeltendmachung der jeweils geforderte Vomhundertsatz des zum Zeitpunkt der Antrags- beziehungsweise Klageeinreichung geltenden Regelbetrages. Vgl. hierzu ausführlich Groß, Rpfleger 1999, 303 (304); Kleinle, ZfJ 1998, 349 (354); Sonnenfeld, DAV 1999, 170 (189).

[1125]BT- DrucksS 13/ 7338, S. 47.

[1126]Kritisch hierzu Groß, Rpfleger 1999, 303 (304), da nur bei der Geltendmachung von statischem Unterhalt der Altersgruppenwechsel in den ersten 12 Monaten berücksichtigt werde und damit zu einem höheren Gegenstandswert führe.

reicht und erreichte das Kind im Mai 2001 die nächste Altersstufe, so ist weder diese nächste Altersstufe noch die am 01.07.2001 in Kraft getretene neue Regelbetragsverordnung für den Gegenstandswert zu berücksichtigen.
Der Gesetzgeber hat somit ausdrücklich klargestellt, dass zum einen immer nur der niedrigere Regelbetrag und zum anderen lediglich die geringere Altersstufe in Ansatz zu bringen ist, selbst wenn der Unterhalt sowohl den erhöhten Regelbetrag und die nächste Altersstufe mittituliert[1127].

Kindergeld und sonstige kindbezogene Leistungen beeinflussen den Streitwert nicht, sodass der geforderte Unterhaltsbetrag und damit der Streitwert sich entsprechend erhöhen beziehungsweise ermäßigen, wenn diese Leistungen beim Antrag bereits berücksichtigt sind[1128].
Gemäß § 17 Abs. 4 S. 3 GKG erhöhen geltend gemachte Rückstände den Streitwert.
Erfolgt eine Verbindung von vereinfachten Verfahren mehrerer Kinder (vgl. § 646 Abs. 3 ZPO), so liegen mehrere gebührenrechtliche Angelegenheiten vor, sodass die jeweiligen Streitwerte gemäß § 12 Abs. 1 GKG, § 5 ZPO und § 7 Abs. 2 BRAGO zu addieren sind.

2. <u>Die Gebühren</u>

a. Das vereinfachte Verfahren nach § 645 ZPO bis § 650 ZPO

aa. Die Gerichtsgebühren

Bei der Entscheidung über einen Antrag auf Festsetzung von Unterhalt nach § 645 Abs. 1 ZPO - mit Ausnahme einer Festsetzung nach § 650 S. 2 ZPO - fällt eine halbe Gebühr aus dem Streitwert des § 17 Abs. 1 GKG an[1129]. Eine halbe

---

[1127] Hiermit wandte sich der Gesetzgeber ausdrücklich gegen die herrschende Meinung zu der vor dem 01.07.1998 geltenden Rechtslage, wonach sich der Streitwert in solchen Fällen nach dem Regelbetrag der höchsten Altersstufe bemaß, auch wenn die Klage zu einem Zeitpunkt erhoben wurde, in dem das Kind diese höhere Altersstufe noch nicht erreicht hatte. Vgl. hierzu ausführlich OLG Hamm, FamRZ 1994, 641 (641, 642); van Els, FamRZ 1996, 501 (501, 502); OLG Koblenz, JurBüro 1998, 418 (418, 419); OLG Hamm, FamRZ 1984, 820 (821). Kritisch zu dieser Regelung Groß, Rpfleger 1999, 303 (304).

[1128] Groß, Rpfleger 1999, 303 (304). Insbesondere das Kindergeld ist demnach von dem in Form von Regelbeträgen geltend gemachten Kindesunterhalt abzuziehen; Zöller- Philippi, 22. Aufl., § 653 Rn. 7. Die herrschende Meinung zum früher geltenden Regelunterhalt, wonach überwiegend ein Kindergeldabzug nicht erfolgte (vgl. Nachweise bei OLG Hamm, FamRZ 1994, 641 (642)), ist wegen der Neuregelung des § 17 GKG, wonach es allein auf die Unterhaltsbeträge als solche ankommt, nicht anwendbar; vgl. Groß, Rpfleger 1999, 303 (304); Zöller- Philippi, 22. Aufl., § 653 Rn. 7.

[1129] Vgl. § 11 Abs. 2 GKG, Kostenverzeichnis Nr. 1800.

Wertgebühr ist angebracht, weil das vereinfachte Verfahren, ähnlich wie das Mahnverfahren, zu einem Titel führt. Die Gebühr ist gemäß § 65 GKG nicht vorauszuzahlen[1130], sondern wird gemäß § 61 2. HS GKG erst mit der Entscheidung zur Zahlung fällig. Der Kostenschuldner ist nach §§ 49, 54, 58 GKG zu ermitteln. Keine Gebühr entsteht, wenn z.B. der Festsetzungsantrag zurückgenommen oder ein Vergleich protokolliert wird, eine Entscheidung des Gerichts somit nicht ergeht, da es sich nicht um eine Verfahrens- sondern um eine Entscheidungsgebühr handelt[1131].

Der Teilfestsetzungsbeschluss gemäß § 650 S. 2 ZPO ergeht gerichtsgebührenfrei[1132]. Er enthält keine Kostenentscheidung und keine Kostenfestsetzung, sodass der Antragsteller, der es bei der Teilentscheidung belässt, seine Kosten selbst zu tragen hat[1133].

bb. Die Anwaltsgebühren

Gemäß § 44 Abs. 1 Nr. 1, Abs. 3 BRAGO[1134] fällt für die Rechtsanwälte des Antragstellers und Antragsgegners für das Beschlussverfahren je eine 10/ 10 Pauschalgebühr aus dem Wert nach § 17 Abs. 1, 4 GKG an[1135]. Diese Gebühr deckt das gesamte Verfahren von der Antragstellung an bis hin zum Beschluss in erster Instanz vollständig ab. Unerheblich ist, ob der Anwalt von Beginn an als Prozessbevollmächtigter eines Verfahrensbeteiligten tätig war oder erst während des Verfahrens tätig wurde[1136]. Die Tätigkeit für eine mündliche Verhandlung, falls eine solche vom Rechtspfleger für erforderlich gehalten wird (§ 649 Abs. 2 ZPO), wird nicht gesondert erstattet. Auch eine Erhöhung der Verfahrensgebühr nach § 6 BRAGO kommt nicht in Betracht[1137].

Lediglich im Falle eines Vergleichs im vereinfachten Verfahren erhält der Anwalt eine gesondert begründete 10/ 10[1138] Vergleichsgebühr gemäß § 23 Abs. 1

[1130] Zöller- Phlippi, 22. Aufl., § 649 Rn. 9; Groß, Rpfleger 1999, 303 (304).

[1131] OLG Brandenburg, FamRZ 2000, 1159; Zöller- Philippi, 22. Aufl., § 649 Rn. 9.

[1132] Vgl. KV 1800: *„mit Ausnahme einer Festsetzung nach § 650 S. 2"*.

[1133] Schulz, FuR 1998, 385 (388); Knittel, FF 1998, 35 (40).

[1134] Neu und an Stelle der aufgehobenen §§ 43a, b BRAGO a.F. eingeführt durch das KindUG zum 01.07.1998.

[1135] Vgl. umfassend zu den Gebühren im vereinfachten Verfahren Hartmann, 30. Aufl., § 44 Rn. 1 ff.; Gerold/ Schmidt/ v. Eicken/ Madert, 14. Aufl., § 44 Rn. 1 ff.; Riedel/ Sußbauer-Keller, 8. Aufl., § 44 Rn. 1 ff.

[1136] Hartmann, 30. Aufl., BRAGO § 44 Rn. 2.

[1137] Zwar stellt § 6 Abs. 1 S. 2 BRAGO eine allgemeine Betriebsgebühr dar, jedoch kann dessen Tatbestand nicht erfüllt sein, weil der Unterhaltsanspruch jedes einzelnen Kindes und gegen jeden einzelnen Elternteil ein gesonderter Streitgegenstand ist. Der Rechtsanwalt, der mehrere Parteien in einem Verfahren vertritt, erhält somit jeweils die entsprechenden vollen Gebühren. Vgl. Gerold/ Schmidt/ v. Eicken/ Madert, 14. Aufl., § 44 Rn. 4.

[1138] Die Vergleichsgebühr beträgt nur 10/ 10, nicht 15/ 10, da es sich bei dem vereinfachten Verfahren um ein Gerichtsverfahren nach § 23 Abs. 1 S. 3 BRAGO handelt.

BRAGO[1139]. Endet das Mandat, bevor der Rechtsanwalt den Antrag oder einen Schriftsatz bei Gericht eingereicht hat, so ermäßigt sich die Gebühr gemäß §§ 44 Abs. 1 S. 2, 32 BRAGO auf die Hälfte.

b. Das streitige Verfahren nach § 651 ZPO

aa. Die Gerichtsgebühren

Das streitige Verfahren stellt wie bei einer herkömmlichen Unterhaltsklage[1140] einen Unterhaltsrechtsstreit dar[1141]. Bei den Gerichtsgebühren kommen somit dieselben Vorschriften wie bei der herkömmlichen Unterhaltsklage zur Anwendung, sodass sie sich nach § 11 Abs. 2 GKG, KV 1210[1142] ff. richten[1143].
Hat der Unterhaltsberechtigte das streitige Verfahren eingeleitet, so bedarf es in analoger Anwendung des § 65 Abs. 1 S. 2 GKG eines Gerichtskostenvorschusses für das nunmehr folgende allgemeine Unterhaltsverfahren. Obwohl eine dem GKG KV 1210 S. 1[1144], 2 entsprechende Anrechnungsvorschrift für das Verhältnis des vereinfachten Verfahrens zum streitigen Verfahren für die Gerichtsgebühren fehlt, erfolgt dennoch eine solche Anrechnung der für das vereinfachte Verfahren angefallenden Gebühr[1145]. Dies folgt zum einen daraus, dass für die sich an § 655 ZPO anschließende Klage nach § 656 ZPO eine solche Anrechnung ausdrücklich vorgesehen ist[1146] und § 656 Abs. 3 ZPO ebenso wie § 651 Abs. 5 ZPO bestimmt, dass die Kosten des vereinfachten Verfahrens als Teil der Kosten des Verfahrens über die Abänderungsklage beziehungsweise das streitige Verfahren behandelt werden. Zum anderen ist die Vorschrift des § 651 ZPO an die einschlägigen Vorschriften des Mahnverfahrens (§ 696 ff. ZPO) angelehnt[1147], bei dem ebenfalls eine Gebührenanrechnung ausdrücklich vorgesehen ist[1148]. Desweiteren ist auch für die Rechtsanwaltsgebühren im streitigen Verfahren gemäß § 44 Abs. 2 S. 1 BRAGO ebenso wie gemäß § 44 Abs. 2 S. 2 BRAGO für das Verfahren nach § 656 ZPO bestimmt, dass eine entsprechende Anrechnung zu erfolgen hat.
Nach alledem stellt die Nichtregelung der Anrechnung der für das vereinfachte

---

[1139] Riedel/ Sußbauer- Keller, 8. Aufl., § 44 Rn. 11.
[1140] BT- DrucksS 13/ 7338, S. 42.
[1141] Enders, JurBüro, 449 (451).
[1142] Die bisherige GKG- Kostenverzeichnisnummer 1201 wurde durch Art. 2 Abs. 1 Ziff. 5d des Gesetzes zur Neuordnung des Gerichtsvollzieherkostenrechts (GvKostRNeuOG) in Kraft seit 01.01.2001 umnummeriert; vgl. Hartmann, 30. Aufl., Vorbem. Vor GKG KV 1210.
[1143] Hartmann, 30. Aufl., GKG KV 1800 Rn. 1.
[1144] *„Soweit wegen desselben Streitgegenstandes ein Mahnverfahren vorausgegangen ist, wird die Gebühr (...) angerechnet, (...)"*
[1145] So im Ergebnis wohl auch Groß, Rpfleger 1999, 303 (305).
[1146] GKG KV 1210 S. 2.
[1147] BT- DrucksS 13/ 7338, S. 42.
[1148] GKG KV 1210 S. 1.

Verfahren angefallenen Gerichtsgebühr auf die des streitigen Verfahrens in GKG KV 1210 S. 2 ein gesetzgeberisches Versehen dar, das im Wege der Analogie zu korrigieren ist. Vom Antragssteller ist somit lediglich noch ein Gerichtskostenvorschuss von 2 ½ Gebühren zu leisten[1149]. Hat dagegen der Unterhaltspflichtige die Durchführung des streitigen Verfahrens beantragt, so besteht seinerseits keine Pflicht zur Vorwegleistung[1150].

bb. Die Anwaltsgebühren

Da es sich bei dem streitigen Verfahren um einen herkömmlichen Unterhaltsrechtstreit handelt, ist es keinen gebührenrechtlichen Besonderheiten unterworfen. Es können alle in § 31 Abs. 1 BRAGO bestimmten Gebühren, mithin also die Prozess-, die Verhandlungs- beziehungsweise die Erörterungs- und die Beweisgebühr sowie alle anderen im dritten Abschnitt der BRAGO geregelten Gebühren und auch die Vergleichsgebühr gemäß § 23 BRAGO begründet sein.

Die im vorangegangenen vereinfachten Verfahren entstandene volle 10/ 10 Gebühr des § 44 Abs. 1 S. 1 Nr. 1 BRAGO ist jedoch gemäß § 44 Abs. 2 S. 1 BRAGO auf die im streitigen Verfahren entstandene Prozessgebühr anzurechnen[1151].

c. Die sofortige Beschwerde nach § 652 ZPO und die Rechtspflegererinnerung gemäß § 11 Abs. 2 RpflG

aa. Die Gerichtskosten

Für die sofortige Beschwerde fällt eine halbe Gebühr an[1152]. Insoweit handelt es sich nicht um eine Entscheidungs- sondern um eine Verfahrensgebühr, die unabhängig vom Verfahrensergebnis entsteht[1153].

Gemäß § 11 Abs. 2 S. 4 RpflG sind auf die Rechtspflegererinnerung zwar sowohl die Verfahrens- als auch die Kostenvorschriften des Beschwerdeverfahrens entsprechend anzuwenden[1154], jedoch ist das Erinnerungsverfahren gemäß der vor-

---

[1149] Gemäß GKG KV 1210 drei Gerichtsgebühren abzüglich der für das vereinfachte Verfahren bereits geleisteten halben Gerichtsgebühr.

[1150] Hartmann, 30. Aufl., GKG 65 Rn. 22, 23 (zu der entsprechenden Regelung bei der Abgabe im Mahnverfahren nach Widerspruch); OLG Karlsruhe, JB 1995, 43 (zum Mahnverfahren).

[1151] Dies zumindest dann, soweit sich die Anträge im vereinfachten Verfahren und streitigen Verfahren decken, das streitige Verfahren noch als zeitlich dem vereinfachten Verfahren nachfolgend anzusehen ist und derselbe Anwalt tätig ist; vgl. zu diesen Voraussetzungen ausführlich Hartmann, 30. Aufl., § 43 Rn. 33 ff.; Gerold/ Schmidt/ v. Eicken/ Madert –von Eicken, BRAGO, 13. Aufl., § 43 Rn. 10 ff., bezogen auf die vergleichbare Regelung in § 43 Abs. 2 BRAGO.

[1152] § 11 Abs. 2 GKG, KV 1931.

[1153] Hartmann, 30. Aufl., GKG KV 1931 Rn. 1.

[1154] Arnold/ Meyer- Stolte/ Hansens- Hansens, RpflG- Kommentar, 5. Aufl., § 11 Rn. 95.

rangigen Regelung des § 11 Abs. 4 RpflG gerichtsgebührenfrei[1155].

bb. Die Anwaltsgebühren

Für die sofortige Beschwerde erhält der Anwalt gemäß § 61 Abs. 1 Nr. 1 BRAGO 5/ 10 der in § 31 BRAGO bestimmten Gebühr aus dem Wert des § 17 Abs. 1, 4 GKG und zwar neben der im Festsetzungsverfahren begründeten Gebühr[1156].
Für die Rechtspflegererinnerung entsteht gemäß § 37 Nr. 5 BRAGO grundsätzlich keine besondere Vergütung[1157]. Beschränkt sich hingegen die Tätigkeit des Anwalts auf das Erinnerungsverfahren, erhält er gemäß § 55 BRAGO 3/ 10 der in § 31 BRAGO bestimmten Gebühr. Wird die Erinnerung gegen die Kostenfestsetzung oder gegen den Kostenansatz erhoben, so erhält er gemäß § 61 Abs. 1 Nr. 2 BRAGO 5/ 10 der in § 31 BRAGO bestimmten Gebühren.

d. Die Abänderungsklage nach § 654 ZPO

aa. Die Gerichtskosten

Für die Abänderungsklage nach § 654 ZPO fallen drei volle Gerichtsgebühren an[1158]. Insoweit erfolgt keine Anrechnung der im vereinfachten Verfahren entstandenen ½ Gebühr[1159]. Dies folgt insbesondere auch daraus, dass § 651 Abs. 5 ZPO nicht entsprechend anwendbar ist[1160] und dementsprechend, anders als im streitigen Verfahren, keine Kosteneinheit vorliegt.

bb. Die Anwaltsgebühren

Im Rahmen der Abänderungsklage können alle in § 31 BRAGO vorgesehenen Gebühren entstehen. Die im vereinfachten Verfahren entstandene 5/ 10 Gebühr wird insoweit nicht auf die Prozessgebühr im Abänderungsverfahren nach § 654 ZPO angerechnet[1161]. Insoweit fehlt eine dem § 44 Abs. 2 S. 1, 2 BRAGO entsprechende Anrechnungsvorschrift.

[1155] Zöller- Philippi, 22. Aufl., § 652 Rn. 14.
[1156] Zöller- Philippi, 22. Aufl., § 652 Rn. 14.
[1157] Arnold/ Meyer- Stolte/ Hansens- Hansens, RpflG- Kommentar, 5. Aufl., § 11 Rn. 97; Zöller- Philippi, 22. Aufl., § 652 Rn. 14.
[1158] GKG KV 1210.
[1159] Groß, Rpfleger 1999, 303 (305); Zöller- Philippi, 22. Aufl., § 654 Rn. 7.
[1160] Zöller- Philippi, 22. Aufl., § 654 Rn. 7.
[1161] Groß, JurBüro 1998, 449 (451); Groß, Rpfleger 1999, 303 (305); Zöller- Philippi, 22. Aufl., § 654 Rn. 7.

e. Das vereinfachte Abänderungsverfahren nach § 655 ZPO

aa. Die Gerichtskosten

Für die Entscheidung über einen Antrag auf Abänderung eines Vollstreckungstitels nach § 655 Abs. 1 ZPO wird eine streitwertunabhängige Pauschalgebühr i.H.v. DM 20.- fällig[1162]. Wird der Änderungsantrag zurückgenommen oder ein Vergleich protokolliert, so entsteht keine Gebühr, da es sich insoweit um eine Entscheidungs- und nicht um eine Verfahrensgebühr handelt. Im übrigen haftet der Antragsgegner nur als Zweitschuldner[1163], sofern sie ihm nicht gemäß § 54 Nr. 1 GKG durch den gerichtlichen Kostenausspruch auferlegt wurden. Die Gebühr ist nicht vorauszuzahlen, sondern wird gemäß § 61 GKG mit Erlass des Änderungsbeschlusses fällig.
Die Beschwerde nach § 655 Abs. 5 ZPO gegen den Abänderungsbeschluss löst eine Pauschalgebühr i.H.v. DM 50.- aus[1164], die eine Verfahrensgebühr darstellt und somit unabhängig vom Verfahrensergebnis entsteht[1165].

bb. Die Anwaltsgebühren

Gemäß § 44 Abs. 1 S. 1 Nr. 2 BRAGO erhält der Rechtsanwalt für das vereinfachte Abänderungsverfahren nach § 655 ZPO eine 5/ 10 Gebühr nach dem Wert des § 17 Abs. 1, 4 GKG[1166]. Diese Gebühr deckt die gesamte Tätigkeit des Rechtsanwalts in dem Verfahren nach § 655 ZPO ab. Gemäß §§ 44 Abs. 1 S. 2, 32 BRAGO ermäßigt sich die Gebühr auf 3/ 10, wenn das Mandat endet, bevor der Anwalt den Antrag oder einen Schriftsatz bei Gericht eingereicht hat[1167].
Im Beschwerdeverfahren erhält der Anwalt eine 5/ 10 Gebühr nach § 61 Abs. 1 BRAGO, und zwar neben der im Abänderungsverfahren begründeten.

f. Die Abänderungskorrekturklage nach § 656 ZPO

aa. Die Gerichtskosten

Für die Abänderungskorrekturklage nach § 656 ZPO fällt eine dreifache Verfah-

---

[1162] Vgl. § 11 Abs. 2 GKG, KV 1801.
[1163] §§ 49 S. 1, 58 Abs. 2 S. 1 GKG.
[1164] GKG KV 1932.
[1165] Hartmann, 30. Aufl., GKG KV 1932 Rn. 1.
[1166] Da die Gerichtskosten streitwertunabhängig sind, bedurfte es für die Rechtsanwaltsgebühren einer eigenen Streitwertregelung, die in § 44 Abs. 3 BRAGO, der auf § 17 GKG verweist, getroffen wurde.
[1167] Die Halbierung der Gebühr gemäß § 32 BRAGO auf eigentlich 2,5/ 10 findet gemäß § 44 Abs. 1 S. 2 2. HS BRAGO nicht statt, da hiernach der Rechtsanwalt in jedem Fall eine 3/ 10 Gebühr erhält.

rensgebühr an[1168]. Gemäß § 656 Abs. 3 ZPO werden die Kosten des vereinfachten Verfahrens nach § 655 ZPO als Teil der Kosten des Rechtsstreits nach § 656 ZPO behandelt, sodass folgerichtig[1169] die Pauschalgebühr i.H.v. DM 20.- auf die Gerichtsgebühr für das Verfahren nach § 656 ZPO angerechnet wird[1170].

bb. Die Anwaltsgebühren

Im Verfahren nach § 656 ZPO fallen alle Anwaltsgebühren nach §§ 31 ff., 23 BRAGO an. Gemäß § 44 Abs. 2 S. 2 BRAGO erfolgt insoweit jedoch eine Anrechnung der im Abänderungsverfahren entstandenen 5/ 10 Gebühr.

g. Die Klage nach § 653 ZPO

Bei der Annexklage nach § 653 ZPO liegt objektive Klagenhäufung eines nicht vermögenrechtlichen Anspruchs - die Vaterschaftsfeststellung - und eines aus ihm hergeleiteten vermögensrechtlichen Anspruchs - die Annexklage - vor, sodass hinsichtlich der Bestimmung des Streitwerts eine sogenannte Konsumtion gemäß §§ 12 Abs. 3 GKG, 8 Abs. 1 BRAGO vorliegt. Dementsprechend wird der Streitwert der Vaterschaftsfeststellung, der gemäß § 12 Abs. 2 S. 3 GKG mit einem Regelstreitwert i.H.v. DM 4.000.- in Ansatz zu bringen ist, nicht mit dem sich nach § 17 Abs. 1, 4 GKG zu bestimmenden Streitwert der Unterhaltsannexklage zusammengerechnet. Vielmehr gilt lediglich der höhere dieser beiden Streitwerte.

aa. Die Gerichtskosten

Die Gerichtskosten bestimmen sich nach den für das herkömmliche Prozessverfahren geltenden Kostenvorschriften[1171].

bb. Die Anwaltsgebühr

Die Anwaltsgebühren für das Verfahren nach § 653 ZPO bestimmen sich nach den für das herkömmliche Prozessverfahren geltenden Gebührenvorschriften der §§ 31 ff. BRAGO[1172].

[1168] GKG KV 1210.
[1169] Groß, Rpfleger 1999, 303 (305).
[1170] GKG KV 1210 S. 2.
[1171] GKG KV 1201; vgl. Groß, Rpfleger 1999, 303 (305).
[1172] Groß, Rpfleger 1999, 303 (305).

V. Der einstweilige Rechtsschutz im vereinfachten Verfahren

Wie wiederholt ausgeführt wurde, bezweckte der Gesetzgeber mit der Neuregelung des vereinfachten Verfahrens eine einfache und insbesondere schnelle Unterhaltstitulierung. Wie aufgezeigt, kann es aber trotz erheblicher Besonderheiten in der Verfahrensausgestaltung auch im vereinfachten Verfahren zu Verzögerungen und damit zu einer verhältnismäßig langen Verfahrensdauer kommen.
Gerade deshalb stellt sich die Frage, ob im Rahmen eines anhängigen vereinfachten Verfahrens Regelungen in Form des einstweiligen Rechtsschutzes ergehen können[1173].
Dies ist zunächst insoweit zu verneinen, als einstweilige Anordnungen ausscheiden. Hierfür bedürfte es gemäß § 644 ZPO der Anhängigkeit einer Unterhaltsklage nach § 621 Abs. 1 Nr. 4 ZPO oder eines hierauf gerichteten Antrags auf Bewilligung von Prozesskostenhilfe beziehungsweise gemäß §§ 620, 620a Abs. 2 ZPO der Anhängigkeit einer Ehesache oder eines Prozesskostenhilfeantrags hierfür. Keine dieser Voraussetzungen sind erfüllt, sodass eine einstweilige Anordnung ausscheidet.
In Betracht kommen könnte jedoch eine einstweilige Verfügung gemäß § 940 ZPO bezogen auf den sogenannten Notunterhalt[1174].
Für die Anwendbarkeit einer solchen einstweiligen Verfügung ist keine Hauptsache erforderlich; auch hindert die Anhängigkeit einer solchen, wozu auch das vereinfachte Verfahren gehört[1175], deren Zulässigkeit nicht[1176], da die einstweilige Verfügung einen anderen Streitgegenstand hat, der darin besteht, den Anspruch zwangsweise zu sichern[1177].
Die Norm des § 645 Abs. 2 ZPO steht einer solchen vorläufigen Regelung nicht entgegen, da, wie bereits ausgeführt wurde[1178], die Verfahren über vorläufigen Rechtsschutz beziehungsweise Entscheidungen hierüber nicht zur Unzulässigkeit des vereinfachten Verfahrens führen.
Fraglich ist somit lediglich, ob im Rahmen des vereinfachten Verfahrens für den Erlass einer einstweiligen Verfügung ein Verfügungsgrund gemäß §§ 940, 936, 917 ZPO, mithin die Notwendigkeit einer vorläufigen Vollstreckungsmöglichkeit

---

[1173]Vgl. umfassend zum einstweiligen Rechtsschutz im Familienrecht van Els, FamRZ Buch 13, Rn. 1 ff.

[1174]Auf die einzelnen Voraussetzungen dieser sogenannten Leistungsverfügung kann im Folgenden aus Gründen des Umfangs nicht näher eingegangen werden, sodass sich diese Arbeit auf die Besonderheiten betreffend des vereinfachten Verfahrens beschränkt. Vgl. im übrigen T/ P, 23. Aufl., insbesondere Vor § 916 Rn. 1 ff., § 935 Rn. 1 ff. , § 940 Rn. 6 ff.; Musielak-Huber, § 940 Rn. 1 ff., 12 ff.

[1175]Gießler, FPR 1998, 173 (181); OLG München, FamRZ 2000, 1580 (1580).

[1176]OLG München, FamRZ 2000, 1580 (1580).

[1177]T/ P, 23. Aufl., Vor § 916 Rn. 2.

[1178]Vgl. dazu oben C. I. 1. c. aa., wonach hierdurch die Erstfestsetzung lediglich durch eine vollwertige Hauptsacheentscheidung und nicht durch eine vorläufige Regelungen ausgeschlossen ist.

zur Sicherung des Mindestkindesunterhalts, besteht.
Eine solche Notwendigkeit ist zumindest dann zu verneinen, wenn das Kind Leistungen nach dem Unterhaltsvorschussgesetz erhält, soweit diese jedenfalls nicht erheblich unter dem Regelbetrag liegen[1179].
Liegen hingegen die persönlichen Voraussetzungen[1180] seitens des Kindes vor, d.h. erhält es keine ausreichende finanzielle Unterstützung und ist es dringend auf einen sofortigen Unterhaltstitel angewiesen, so ist auch trotz Anhängigkeit des vereinfachten Verfahrens ein Verfügungsgrund anzunehmen[1181].
Das in der Rechtsprechung[1182] vereinzelt angeführte Argument, das vereinfachte Verfahren stelle eine solch schnelle und einfache Titulierungsmöglichkeit dar, die dazu führe, dass es einer vorläufigen Regelung grundsätzlich nicht bedürfe, kann ebenso wenig überzeugen, wie dasjenige, eine einstweilige Verfügung komme nur ausnahmsweise in Betracht, insbesondere wenn nach Antragstellung Umstände einträten, mit denen der Antragsteller nicht rechnen konnte - z.B. eine nicht vorhersehbare Verfahrensdauer -[1183].
Wie im Rahmen dieser Arbeit dargestellt wurde, stellt das vereinfachte Verfahren keinesfalls ein Rechtsinstitut dar, mittels dem zwingend eine schnelle Unterhaltstitulierung erfolgt. Im besten Fall kann erst nach einem Monat[1184] eine solche ergehen, wobei selbst dies voraussetzt, dass sich der Antragsgegner nicht oder nur in unzulässiger Weise gegen den Festsetzungsantrag wehrt. Ob dies der Fall ist, lässt sich aber nicht bereits zu Beginn des vereinfachten Verfahrens feststellen, sodass die Unsicherheit besteht, ob das vereinfachte Verfahren zeitnah erfolgreich ist oder gar zu keiner Unterhaltsfestsetzung führt und in das streitige Verfahren übergeleitet werden muss. Aufgrund dieser Unsicherheit wäre es unbillig, dem Kind, das dringend auf einen Vollstreckungstitel angewiesen ist, die einstweilige Verfügung nur mit dem zweifelhaften Argument zu versagen, es habe bereits die schnellste verfahrensrechtliche Möglichkeit zur Unterhaltstitulierung gewählt[1185]; zumal für Kinder in einer finanziellen Notlage bereits das Abwarten eines Monats unzumutbar ist. Aber auch aus einem weiteren Grund bedarf es der Zulässigkeit einer einstweiligen Verfügung trotz der Anhängigkeit des vereinfachten Verfahrens. Hat das Kind sich nämlich für das vereinfachte Verfahren entschieden, und

---

1179 OLG München, FamRZ 2000, 1580 (1580). Nach § 1612b Abs. 5 BGB n.F. stellte der Gesetzgeber klar, dass das Barexistenzminimum bei 135% des jeweiligen Regelbetrags liegt, sodass auch bei voller Leistung des Unterhaltsvorschusses (in Höhe von 100% des jeweiligen Regelbetrags) zumindest hinsichtlich der fehlenden 35% ein Verfügungsgrund angenommen werden kann.

1180 Vgl. hierzu beispielshaft T/ P, 23. Aufl., § 940 Rn. 9.

1181 Im Ergebnis auch Gießler, FPR 1998, 173 (181).

1182 OLG München, FamRZ 2000, 1580 (1580).

1183 OLG München, FamRZ 2000, 1580 (1580).

1184 Vgl. § 648 Abs. 3 ZPO, wobei hierbei die durch die Ausfertigung bedingte Verzögerung nicht berücksichtigt ist.

1185 So aber OLG München, FamRZ 2000, 1580 (1580).

stellt sich nunmehr heraus, dass es dringend auf eine sofortige Regelung angewiesen ist, so wäre es verfahrensrechtlich gebunden, würde man die Möglichkeit einer einstweilige Verfügung versagen. Das Kind wäre genötigt, eine herkömmliche Unterhaltsklage mit dem Antrag nach § 644 ZPO zu erheben, wodurch das vereinfachte Verfahren gemäß § 645 Abs. 2 ZPO unzulässig würde. Der Sinn und Zweck des vereinfachten Verfahrens - allen Kindern eine einfachere und schnellere Unterhaltstitulierung zu ermöglichen -, und der Vorteil, dass es, wie nachfolgend ausgeführt wird[1186], wahlweise neben der Unterhaltsklage betrieben werden kann, wären damit verfehlt.
Besteht somit das Bedürfnis einer vorläufigen Vollstreckung, so kann dieses mittels einer einstweiligen Verfügung über den Notunterhalt nach § 940 ZPO auch bei Anhängigkeit des vereinfachten Verfahrens realisiert werden[1187].

VI. Wahlrecht zwischen vereinfachtem Verfahren und herkömmlicher Unterhaltsklage

Das vereinfachte Verfahren ist an Stelle des für Unterhaltsverpflichtungen als unpassend empfundene Mahnverfahren[1188] eingeführt worden, um dem Kind eine raschere und kostengünstigere Titulierung seines Unterhaltsanspruchs zu ermöglichen. Dieses Verfahren steht wahlweise neben der Unterhaltsklage[1189], sodass diese sowohl auf individuell berechneten als auch auf den auf einen Prozentsatz des Regelbetrages gerichteten Unterhalt weiterhin möglich ist[1190]. Die freie Wahl, ob das Kind das vereinfachte Verfahren oder die Unterhaltsklage betreibt, muss insbesondere auch deshalb bestehen, weil das vereinfachte Verfahren bei Einwendungen des Antragsgegners lediglich in das streitige Verfahren münden und damit das vereinfachte Verfahren selbst zu keiner abschließenden Regelung führen kann[1191].
Dementsprechend hat das Kind beziehungsweise dessen gesetzlicher Vertreter zu

---

[1186] Vgl. unten C. VI.

[1187] Gießler, FPR 1998, 173 (181) erachtet die einstweilige Verfügung auch dann für anwendbar, wenn das Kind das vereinfachte Verfahren noch nicht betrieben hat. Dies rechtfertige sich insbesondere auch daraus, dass das Kind nicht gezwungen werden könne, allein wegen seiner finanziellen Nolage die Unterhaltsklage oder das vereinfachte Verfahren betreiben zu müssen, um eine vorläufige Entscheidung zu erhalten.

[1188] BT- DruckS 13/ 7338, S. 37.

[1189] BT- DruckS 13/ 7338, S. 37; Lipp/ Wagenitz, Vor § 645 Rn. 5; MüKo- Coester- Waltjen, ZPO, 2. Aufl., § 645 Rn. 2; B/ L- Albers, 59. Aufl., § 645 Rn. 2; van Els, Rpfleger 1999, 297 (298); Schulz, FuR 1998, 385 (386); vgl. auch Merkblatt zum Antrag auf Festsetzung von Unterhalt, ZP 680, Seite 2.

[1190] BT- DruckS 13/ 7338, S. 19. Eine Rückkehr von der herkömmlichen Unterhaltsklage zum vereinfachten Verfahren ist, abgesehen von § 655 ZPO, wegen § 645 Abs. 2 ZPO jedoch nicht mehr möglich.

[1191] Wendl/ Staudigl- Thalmann, 5. Aufl., § 8 Rn. 325.

prüfen, welches Verfahren - vereinfachtes Verfahren oder Unterhaltsklage - der Durchsetzung des Unterhaltsanspruchs, insbesondere im Hinblick auf die Verfahrensdauer, die Kosten und die Beweismöglichkeiten, am besten gerecht wird.

VII. Die Prozesskostenhilfe und Beiordnung eines Rechtsanwalts für das vereinfachte Verfahren und die Unterhaltsklage

1. Die Prozesskostenhilfe für das vereinfachte Verfahren

Für die Durchführung des vereinfachten Verfahrens[1192] kann auf jeweiligen Antrag hin für das bedürftige minderjährige Kind und gleichermaßen für den bedürftigen Antragsgegner[1193] Prozesskostenhilfe nach § 114 ff. ZPO gewährt werden[1194]. Da für das vereinfachte Verfahren lediglich eine Entscheidungsgebühr und keine Vorschussgebühr nach § 65 GKG anfällt[1195], ist das Prozesskostenhilfeverfahren nicht vorzuschalten, sondern parallel zum vereinfachten Verfahren einzuleiten[1196].
Im Fall der Überleitung in das streitige Verfahren ist für dieses die Prozesskostenhilfe gesondert zu beantragen und bei Vorliegen der Voraussetzungen der §§ 114 ff. ZPO zu gewähren. Dies folgt aus § 119 ZPO, wonach die Prozesskostenhilfe für jeden Rechtszug gesondert zu bewilligen ist. Das streitige Verfahren stellt gegenüber dem vereinfachten Verfahren einen solchen neuen Rechtszug dar. Vor der Überleitung in das streitige Verfahren ist das eigenständige und gesondert zu betrachtende vereinfachte Verfahren beendet. Die Rechtsache wird mit der Überleitung in das streitige Verfahren erstmalig Gegenstand eines herkömmlichen Unterhaltsprozesses, in welchem die allgemeinen Prozessrechtsregeln sowie die weitaus höheren Kosten- und Gebührenvorschriften gelten. Zudem besteht auch ein Bedürfnis, die Bewilligung der Prozesskostenhilfe einer erneuten Prüfung zu unterziehen, da sich die Überleitung in das streitige Verfahren – anders als das Betreiben des vorangegangenen vereinfachten Verfahrens - als mutwillig darstellen kann[1197].

[1192] Ebenso für die Rechtsmittel im vereinfachten Verfahren sowie für die Unterhaltsannexklage nach § 653 ZPO.

[1193] Wendl/ Staudigl- Thalmann, 5. Aufl., § 8 Rn. 329; Günther, Kind- Prax 1999, 35 (40).

[1194] Zu den Voraussetzungen der Prozesskostenhilfe vgl. insbesondere Müller, 2. Aufl., Rn. 487 ff. Wird das minderjährige Kind von dem betreuenden Elternteil vertreten, so ist für die Gewährung von PKH die Bedürftigkeit des Kindes selbst maßgebend. Bei der Prozessstandschaft hingegen ist nach wohl überwiegender Meinung die Einkommenslage des klagenden Elternteils zugrunde zu legen. Vgl. hierzu Wendl/ Staudigl- Thalmann, 5. Aufl., § 8 Rn. 329 m.w.N.

[1195] Vgl. § 65 GKG und oben C. IV. 2. a. aa.; C. VII. 1.

[1196] Schulz, FuR 1998, 385 (385); Gerhardt, FuR 1998, 145 (146); Sonnenfeld, DAV 1999, 169 (184).

[1197] Dies insbesondere dann, wenn das Kind die Überleitung in das streitige Verfahren hinsichtlich des gesamten im vereinfachten Verfahren geltend gemachten Unterhalts beantragt, ob-

2. Die Beiordnung eines Rechtsanwalts im vereinfachten Verfahren

Fraglich ist in diesem Zusammenhang, ob sowohl dem Antragsteller als auch dem Antragsgegner die Beiordnung eines Rechtsanwalts für das vereinfachte Verfahren zu bewilligen ist. Da – wie ausgeführt wurde - für das vereinfachte Verfahren kein Anwaltszwang besteht, ist die Beiordnung zu bejahen, wenn sie im Sinn des § 121 Abs. 2 ZPO rechtlich geboten ist.

In Literatur[1198] und Rechtssprechung[1199] wird dies jedoch vereinzelt verneint.

So wird angenommen, das vereinfachte Verfahren weise keine tatsächlichen oder rechtlichen Schwierigkeiten auf, die eine Beiordnung notwendig erscheinen ließen[1200]. Insbesondere sei die Beiordnung eines Rechtsanwalts für das vereinfachte Verfahren nicht erforderlich, da die notwendigen Formalien nach § 646 Abs. 1 Nr. 1 bis 11 ZPO in dem Antragsvordruck so übersichtlich und eindeutig angegeben beziehungsweise als Erklärung vorformuliert seien, dass „*das Ausfüllen auch einer rechtlich ungewandten Person keine Schwierigkeiten bereite*"[1201]. Überdies sei das vereinfachte Verfahren dem Mahnverfahren nachempfunden und mit diesem vergleichbar. Da für dieses einhellig anerkannt sei, dass eine Beiordnung nicht erforderlich sei, könne auch für das vereinfachte Verfahren nichts anderes gelten[1202].

Diese Ansicht vermag nicht zu überzeugen.

Die maßgeblichen Kriterien für die Erforderlichkeit einer Beiordnung gemäß § 121 Abs. 2 ZPO sind einerseits grundsätzlich[1203] die Bedeutung, die Schwierigkeit und der Umfang und andererseits die Fähigkeit des Hilfsbedürftigen, sich mündlich und schriftlich auszudrücken[1204].

Gerade in Unterhaltsstreitigkeiten ist in aller Regel die Mitwirkung eines Rechtsanwalts geboten, da der Unterhalt für die Lebensführung des Bedürftigen eine

---

wohl sich der Unterhaltspflichtige im Rahmen der Einwendungserhebung zur Zahlung eines bestimmten Unterhaltsbetrags verpflichtet hat. In diesem Fall stellt sich die Überleitung in das streitige Verfahren hinsichtlich des anerkannten Unterhaltsbetrages als mutwillig im Sinne des § 114 ZPO dar, da ein Teilfestsetzungsbeschluss nach § 650 S. 2 ZPO insoweit die schnellere und kostengünstigere Titulierungsmöglichkeit darstellt; vgl. hierzu auch oben C. I. 5. d.

[1198]Wendl/ Staudigl- Thalmann, 5. Aufl., § 8 Rn. 330; Zöller- Philippi, 22. Aufl., § 646 Rn. 1.

[1199]OLG München, FamRZ 1999, 1355 (1355); KG, FamRZ 2000, 762.

[1200]KG, FamRZ 2000, 762.

[1201]OLG München, FamRZ 1999, 1355 (1355); Wendl/ Staudigl- Thalmann, 5. Aufl., § 8 Rn. 330. Überdies seien die notwendigen Angaben und Erklärungen in dem Merkblatt zu dem Antragsvordruck allgemein verständlich erläutert. Fragen, die dennoch bestehen sollten, könnten durch den Urkundsbeamten der Geschäftsstelle, vor dem der Antrag abgegeben werden kann, als auch durch das Jugendamt, dessen Hilfe in Anspruch genommen werden könne, beantwortet werden.

[1202]OLG München, FamRZ 1999, 1355 (1355).

[1203]Dies, wenn der Gegner nicht anwaltlich vertreten ist; vgl. OLG München, FamRZ 1999, 1355 (1355).

[1204]Zöller- Philippi, 22. Aufl., § 121 Rn. 4.

existentielle Bedeutung hat[1205]. Diese Bedeutung des Unterhalts besteht auch im vereinfachten Verfahren.
Insbesondere ist auch das Erfordernis der Schwierigkeit gegeben, da die Antragstellung und die sonstige Ausgestaltung des vereinfachten Verfahrens gerade nicht unproblematisch, insbesondere nicht „übersichtlich und eindeutig" ist.
Zunächst muss Klarheit darüber geschaffen werden, ob der Elternteil den Antrag als gesetzlicher Vertreter (§ 1626 Abs. 2 S. 2 BGB) oder im eigenen Namen als Prozessstandschafter (§ 1626 Abs. 3 BGB) zu stellen hat. Ferner ist zu klären, in welcher Höhe Unterhalt geltend gemacht werden kann und soll, um nachteilige Kostenfolgen zu vermeiden. Hierfür sind genaue Kenntnisse der Düsseldorfer Tabelle beziehungsweise der Leitlinien der jeweiligen Oberlandesgerichte und der anzurechnenden und im Antrag anzugebenden kindbezogenen Leistungen erforderlich. Auch bedarf es hinsichtlich des zugrundezulegenden Nettoeinkommens des Antragsgegners zumindest einer Schätzung.
Ohne eine anwaltliche Klärung dieser Fragen wird eine annähernd korrekte Antragstellung zumeist schwierig sein und den Antragsteller überfordern[1206]. Bestätigt wird diese Auffassung durch das an den Antragsteller gerichtete Merkblatt zum Antragsvordruck, worin ausgeführt wird: „*Um zu klären, ob und mit welchem Ziel das vereinfachte Verfahren in Ihrem Fall geeignet ist, sollten Sie sich an einen Angehörigen der rechtsberatenden Berufe (z.B. Rechtsanwältin, Rechtsanwalt) oder an das Jugendamt wenden (...)*"[1207].
Wegen der schwierigen Beurteilung, von welchem Zeitpunkt an und in welcher Höhe Unterhalt festgesetzt werden soll und in welcher Höhe kindbezogene Leistungen zu berücksichtigen sind, wird in dem zitierten Merkblatt weiter empfohlen: „*Bei der Angabe des Beginns der Unterhaltszahlung und der Höhe des Unterhalts sollten Sie sich von einer zur Rechtsberatung zugelassenen Person oder Stelle beraten lassen.*"[1208]
Allein hieraus ergibt sich hinreichend, dass der Gesetzgeber selbst die Schwierigkeiten erkannt hat, die eine Beiordnung im vereinfachten Verfahren erforderlich machen. Es wäre widersprüchlich, den Antragsteller zur Klärung der Vorfragen auf die Inanspruchnahme von Beratungshilfe zu verweisen, um ihm anschließend im Verfahren selbst die Anwaltsbeiordnung zu versagen[1209].
Aber nicht nur bei der Einleitung, sondern auch während des vereinfachten Verfahrens sind Antragsteller als auch Antragsgegner auf eine anwaltliche Beratung

---

[1205] Kuhnigk, FamRZ 2000, 762 (762, 763); OLG München, FamRZ 1999, 1355 (1355); Schulz, FuR 1998, 385 (385).
[1206] OLG Braunschweig, FF 1999, 149 (150); OLG Schleswig, MDR 2000, 706.
[1207] Merkblatt zum Antrag auf Festsetzung von Unterhalt für ein minderjähriges Kind im vereinfachten Verfahren, ZP 680, S. 1.
[1208] Merkblatt zum Antrag auf Festsetzung von Unterhalt für ein minderjähriges Kind im vereinfachten Verfahren, ZP 680, S. 3 Ziff. 6.
[1209] OLG Braunschweig, FF 1999, 149 (150).

angewiesen. Insbesondere die Erhebung von Einwendungen unter Verwendung der *„für einen Laien nicht verständlichen Vordrucke“*[1210] und unter Berücksichtigung der besonderen gesetzlichen Anforderungen bedarf umfassender juristischer Kenntnisse. Dies folgt daraus, dass sich der Antragsgegner zunächst über seine Einkommenssituation und in diesem Zusammenhang auch über das Bestehen einer materiellen Unterhaltspflicht in der geltend gemachten Höhe zu informieren und zu beraten lassen hat. Nur so kann er Einwendungen gezielt erheben und auch den hohen Anforderungen gerecht werden, die insbesondere an die Auskunftsobliegenheit gestellt werden. Dementsprechend appelliert der Gesetzgeber an den Antragsgegner in diesem Zusammenhang mittels des Einwendungsvordrucks: *„Bitte lassen Sie sich von einer zur Rechtsberatung zugelassenen Person oder Stelle beraten, wenn Sie nicht sicher sind, ob der Einwand begründet ist“*[1211].

Überdies bedarf auch der Antragsteller zur Überprüfung der Einwendungen des Antragsgegners der anwaltlichen Beratung, da die Einwendungen in materiellrechtlicher und formeller Hinsicht zu prüfen sind und daraufhin das weitere prozessuale Vorgehen abzustimmen ist. Insbesondere die Frage, ob in das streitige Verfahren übergeleitet werden soll, ist im Hinblick auf das gesamte materielle Unterhaltsrecht umfassend zu klären.

Das Argument, die Beiordnung sei wie im Mahnverfahren zu versagen, geht fehl. Da es um existentielle Fragen des Unterhaltsbedürftigen geht, wurde das vereinfachte Verfahren gerade nicht wie das Mahnverfahren ausgestaltet. Die im vereinfachten Verfahren gestellten wesentlich höheren Anforderungen, sowohl an den Antrag, die Einwendungserhebung und das prozessuale Vorgehen insgesamt, führen somit dazu, dass auch im Hinblick auf die Frage der Beiordnung eines Rechtsanwalts eine gesonderte Betrachtung erfolgen muss[1212].

Auch die in der Rechtsprechung zum Teil vertretene Ansicht, zumindest bei einfach gelagerten Fällen sei eine Beiordnung nicht erforderlich[1213] kann nicht überzeugen, da auch bei Geltendmachung des Unterhalts im herkömmlichen Klageverfahren bei einfachen Fallgestaltungen eine Beiordnung zu bewilligen ist[1214]. Die Klärung der schwierigen Fragestellungen des materiellen Unterhaltsrechts, die auch bei einfach gelagerten Fällen einer umfassenden und fundierten Rechtskenntnis bedürfen, kann nur durch die Beiordnung eines Rechtsanwalts im Unterhaltsprozess gewährleistet werden[1215]. Maßgeblicher Ansatz für die Beiordnung in diesem herkömmlichen Verfahren ist damit zu Recht allein der Umstand, dass die zu entscheidenden materiellrechtlichen Fragen von großer Bedeutung und Komplexität sind.

[1210]Schulz, FuR 1998, 385 (386).
[1211]Schulz, FuR 1998, 385 (386).
[1212]Van Els, FamRZ 1999, 1356 (1356).
[1213]So wohl OLG Hamm, Rpfleger 2000, 339.
[1214]Zur Gewährung der PKH für die herkömmliche Unterhaltsklage vgl. unten C. VII. 3.
[1215]Kuhnigk, FamRZ 1999, 762 (763); OLG Naumburg, OLG Report Brandenburg 2000, 54.

Es sollte in Erinnerung gerufen werden, dass das vereinfachte Verfahren nur eine wahlweise neben der herkömmlichen Unterhaltsklage zur Verfügung stehende weitere prozessuale Möglichkeit darstellt, den Unterhaltsanspruch titulieren zu lassen. Die materiellrechtlichen Unterhaltsfragen sind auch hier in demselben Umfang zu klären, als wenn sogleich eine Unterhaltsklage erhoben werden würde. Da es bei der Frage der Erforderlichkeit einer Beiordnung in Unterhaltsstreitigkeiten unter anderem aber auch gerade um deren materiellrechtliche Komplexität geht, ist kein Grund ersichtlich, diejenigen Kinder schlechter zu stellen, die mittels des vereinfachten Verfahrens ihren Unterhaltsanspruch geltend machen. Der Gesetzgeber verfolgte mit der Einführung des vereinfachten Verfahrens das Ziel, allen Kindern eine einfachere und schnellere Unterhaltstitulierung zu ermöglichen und wollte damit deren Besserstellung in prozessualer Hinsicht erreichen. Würde man eine Beiordnung für das vereinfachte Verfahren versagen, hingegen die für eine herkömmliche Unterhaltsklage wie bisher bewilligen, so würde das vereinfachte Verfahren für jedes prozesskostenhilfebedürftige Kind die weitaus schlechtere, weil unsicherere Verfahrensalternative darstellen und deren Anwendbarkeit auf beklagenswerte Weise konterkariert werden. Die Verbesserung der prozessualen Stellung der Kinder würde damit versagt bleiben.
Nach alledem ist wegen der Schwierigkeit und des Umfangs des vereinfachten Verfahrens und der großen Bedeutung des materiellen Unterhaltsrechts dem Antragssteller als auch dem Antragsgegner im vereinfachten Verfahren ein Rechtsanwalt nach § 121 ZPO beizuordnen[1216].

3. Die Prozesskostenhilfe für die herkömmliche Unterhaltsklage

Im Rahmen dieser Abhandlung stellt sich auch die Frage der Gewährung von Prozesskostenhilfe für die herkömmliche Unterhaltsklage. Gerade weil die herkömmliche Unterhaltsklage wahlweise an Stelle des vereinfachten Verfahrens betrieben werden kann, müsste bei Vorliegen der Voraussetzungen der §§ 114 ff. ZPO für die Unterhaltsklage auch unproblematisch Prozesskostenhilfe gewährt werden.
Dies wird vielfach[1217] jedoch verneint.
Es entspräche allgemeiner Auffassung, dass sich die prozesskostenhilfebedürftige Partei so zu verhalten habe wie eine vernünftige, auf eigene Kosten handelnde, sodass sie bei Gleichwertigkeit zweier zur Verfügung stehender Möglichkeiten zur Titulierung des Anspruchs in aller Regel die kostengünstigere zu wählen habe. Da das vereinfachte Verfahren der herkömmlichen Unterhaltsklage gerade

[1216] OLG Braunschweig, FF 1999, 149 (150); OLG Schleswig, MDR 2000, 706; van Els, FamRZ 1999, 1356 (1356, 1357); OLG Hamm, Rpfleger 2000, 339; Kuhnigk, FamRZ 2000, 762 (763); Sonnenfeld, DAV 1999, 169 (184); Schulz, FuR 1998, 385 (385, 386); Günther, Kind- Prax 1999, 35 (40).

[1217] OLG Hamm, FamRZ 2000, 1021; OLG Hamm, Rpfleger 1999, 490 (490); OLG Zweibrücken, OLG Report 1999, 495 (495).

gleichwertig, häufig sogar überlegen sei[1218] und in diesem – wenn keine vergleichsweise Regelung getroffen wird - maximal eine Anwaltsgebühr entstehe, habe das Kind seinen Unterhaltsanspruch in der Regel mittels des vereinfachten Verfahrens durchzusetzen[1219]. Lediglich in solchen Fällen, in denen - auf der Grundlage der etwaigen Stellungnahme beziehungsweise der Einwendungen des Beklagten - abzusehen sei, dass es bei Betreiben des vereinfachten Verfahrens zu einem streitigen Verfahren nach § 651 ZPO kommen werde, sei die Geltendmachung mittels der Unterhaltsklage nicht mutwillig im Sinn des § 114 ZPO, sodass ausnahmsweise auch für diese Prozesskostenhilfe gewährt werden könne[1220]. Nur in diesen Fällen sei das vereinfachte Verfahren weder billiger, schneller noch aus Beweisgründen günstiger für das Kind und die freie Wahl zwischen vereinfachtem Verfahren und Unterhaltsklage auch im Rahmen der Prozesskostenhilfe nicht zu beanstanden[1221].
Diese Ansicht vermag nicht zu überzeugen. Zutreffend ist zwar, dass in den Fällen, in denen mit Einwendungen des Unterhaltspflichtigen gerechnet werden muss, die Prozesskostenhilfe zu gewähren ist, jedoch ist diese generell bei Betreiben der Unterhaltsklage zuzuerkennen[1222]. Dies gilt insbesondere auch deshalb, weil vielfach dann, wenn eine Mangelfallberechnung durchzuführen ist, das vereinfachte Verfahren gegenüber dem herkömmlichen Klageverfahren unpraktikabel ist[1223]. Ob jedoch ein Mangelfall vorliegt, ist für das Kind vorab vielfach nicht feststellbar, zumal es sich zu einem frühen Zeitpunkt für eines der beiden Verfahren entscheiden muss und zumeist nicht vor Betreiben eines dieser Verfahren hinreichende Kenntnis von der Leistungsfähigkeit des Unterhaltspflichtigen hat. Ergibt sich aber ein solcher Mangelfall, auch wenn vorgerichtlich keine Einwendungen des

---

[1218]Das vereinfachte Verfahren sei generell für alle Unterhaltsansprüche minderjähriger Kinder vorgesehen; es verursache geringere Kosten; es gewähre wesentlich schneller einen vollwertigen Titel; die Beweislage sei in ihm eindeutig günstiger; bei Einwendungen des Antragsgegners erhalte das Kind ohne vorausgehende Klage umfassende Auskunft über die Einkommensverhältnisse des Verpflichteten. Vgl. OLG Hamm, Rpfleger 1999, 490 (490).
Nach Neufassung des § 1612d Abs. 5 BGB sei vielfach insbesondere nicht mehr damit zu rechnen, dass sich ein Unterhaltsverpflichteter gegen eine Titulierung seiner Unterhaltsverpflichtung in Höhe von 135% des Regelbetrages abzüglich des hälftigen Kindergeldes wehren werde, da er keine Änderung des Zahlbetrages, sondern lediglich eine Verschiebung des aus eigenem Einkommen und aus dem Kindergeld aufzubringenden Anteils erreichen könne; vgl. Graba NJW 2001, 249 (256).

[1219]OLG Hamm, FamRZ 2000, 1021; OLG Hamm, Rpfleger 1999, 490 (490); OLG Zweibrücken, OLG Report 1999, 495 (495).

[1220]OLG Zweibrücken, OLG Report 1999, 495 (495, 496); OLG Hamm, Rpfleger 1999, 490 (490, 491); OLG Bamberg, OLG Report München 2000, 212 (212); OLG Koblenz, OLG Report Koblenz 1999, 494 (495).

[1221]OLG Hamm, Rpfleger 1999, 490 (490, 491).

[1222]Vorausgesetzt, die übrigen Anforderungen der §§ 114 ff. ZPO sind erfüllt.

[1223]Bei ordnungsgemäßer Erhebung des Einwands nach § 648 Abs. 2 S. 3 ZPO kann lediglich in das streitige Verfahren nach § 651 ZPO übergeleitet werden. Vgl. umfassend oben C. I. 5. c.

Unterhaltspflichtigen gegen die Höhe des geltend gemachten Unterhaltsanspruchs vorgetragen wurden beziehungsweise ersichtlich waren[1224], insbesondere weil sich erst während des vereinfachten Verfahrens herausstellt, dass aufgrund von konkreten Angaben über die Einkommens- und Vermögensverhältnisse des Antragsgegners er nicht oder nicht vollständig leistungsfähig ist[1225], so wäre das prozesskostenhilfebedürftige Kind zum Betreiben des vereinfachten Verfahrens gezwungen worden, obwohl eine Unterhaltsfestsetzung in diesem unterbleibt und in das streitige Verfahren übergeleitet werden muss.
Wesentlich ist zudem, dass im Gesetzgebungsverfahren hinreichend zum Ausdruck kam, dass der Gesetzgeber dem Antragsteller bewusst die freie Wahl des Verfahrens überlassen wollte[1226]. Diese ausdrücklich getroffene Entscheidung des Gesetzgebers im Unterhaltsverfahren, in welchem der Unterhaltsgläubiger – namentlich das Kind -, anders als in allgemeinen Zivilsachen, typischerweise auf Prozesskostenhilfe angewiesen ist, würde jedoch faktisch unterlaufen werden, wenn regelmäßig nur für das vereinfachte Verfahren, nicht aber auch für die Unterhaltsklage Prozesskostenhilfe gewährt werden würde[1227].
Der Gesetzgeber wollte es mit der Einführung des vereinfachten Verfahrens allen minderjährigen Kindern ermöglichen, statt der Unterhaltsklage, ein oftmals einfacheres und schnelleres Verfahren zu betreiben. Sein Anliegen war hingegen nicht, finanziell schwach gestellte Kinder über die Regelungen der Prozesskostenhilfe zum Betreiben des vereinfachten Verfahrens zu zwingen.
Eine andere Auffassung ließe sich auch im Hinblick auf das Rechtsschutzbedürfnis des unterhaltsberechtigten Kindes nicht begründen. Dem Hilfsbedürftigen darf es allein wegen seiner finanziell unzureichenden Situation nicht verwehrt sein, den sichersten prozessualen Weg und den weitestgehenden Rechtsschutz zu wählen. Die Bejahung der Mutwilligkeit im Sinn des § 114 ZPO soll die Bewilligung der Prozesskostenhilfe nur insoweit verhindern, als der Hilfsbedürftige eine von zwei gleichwertigen Arten der Rechtsverfolgung wählt. Das vereinfachte Verfahren stellt jedoch gerade keine solche gleichwertige Möglichkeit der Durchsetzung des Unterhaltsanspruchs dar. Zwar trifft es zu, dass es gegenüber der herkömmlichen Unterhaltsklage Vorteile, insbesondere im Hinblick auf die Kosten und die Verfahrensdauer besitzen kann, jedoch hat es, wie die im Rahmen dieser Arbeit getroffenen Ausführungen aufgezeigt haben, auch erhebliche Nachteile und ist vielfach höchst kompliziert. Insbesondere ist das Verfahren nicht sinnvoll, wenn der

---

1224 OLG Naumburg, FamRZ 1999, 1670.

1225 Diese Problematik tritt insbesondere bei Unterhaltspflichtigen auf, die selbstständig tätig sind.

1226 BT- DruckS 13/ 7338, S. 37: „(...) *steht das vereinfachte Verfahren wahlweise neben der Unterhaltsklage zur Verfügung*".

1227 OLG Naumburg, Rpfleger 1999, 1670.

Unterhaltspflichtige sein Einkommen offen legt, jedoch leistungsunwillig ist[1228]. Auch ist der im vereinfachten Verfahren ergangene Unterhaltsbeschluss nach § 649 ZPO einem Unterhaltsurteil insbesondere insoweit nicht gleichwertig, als er aufgrund der Sondervorschrift des § 654 ZPO unproblematisch und ohne die besonderen Voraussetzungen der §§ 323, 767 ZPO angegriffen und abgeändert werden kann[1229].

Nach alledem steht dem Kind somit nicht nur die freie Wahl offen, ob es das vereinfachte Verfahren oder das Klageverfahren betreibt, sondern es besteht auch bei der Wahl beider Verfahrensarten generell[1230] Anspruch auf Bewilligung von Prozesskostenhilfe[1231].

[1228] Gerhardt/ Heintschel- Heinegg/ Klein- Gerhardt, 3. Aufl., 6. Kapitel, Rn. 202a. Da keine Prüfung der materiellen Rechtslage erfolgt und der Antragsgegner mit der Auskunftserteilung die Anforderungen an die Erhebung der Einwendungen nach § 648 Abs. 2 ZPO erfüllt, unterbleibt eine Festsetzung im vereinfachten Verfahren.

[1229] Vgl. hierzu oben C. III. 1.

[1230] Vorausgesetzt, die übrigen Anforderungen der §§ 114 ff. ZPO sind erfüllt.

[1231] OLG Naumburg, OLG Report 2000, 54; OLG Naumburg, Rpfleger 1999, 1670; OLG Zweibrücken, NJW- FER 2000, 95; OLG Hamm, FamRZ 1999, 1213; van Els, Rpfleger 1999, 491; Firsching/ Graba, 1. HB, 6. Aufl., Rn. 1106; Gerhardt/ Heintschel- Heinegg/ Klein- Gerhardt, 3. Aufl., 6. Kapitel, Rn. 202b; FamRefK- Bäumel, ZPO, § 1612a BGB Rn. 2 begründet dies zudem damit, dass ein im vereinfachten Verfahren ergangener Unterhaltstitel dem Unterhaltsberechtigten das Prozessführungsrisiko im Fall einer Absenkung der Regelbedarfssätze aufbürde und es der freien Entscheidung der Parteien überlassen sein müsse, ob dieses Risiko übernommen werde.

D. Schlussbemerkung

Die im Rahmen dieser Arbeit getroffenen Ausführungen zeigen, dass der Gesetzgeber mit den Vorschriften der §§ 645 ff. ZPO umfangreiche Regelungen im prozessualen Unterhaltsrecht geschaffen hat, die in mancher Hinsicht nicht zu unterschätzende Fragen und Probleme aufwerfen.

Dies resultiert unter anderem auch daraus, dass der Gesetzgeber mit dem vereinfachten Verfahren ein Rechtsinstitut geschaffen hat, das nicht pauschale Unterhaltsbeträge festsetzt, sondern den nach materiellem Recht begründeten Individualunterhalt. Die Ausgestaltung des vereinfachten Verfahrens, die sich an dem pauschal zugesprochenen Regelunterhalt orientiert, verbunden mit der Besonderheit, dass keine Überprüfung des Unterhaltsanspruchs selbst erfolgt, sondern die gerichtliche Entscheidung je nach dem Verhalten der Parteien (Antrag; Einwendungen) ergeht, steht zu dem individuell zu betrachtenden Unterhalt oftmals im Widerspruch.

Das Unterhaltsrecht stellt eine derart schwierige und komplexe Rechtsmaterie dar, die eine dem Mahnverfahren nachempfundene Verfahrensausgestaltung grundsätzlich verbietet. Der Unterhaltsanspruch des minderjährigen Kindes ist von einer Vielzahl von in sich unabhängigen Faktoren, wie z.B. dem Alter, dem Personenstand und der Bedürftigkeit des Kindes, der Familiensituation und insbesondere den Einkommensverhältnissen des in Anspruch genommenen Elternteils abhängig.

Trotz dieser individuell zu berücksichtigenden Gesichtspunkte hat der Gesetzgeber ein in sich geschlossenes vereinfachtes Unterhaltsverfahren geschaffen, das zudem auch sämtliche Alternativen des Parteiverhaltens mitberücksichtigt und in der Lage ist, den materiellrechtlichen Individualunterhalt festzusetzen, auch wenn es hierfür komplexer Regelungen bedurfte, welche zum Teil zahlreiche Besonderheiten aufweisen.

Das Ziel des Gesetzgebers, mit dem vereinfachten Verfahren allen minderjährigen Kindern ein schnelles, unkompliziertes und kostengünstiges Verfahren zur Geltendmachung ihrer Unterhaltsansprüche zur Verfügung zu stellen, mit dem sie problemlos einen Unterhaltstitel sollen erlangen können, dürfte jedoch wohl nicht in dem gewünschten und auch erwarteten Maße erreicht worden sein.

Das vereinfachte Verfahren zur Festsetzung von Unterhalt minderjähriger Kinder führt nämlich im Falle der Erhebung von Einwendungen des in Anspruch genommenen Elternteils, insbesondere solcher gegen die materiellrechtliche Berechtigung des Kindes, regelmäßig nicht zur beantragten Unterhaltstitulierung.

Wegen der hierfür erforderlichen Bereitschafts- und Verpflichtungserklärung des Unterhaltspflichtigen, inwieweit er Unterhalt leisten wird, und dessen notwendiger umfassender Auskunftserteilung bei Erhebung des in praxi wohl bedeutendsten Einwands mangelnder Leistungsfähigkeit, erlangt das Kind aber dennoch erhebliche Vorteile.

Insbesondere kann auf Antrag des Kindes der vom Unterhaltspflichtigen anerkannte Unterhaltsbetrag bereits im vereinfachten Verfahren festgesetzt werden.

Zum anderen ist das Kind mit der Auskunftserteilung bereits im Besitz der Informationen über die für die tatsächliche Unterhaltshöhe maßgebenden und das weitere prozessuale Vorgehen bestimmenden Einkommensverhältnisse des Unterhaltspflichtigen. Zwar bedarf es zur Erlangung eines Unterhaltstitels für einen über den anerkannten Betrag hinausgehenden Unterhalt gleichwohl eines weiteren gerichtlichen Vorgehens, mit der Möglichkeit der Überleitung in das streitige Verfahren wird dies dem Kind aber ohne weitere Anforderungen ermöglicht.

Entgegen der Zielsetzung des Gesetzgebers wird sich diese Verfahrenssituation in zeitlicher Hinsicht wohl eher selten zu Gunsten des Kindes auswirken. Selbst wenn das streitige Verfahren unmittelbar im Anschluss an das vereinfachte betrieben wird, dürfte bis zum Abschluss des letztgenannten Verfahrens mehr Zeit vergehen als wenn das Kind von Beginn an die herkömmliche Unterhaltsklage erhoben hätte.
Dies gilt erst Recht für den Fall, dass das unterhaltsberechtigte Kind von dem zumeist erfolgreichen Weg Gebrauch macht, im Rahmen der herkömmlichen Unterhaltsklage, beziehungsweise eines Prozesskostenhilfeverfahrens hierüber, mit der Möglichkeit des § 644 ZPO eine einstweilige Anordnung zu erlangen. Bei entsprechender Glaubhaftmachung wird - mit Wirkung bis zur Entscheidung im Hauptsacheverfahren – der Unterhalt bis zur vollen begründeten Höhe zugesprochen. Dieses Eilverfahren kommt bei der aufgezeigten Konstellation in der Regel schneller als das vereinfachte Verfahren zu einer Unterhaltstitulierung, da dem Unterhaltspflichtigen hierin zunächst nicht zwingend das rechtliche Gehör, insbesondere nicht eine relativ lange Einlassungsfrist von einem Monat gewährt zu werden braucht und in der Regel auch nicht gewährt wird (vgl. §§ 620a, 620b, 644 S. 2 ZPO). Zu beachten ist insoweit außerdem, dass das Verfahren auf Erlass einer einstweiligen Anordnung nach § 644 ZPO aus anwaltlicher Sicht gebührenrechtlich erheblich vorteilhafter ist[1232], da es als eine besondere Angelegenheit gewertet wird, während die dem Anwalt zustehende Gebühr für das vereinfachte Verfahren bei Übergang in das streitige Verfahren auf seine ihm dort zustehende Prozessgebühr in vollem Umfang angerechnet wird. Auch diese Gebührenüberlegung könnte dazu führen, dass der überwiegende Teil der Rechtsanwälte dem Kind bei Dringlichkeit eher die Erhebung der herkömmlichen Unterhaltsklage, verbunden mit dem Antrag auf Erlass einer einstweiligen Anordnung, empfehlen wird; zumal sie mit diesem Verfahren zumeist vertraut sind, während die Komplexität des vereinfachten Verfahrens die Gefahr von Berührungsängsten in sich birgt.

[1232]Der Rechtsanwalt erhält für eine einstweilige Anordnung nach § 644 ZPO die gesondert begründeten, nicht anzurechnenden Gebühren nach § 31 BRAGO in voller Höhe aus dem Wert des 6 monatigen Bezugs des geforderten Unterhalts (§§ 41 Abs. 1b, d BRAGO, 20 Abs. 2 S. 1 GKG) und nicht wie im vereinfachten Verfahren lediglich die 10/ 10 Gebühr des sich aus § 17 GKG ergebenden Wertbetrages.

Dennoch stellt sich das vereinfachte Verfahren zur Festsetzung von Kindesunterhalt letztlich als ein prozessuales Rechtsinstitut dar, das zu einer Besserstellung minderjähriger Kinder im Unterhaltsrecht im Sinne des oben genannten Ziels des Gesetzgebers führen kann; insbesondere in den Fallgestaltungen, in denen der in Anspruch genommene Elternteil keine Einwendungen gegen die beantragte Unterhaltsfestsetzung erhebt. In diesen Fällen erlangt das Kind ohne den Aufwand einer Unterhaltsklage - bereits nach Ablauf der Einwendungsfrist von einem Monat - einen vollwertigen Unterhaltstitel, der zudem kostenrechtlich deutlich günstiger ist als das herkömmliche Unterhaltsverfahren. In den Fällen, in denen der Unterhaltspflichtige somit auf den Antrag schweigt, lediglich leistungs- und einwendungsunwillig ist oder ohne sonstigen Grund die Erfüllung seiner Unterhaltspflicht verweigert, stellt das Verfahren nach §§ 645 ff. ZPO eine effektive Alternative zu der herkömmlichen Unterhaltsklage dar, da es in der Lage ist, diese passiven Verhaltensweisen des Unterhaltspflichtigen prozessual zu erfassen. Dies ist eine eindeutige Verbesserung der Stellung des Kindes im prozessualen Unterhaltsrecht[1233]. Auch dann, wenn sich der Unterhaltspflichtige zu einem konkreten Unterhaltsbetrag verpflichtet, ergeht eine noch relativ zügige und kostengünstige Unterhaltsfestsetzung.

Erfasst und durchdringt man das vereinfachte Verfahren nach §§ 645 ff. ZPO als ganzes sorgfältig, so ist es daher letztlich gleichwohl ein Rechtsinstitut, das eine erhebliche prozessuale Erleichterung für minderjährige Kinder im Unterhaltsrecht ermöglichen kann.
Betrachtet man die einmonatige Einwendungsfrist sowie die an die Erhebung materieller Einwendungen gestellten Anforderungen, insbesondere die umfassende Auskunfts- und Belegvorlage im Fall des Einwands mangelnder Leistungsfähigkeit, liegt hierin ein erheblicher Aufwand des Unterhaltspflichtigen, die Festsetzung des beantragten Kindesunterhalts im vereinfachten Verfahren abzuwehren.
Gerade dies führt, auch mit Blick auf die Neuregelung des § 1612a Abs. 5 BGB, dazu, dass das vereinfachte Verfahren in praxi eine Vielzahl von Unterhaltsstreitigkeiten einfacher und schneller als die herkömmliche Unterhaltsklage klären kann. Der Umstand, dass eine Kindergeldanrechnung unterbleibt, soweit der Un-

[1233] Zwar erfasst unter Umständen auch das herkömmliche Prozessrecht mit den Vorschriften der §§ 331 ff. ZPO ein passives Verhalten des Beklagten, jedoch ist dies mit der Ausgestaltung des vereinfachten Verfahrens in den hier angesprochenen Fällen nicht vergleichbar, da das Kind im letztgenannten Verfahren ohne große Aufwendungen einen vollwertigen Festsetzungsbeschluss über den beantragten Unterhalt erhält, der vom Unterhaltspflichtigen lediglich unter erhöhten Anforderungen und nur unter den besonderen Voraussetzungen und Einschränkungen der §§ 652, 654 ZPO angegriffen und abgeändert werden kann. Das Versäumnisverfahren nach §§ 331 ff. ZPO erfasst hingegen grundsätzlich nur das Nichterscheinen des Beklagten im Termin und ermöglicht diesem die Erhebung des Einspruchs, und damit die Überleitung in das herkömmliche Verfahren ohne besondere Anforderungen (vgl. § 340 ZPO).

terhaltspflichtige nicht imstande ist, 135% des jeweiligen Regelbetrages zu leisten, führt dazu, dass bei Unterhaltsbegehren bis zu diesem Unterhaltsbetrag der Einwand der eingeschränkten Leistungsfähigkeit vielfach materiellrechtlich wirkungslos bleibt, da der Unterhaltspflichtige in diesen Fällen oftmals keine Änderung des Zahlbetrages, sondern lediglich eine Verschiebung des - aus eigenem Einkommen und aus dem Kindergeld - aufzubringenden Anteils erreichen kann. In den Fällen, in denen das dem Unterhaltspflichtigen grundsätzlich zustehende hälftige Kindergeld dessen mangelnde Leistungsfähigkeit vollständig auffängt, wird er diesen Einwand somit wohl auch im vereinfachten Verfahren nicht erheben.

Die Fallkonstellationen, in denen der Unterhaltspflichtige sich berücksichtigungsfähig gegen die Unterhaltsfestsetzung in materieller Hinsicht wehrt – berechtigt oder unberechtigt – führen zwar in ein komplexes und oftmals unübersichtliches Verfahren, jedoch kann auch dann der Unterhalt des Kindes letztlich abschließend und umfassend tituliert werden, ohne dass es einer gesonderten Klageerhebung bedarf, selbst wenn im Nachhinein die Bezeichnung „vereinfachtes" Verfahren dann nicht mehr so recht zutreffen mag.

In Zukunft – so bleibt zu hoffen - werden sich viele Einwände der Rechtspraxis und insbesondere des Schrifttums gegen das vereinfachte Verfahren als wirkungslos erweisen, wenn, wie dies im Rahmen dieser Arbeit versucht wurde, dem wiederholt aufgezeigten Sinn und Zweck der neu geschaffenen Regelungen der Vorrang gegenüber allzu rechtsdogmatischer Bedenken eingeräumt wird. In diesem Sinn könnte sich dieses Rechtsinstitut zu einer durchaus praktikablen Alternative gegenüber der herkömmlichen Unterhaltsklage entwickeln und nicht – wie jetzt wohl noch überwiegend - als eine die bisherigen Verfahren bedrohende Konkurrenz angesehen werden.

E. Literaturverzeichnis

Alternativkommentar zur ZPO
Herausgegeben von Rudolf Wassermann, Reihe Alternativkommentare, Kommentar zur Zivilprozessordnung, Neuwied 1987.
(zit.: AK- Bearbeiter, § ... Rn. ...)

Arnold, Egon; Meyer- Stolte, Klaus; Herrman, Karl Otto; Hansens, Heinz
Rechtspflegergesetz, Kommentar, 5. Aufl., Bielefeld 1999.
(zit.: Arnold/ Meyer- Stolte/ Herrmann/ Hansens- Bearbeiter, 5. Aufl., § ... Rn. ...)

Bassenge, Peter; Herbst, Gerhardt
Gesetz über die Angelegenheiten der freiwilligen Gerichtsbarkeit – Rechtspflegergesetz, 8. Aufl., Heidelberg 1999.
(zit.: Bassenge/ Herbst, 8. Aufl., § ... Rn. ...)

Baumbach, Adolf; Lauterbach, Wolfgang
Zivilprozessordnung mit Gerichtsverfassungsgesetz und anderen Nebengesetzen, Kommentar, 59. Aufl., München 2001.
(zit.: B/ L- Bearbeiter, 59. Aufl., § ... Rn. ...)

Becker, Wolfram
Familienleistungsausgleich und Mangelfälle nach dem Kindesunterhaltsgesetz, FamRZ 1999, 65 ff.

Beinkinstadt, Joachim
Hinweise zur Umstellung der Alttitel, DAV 1999, S. 27 ff.

Beitzke, Günther; Lüderitz, Alexander
Familienrecht, 26. Aufl., München 1992.
(zit.: Beitzke/ Lüderitz, 26. Aufl., S. ...)

Bosch, F. W.
Entwicklungslinien des Familienrechts in den Jahren 1947 – 1987, NJW 1987, 2617 ff.

Brudermüller, Gerd; Klattenhoff, Roland
Tabellen zum Familienrecht, 21. Aufl., Neuwied 2001.
(zit.: Brudermüller/ Klattenhoff, 21. Aufl., S. ...)

Brüggemann, Dieter
Die verfahrensrechtliche Neuordnung des Unehelichenrechts,
FamRZ 1969, 120 ff.

Büttner, Helmut
Änderungen im Familienverfahrensrecht durch das Kindschaftsrechtsreformgesetz,
FamRZ 1998, 585 ff.

Claessen, Martin
Das neue Kindesunterhaltsrecht nach dem KindUG,
RpflStud. 1999, 1 ff.

Coester- Waltjen, Dagmar
Der Kindesunterhalt,
Jura 1999, 441 ff.

Dallmayer, Peter; Eickmann, Dieter
Rechtspflegergesetz, Kommentar, 1. Aufl., München 1996.
(zit.: Dallmayer/ Eickmann, § ... Rn. ...)

Damrau, Jürgen
Überblick über die Verfahren in Rechtssachen nichtehelicher Kinder,
FamRZ 1970, 285 ff.

Das Bürgerliche Gesetzbuch
Kommentar, herausgegeben von Reichsgerichtsräten und Bundesrichtern, 10./ 11. Aufl., Band IV, 2. Teil, §§ 1589 – 1921 BGB, Berlin 1964.
(zit.: BGB- RGRK, 10./ 11. Aufl., § ... Rn. ...)

Demharter, Johann Der Unterhaltsprozeß im Kindschaftsprozeß, FamRZ 1985, 977 ff.

Deutsches Institut für Vormundschaftswesen (DIV) Titulierung der Unterhaltsansprüche nichtehelicher Kinder, die in den väterlichen Haushalt aufgenommen sind, DAV 1987, 198 ff.

Neue Regelbedarfssätze – neues Kindergeld – neuer Anpassungsrahmen, DAV 1995, 907 ff.

Stellungnahme des Deutschen Vereins zum Referentenentwurf eines Gesetzes zur Vereinheitlichung des Unterhaltsrechts minderjähriger Kinder (Kindesunterhaltsgesetz- KindUG), NDV 1996, 245 ff.

Kindschaftsrecht zum 01.07.1998 – Einzelfragen, ZfJ 1998, 331 ff.

Leistungsfähigkeit der Barunterhaltspflichtigen Kindesmutter bei Einnahmen aus der Prostitution – vereinfachtes Verfahren zur Festsetzung des Unterhalts ab 1- Juli 1998, ZfJ 1998, 334 ff.

Leistungsfähigkeit des Kindesvaters – Berücksichtigung einer Rentennachzahlung – Voraussetzungen des vereinfachten Verfahrens nach §§ 645 ff., ZPO, DAV 1999, 225 ff.

Deutsches Institut für Vormundschaftswesen (DIV)

Verbindung der Unterhaltsklage mit Kindschaftsprozess; Übergangsproblematik: Unterhalt für Zeiträume vor dem 1.7.1998, DAV 1999, 235 ff.

Beurkundung - Zur Frage der Beurkundungspflicht des Jugendamtes in einem Sonderfall, DAV 1999, 257 ff.

Unterhaltsrechtliche Gleichstellung junger Volljähriger in Schulausbildung mit Minderjährigen (§ 1603 II S. 2 BGB); zur „allgemeinen Schulausbildung"; Einstufung einer „Berufsfachschule Wirtschaft", DAV 1999, 502 ff.

Verbundklage, treuhänderische Rückübertragung, Verbindung der Klage auf Feststellung der Vaterschaft mit der Unterhaltsklage (§ 653 I ZPO) – notwendige Aktivlegitimation des Kindes, DAV 1999, 610 ff.

Vereinfachtes Verfahren nach altem Ostrecht - Titulierung von Kindesunterhalt für die Vergangenheit rückwirkend bis zur Geburt – Höhe der Unterhaltsforderung und Auskunftsanspruch, DAV 1999, 693 ff.

Dölle, Hans

Familienrecht, Darstellung des deutschen Familienrechts mit rechtsvergleichenden Hinweisen, Band II, Karlsruhe 1965.
(zit.: Dölle, Band II, S. ...)

Dospil, Joachim; Honhörster, Hedwig	Tabellen für die Rechtspraxis 2000/ 2001, Köln 2000. (zit.: Dospil/ Honhörster, S. ...)
Enders, Horst- Reiner	Das neue Kindesunterhaltsrecht und seine Auswirkungen auf die Anwaltsgebühren, Jur-Büro 1998, 449 ff.
Erman	Bürgerliches Gesetzbuch, Handkommentar, Band II, §§ 854 - 2385, 10. Aufl., Köln 2000. (zit.: Erman- Bearbeiter, 10. Aufl., § ... Rn. ...)
Eschenbruch, Klaus	Der Unterhaltsprozess, Düsseldorf 1992. (zit.: Eschenbruch, Rn. ...)
	Unterhaltsrecht nach der Rechtsprechung des OLG Düsseldorf und des BGH – ein Handbuch für die anwaltliche Praxis -, Göttingen 1990. (zit.: Eschenbruch, Handbuch, S. ...)
Familienrechtsreform-kommentar	bearbeitet von Dieter Bäumel, Bielefeld 1998. (zit.: FamRefK- Bearbeiter, § ... Rn. ...)
Finke, Fritz; Garbe, Roland	Familienrecht in der anwaltlichen Praxis, 4. Aufl., Bonn 2001. (zit.: Finke/ Garbe- Bearbeiter, 4. Aufl., § ... Rn. ...)
Firsching, Karl	Gesetz über die rechtliche Stellung der nichtehelichen Kinder vom 19.8.1969, Rpfleger 1970, 41 ff.

Firsching, Karl; Graba, Hans- Ulrich	Handbuch der Rechtspraxis, Band 5a, 1. Halbband: Familienrecht, 6. Aufl., München 1998. (zit.: Firsching/ Graba, 1. HB, 6. Aufl., Rn. ...)
Franz, Wolfgang	Zur geplanten Dynamisierung von Unterhaltsrenten, FamRZ 1976, 65 ff.
Franz, Wolfgang	Das Gesetz zur vereinfachten Abänderung von Unterhaltsrenten, FamRZ 1977, 24 ff.
Garbe, Roland; Oelkers, Harald	Praktische Arbeitshilfen zur erfolgreichen Bearbeitung von Familiensachen, Kissing 2001. (zit.: Garbe/ Oelkers, Teil ..., Kap. ...)
Gerhardt, Peter	Die neue Kindergeldverrechnung ab 1.1.2001, FamRZ 2001, S. 73 ff.
	Das neue Kindesunterhaltsrecht, Materiellrechtliche Neuerungen, FuR 1998, 97 ff.
	Das neue Kindesunterhaltsrecht, verfahrensrechtliche Änderungen, FuR 1998, 145 ff.
	Kindesunterhaltsgesetz und neue Düsseldorfer Tabelle, Kind-Prax 1998, 75 ff.

Gerhardt, Peter; v. Heintschel- Heinegg, Bernd; Klein, Michael
Handbuch des Fachanwalts Familienrecht, 3. Aufl., Neuwied 2001.
(zit.: Gerhardt/ Heintschel- Heinegg/ Klein-Bearbeiter, 3. Aufl., Rn. ...)

Gernhuber, Joachim; Coester- Waltjen, Dagmar
Lehrbuch des Familienrechts, 4. Aufl., München 1994.
(zit.: Gernhuber/ Coester- Waltjen, 4. Aufl., § ...)

Gerold, Wilhelm; Schmidt, Herbert; Eicken von, Kurt; Madert, Wolfgang
Bundesgebührenordnung für Rechtsanwälte, Kommentar, 14. Aufl., München 1999.
(zit.: Gerold/ Schmidt/ v. Eicken/ Madert, 14. Aufl., § ... Rn. ...)

Giesen, Dieter
Familienrecht, Tübingen 1994.
(zit.: Giesen, Rn. ...)

Gießler, Hans
Neuerungen im Unterhaltsverfahrensrecht, FPR 1998, 173 ff.

Göppinger, Horst
Verfahrensfragen bei Festsetzung des Regelunterhalts, insbesondere zu § 643 ZPO n.F., FamRZ 1970, 167 ff.

Göppinger, Horst; Wax, Peter
Unterhaltsrecht, 6. Aufl., Bielefeld 1994.
(zit.: Göppinger/ Wax, 6. Aufl., Rn. ...)

Unterhaltsrecht, 7. Aufl., Bielefeld 1999.
(zit.: Göppinger/ Wax, 7. Aufl., Rn. ...)

Göppinger, Horst; Bökelmann, Erhard
Das Recht des unehelichen Kindes, Kommentierung der §§ 1705 – 1740 BGB unter Berücksichtigung der einschlägigen Nebengesetze, Berlin 1966.
(zit.: Göppinger/ Bökelmann, das Recht des unehelichen Kindes)

Gottwald, Peter
Anmerkung zu OLG Karlsruhe, Beschluss vom 16.2.2000, 2 WF 132/99, FamRZ 2001, 108.

Anmerkung zu BGH, Urteil vom 5.9.2001, XII ZR 108/00, FamRZ 2001, 1687 ff., FamRZ 2001, 1691 ff.

Graba, Hans- Ulrich
Zur Neuregelung der Kindergeldanrechnung nach dem Gesetz zur Ächtung der Gewalt in der Erziehung und zur Änderung des Kindesunterhaltsrechts, NJW 2001, 249 ff.

Grandke, Anita
Das Kindesunterhaltsgesetz, NJ 1998, 295 ff.

Zu den Neuregelungen im Unterhaltsrecht Volljähriger, FPR 1998, 162 ff.

Grasnik, Maria
Das neue Nichtehelichenrecht, Baden- Baden 1971.
(zit.: Grasnik, das neue Nichtehelichenrecht)

Greßmann, Michael
Neues Kindschaftsrecht, FamRZ Buch 6, Bielefeld 1998.
(zit.: Greßmann, FamRZ Buch 6, Rn. ...)

Groß, Ingrid
Streitwerte und Kosten im vereinfachten Verfahren über den Unterhalt,
Rpfleger 1999, 303 ff.

Günther, Frauke
Das vereinfachte Verfahren nach dem Kindesunterhaltsgesetz – ein höchst kompliziertes Verfahren,
Kind-Prax 1999, 35 ff.

Günther, Frauke
Das neue Kindesunterhaltsgesetz,
NDV 1998, 157 ff.

Hansens, Heinz
Zum Rechtsbehelfsverfahren bei der Kosten- und Vergütungsfestsetzung,
Rpfleger 1999, 105 ff.

Hartmann, Peter
Kostengesetze, Kommentar, 30. Aufl., München 2001.
(zit.: Hartmann, 30. Aufl., § ... Rn. ...)

Zivilprozess 2001/ 2002 - Hunderte wichtige Änderungen –,
NJW 2001, 2577 ff.

Heintschel- Heinegg von, Bernd; Gerhardt, Peter
Materielles Scheidungsrecht, Juristische Arbeitsblätter – Sonderheft 20, 7. Aufl., Neuwied 2001.
(zit.: Heintschel- Heinegg/ Gerhardt, 7. Aufl., § ... Rn. ...)

Heiß, Beate; Born, Winfried
Unterhaltsrecht, ein Handbuch für die Praxis, München 2001.
(zit.: Heiß/ Born- Bearbeiter, Kap. ... Rn. ...)

Herlan, Ernst- Günther
Das nichteheliche Kind und sein Recht, Regensburg 1985.
(zit.: Herlan, das nichteheliche Kind und sein Recht)

Hochleitner, Karin
Dissertation. Die rechtliche Stellung der nichtehelichen Kinder vor und nach der Reform von 1970, Bielefeld 1982.
(zit.: Hochleitner, S. ...)

Hoppenz, Rainer
Familiensachen, Kommentar anhand der Rechtsprechung des Bundesgerichtshofs, 5. Aufl., Heidelberg 1995.
(zit.: Hoppenz, 5. Aufl., § ... Rn. ...)

Jansen, Ludwig; Knöpfel, Gottfried
Das neue Unehelichengesetz, Berlin 1967.
(zit.: Jansen/ Knöpfel, S. ...)

Johannsen, Kurt H.; Henrich, Dieter
Eherecht –Scheidung, Trennung, Folgen-, Kommentar, 3. Aufl., München 1998.
(zit.: Johannsen/ Henrich- Bearbeiter, 3. Aufl., § ... Rn. ...)

Kalthoener, Elmar; Büttner, Helmut
Die Rechtsprechung zur Höhe des Unterhalts, NJW- Schriftenreihe, Heft 22, 7. Aufl., München 2000.
(zit.: Kalthoener/ Büttner, 7. Aufl., Rn. ...)

Kemper, Roland
Zur Systematik des Regeluntehaltsverfahrensrechts,
FamRZ 1973, 520 ff.

Vereinfachtes Verfahren und Unterhaltsübergang,
ZfJ 1999, 174 ff.

Kleffmann, Norbert Der unterhaltsrechtliche Auskunfts- und Beleganspruch, FuR 1999, 403 ff.

Kleinle, Friedrich Der Entwurf eines Gesetzes zur Vereinheitlichung des Unterhaltsrechts Minderjähriger (Kindesunterhaltsrecht) i.d.F. vom 7.3.1996, ZfJ 1996, 399 ff.

Kleinle, Friedrich Vorläufige Bemerkungen zum Gesetz zur Vereinheitlichung des Unterhaltsrechts minderjähriger Kinder, Teil 1, ZfJ 1998, 225 ff.

Vorläufige Bemerkungen zum Gesetz zur Vereinheitlichung des Unterhaltsrechts minderjähriger Kinder (KindUG), Teil 2, ZfJ 1998, 349 ff.

Knittel, Bernhard Das neue Kindesunterhaltsrecht, DAV 1998, 177 ff.

Das neue Kindesunterhaltsrecht – was ist wichtig für den Anwalt?, FF 1998, 35 ff.

Neuregelung der Kindergeldanrechnung, DAV 2000, 825 ff.

Knittel, Bernhard (Mühlens ...) Kindschaftsrecht – Kommentierende Darstellung der Familienrechtsreform -, 2. Aufl., Köln 1999.
(zit.: Knittel/ Mühlens, 2. Aufl., § ... Rn. ...)

Köhler, Wolfgang; Luthin, Horst
Handbuch des Unterhaltsrechts, 8. Aufl., München 1993.
(zit.: Köhler/ Luthin, 8. Aufl., § ... Rn. ...)

Künkel, Bernd
Die Neufestsetzung des Regelunterhalts (§ 642b ZPO) und das vereinfachte Verfahren (§ 641l ZPO),
DAV 1984, 943 ff.

Die Zuständigkeiten des Familiengerichts ab 1.7.1998,
FamRZ 1998, 401 ff.

Ausgewählte Probleme des neuen Kindesunterhaltsgesetzes – Anrechnung kindbezogener Leistungen, Auskunft, Prozessstandschaft -,
FPR 1998, 167 ff.

Kuhnigk, K.
Anmerkung zu KG, Beschluss v. 4.10.1999, 16 WF 7918,
FamRZ 2000, 762 ff.

Larenz, Karl
Methodenlehre der Rechtswissenschaft, 6. Aufl., Berlin 1991.
(zit.: Larenz, 6. Aufl., S. ...)

Lipp, Martin; Wagenitz Thomas
Das neue Kindschaftsrecht, Kommentar, Stuttgart 1999.
(zit.: Lipp/ Wagenitz, § ... Rn. ...)

Mariacher, Boris A.
Dissertation. Prozessuale Gleichstellung der nichtehelichen Kinder, Münster 1988.
(zit.: Mariacher, S. ...)

Maurer, H.- U.	Anmerkung zu OLG Köln, Beschluss vom 6.9.1999, 20 WF 97/99, FamRZ 2000, 1578 ff.
Meier, Uta	Zustandekommen des Regelbetrags nach dem Kindesunterhaltsgesetz, FPR 1998, 155 ff.
Miesen, Dieter	Richters neue Rolle, FamRZ 1999, 1397 ff.
Moritz, Heinz- Peter	Verwandtenunterhalt nach neuem Recht, JA 1999, 70 ff.
Müller, Christian	Unterhaltsrecht, 2. Aufl., Baden- Baden 2000. (zit.: Müller, 2. Aufl., Rn. ...)
Münchener Kommentar zum BGB	Herausgegeben von Kurt Rebmann; Franz Jürgen Säcker, Band 8, §§ 1589 - 1921 BGB, 3. Aufl., München 1992. (zit.: MüKo- Bearbeiter, BGB, 3. Aufl., § ... Rn. ...)
Münchner Kommentar zur ZPO	Herausgegeben von Gerhard Lüke; Peter Wax, Band 1, §§ 1 - 354 ZPO, 2. Aufl., München 2000. (zit.: MüKo- Bearbeiter, ZPO, 2. Aufl., § ... Rn. ...).
	Herausgegeben von Gerhard Lüke; Peter Wax, Band 2, §§ 355 - 802 ZPO, 2. Aufl., München 2000. (zit.: MüKo- Bearbeiter, ZPO, 2. Aufl., § ... Rn. ...)

Musielak, Hans-Joachim Zivilprozessordnung. Kommentar, 1. Aufl., München 1999
(zit.: Musielak- Bearbeiter, § ... Rn. ...).

Nickel, Martin Das Kindesunterhaltsgesetz in der Praxis, DVP 2000, 50 ff.

Odersky, Felix Nichtehelichengesetz, Kommentar, 4. Aufl., Bielefeld 1978.
(zit.: Odersky, 4. Aufl., S. ...)

Aktuelle Einzelfragen bei Festsetzung und Neufestsetzung des Regelunterhaltsbetrages (§§ 642a – 642d ZPO), FamRZ 1973, 528 ff.

Oelkers, Harald Das neue Kindesunterhaltsrecht – Grundzüge und erste Erfahrungen mit dem neuen Recht, ZfJ 1999, 239 ff.

Palandt Bürgerliches Gesetzbuch, Kommentar, 57. Aufl., München 1998.
(zit.: Palandt- Bearbeiter, 57. Aufl., §... Rn...)

Bürgerliches Gesetzbuch, Kommentar, 58. Aufl., München 1999.
(zit.: Palandt- Bearbeiter, 58. Aufl., §... Rn...)

Bürgerliches Gesetzbuch, Kommentar, 59. Aufl., München 2000.
(zit.: Palandt- Bearbeiter, 59. Aufl., §... Rn...)

Bürgerliches Gesetzbuch, Kommentar, 60. Aufl., München 2001.
(zit.: Palandt- Bearbeiter, 60. Aufl., §... Rn...)

Puls, Jutta Geltendmachung von Unterhaltsansprüchen für Kinder gegen ihre Eltern während und nach der Ehescheidung, DAV 1976, 601 ff.

Umgang mit dem Gesetz zur vereinfachten Abänderung von Unterhaltsrenten, DAV 1978, 235 ff.

Rahm; Künkel, Bernd Handbuch des familiengerichtlichen Verfahrens, herausgegeben von Bernd Künkel, 4. Aufl., Band 1, Köln 1994. (zit.: Rahm/ Künkel, Rn. ...)

Rellermeyer, Klaus Das Dritte Gesetz zur Änderung des Rechtspflegergesetzes, Rpfleger 1999, 309 ff.

Rellermeyer, Klaus Das Dritte Gesetz zur Änderung des Rechtspflegergesetzes, Rpfleger 1999, 309 ff.

Riedel, Ernst Anmerkung zu OLG München, Beschluss vom 26.10.1998, 11 Wx 2892/ 98, Rpfleger 1999, 17 ff.

Riedel, Fritz; Sußbauer, Heinrich Bundesgebührenordnung für Rechtsanwälte, Kommentar, 8. Aufl., München 2000. (zit.: Riedel/ Sußbauer- Bearbeiter, 8. Aufl., § ... Rn. ...)

Riemann, Jochem	Das Gesetz zur Vereinheitlichung des Unterhaltsrechts minderjähriger Kinder (KindUG) v. 06.04.1998; Materielle und verfahrensrechtliche Regelungen – Vereinbarungen zum Kindesunterhaltsrecht nach neuer Rechtslage, DNotZ 1998, 456 ff.
Rokitta-Liedmann, Marlies	Umstellung bisheriger Unterhaltstitel auf dynamisierten Unterhalt, Rpfleger 1999, 306 ff.
Rolland, Walter	Kommentar zum 1. Eherechtsreformgesetz, 2. Aufl., Neuwied 1982. (zit.: Rolland, 2. Aufl.)
Rühl, Wolfgang	Einführung in das Kindesunterhaltsgesetz, Kind-Prax 1998, 99 ff.
Rühl, Wolfgang; Greßmann, Michael	Kindesunterhaltsgesetz, eine einführende Darstellung für die Praxis, FamRZ Buch 7, Bielefeld 1998. (zit.: Rühl/ Greßmann, Rn. ...)
Schebb, Peter	Einführung in das neue Kindesunterhaltsrecht, Teil 4, vereinfachtes Verfahren §§ 645 ff. ZPO und Rückgriff beim Unterhaltsschuldner gem. § 7 UVG (Übersicht), DVP 1999, 147 ff.
Schneider, Egon	Keine Abhilfebefugnis des Rechtspflegers im Kostenfestsetzungsverfahren, Rpfleger 1998, 499 ff.

Schnitzerling, Manfred	Das Recht des nichtehelichen Kindes ab 1.7.1970, Neuwied am Rhein 1970. (zit.: Schnitzerling, das Recht des nichtehelichen Kindes)
Schlüter, Wilfried; Kemper, Rainer	Verwandtenunterhalt im Wandel, FuR 1993, 245 ff.
Scholz, Rainer	Unterhaltsvorschussgesetz, Kommentar, 2. Aufl., Köln 1992. (zit.: Scholz, UVG, 2. Aufl., § ... Rn. ...)
Scholz, Harald	Existenzminimum und Kindergeldverrechnung – Zur Neufassung des § 1612b V BGB, FamRZ 2000, 1541 ff.
Scholz, Harald; Stein, Rolf	Praxishandbuch Familienrecht, München 2001. (zit.: Scholz/ Stein- Bearbeiter, Kap ... Rn. ...)
Schütt, Ernst	Veränderungen im Kostenfestsetzungsverfahren, MDR 1999, 84 ff.
Schulz, Renate Amt für Jugend, Hamburg	Meinungs- und Erfahrungsaustausch zum Familienrecht, Stellungnahme vom 18. Dezember 2000 zum Schreiben des BMJ vom 30. September 2000 sowie zur Änderung des § 1612b V BGB, Jamt 2001, 21 ff.
Schulz, Werner	Das vereinfachte Verfahren über den Unterhalt Minderjähriger, FuR 1998, 385 ff.

Schumacher, Klaus	Familienleistungsausgleich und Mangelfälle nach dem Kindesunterhaltsgesetz, FamRZ 1999, 699 ff.
Schumacher, Klaus; Grün, Klaus- Jürgen	Das neue Unterhaltsrecht minderjähriger Kinder, FamRZ 1998, 778 ff.
Schwab, Dieter	Das neue Familienrecht – umfassende Darstellung zum KindRG, KindUG, EheschlRG und ErbGleichG -, FamRZ Buch 11, Bielefeld 1998. (zit.: Schwab, FamRZ Buch 11, S. ...)
Soergel, Thomas; Lange, Hermann	BGB Kommentar, Band 8, Familienrecht II, §§ 1589 – 1921 BGB, 12. Aufl., Stuttgart 1987. (zit.: Soergel/ Lange- Bearbeiter, 12. Aufl., § ... Rn. ...)
Sonnenfeld, Susanne	Das vereinfachte Unterhaltsfestsetzungsverfahren, DAV 1999, 169 ff.
Soyka, Jürgen	Die Berechnung des Volljährigenunterhalts, Berlin 2001. (zit.: Soyka, Rn. ...)
Staudinger von, Julius	Kommentar zum Bürgerlichen Gesetzbuch mit Einführungsgesetz und Nebengesetzen, 4. Buch, Teilband 4.3.2., Familienrecht, §§ 1705 – 1921 BGB, 10./ 11. Aufl., Berlin 1969. (zit.: Staudinger, 10./ 11. Aufl., § ... Rn. ...)

Staudinger von, Julius

Kommentar zum Bürgerlichen Gesetzbuch mit Einführungsgesetz und Nebengesetzen, viertes Buch, Familienrecht, §§ 1601 - 1605o BGB, 13. Bearbeitung 1997, Berlin 1997.
(zit.: Staudinger- Bearbeiter, 13. Bearbeitung 1997, § ... Rn. ...)

Kommentar zum Bürgerlichen Gesetzbuch mit Einführungsgesetz und Nebengesetzen, viertes Buch, Familienrecht, §§ 1601 - 1615o BGB, Neubearbeitung 2000, Berlin 2000.
(zit.: Staudinger- Bearbeiter, 2000, § ... Rn....)

Stein, Friedrich; Jonas

Kommentar zur Zivilprozessordnung, Band 4, Teilband 1, §§ 300 - 347 ZPO, 21. Aufl., Tübingen 1998.
(zit.: Stein/ Jonas- Bearbeiter, 21. Aufl., § ... Rn. ...)

Kommentar zur Zivilprozessordnung, Band 5, Teilband 2, §§ 592 - 703d ZPO, 21. Aufl., Tübingen 1993.
(zit.: Stein/ Jonas- Bearbeiter, 21. Aufl. § ... Rn. ...)

Stollenwerk, Christoph; Stollenwerk, Kurt

Die Festsetzung des Kindesunterhalts im vereinfachten Verfahren,
ZAP 1999, Fach 11, 489 ff.

Die eingeschränkte Anrechnung des Kindergeldes ab 1.1.2001,
ZAP 2001, Fach 11, 587 ff.

Strauß, Hildegard

Probleme des Kindesunterhaltsgesetzes in der gerichtlichen Praxis,
FamRZ 1998, 993 ff.

Thomas, Heinz; Putzo, Hans | Kommentar. Zivilprozessordnung, 20. Aufl., München 1997.
(zit.: T/ P, 20. Aufl., § ... Rn. ...)

Kommentar. Zivilprozessordnung, 23. Aufl., München 2001.
(zit.: T/ P, 23. Aufl., § ... Rn. ...)

van Els, Hans | Vereinfachtes Verfahren über den Unterhalt Minderjähriger,
Rpfleger 1999, 297 ff.

Anmerkung zu OLG München, Beschluss vom 3.11.1998, 16 WF 1249/98,
FamRZ 1999, 1356 ff.

Anmerkung zu OLG Hamm, Beschluss vom 9.2.1999, 2 WF 17/99,
Rpfleger 1999, 491.

Anmerkung zu OLG Dresden, Beschluss vom 27.10.1998, 10 ARf 34/ 98,
FamRZ 1999, 1212.

Das Kind im einstweiligen Rechtsschutz, FamRZ Buch 13, Bielefeld 2000.
(zit.: Els van, FamRZ Buch 13, § ... Rn. ...)

Walter, Gerhard | Regelunterhalt als Schadensersatz,
FamRZ 1976, 71 ff.

Weber, Albrecht | Das Gesetz zur Vereinheitlichung des Unterhaltsrechts minderjähriger Kinder,
NJW 1998, 1992 ff.

Weisensee, Michael

§ 1612b V BGB – Eine Herausforderung für die Praxis,
FamRZ 2001, 463 ff.

Wendl, Philipp; Staudigl, Siegfried

Das Unterhaltsrecht in der familienrichterlichen Praxis, 5. Aufl., München 2000.
(zit.: Wendl/ Staudigl- Bearbeiter, 5. Aufl., § ... Rn. ...)

Wichmann, Klaus

Die Reform des Kindschaftsrechts in der Diskussion,
FuR 1996, 161 ff.

Wieczorek, Bernhard; Schütze, Rolf A.

Zivilprozessordnung und Nebengesetze, Kommentar, Dritter Band, 2. Halbband, §§ 592 – 703d ZPO, 3. Aufl., Berlin 1998.
(zit.: Wieczorek/ Schütze- Bearbeiter, 3. Aufl., § ... Rn. ...)

Willutzki, Siegfried

Empfiehlt es sich, das Kindschaftsrecht neu zu regeln ?
Referat auf dem 59. deutschen Juristentag, in Verhandlungen des 59. deutschen Juristentages in Hannover, herausgegeben von der ständigen Deputation des deutschen Juristentages, Band II (Sitzungsberichte), M 33 – 61, Hannover 1992.
(zit.: Willutzki, M ...)

Wohlfahrt, Peter

Familienrecht, Band 2, Unterhalts- und Güterrecht, 2. Aufl., Bonn 2001.
(zit.: Wohlfahrt, 2. Aufl., Rn. ...)

Wohlgemuth, Gisela

Das Kindesunterhaltsgesetz und seine praktischen Auswirkungen – ein schlichter Alltagsfall -,
FamRZ 1997, 471 ff.

Zarbock, W. Das Recht des nichtehelichen Kindes, Heidelberg 1970.
(zit.: Zarbock, das Recht des nichtehelichen Kindes)

Zöller, Richard Zivilprozessordnung. Kommentar, 20. Aufl., Köln 1997.
(zit.: Zöller- Bearbeiter, 20. Aufl., § ... Rn. ...)

Zivilprozessordnung. Kommentar, 22. Aufl., Köln 2001.
(zit.: Zöller- Bearbeiter, 22. Aufl., § ... Rn. ...)

Schriften zum Verfahrensrecht

Herausgegeben von Peter Gottwald und Ulrich Haas

- Band 1 Matthias Rauscher: Die neue Berufung in Zivilsachen. 2002.
- Band 2 Jörn-Christian Schulze: Grenzen der objektiven Schiedsfähigkeit im Rahmen des § 1030 ZPO. Eine Betrachtung des Rechts der Schiedsfähigkeit nach der Schiedsverfahrensrechtsform. 2003.
- Band 3 Roman Rodloff: Das vereinfachte Verfahren zur Festsetzung von Kindesunterhalt nach §§ 654 ff. ZPO. Zugleich ein Beitrag zur Unterhaltsannexklage nach § 653 ZPO und zum vereinfachten Abänderungsverfahren nach § 656 ZPO. 2003.
- Band 4 Helia-Verena Daubach: Kammer oder Einzelrichter? Ist die Kammer ein Qualitätselement des Zivilprozesses? 2003.

FSC
www.fsc.org
MIX
Papier | Fördert
gute Waldnutzung
FSC® C083411

Kolibri 360 GmbH
Ferdinand-Jühlke-Straße 7
99095 Erfurt, Deutschland
produktsicherheit@kolibri360.de

Druck:
CPI Druckdienstleistungen GmbH
im Auftrag der
Kolibri 360 GmbH
Ferdinand-Jühlke-Str. 7
99095 Erfurt